BAEDEKER

E
ELSASS

Vogesen

»

Ich kann nicht vom Elsass reden, ohne es durch den Magen zu sehen. Die Esskunst ist bei uns ein Teil einer eingeprägten Kultur, eine humanistische Erfahrung.

Tomi Ungerer

baedeker.com

DAS IST DAS ELSASS

TOUREN

LEGENDE

Baedeker Wissen
● Textspecial, Infografik & 3D

Baedeker-Sterneziele
★★ Top-Reiseziele
★ Herausragende Reiseziele

ZIELE VON A BIS Z

HINTERGRUND

ERLEBEN UND GENIESSEN

PREISKATEGORIEN

Restaurants
Preiskategorienfür ein Hauptgericht

€€€€	über 50 €
€€€	31 – 50 €
€€	20 -30 €
€	unter 20 €

Hotels
Preiskategorien für ein Doppelzimmer

€€€€	über 150 €
€€€	101–150 €
€€	81– 100 €
€	bis 80 €

PRAKTISCHE INFORMATIONEN

ANHANG

MAGISCHE MOMENTE

ÜBERRASCHENDES

D
DAS IST…

das Elsass

Die großen Themen
zwischen Weinstraße und Vogesen.
Lassen Sie sich inspirieren!

Colmar muss einfach sein. ►

SCHLANKE FLASCHEN, GRÜNER ANBAU

Riesling, Pinot noir, Crémant & Co. sind mächtige Zugpferde für den Tourismus im Elsass. Im Weinberg tut sich allerhand, und längst nicht jeder Ökowinzer klebt sich extra ein Label auf die schlanke Flasche.

Reben, soweit das Auge blickt, in Kaysersberg nördlich von Colmar. ►

Auf die harte Arbeit im Weinberg folgt der Genuss von Riesling, Pinot noir und Crémant d'Alsace.

RUND 18,7 Millionen Gäste aus aller Welt besuchen das Elsass jährlich, und viele kommen des Weines wegen. Sie unterscheiden sich doch sehr deutlich in ihren Vorlieben: Während Italiener den Gewürztraminer besonders schätzen, ist es bei den Holländern der Pinot blanc, Schweden und Dänen geht das Herz auf bei trockenen Rieslingen und Silvanern. Auch Deutsche schätzen den Riesling, kaufen aber nicht minder gerne Pinot gris, erläutert Foulques Aulagnon vom Elsässer Weinverband. Für alle Weinliebhaber, gleich welcher Nationalität, gilt, dass die Nachfrage nach Biowein wächst.

Mit dem **Crémant**, dem weißen Schaumwein, ist den Elsässern ein besonderer Treffer geglückt. Er hat nicht ganz so viel Kohlensäure wie der Champagner und der Preis ist deutlich geringer. Seine Beliebtheit steigt und steigt. Mittlerweile erzeugen die Winzer auch Crémant rosé, der aus Pinot Noir-Trauben gewonnen wird, so herrlich frisch und cremig schmeckt und dazu diese wunderbare Farbe besitzt.

Phönix aus der Asche

Die Welt des Weines sah für die Elsässer einst recht düster aus. Galt ihr Wein bis ins 19. Jahrhundert als besondere Köstlichkeit – die Habsburger haben ihn angeblich geschätzt –, sank der

Stern nach dem Zweiten Weltkrieg. Die neuen Möglichkeiten der mechanisierten Produktion nutzten viele Winzer, um Masse zu produzieren auf Kosten von Qualität und Charakter. So galten die Elsässer Weine unter Kennern als so verstaubt und uninteressant wie die 1950er-Jahre selbst. Der echte Kenner bediente sich in anderen Regionen, wenn er spannende Weine wollte. Dann die Kehrtwende: Seit etwa zwei Generationen weht ein neuer Wind durch die Weinberge. Nun ist **Terroir** gefragt. Es reicht nicht mehr, den Kunden zu erzählen, dass der Wein trocken ist. Ist der Boden mineralisch oder tonig, schmeckt man Schiefer oder Granit heraus? Hier kann das Elsass gut mithalten. Der Boden wechselt und das Kleinklima auch. Mal rückt der Vogesenwald dicht an die Weinberge heran, mal weitet sich das Rebenmeer Richtung Rheinebene aus. Resultat: Vielfältige Erlebnisse auf der Zunge, kein Riesling schmeckt wie der andere. Genau das mag die neue Weinkundschaft. Kurzum: die Elsässer Weinwelt ist im Lot. Doch es tut sich noch mehr.

Alles öko?

Ganz klar sind intensiv bewirtschaftete Weinberge nichts für Ökopuristen. Weinanbau heißt oft Monokultur mit allen Konsequenzen. Da wird gespritzt und behandelt nach allen Regeln der konventionellen Landwirtschaft. Doch längst gibt es auch den gegenläufigen Trend. Wer mit wachen Augen durch die Winzerlandschaft fährt, entdeckt häufig die Labels **Vin Bio oder Demeter**. Während in Frankreich rund 20 Prozent der Winzer biologisch wirtschaften, kommen die Elsässer auf einen Schnitt von 32 Prozent. Und die »Dunkelziffer« liegt im Elsass sehr hoch. Viele Winzer produzieren »bio«, weil sie ihre Böden nicht belasten wollen und es gut finden, wenn in ihren Weinbergen noch Wildbienen fliegen und Kräuter gedeihen. Manche setzten sogar wieder Pferde ein, um den Boden zwischen schmalen Zeilen zu umbrechen, statt ihre alten Reben auf Traktormaß zu trimmen. Von Labels wollen sie sich nicht einengen lassen, auch wenn so ein Aufkleber auf der Flasche durchaus verkaufsfördernd wirkt.

À BIENTÔT DANS LES VIGNES!

Trotz aller Mechanisierung wird immer noch ein Gutteil der elsässischen Weintrauben von Hand gelesen. Versierte Hilfskräfte sind natürlich sehr gerne gesehen, bei manchen Winzern können auch unerfahrene Gäste mit anpacken. »Bis bald in den Weinbergen!« heißt es z. B. auf der Domaine Gueth (www.vin-alsace-gueth.com) in Gueberschwihr oder bei Vignoble Klur (www.klur.net, ▶ S. 271) in Katzenthal. Nach einem arbeitsreichen Tag winkt dann ein gemeinsames Abendessen als Belohnung.

ALLES RENNT

Am Tag des Heiligen Urban herrscht Hochbetrieb bei den Bergbauern. Die Vogesenrinder dürfen nun wieder auf die Hochalmen, ein Festtag für Kühe und Besucher.

◄ Mit Schmuck und Gebimmel geht es aus dem Vallée de Munster hinauf auf die Alm.

DER Abend vor dem Almauftrieb auf dem Hof der Wehreys unterhalb des Petit Ballon. Landwirt Jean Wehrey und seine erwachsenen Söhne polieren die Messingglocken ihrer Kühe auf Hochglanz. Auch jedes einzelne der schwarzweißen Vogesenrinder wird bis in die Schwanzspitzen liebevoll und mit Stolz gestriegelt. Einen langen Winter haben die »Vaches vosgiennes« im Stall verbracht. Noch stehen sie ruhig im Stall und lassen sich das Bürsten gerne gefallen. Am Tag des Auftriebs gibt es für sie kein Halten mehr. Traditionell findet die »**Transhumance**« am 25. Mai statt, dem Tag des Heiligen Urban, Schutzherr der Rinder. Mit dabei: Freunde, Nachbarn und Touristen. Denen wird das Warten auf den großen Run mit Pain au chocolat, Kaffee und Akkordeonklang versüßt. Kaum öffnen sich die Stalltüren, drängt und drückt die Herde ins Freie und eilt im flotten Lauf, Leitkuh und Hirten an der Spitze, hinauf auf die Hochweiden am Petit Ballon. Die ganze Festgesellschaft folgt so rasch sie kann. Am Ziel werden die Rinder auf die Hochweiden entlassen. Ihr bunter Begleittross stärkt sich mit einer handfesten »Malkersmahlzeit«. An Michaeli, dem 29. September, geht es für die Kühe wieder retour.

Hart im Nehmen

Das **Vogesenrind** ist bestens an die rauen Verhältnisse angepasst. Niedrige Stockhöhe, trittsicher, keine Probleme beim Kalben in freier Natur und pumperlgesund. Die robusten Kraftpakete wären um ein Haar in Vergessenheit geraten, hätten nicht engagierte Landwirte, Jean Wehrey vorneweg, mit konsequenter Nachzucht die Rasse am Leben erhalten. Und das ist gut so. Denn Hochleistungskühe kämen auf dem Dach der Vogesen unmöglich zurecht. Die durchschnittliche Jahrestemperatur beträgt gerade mal 11 °C, unten im Tal bei den Winzern sind es freundliche 20 °C. Eisig pfeift der Wind selbst an Sonnentagen, Regen rauscht am Hauptkamm üppig nieder. Die Sommer sind kurz, der Boden ist karg. Das sind jedoch beste Bedingungen für würzige Bergkräuter – ideal für gute Milch und den daraus gewonnenen **Munsterkäse**, runde flache Laibe mit strengem Geruch. Etliche Bauernhöfe (frz. fermes) produzieren nicht nur den berühmten Käse, sondern haben sich mit der Bewirtung von Wanderern und Radlern ein zweites Standbein erschlossen. So können Gäste den ganzen Sommer lang vor Ort Käse und handfeste Kost probieren und die frei über die Weiden streifenden »Vosgiennes« bewundern.

KÄSE SATT

Alles rund um Kühe, Käse und die Almwirtschaft von einst und jetzt vermittelt ein Besuch in der Maison de Fromage in Munster. Bäuerinnen zeigen mehrmals am Tag, wie der Käse von Hand hergestellt wird. Die Auswahl an Munsterkäse von verschiedenen Höfen zum Verkosten und Kaufen ist groß. Über Höfe, die den Almauftrieb feiern, informiert die Tourismusinformation in Munster (► S. 169).

OBEN: Die Munsterkäselaibe reifen drei Wochen in den Kellern der Fermes.

UNTEN: Auf den Bergbauernhöfen ist das Käsen Handarbeit. Der frisch geschöpfte Käsebruch lagert in Holzbottichen. Er entsteht, sobald Lab die Milch zum Stocken gebracht hat.

GLAS-KUNST IM WALD

Die nördlichen Vogesen stehen für ausgedehnte Wanderungen zwischen Wald und Burgruinen. Und für Schönheit und Eleganz der Jugendstil-Gläser.

René Lalique war der wichtigste Glaskünstler des Jugendstils. Diese Flakons stehen in dem ihm gewidmeten Museum in Wingen-sur-Moder. ▶

DAS Nordelsass: Wald, so weit das Auge reicht, doch wirtschaftlich schwieriges Terrain. Das war nach dem Ersten Weltkrieg nicht viel anders. Das Elsass, beständiger Zankapfel zwischen Frankreich und Deutschland, hatte kriegsbedingt wieder einmal Mühe, auf die Beine zu kommen. Die französische Regierung versuchte in den 1920er-Jahren, mit kräftigen Finanzspritzen Investoren in die Region zu locken. Einer, der anbiss, war **René Lalique**.

Der große Glaskünstler

1860 in einem kleinen Dorf in der Champagne geboren, gelang ihm in Paris der Durchbruch als Schmuckzeichner, Juwelier und Goldschmied. Als »Erneuerer der Schmuckkunst« zählte er bald zu den großen der Belle Epoque. Cartier wurde auf ihn aufmerksam und nahm ihn in seine Kollektionen auf. Die berühmte Schauspielerin Sarah Bernhardt trug den von ihm entworfenen Schmuck und machte Lalique weithin bekannt. Mit so viel Promi-Rückenwind ging es steil bergauf mit der Karriere. Schon bei der Weltausstellung in Paris im Jahr 1900 feierte man ihn wie einen Star.

Der Meister kreierte nicht nur anmutig geschwungenen Jugendstilschmuck, sondern **experimentierte** schon früh mit Glas. Anfangs ging es ihm um den Ersatz für die teuren Edelsteine. Bald entdeckte er aber die vielfältigen Möglichkeiten des Werkstoffs und seine besondere Eignung für Parfumflakons. Mit zierlich geformten, durchscheinenden Gefäßen erzielte er großen Erfolg. Seine herrlichen Fenster schmückten Luxusdampfer, den Orientexpress und Kirchen, seine Kühlerfiguren zierten Luxuskarossen von Bentley, Rolls Royce und Bugatti. 1912 verlegte sich Lalique ganz auf Glas. Die besten französischen Parfumeure, darunter Molinard und Houbigant, zählten zu Laliques Kunden. Die Nachfrage stieg und die Auftragsbücher platzten. Da entschied sich Lalique zu expandieren. Und wo lässt sich Glas am besten herstellen? In Regionen, wo das Know-how bereits vorhanden ist.

Alte Glasmacherregion

In den nördlichen Vogesen wird seit dem 15. Jh. Glas gemacht. Der Sandstein lieferte den Rohstoff Sand, der Wald ausreichend Brennmaterial für die Glashütten. Großzügige Unterstützung aus Frankreichs Staatsschatulle erleichterte Laliques Entscheidung für Wingen-sur-Moder, einen bereits bekannten Glasstandort. 1921 nahm seine **Verrerie d'Alsace** die Produktion auf. Nach René Laliques Tod 1945 übernahm sein Sohn Marc die Geschäfte und spezialisierte sich auf Kristallglas. In den benachbarten Gemeinden Saint-Louis-le-Bitche und Meisenthal wird noch heute Glas hergestellt.

KOSMOS AUS GLAS

Ein Museum würdigt die Jugendstil-Kreationen von René Lalique (▶ Abb. S. 16/17). Perfekt beleuchtet werden Gläser, Kühlerfiguren, Parfumflakons und ausgefallene Schmuckstücke kunstvoll in Szene gesetzt. Filme zeigen, wie das berühmte Kristallglas produziert wird (▶S. 58).

OBEN: Bugatti, Bentley und Rolls Royce statteten einige Modelle mit Kühlerfiguren aus Glas aus. Lalique setzte Schnelligkeit, Kraft und Eleganz in Szene.

UNTEN: Schönheit aus der Glut geboren – Vorführung im Lalique-Museum.

WEITERBAUEN AN DER ALTSTADT

Elbphilharmonie in Hamburg, Vogelnest in Peking, Allianz Arena in München, alle diese Bauten planten die Schweizer Architekten Herzog & de Meuron. Und in Colmar schufen sie für das berühmte Kunstmuseum Unterlinden mitten im historischen Zentrum eine moderne Erweiterung.

Das nüchterne Äußere bildet einen spannenden Kontrast zu den historischen Kunstwerken ▶

OBEN: Das Musée Unterlinden hat im Erweiterungsbau neuen Raum für die moderne Kunst gewonnen.
RECHTS: Heilige, Engel, Dämonen und Wahngestalten bevölkern Grünewalds Isenheimer Altar.

ALS Guido Guersi, Abt des Antoniterklosters zu Isenheim bei Colmar, um 1512 bei **Matthias Grünewald** einen Altar in Auftrag gab, ging es ihm nicht um Kunst. Eine der wichtigsten Aufgaben des Klosters war die Pflege von Menschen, die am Antoniusfeuer litten. Gegen diese im Mittelalter in Europa weit verbreitete, entstellende Krankheit, einer Vergiftung durch das sogenannte Mutterkorn im Roggenmehl, half damals einzig der Glaube. Der Anblick von Christi Geburt, Tod und Wiederauferstehung sowie Szenen aus dem Leben des Heiligen Antonius sollte den Todkranken und von Wahnvorstellungen geplagten **Trost spenden**.

Ein Schlüsselwerk

Auch heute drängen sich Scharen von Menschen vor dem Altar, der mittlerweile in Colmar steht und das **Musée Unterlinden** zu einem der meistbesuchten Museen Frankreichs gemacht hat. Denn mit ihm hat Grünewald ein Werk geschaffen, das von Kunsthistorikern in einem Atemzug genannt wird mit Raffaels »Letztem Abendmahl« und anderen Ikonen der europäischen Kunst. Kein Jesus am Kreuz hat je gequälter ausgesehen, keine Nägel haben brutaler Fleisch durchdrungen, kein Auferstandener strahlte je so regenbogenfarben in die pechschwarze Welten-

EIN GESAMTKUNSTWERK

Colmar besuchen und das Musée Unterlinden links liegen lassen wäre ein echtes Versäumnis. Von Grünewald bekannt sind 25 Einzelkompositionen, davon zehn an den Schauseiten des Isenheimer Altars, sowie 35 Zeichnungen. Sein Meisterstück ist der Isenheimer Altar, der auch heute noch die Sinne seiner Betrachter verwirrt. Vom Maler selbst ist fast nichts bekannt (►S. 69).

nacht. Rätselhaft setzte Grünewald die Geburt Jesu in Szene: Maria blickt zärtlich auf ihr (nicht sehr hübsches) Kind, während ein vielköpfiges Engelsorchester spielt. Unter den Engeln bringt einer, schlammgrün und mit dichten Federschuppen bedeckt, einen dämonischen Aspekt ins Geschehen.

Der geniale Kunstgriff

Rund 500 Jahre nach seiner Entstehung ist der Altar restauriert worden. Die Farben Grünewalds strahlen nun noch brillanter. Colmar, der französische Staat und andere Geldgeber haben sich nicht lumpen lassen und die Stararchitekten Herzog & de Meuron mit dem 44 Millionen Euro teuren Umbau und der Erweiterung des Museums Unterlinden betraut. Dazu wurden die bisherigen Museumsräume in einem Kloster und in der Kapelle aus dem 13. Jh. umgebaut, ein gegenüber dem Museum gelegenes **Jugendstilbad** von 1903 einbezogen und hinter diesem ein dreigeschossiger Neubau errichtet. Mit seiner Verkleidung aus gebrannten Ziegeln und den Spitzbogenfenstern greift der sogenannte **Ackerhof** das Vorbild der gotischen Klosterkirche auf. Ein unterirdischer Gang, der auch als Ausstellungsfläche dient, verbindet die Baukörper. Das unter die Erde verbannte Flüsschen Sinn wurde zumindest ein Stück weit offengelegt. Ein kleines Häuschen mit exponierter Dachmütze, **La Petite Maison**, und ebenfalls mit gebrannten Ziegeln verkleidet, erinnert an eine Mühle, die hier bis ins 19. Jh. stand. Heute versorgt es die unterirdische Galerie mit Tageslicht und erlaubt Fußgängern Einblicke in den Untergrund. So entstand ein modernes **Museumsquartier**, das nicht nur die bisherige Ausstellungsfläche fast verdoppelt, sondern auch einen interessanten Kontrast zur putzigen Fachwerkaltstadt von Colmar bildet.

GANZ OBEN

Das Elsass ist Burgenland. Malerische Trümmer und wieder aufgebaute Ritterburgen setzen die abenteuerlichen Akzente. Am Hartmannswillerkopf jedoch sind die Mienen ernst.

◀ Sieht alt aus, bringt es aber gerade mal auf 120 Jahre: Kaiser Wilhelm II. gab für die »Hohkönigsburg« eine Menge Geld aus.

2017 eröffnete das deutsch-französische Historial am Hartmannswillerkopf, das an den Ersten Weltkrieg erinnert: Blick in die Ausstellung (oben) im Historial (rechts).

EINE der markantesten Burgen des Elsass ist die **Haut-Kœnigsbourg**. Auffallend heben sich ihre Türme vor der Kulisse der Vogesen ab. Erstmals erwähnt wurde die Stauferfeste im 12. Jh.; im Dreißigjährigen Krieg hielt sie einen Monat den Angriffen der Schweden stand, bis sie doch geplündert und in Brand gesteckt wurde. Über zweieinhalb Jahrhunderte später gelangte die bemerkenswert gut erhaltene Ruine in den Besitz von Schlettstadt (heute Séléstat). Damals gehörte das Elsass gerade mal wieder zum Deutschen Reich und Schlettstadt schenkte den Trümmerhaufen 1899 seinem durchlauchten Kaiser Wilhelm II. Der geschichtsbegeisterte Monarch investierte enorme Summen in einen Wiederaufbau nach dem Vorbild einer mittelalterlichen Ritterburg. Zwischen 1901 und 1908 verwandelte sich die Anlage in eine Großbaustelle, auf der eine moderne Lok namens »Hilda« unter Volldampf das Baumaterial transportierte. Während Schlettstadt noch im mittelalterlichen Dunkel verharrte, brannte oben auf der Baustelle bereits elektrisches Licht. Der Kaiser hatte durchaus auch eine Ader für den technischen Fortschritt.

Als »Wahrzeichen deutscher Kultur und Macht« diente die Hohkögisburg indes nur zehn Jahre. 1914 brach der Erste Weltkrieg aus und, knapp jenseits der Ländergrenze in Sichtweite der Burg, planierten die Franzosen eine Militärstraße für Truppenbewegungen von Nord nach Süd in die Vogesengipfel, die **Route des Crêtes**.

Der weite Weg

Wenn heute sportlich anspruchsvolle Radler in dichten Pulks die 77 Kilometer lange Route des Crêtes entlangsausen, denken die wenigsten daran, dass sie sich auf einer 1914–1918 hart umkämpften Grenze zwischen Deutschland und Frankreich bewegen. Die hundert Jahre alte, heute asphaltierte Militärstraße beginnt in Sainte-Marie-aux-Mines im Norden und endet am Hartmannswillerkopf (frz. Vieil Armand).

Rein landschaftlich ist der 957 Meter hohe Südvogesengipfel ein wunderbarer Platz, von hier reicht die Sicht über das Elsässer Tiefland bis zum Schwarzwald und die Schweizer Alpen. Als 2014 die damaligen Präsidenten François Hollande und Joachim Gauck hier zusammentrafen, war dies aber nicht der schönen Aussicht wegen. Sie legten den Grundstein für die erste **Erinnerungsstätte an den Ersten Weltkrieg**, die die einst verfeindeten Nationen gemeinsam bauten und die 2017 eröffnete. Auf dem Hartmannswillerkopf, der nach verheerenden Stellungskämpfen den Beinamen »Menschenfresser« oder »Berg des Todes« erhielt, starben je nach Quelle zwischen 15 000 und 30 000 deutsche und französische Soldaten. Bis die Oberhäupter beider Staaten diese Gedenkstätte als Symbol des Friedens und der Aussöhnung gemeinsam gründen konnten, mussten ganze 100 Jahre und ein weiterer Weltkrieg vergehen.

DES KÖNIGS BURG

Dank des begeisterten Mittelalterspezialisten Bodo Ebhardt, der den Wiederaufbau der Haut-Kœnigsbourg leitete, ist die Burg eine gut gelungene Mittelalter-Kopie, und ein Besuch macht nicht nur mit Kindern Spaß. Auch so manchen Künstler hat die Hohkönigsburg inspiriert: So soll sie die Vorlage für Minas Tirith in Peter Jacksons Fantasy-Verfilmung von J.R.R. Tolkiens »Herr der Ringe« gewesen sein (▸Haut-Kœnigsbourg).

T

TOUREN

Durchdacht, inspirierend, entspannt

Mit unseren Tourenvorschlägen lernen Sie das Elsass von seinen besten Seiten kennen.

Ein freundlicher Empfang im Ecomusée d'Alsace in Ungersheim ist gewiss. ►

UNTERWEGS IM ELSASS

Mit dem Auto In das Elsass reisen die meisten Urlauber immer noch mit dem Auto. Eine reine Städtereise wäre dank dem gut ausgebauten öffentlichen Nahverkehr in großen Teilen der Region auch mit der Bahn machbar. Wichtigste Verkehrsachse des Elsass ist die A 35, die im Unterschied zu den meisten anderen französischen Autobahnen keine Maut kostet. Die Distanzen zwischen den Sehenswürdigkeiten sind gering. Von Lauterbourg im Norden bis Mulhouse im Süden sind es auf der Autobahn nicht viel mehr als zwei Stunden. Während im flachen Land die Verkehrswege gut ausgebaut sind, zeichnen sich die Vogesen streckenweise durch enge und kurvenreiche Sträßchen aus.

Bei Reisen im zeitigen Frühjahr und Spätherbst (im Winter sowieso) sollten sich Vogesenbesucher auf winterliche Bedingungen einrichten. Während in den Winzerorten noch annehmbare Temperaturen herrschen, kann es oben auf über 1000 m glatt werden oder bereits geschneit haben. Bei starkem Schneefall werden die Route des Crêtes und einzelne Pässe mitunter ganz gesperrt.

Elsass für Einsteiger Empfehlenswert für Besucher, die lediglich drei Tage Zeit haben für ein Schnupperwochenende, ist ein Tag Strasbourg mit dem Besuch des Münsters und des Musée de l'Œuvre-Notre-Dame sowie einem Spaziergang durch Petite France und entlang der Ill zur Place de la République. Der folgende Tag sollte der Weinstraße gehören mit einem Besuch der Kirche in Rosheim, der imposanten Haut-Kœnigsbourg und den hübschen, bei Touristen überaus beliebten Orte Riquewihr und Kaysersberg. Nun bleibt die restliche Zeit noch frei für Colmar, denn das Unterlindenmuseum mit dem Isenheimer Altar gehört zu den Topzielen in der Region. Auch ist die Colmarer Altstadt besonders hübsch.

Erweiterte Tour Um sich einen weiteren Überblick zu verschaffen und ein wenig mehr Zeit zum Wandern, für sportliche Aktivitäten und all die kulinarischen Verlockungen des Elsass zu haben, benötigt man ein bis zwei Wochen. Interessante Ziele bei solch einer erweiterten Tour sind Wissembourg, Burg Fleckenstein, Saverne, Marmoutier, Ottrott und der Mont Sainte-Odile, Andlau, Dambach, Sélestat, Ribeauvillé mit den drei Burgen sowie Hunawihr, Turckheim, Eguisheim, Guebwiller, Murbach, Thann, Ottmarsheim und vor allem die Museen in Mulhouse. Elsass-Kenner, die sich auch einmal jenseits der ausgetretenen touristischen Pfade bewegen wollen, finden im Sundgau einen Ruhepol.

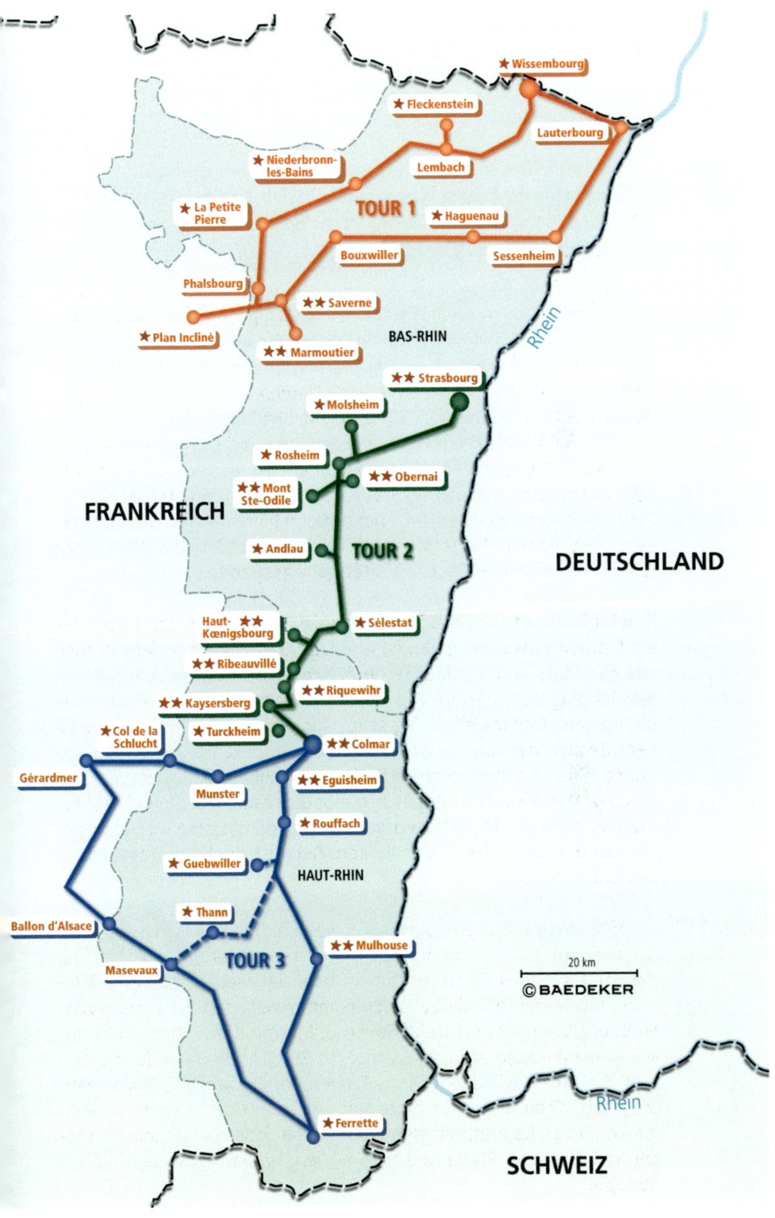
★ Wissembourg
★ Fleckenstein
Lauterbourg
★ Niederbronn-les-Bains
Lembach
TOUR 1
★ La Petite Pierre
★ Haguenau
Bouxwiller
Sessenheim
Phalsbourg
★★ Saverne
★ Plan Incliné
★★ Marmoutier
BAS-RHIN
Rhein
★★ Strasbourg
★ Molsheim
★ Rosheim
★★ Obernai
★★ Mont Ste-Odile
FRANKREICH
★ Andlau
TOUR 2
DEUTSCHLAND
Haut- ★★ Kœnigsbourg
★ Sélestat
★★ Ribeauvillé
★★ Riquewihr
★★ Kaysersberg
★ Col de la Schlucht
★ Turckheim
★★ Colmar
Gérardmer
Munster
★★ Eguisheim
★ Rouffach
★ Guebwiller
HAUT-RHIN
★ Thann
Ballon d'Alsace
★★ Mulhouse
TOUR 3
Masevaux
20 km
© BAEDEKER
Rhein
★ Ferrette
SCHWEIZ

DAS NÖRDLICHE ELSASS

Start und Ziel: Wissembourg | **Länge:** ca. 220 km | **Dauer:** mind. zwei Tage

Tour 1 *Städte und Gemeinden im Pays de Wissembourg, also in der Grenzregion zu Deutschland, sowie in den Nordvogesen, im Hanauer Land und im Rheingebiet sind das Ziel der Route. Höhepunkte sind Burg Fleckenstein und das Schiffshebewerk.*

Über die Grenze

Die Tour beginnt in 1 ★**Wissembourg**. Schon wenige Meter hinter der Landesgrenze erwarten den deutschen Besucher französisches Flair und echte elsässische Küche. Viele Einwohner des hübschen Städtchens an der Lauter sprechen einen rheinfränkischen Dialekt. Die Beine vertritt man sich am besten bei einem Rundgang über den Verteidigungswall aus dem 18. Jh.

Pays de Wissembourg

Wer zufällig am 3. Sonntag im Juli in der Gegend sein sollte, kann einen Abstecher nach Seebach machen (9 km südöstlich). Dort wird jährlich mit einem großen Trachtenumzug die »Streißelhochzeit« gefeiert. Eine herrliche, sanft hügelige Landschaft zeichnet den Weg nach Lembach über die D 3 aus. Vor allem vom 432 m hohen **Col du Pigeonnier** (ca. 6 km hinter Wissembourg) ist die Aussicht über die Region südwestlich von Wissembourg herrlich. In 2 **Lembach** kann die gewaltige Bunkerfestung Four-à-Chaux der Maginot-Linie besichtigt werden.

Fleckenstein

Ein Abstecher nach Norden Richtung Bitche führt zum 3 ★**Château de Fleckenstein**, der eindrucksvollsten Ruine in den Nordvogesen. Nur wenige Schritte von der Burg entfernt liegt der Parkplatz. Einkehren kann man am nahen Gimbelhof (Mo., Di. Ruhetag).

Kurort und noch eine Ruine

Zurück auf der D 3 ist das Städtchen Wœrth rasch erreicht. Im Deutsch-Französischen Krieg 1870/1871 tobten in der Umgebung blutige, für die Zukunft des Elsass entscheidende Kämpfe. Hinter Wœrth steigt die Straße steil an, nach wenigen Kilometern gelangt man in die alte Ortschaft Reichshoffen, kurz darauf nach 4 ★**Niederbronn-les-Bains**, dem bedeutendsten elsässischen Heilkurort. Am Westrand des idyllischen Oberbronn bietet sich wieder eine erhebende Aussicht auf das Umland. Von Oberbronn geht es nun weiter über die D 28 Richtung Ingwiller. Rund 5 km vor diesem Ort kann man einen Abstecher nach ★**Lichtenberg** machen, wo die Ruine einer der größten mittelalterlichen Befestigungsanlagen im Elsass steht.

Wald und Glaskunst

Ab Ingwiller führt die D 6 und später die D 9 – eine vor allem zum Schluss sehr idyllische Waldstrecke – nach 5 ★**La Petite Pierre**. In dem malerisch auf einem Vogesenrücken liegenden Städtchen lohnen sich ein Zwischenstopp und ein Spaziergang zum Schloss, in dem ein Informationszentrum über den Parc Naturel Régional des Vosges du Nord untergebracht ist. Auf dem Weg dorthin kehren Hungrige im Restaurant du Château ein, wo sie bei warmem Wetter auf der kleinen Terrasse elsässische Spezialitäten genießen können. Wer das grandiose Jugendstil-Glaskunst-Museum Lalique sehen möchte, fährt nordwärts über ein winziges Landsträßchen durch Wiesen und Wälder bis nach **Wingen-sur-Moder**.

Zum Schiffshebewerk

La Petite Pierre verlässt man in südlicher Richtung auf der D 178, einer engen und kurvenreichen Waldstraße. Beim südwestlich gelegenen 6 **Phalsbourg** befindet sich südlich inmitten waldiger Höhen der Luftkurort Lutzelbourg. Hier empfiehlt sich unbedingt ein Abstecher zum drei Kilometer entfernten 7 ★**Schiffshebewerk Saint-Louis-Arzviller (Plan Incliné)** am Rhein-Marne-Kanal, um anschließend auf der Straße neben diesem Wasserweg nach Saverne zu gelangen.

Saverne und Marmoutier

8 ★★**Saverne,** das »Elsässische Versailles«, beeindruckt mit einem prächtigen Schloss direkt am Kanal. Die lebhafte Stadt ist auch ideal, um eine Pause einzuplanen – und um Rosen zu bestaunen. Westlich der Innenstadt liegt der Rosengarten mit einer einzigartigen Fülle an Rosen der unterschiedlichsten Arten. Für Freunde romanischer Kirchen lohnt der Umweg über 9 ★★**Marmoutier** südlich von Saverne. Dessen romanische Abteikirche zählt zu den schönsten Gotteshäusern im Elsass. Köstliche süße Stückchen gibt es in der Bäckerei La Gourmandise nur ein paar Schritte von der Kirche entfernt.

Hanauer Land

Zurück in Saverne fährt man über die D 6 nach ⑩ **Bouxwiller**, wo der große Schlossplatz ohne Schloss einen bleibenden Eindruck hinterlässt. Sehenswert: das jüdische Museum. Von hier aus führt ein geologischer Wanderweg (7 km, ca. 2 Std.) hinauf auf den **Bastberg**, eine geologische Besonderheit: der Muschelkalkkoloss ist eine der bedeutendsten Fossilienfundstätten im Elsass. Schon Goethe genoss hier 1770 den herrlichen Blick auf Schwarzwald und Vogesen. Ein Kontrastprogramm wäre ein Besuch des Royal Palace in Kirrwiller zu (4 km östl. von Bouxwiller). Dort schwenken leicht bekleidete Tänzerinnen die Beine und berühmte Varieté-Künstler treten auf.

Viel Keramik und viel Goethe

⑪ ★**Haguenau** am südlichen Rand des Haguenauer Forsts ist die viertgrößte Stadt im Elsass: Fernab touristischer Hauptströme kann man in Ruhe bummeln und ungestört elsässisches Lebensgefühl erfahren. Wenige Kilometer östlich liegen die Keramikdörfer des Elsass: Soufflenheim und Betschdorf – ideal, um sich mit Kugelhupfformen und anderen schönen Dingen einzudecken. Einige Töpfereien haben auch sonntagnachmittags geöffnet. Richtung Rhein wird die Landschaft nun topfeben und ist nicht mehr sonderlich attraktiv. Das Landstädtchen ⑫ **Sessenheim** lebt von der Erinnerung an seinen berühmtesten Besucher – Goethe, der hier in Friederike Brion eine Jugendliebe fand. Auf der Fahrt nach Lauterbourg lohnt sich für Vogelfreunde ein Zwischenstopp in **Munchhausen**. Hier mündet die Seltz in den Rhein und das Delta sowie der Silberweiden-Auwald sind Rastplatz für viele (Zug-)Vögel. Ein 3-stündiger Rundweg vom Naturschutzzentrum aus erschließt das Terrain. Zahlreiche Restaurants heißen die Reisenden dann in ⑬ **Lauterbourg** willkommen, der östlichsten Stadt Frankreichs, direkt an der deutsch-französischen Grenze. Von hier aus kehrt man über die D 3, eine fast schnurgerade Straße, nach **Wissembourg** zurück.

ROUTE DES VINS

Start und Ziel: von Strasbourg nach Colmar | **Länge:** ca. 135 km
Dauer: mind. 2 – 3 Tage

Tour 2

Die Tour folgt größtenteils dem nördlichen Abschnitt der Route des Vins. In den malerischen Winzerdörfern gibt es in beinahe jedem Ort Möglichkeiten, Wein zu probieren und zu kaufen, einzukehren und zu übernachten. In der Nähe mancher Orte wie Riquewihr herrscht viel Verkehr, insbesondere an schönen Wochenenden und zur Weinlesezeit.

Die »Route des Vins d'Alsace« ist durch eine stilisierte Traube sowie das typische langstielige Elsässer Weinglas gekennzeichnet.

Auftakt in Strasbourg

Für die elsässische Metropole ❶ ★★**Strasbourg** sollte man sich sehr viel Zeit nehmen – und am besten nicht ausgerechnet am Wochenende anreisen. Samstags ist die Stadt voll, sonntags haben die Läden zu. Die Stadt am Rhein hat nicht nur einen mittelalterlichen Ortskern, sondern auch ein französisches und ein deutsches Viertel, als Sitz des Europarats und Europaparlaments ein sogenanntes Europäisches Viertel (das man am wenigsten dringend besichtigen muss) und zahlreiche Museen zu bieten. Außerdem gibt es unzählige Möglichkeiten zum Bummeln, Einkaufen und Essen gehen. Eine Nacht solle man also mindestens bleiben.

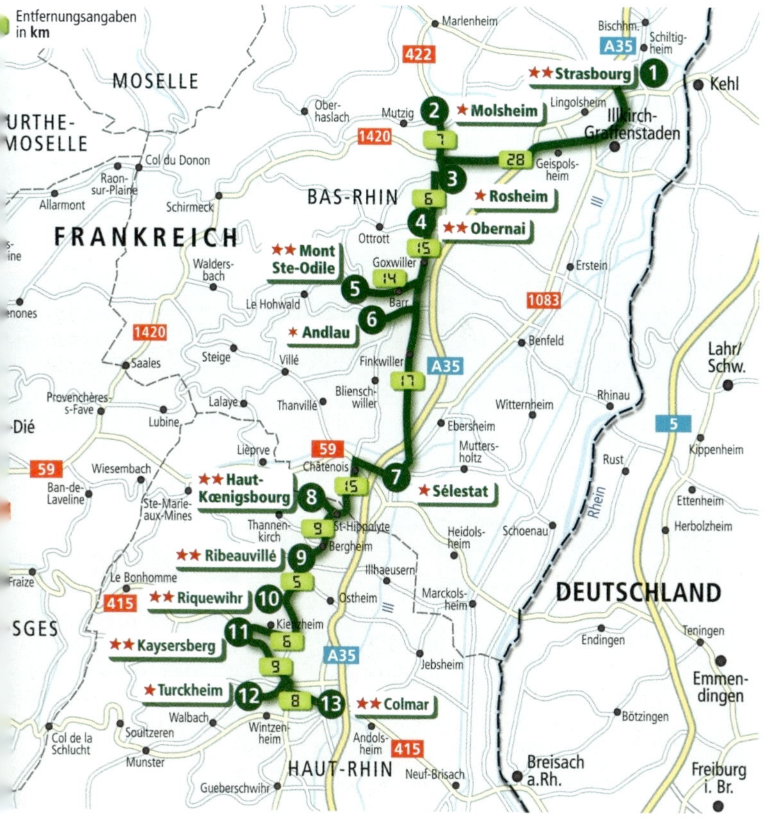

Autos und Festungen

Von Strasbourg aus empfiehlt es sich, in ❷ ★ **Molsheim** – erreichbar über die A 352 – zu starten. Von der hübschen Bugatti-Stadt ist es nur ein Sprung ins westlich benachbarte altertümliche **Mutzig**, wo einst Kaiser Wilhelms II. mächtigstes Verteidigungsbollwerk stand. Wer die Feste sehen will, muss dafür einen halben Tag einplanen.

Romanik pur

Über die N 420 und dann D 500 führt der Weg am schnellsten ins romanische Städtchen ❸ ★ **Rosheim**. Hier steht das älteste Steinhaus des Elsass (Kirchen ausgenommen), die 1154 erbaute Maison Romane. Nicht weniger fotogen ist der Sechs-Eimer-Brunnen und natürlich die romanische Peter-und-Pauls-Kirche. Ab Rosheim führt die weitere Fahrt durch die sanft hügeligen, von Wiesen und vor allem Rebhängen gesäumten Vogesenvorberge. Über teilweise kleine Straßen windet sich die Strecke, an der sich die Orte in kurzen Abständen aneinanderreihen, durch die Weinbaulandschaft, wobei sich immer wieder herrliche Ausblicke über die Rheinebene bis hinüber zum Schwarzwald bieten. Von Rosheim geht es in das idyllische, in seinen Festungsmauern

Von Andlau heißt es, eine Bärin habe Kaiserin Richardis die Stelle angewiesen, wo ein Kloster gegründet werden solle. Drei Grand Cru-Lagen gedeihen heute am Ort.

eingezwängte Bœrsch und dann über Ottrott nach 4 ★ ★**Obernai**, das als die »Perle des Unterelsass« gilt. Auf dem bildschönen Marktplatz steht wie in Rosheim ein Sechs-Eimer-Brunnen. Und Obernai hat ebenfalls eine Peter-und-Pauls-Kirche. Diese allerdings im neogotischen Stil. Viele kleine Restaurants, Hotels, Winzer und Keramikshops inspirieren zu einem längeren Zwischenstopp.

Heiliger Berg des Elsass

Nach der Rückfahrt über Ottrott empfiehlt sich auf dem Weg nach Barr ein Abstecher zum Kloster auf dem 5 ★ ★**Mont Sainte-Odile**, der größten Wallfahrtsstätte des Elsass. Die Straße windet sich durch den Wald immer höher, bis man an einem großen Parkplatz auf der Bergspitze anlangt. Meistens ist viel los auf dem heiligen Berg des Elsass. Wer sich tiefer in die spirituelle Stimmung versenken will, übernachtet am besten gleich hier oben im Pilgerhotel.

Durch die Weindörfer

Nach diesem Besuch ist das nächste Ziel die »Bärenstadt« 6 ★**Andlau**, dann über Itterswiller, Nothalten und Blienschwiller nach Dambach-la-Ville, einem reizenden Städtchen mit schmalen Gassen und eng aneinander gedrängten Häusern. Von hier ist es über das von zwei Burgruinen überragte Scherwiller nur ein kurzes Stück bis nach Châtenois, der Stadt der Schnäpse. Ein kleiner Umweg führt nach 7 ★**Sélestat**. Dort ist die mit einem Erweiterungsbau versehene Bibliothèque Humaniste ein Muss. Ein weiterer Abstecher lohnt sich von Kintzheim auf die imposante 8 ★ ★**Haut-Kœnigsbourg**, die einmal der Stolz von Kaiser Wilhelm II. war und heute beliebtestes elsässisches Ausflugsziel ist.

Die bunten Drei

Die Route des Vins erreicht das ummauerte Winzerstädtchen Saint-Hippolyte und das tiefer gelegene Bergheim, auf das man von der Straße aus einen herrlichen Blick genießt. Dann die berühmtesten Orte der elsässischen Weinstraße: Ribeauvillé, Riquewihr und Kaysersberg. In allen muss das Auto vor den Stadttoren bleiben und in wenigstens einer empfiehlt es sich, zu übernachten, um die Probierstuben und Restaurants genießen zu können. Nicht nur zu Weinfesten bzw. am Pfifferdaj (1. Sonntag im September) ist der Rummel gigantisch, 9 ★ ★**Ribeauvillé** wirkt fast jeden Tag wie eine einzige große Kirmes. Nicht versäumen: Tischdecken- und Stoff-Fabrikeinkauf bei Beauvillé. Wohltuend friedlich zeigt sich das wenig besuchte, benachbarte Dörfchen Hunawihr mit der weit sichtbaren Wehrkirche. Besonders am frühen Morgen herrscht hier oben eine eindringliche Stimmung, wenn die Sonne hinter dem Schwarzwald aufgeht und die Rheinebene in zartfarbige Nebel hüllt. Viel Gedränge wartet in der Nr. 1 der Winzerdörfer, dem südlich gelegenen 10 ★ ★**Riquewihr**, das sich steil einen Hang hinaufwindet. Ungeheuer farbiges Fachwerk, putzige Gässchen und verspieltes Blumendekor finden ein riesiges Publikum. Drittes im Reigen der buntesten Weindörfer ist 11 ★ ★**Kaysersberg**, der Geburtsort von Albert Schweitzer.

Krönender Abschluss

Ebenfalls beliebt ist ⓬ ★**Turckheim**. Im Sommer macht um 22 Uhr sogar ein Nachtwächter seinen Rundgang durch das beleuchtete Städtchen. Gourmets erstehen bei Staub noch schnell einen Gusseisenbräter. Von Turckheim geht es nach ⓭ ★★**Colmar**. Auch hier ist mindestens ein halber Tag nötig, um das Unterlindenmuseum und die Altstadt anzuschauen. Ideal auch zum Einkauf von Feinkost, denn in der alten Markthalle steht eine schöne Auswahl elsässischer Spezialitäten griffbereit beieinander.

DAS SÜDLICHE ELSASS

Start und Ziel: Colmar | **Länge:** ca. 300 km

Tour 3

Weinstraße, Sundgau und Vogesen: Diese Tour fasst die gesamte Spannbreite der elsässischen Landschaft zusammen. Für die über 300 km sind einige Tage Zeit nötig.

Auftakt in Colmar

Für viele deutsche Besucher ist ❶ ★★**Colmar**, die vom badischen Breisach aus über die N 415 schnell erreichbare Hauptstadt des Départements Haut-Rhin, der Ausgangspunkt für Touren in den südlichen Teil des Elsass. Ein paar Stunden Zeit sollte man für den Besuch der fast immer sehr frequentierten Altstadt mit ihren historischen Fachwerkbauten schon einkalkulieren – schließlich gilt die Metropole des Oberelsass mit dem weltweit bekannten Isenheimer Altar als »die elsässischste aller elsässischen Städte«.

Wein probieren

Rund zehn Kilometer südwestlich von Colmar liegt ❷ ★★**Eguisheim**, ein malerischer Weinort mit in konzentrischen Kreisen angelegten, von Fachwerkhäusern gesäumten Gassen. Im Gebäude Place Château Saint-Léon Nr. 8 hat einer der besten Winzer des Elsass seine Probierstube, Léon Beyer (So., Mo. geschl.). Danach vielleicht in der Hostellerie du Châteaux einquartieren (Nr. 2). Ein kleiner Umweg lohnt von Eguisheim aus über Gueberschwihr, das zu den idyllischsten Weinorten im Umkreis zählt. Auf dem Weg dorthin ist der Blick über die Rheinebene bis hinüber zum Schwarzwald herrlich.

Richtung Süden

❸ ★**Rouffach**, um das die N 83 einen Bogen schlägt, ist ein alter Ort mit einem riesigen Marktplatz, den die Einwohner ganz unbescheiden als den schönsten im Elsass bezeichnen. Weiter auf der Schnellstraße N 83 gelangt man kurz nach Issenheim ins lang gezogene Straßendorf ❹ ★**Guebwiller**, wo man wie im nah gelegenen ★**Murbach** romanische Kunst bewundern kann. Wer die Strecke abkürzen will, fährt über ❺ ★**Thann** nach Masevaux.

Rheinebene

Nach Mulhouse geht es rasch über die D 430. Ein Abstecher bei Ensisheim/Ungersheim führt zum ★★**Écomusée d'Alsace**, dem Elsässischen Freilichtmuseum, mit seinen zahlreichen historischen Fachwerkhäusern aus der Oberrheinebene und dem Sundgau.

Mulhouse

Auf relativ wenige Touristen wird man in ❻ ★★**Mulhouse** stoßen, der zweitgrößten Stadt des Elsass. Immer noch gilt die elsässische Industriemetropole bei vielen nur als Stadt der technischen Museen (Automobile, Eisenbahn, Elektrizität). Dabei hat die Gemeinde in den letzten Jahren einiges unternommen, um das Altstadtbild zu verschönern – mit Erfolg. Das historische Zentrum, eine Fußgängerzone, ist ein kleines Juwel, das zum Einkaufen und Flanieren einlädt. In

den zahlreichen Brasserien der hübschen Seitengassen findet man eine große Auswahl an sog. kleinen Gerichten. Aber Vorsicht: Die Portionen sind mächtig!

Im ruhigen Sundgau

Der Sundgau, eine sanft hügelige Landschaft zwischen Mulhouse und den Südvogesen einerseits und dem Schweizer Jura andererseits, ist im Vergleich zu anderen elsässischen Regionen weniger besiedelt und vom Massentourismus verschont geblieben. Man pflegt hier einen »tourisme vert«, einen grünen, sanften Tourismus der kleinen Dimensionen. So muss man sich im ca. 20 km südlich von Mulhouse gelegenen **Altkirch** mit seiner ruhigen Oberstadt erst an den Gedanken gewöhnen, in der Hauptstadt des Sundgaus zu sein. Und das noch weiter südlich liegende und ebenfalls über die D 432 erreichbare hübsche alte Grafenstädtchen 7 ★**Ferrette** wirkt noch gemächlicher und beschaulicher – in der Unter- wie in der Oberstadt. Vom großen Parkplatz des Office de Tourisme aus führt ein ca. 1,5-stündiger Rundwanderweg hinauf auf die Burg und durch die umliegenden Wälder. Im benachbarten Vieux-Ferrette sollte man unbedingt »Käse-Papst« Bernard Antony einen Besuch abstatten und an einer Käseverkostung teilnehmen (▶Ferrette). Käse in dieser Qualität wird man anderswo lange suchen müssen.
Beschaulich ist auch die Fahrt von Ferrette in westlicher Richtung über kleine Landstraßen nach Montbéliard, über sanfte Hügel, durch Wäldchen und Felder, vorbei an kleinen Teichen, in denen Karpfen gezüchtet werden. Hier aus dem Sundgau, dem Elsässischen Jura, stammt auch die ausgezeichnet schmeckende »carpe frite«, der gebackene Karpfen. Wer einen solchen von bester Qualität genießen will, fährt schnurstracks ins nördlich gelegene Dannemarie und kehrt im Restaurant Ritter ein (5, rue de la Gare, Tel. 0389 25 04 30, Ruhetage Mo.- und Do.abend, Di. ganztägig).

Südvogesen

Über die hügelige, recht verkehrsarme N 83 und über kleine Landstraßen (Hinweisschild Rougement-le-Château folgen) geht es nun in den betulichen Vogesen- und Festspielort 8 **Masevaux**, wo in der Schulanstalt der damaligen Benediktinerabtei die spätere russische Zarin Katharina II. den Schliff fürs Leben erhielt. Von Masevaux aus schlängelt sich die D 466 hinauf auf den 1274 m hohen Ballon d'Alsace. Bevor die Serpentinen beginnen, lohnt es sich am Lac d'Alfeld einen Zwischenstopp einzulegen. Unterhalb des Lac d'Alfeld (direkt an der Straße) liegt ein Berggasthof – ein rustikales Gasthaus mit freundlichem Service und erschwinglichen Preisen.

Dach der Vogesen

Je näher der 9 **Ballon d'Alsace** rückt, umso mehr kann der Verkehr zunehmen, denn der Berg mit seinen Mattenhängen zählt zu den liebsten Ausflugszielen. Auf den kurvigen und stellenweise engen Bergstrecken toben sich auch Mountainbiker und Motorradfahrer

aus. Am Ballon d'Alsace unbedingt aussteigen, auf den Gipfel laufen (ca. 10 – 15 Min. Fußweg) und die Rundumsicht genießen.
In Saint-Maurice-sur-Moselle (nordwestlich vom Ballon d'Alsace) ist die wieder besser ausgebaute N 66 erreicht, die in Richtung Le Thillot führt. Hier auf die D 486 abbiegen: eine hübsche Bergstrecke, die durch ruhige, teils verschlafen wirkende Orte führt. Erst in La Bresse ist mehr los, auch, was einkehren oder einkaufen angeht.

An den See

⑩ **Gérardmer** liegt bildschön an einem See. Idyllisch ist die Fahrt von dem bekannten Touristenort zum Col de la Schlucht. Von der kurvigen Bergstraße aus geht der Blick auf den Lac de Longemer. Hier und da gibt es kleine Haltepunkte mit schöner Aussicht auf das Tal. Auf der Strecke unterwegs bieten sich unzählige Möglichkeiten an, in den Vogesen zu wandern – natürlich auch am Pass ⑪ ★ **Col de la Schlucht** in 1139 m Höhe, namengebend für das Skigebiet, in das ein Sessellift hinaufführt. Der letzte Teil der hier beschriebenen Route führt durch die hübschen Bergorte Stosswihr und ⑫ **Munster**, wo der Munsterkäse seinen Ursprung hat. Wer nicht schon in den Vogesen bei einer der Ferme-Auberges Munsterkäse eingekauft hat, kann dies nun im »Haus des Käses« nachholen. Dort gibt es ein Restaurant sowie eine Ausstellung rund um Kühe, Käse und Vogesen. Nur einen Kilometer entfernt liegt das heimelige **Gunsbach**. Albert Schweitzer (▶ Interessante Menschen) verbrachte hier seine Jugend. Ein beschilderter Rundweg führt quer durch den reizenden Ort zu Stätten, die Schweitzer wichtig waren (Beginn am Pfarrhaus). Die Weiterfahrt führt durch den ansehnlichen Weinort Wintzenheim, bevor man wieder den Ausgangspunkt **Colmar** erreicht.

Z
ZIELE

Magisch, aufregend, einfach schön

Alle Reiseziele sind alphabetisch geordnet. Sie haben die Freiheit der Reiseplanung

Ein technisches Wunderwerk: die astronomische Uhr im Straßburger Münster ▶

TEMPS APPARENT
EQUATIONS
SOLAIRES & LUNAIRES
LEVER DU SOLEIL

ALTKIRCH

Département: Haut-Rhin | **Höhe:** 312 m. ü. d. M. | **Einwohner:** 5700

Viel Trubel herrscht im südlichen Elsass nicht, deshalb zieht es viele, die wieder einmal echte Bodenhaftung brauchen, hierher. Und tatsächlich: so viel Provinz, Dörfer mit kornblumenblauem Bullerbü-Charme und frei umherlaufenden Hühnern – und das im Vorgarten der Industriemetropolen Basel und Mulhouse.

Welch friedliches Eckchen

Gerade mal 30 km trennen Altkirch vom globalen Business im Dreiländereck Deutschland-Frankreich-Schweiz. Viele Süddeutsche und Schweizer haben sich im Sundgau den Traum vom erschwinglichen Bauernhaus auf dem Lande erfüllt, eingebettet zwischen stillen Wäldern und Seen. Alles ist wohltuend unspektakulär. Wanderer, Genussradler, Vogelbeobachter und Hobbybotaniker gehen hier ihren friedlichen Passionen nach. Einkehren im Landgasthof, zwischen Einheimischen einen gebackenen Karpfen verspeisen, auch das steht auf dem Programm. Kulturelle Sensationen fallen aus, selbst in Altkirch, dem Zentrum des Sundgaus, das sich dafür als Ausgangspunkt für den Fahrradtourismus versteht. Das örtliche Tourismusbüro hält Tourenkarten und Tipps aller Art bereit. Von den Hügeln unterwegs begeistert immer wieder die prächtige Aussicht auf die Alpen.

Das Landstädtchen selbst entwickelte sich rund um die Burg der Grafen von Pfirt (heute ▶ Ferrette). Diese hatte eine strategische Schlüsselstellung an der Burgundischen Pforte inne, entprechend lag die Feste auf einem Hügel hoch über der Ill. Das spürt, wer die Gassen der Oberstadt bergauf schnauft.

Wohin in Altkirch und Umgebung?

Trachtenpracht und ein begabter Feldherr

Place de la République, Hôtel de Ville

Oben auf dem Burghügel liegt heute der brunnengeschmückte Place de la République mit dem Hôtel de Ville (Rathaus). Napoleons späterer Feldherr, der Architekt Jean-Baptiste Kléber, lieferte die Pläne für den klassizistischen Bau.

Rechts daneben ist in der alten Landvogtei, einem stattlichen Renaissancegebäude, das **Sundgauer Heimatmuseum** eingerichtet. Auf zwei Stockwerken zeigt es u. a. archäologische Fundstücke, Sundgau-Trachten, Möbel sowie Gemälde elsässischer Künstler.

Sundgau-Museum: Juli–Aug. Di.–So. 14.30–17, Sept.–Juni Di.–Fr., So. 14.30–17 Uhr | Eintritt: 3 €

ALTKIRCH ERLEBEN

OFFICE DE TOURISME

13, rue du Château
68130 Altkirch
Tel. 0389 40 02 90
www.sundgau-sudalsace.fr

AUBERGE DU CHEVAL BLANC €€€

Familie Schlienger hat mit ihrer Feinschmeckerküche das winzige Dörfchen Diefmatten weit über Altkirch hinaus bekannt gemacht. Spezialität des Hauses ist Foie gras, herrlich der Pot au feu aus Ochsenfleisch und frischem Gemüse, den es immer samstags gibt. Nehmen Sie ein Menu, es lohnt sich. Ist das Wetter schön, lockt die Terrasse.
17, rue de Hecken
68780 Diefmatten
Tel. 0389 26 91 08
www.auchevalblanc.fr
Ruhetage: Mo., Di.

À LA COURONNE €€

In der »Krone« trifft sich der halbe Sundgau, um im großen Saal frittierten Karpfen auf traditionelle Art zu essen. Wer hier einkehrt, will Fisch und nichts anderes (obwohl es auch Alternativen gibt). Wundern Sie sich nicht über leicht gräulich wirkende Karpfenteile – die Farbe ist dem Griesteig zu verdanken, in dem sie ausgebacken werden. Dazu gibt's grünen Salat und Pommes frites. Immer viel Betrieb, also reservieren oder Zeit mitbringen, um zu warten.
9, rue de Steinsoultz
68130 Carspach
Tel. 0389 40 93 09
www.la-couronne-hartmann-zimmermann.fr
Ruhetage: So.abend, Di., Mi.

L'AUBERGE DU PARADIS €€

Ruhig und abgeschieden liegt das kleine Dörfchen Strueth, am Ortsrand steht das Fachwerkhaus aus dem Jahre 1810. Familie Emberger hält ihre Charolais-Rinder selbst; der Weg vom Stall auf den Teller ist also kurz. Fondue, Karpfen und Fleisch vom Holzkohlegrill gehören zu den gern bestellten Gerichten, die im gemütlich-kleinen Gastraum auf karierten Tischdecken serviert werden. Vier Zimmer für Bleibewillige.
1, route de Mertzen
68580 Strueth
Tel. 0389 07 21 46
www.auberge-paradis.alsace/de
Ruhetage: Mi.abend, Mo., Di.

Ziel frommer Wallfahrer

Altkirchs Kirchen

Wo bis ins 19. Jh. die Burg stand, erhebt sich heute die neogotische **Église Notre-Dame**. Aus Vorgängerkirchen stammen das romanische Taufbecken und eine Pietà (16. Jh.). Von der Rückseite der Kirche bietet sich ein schöner Blick auf die Landschaft des Sundgaus. Die spirituell wichtigere Kirche ist die des **Hl. Morandus** (erbaut 1885) Richtung Krankenhaus, Ziel vieler Wallfahrer. Zwei Löcher im gotischen Sarkophag des Heiligen erlauben es Kranken, ihre Hände durchzustrecken. Morandus, der als Apostel des Sundgau gilt, starb am 3. Juni 1115 in Altkirch. Einige seiner Reliquien gingen an den Stephansdom zu Wien, war doch Morandus ein von den Habsburgern geschätzter Heiliger.

Der Schein trügt nicht: Im Sundgau ist die Schweizer Grenze ganz nah.

Künstler aus drei Ländern stellen aus

Kunst am Rhein

Das CRAC (Centre Rhénan d'Art Contemporain) mitten in der Stadt zeigt jährlich drei Ausstellungen mit Werken zeitgenössischer Künstler, die aus dem Dreiländereck stammen. Auch Dichterlesungen und Treffen mit Filmemachern und Musikern stehen auf dem Programm.
18, rue du Château | Di.–So. 14–18 Uhr | www.cracalsace.com

Ans Wasser gebaut

Dannemarie

Dannemarie liegt am Rhein-Rhône-Kanal. Der Wasserweg beginnt im Burgund und endet in Niffer am Dreiländereck. Von Dannemarie führt ein ca. 20 km langer Radweg bis an den Rand von Mulhouse. Im Weiler Altenach (4 km von Dannemarie) bietet das **Naturzentrum** naturkundliche Exkursionen und eine kleine Ausstellung an.
Maison de la Nature du Sundgau: 13, rue Sainte Barbe, Altenach Mo.–Fr. 9–12.30, 14–17.30 Uhr | Tel. 0389 08 07 50 | www.maison-nature-sundgau.org

Kunst im Weinlager

Saint-Louis

Knapp 30 km östlich von Altkirch liegt fast unmittelbar am Rhein im Dreiländereck das Städtchen Saint-Louis. In den ehemaligen Weinlagern der Firma Fernet-Branca erzielt das Museum für zeitgenössische Kunst grenzüberschreitende Wirkung. Das bekannte Firmensymbol des Adlers mit ausgebreiteten Flügeln markiert das Ausstellungsgebäude, das nun Wechselausstellungen dient.

Museum: 2, rue du Ballon | Mi.–So. 13–18 Uhr | Eintritt: 8 € | fondationfernet-branca.org

La Petite Camargue

Wo die Nachtigall singt

Nur wenige Kilometer nördlich von Saint-Louis liegt das Naturreservat »La Petite Camargue Alsacienne«. Auf den Kiesbänken, die der Rhein abgelagert hat, entstanden hier Trockenprärien, auf denen bis heute zahlreiche Orchideen wachsen. Fast das gesamte Gelände hat Dschungelcharakter, so dicht wächst in dem Feuchtgebiet Wald- und Krautschicht. Besonders spannend ist es, von eigens eingerichteten Forschungsständen aus Tiere zu beobachten. Rund 200 Vogelarten kommen hier vor; im Mai singen die Nachtigallen betörend. Tafeln weisen den Weg zu sieben gemütlichen Rundgängen. An einem toten Rheinarm wurde 1852 die erste Fischfarm Europas gegründet. Ziel war, den Lachsbestand des Rheins durch Jungfische aufzufrischen. Eines der Gebäude wurde als **Naturschutzhaus** eingerichtet.

CINE-Naturschutzzentrum (Maison de la Réserve Naturelle): 1, rue de la Pisciculture | Tel. 0389 89 78 59 | März–Okt. So.–Fr. 9–17, Sa. 13.30–17 Uhr | www.petitecamarguealsacienne.com

ANDLAU

Département: Bas-Rhin | **Höhe:** 246 m ü. d. M. | **Einwohner:** 1800

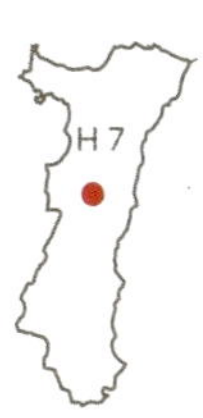

Weinliebhaber steuern das schmucke Dorf mit seinen drei Grand-Cru-Lagen recht zielstrebig an. Um die herausragenden Tropfen wird im bildschönen Stadtbild nicht viel Aufhebens gemacht. Bären hingegen sind wichtig.

Heute gehen Städtegründungen zweckorientiert und rational über die Bühne. Von höherem Beistand keine Spur. Das war in Andlau doch sehr viel anders. Der Legende nach wies anno 880 eine Bärin inmitten der Wildnis die Stelle an, wo Kaiserin Richardis eine Benediktinerabtei gründen sollte. Richardis, Gattin Kaiser Karl des Dicken (839–888), war von ihrem Mann zu Unrecht des Ehebruchs bezichtigt und verstoßen worden und, als elsässische Adlige, wieder in ihre Heimat zurückgekehrt. Sie gründete nicht nur die Abtei, um die herum sich Andlau entwickelte, sondern stattete sie mit großen Besitztümern aus. Immerhin verfügte die Verstoßene über erhebliche Mittel und wurde später heiliggesprochen. Ihr Grab befindet sich in der Kirche. An die Gründungslegende erinnern eine Bärin auf dem Richardisbrunnen

ANDLAU ERLEBEN

OFFICE DE TOURISME
1, place de l'hôtel de ville
67140 Andlau
Tel. 0388 08 66 65
www.paysdebarr.fr

WOCHENMARKT
Obst, Gemüse und Regionalerzeugnisse gibt es immer mittwochs von 7.30–13 Uhr auf dem Marktplatz.

BOUCHERIE HELMBACHER
Die alteingesessene Metzgerei bietet eine gute Winzerpastete sowie hausgemachte, mit Holz aus den Vogesenwäldern geräucherte Spezialitäten. Viele Snacks auch zum Mitnehmen.
9, rue du Général de Gaulle
Mo.–Fr. 8–12.30, 14–18.30, Sa. 8–12.30 Uhr

MARC KREYDENWEISS
Recht unspektakulär erscheint das kleine Ladengeschäft des berühmten Winzers Marc Kreydenweiss. Die Sensationen befinden sich gut verkorkt in den Flaschen. Kreydenweiss hatte sich als einer der ersten im Elsass dem biodynamischen Anbau verschriebenn, 2007 übernahm sein Sohn Antoine in vierter Generation das Weingut. Die Ergebnisse sind exzellent, entsprechend rasch verkaufen sich die besten Jahrgänge.
12, rue Deharbe
Tel. 0388 08 95 83
www.kreydenweiss.com

AU BŒUF ROUGE €€
Diese grundsolide Wirtschaft ist recht ansprechend untergebracht in einer alten Poststation aus dem 17. Jh. Die alten Holzböden knarzen, die Tische sind mit elsässischer Kelsch-Tischwäsche versehen, auf unnötigen Krimskrams wird verzichtet. Man verbindet im Restaurant oder in der Weinstube eine klassisch-elsässische Küche mit den guten Weinen der Gegend.
6, rue du Docteur Stoltz
Tel. 0388 08 96 26
https://restaurantauboeufrouge-andlau.business.site
Ruhetage: So.abend, Mo., Mi..

(19. Jh.), eine auf der Place de la Mairie sowie die romanische Bärinnen-Skulptur in der Krypta der Abteikirche. Auf dem Kryptaboden zeigen Kratzspuren, wo sich die Bärin einst niedergelassen haben soll. Im Mittelalter durften Bärenführer kostenlos im Ort wohnen, und die Nonnen hielten sich einen lebenden Bären im Kloster.

Wohin in Andlau und Umgebung?

Spitzenwein und idyllische Lage

Drei Mal Grand Cru

Andlau liegt zwar an der Weinstraße, bleibt aber dennoch vom Trubel recht unberührt und liegt herrlich eingebettet zwischen Wald und Weinbergen. Nur der Durchgangsverkehr stört zeitweise die vollen-

6X DURCHATMEN

Entspannen, wohlfühlen, runterkommen

1. HIMMELSNAH

Angeblich brannten auf dem **Champ du Feu** schon die Opferfeuer der Kelten. Gut nachvollziehbar, so nah wie der Himmel auf dieser Hochebene scheint. (▶ S. 52)

2. GLASKLAR

Wie tiefblaue Spiegel ruhen die klaren Seen der Vogesen in einem grünen Rund aus Wald. Einer der schönsten ist der **Lac Blanc**. (▶S. 126)

3. HEILIG

Es ist meistens viel los auf dem **Mont Sainte-Odile**, und doch sucht diese besondere spirituell-meditative Stimmung auf dem Heiligen Berg des Elsass ihresgleichen. Versäumen Sie nicht die Tränenkapelle und die Quelle am Fuße des Klosters. (▶ S. 149)

4. BLÜTENZART

Ein wenig verschlossen können sie sein, die menschenleeren Hochweiden rund um den **Gazon du Faing**. Doch die Sonne lockt winzige Blumen hervor und gibt den kargen Bergwiesen ein liebliches Gesicht. (▶ S. 172)

5. FREIER BLICK

Eine möglichst gute Übersicht über das endlose Meer der Wälder schätzten offenbar schon die alten Rittersleut, die **Haut Barr** errichteten, auch das »Auge des Elsass« genannt. (▶ S. 216)

6. GANZ OBEN

Goethe therapierte auf der **Münsterterrasse** seine Schwindelanfälle, heute lässt der Blick über Strasbourgs Häusergewirr, über die Rheinebene bis zu den Vogesen alle Mühen des Treppenaufstiegs vergessen. (▶ S. 248)

dete Idylle. Am Ort produziert eine der besten Winzerfamilien des Elsass: Marc Kreydenweiss. Grand Cru Kastelberg, Moenchberg, Wiebelsberg sind die drei Grand Cru-Lagen des netten Städtchens.
Ins restaurierte Schlösschen (16. Jh.) am Marktplatz ist ein mit viel Herzblut betriebenes heimatkundliches Museum namens »La Seigneurie« eingezogen, das ein respaktables Kulturprogramm auf die Beine stellt und Regionalliteratur anbietet.

La Seigneurie: place de la Mairie | März, Okt.-Dez. Di.-So. 14-18, April-Sept. 10-13, 14-18 Uhr | Eintritt: 7 €

Abbatiale (Abteikirche)

Weinpanscher, Ritter, Heilige

Hauptsehenswürdigkeit ist die romanische Kirche der einstigen Benediktinerabtei. Die um 1130 angefertigten Fries- und Portalfiguren am mächtigen Westwerk der Kirche gehören zu den bedeutendsten Werken romanischer Plastik im Elsass. Detailfreudig und unterhaltsam sind Szenen aus Mythologie und Alltag dargestellt, viele Tierarten, auch exotische, Fabelwesen sowie Jagd- und Gastmahlszenen, kämpfende Ritter und Weinpanscher. Es sind aber Adleraugen oder ein Fernglas gefragt, um die Figuren wirklich gut betrachten zu können. Besser geht das bei den Reliefs auf dem Türsturz des Portals in

Weingut Marc Kreydenweiss in Andlau: Gegen Ende September beginnt die Lese, das heißt mühsame Handarbeit für Winzer und Erntehelfer.

der Vorhalle: Sie zeigen die Schöpfungsgeschichte und die Vertreibung aus dem Paradies. Im Tympanon übergibt Christus die Schlüssel des Garten Eden an Petrus und ein Buch an Paulus. Der jetzige Kirchenbau ist ins 11./12 Jh. datiert. Nach einem Brand Ende des 17. Jh.s wurden Langhaus und Glockenturm umgebaut. Dementsprechend zeigt das Innere ein eigenartiges Stilgemisch aus Romanik, Gotik, Renaissance und Klassik. Die weiträumige Hallenkrypta aus dem 11. Jh. ist vom linken Querhausarm zugänglich.

Wandern zu den Burgen

Haut-Andlau, Spesbourg

Ungefähr 1,5 km nördlich erhebt sich die Ruine Haut-Andlau, einst Stammburg der Grafen von Andlau aus dem 13./14. Jh. Westlich befindet sich die Ruine der Spesbourg (Spesburg), errichtet im 13. Jh. von den Schutzvögten des Klosters Andlau. Von beiden bietet sich eine prächtige Aussicht auf die Oberrheinebene und die Vogesen. Ein beliebter Wanderweg führt in knapp 3 Std. (8 km) von Andlaus Kirche aus zu den Burgen und zurück. Es geht überwiegend durch den Wald; auf halber Strecke lockt eine rustikale Einkehrmöglichkeit mit Blick auf Ziegen, Gänse und Esel in der Auberge du Hungerplatz.

Auberge du Hungerplatz: Mo., Di. Ruhetag, Mi.–So. nur mittags geöffnet

Eine mutige Ärztin

Le Hohwald

Über die D 425 durch das malerische Andlautal erreicht man im Westen von Andlau die Vogesengemeinde Le Hohwald – eingebettet zwischen 200-jährigen Tannen- und Buchenwäldern.
Der Tourismus begann hier mit der Eröffnung des ersten Gasthofs 1856 durch die geschäftstüchtige Försterswitwe **Dorothée Kuntz**. Prominente vergangener Zeiten wie Schauspielerin Sarah Bernhardt und Konrad Adenauer verbrachten hier ihre Ferien. Der Ort arbeitet ausdauernd an einem Comeback; seit 2005 hat auch das renovierte »Grand Hotel« wieder geöffnet. Westlich von Le Hohwald bildet die Andlau den idyllischen Hohwalder Wasserfall (Wegweiser »Cascade«; ein guter Ausgangspunkt mit Parkplatz ist vor der Mairie, von wo aus der Wanderweg an einem Kneippbecken vorbeiführt).
1906 wurde in Le Hohwald die Ärztin **Dr. Adélaïde Hautval** geboren, die 1943 als »Judenfreundin« ins KZ Auschwitz deportiert wurde und dort jüdische Gefangene behandelte. Sie weigerte sich jedoch strikt, bei den medizinischen Experimenten der Nazi-Ärzte – u. a. Josef Mengele – zu assistieren und erfuhr starke Repressalien. 1988 nahm sie sich das Leben. In der Gedenkstätte Yad Vashem wird der couragierten Elsässerin als einer »Gerechten unter den Völkern« gedacht. 1991 ehrte ihre Heimatstadt sie mit einem Brunnen; 2008 erschienen ihre Lebenserinnerungen auch auf Deutsch unter dem Titel »Medizin gegen die Menschlichkeit«.

Opferplatz der Kelten?

Champ du Feu

Ca. 11 km südwestlich von Le Hohwald liegt Champ du Feu. Um den Namen des mit 1099 m höchsten Bergs der Mittelvogesen ranken sich diverse Spekulationen: Geht er auf das französische Wort »feu«/ Feuer zurück – dann könnte dies ein Verweis auf keltische Zeiten sein, als hier Opfer- und Sonnwendfeuer brannten. Oder heißt es Champ des Fées – also ein Hinweis auf eine Wirkstätte der Feen? Oder handelt es sich schlicht um eine Verballhornung von »Viehfeld«, Weide? Inmitten eines Straßenrondells ragt ein 1898/99 vom Vogesenclub erbauter Aussichtsturm auf, der aber meist geschlossen ist. Aber auch ohne Turm ist die Aussicht grandios. Kaum fällt der erste Schnee, verwandeln sich die Grashänge in ein beliebtes **Wintersportgebiet** mit Skiliften, zahlreichen Möglichkeit für Abfahrts- und Langlauf sowie Snowboarden und Schneeschuhwandern. Im Sommer wird hier gewandert.

BARR

Département:: Bas-Rhin | **Höhe:** 201 m ü. d. M. | **Einwohner:** 7200

H 7

In Barr kreuzen sich die Wege der Weinstraßen-Reisenden mit denen von Pilgern, Esoterikern und Geomanten, denn der ▸ Mont Sainte-Odile liegt genau oberhalb der Stadt. Neuerdings mischt auch ein Nachtwächter mit.

Ein zufriedener Stolz charakterisiert die Atmosphäre von Barr: Das Städtchen ist das Zentrum des Weinbaus im Bas-Rhin; das gediegene Rathaus thront inmitten von stattlichen, reich verzierten Fachwerkbauten – teilweise aus dem 14./15. Jh. –, die von einem jahrhundertelangen, einträglichen Weinhandel zeugen. Barr ist schön und ästhetisch, Grund genug für ein Luxushotel, sich 2017 exakt am Marktplatz in einem denkmalgeschützten Renaissancebau niederzulassen. Dienstags dreht der Nachtwächter publikumswirksam seine Runden durch die kopfsteingepflasterten Gassen.

Wein und Lebkuchen

Kulinarisches

Barr gehört zur Hochburg der Gewürztraminer, birgt aber eine Besonderheit: Ganz in der Nähe gedeiht der Edelwein **Klevener de Heiligenstein**. Diese Rebsorte gehört ebenfalls zur Traminer-Familie, ist AOC-geschützt und wurde vermutlich aus Italien ins Elsass gebracht. Geschmacklich ähnelt der Klevener dem Gewürztraminer.
Der Nachbarort Gertwiller hingegen ist für Lebkuchenspezialitäten bekannt.

BARR ERLEBEN

OFFICE DE TOURISME
place de l'Hôtel de Ville
67140 Barr, Tel. 0388 08 66 65
www.paysdebarr.fr

WEINFESTE
Weinmarkt: Jährlich Mitte Juli
Das Weinfest gehört zu den größten im Elsass. Ende Sept./Anf. Oktober feiert Barr drei Tage lang mit Musik, Umzug und Weinkönigin.

NACHTWÄCHTERRUNDGANG
Juli und August, dienstags um 22 Uhr ab Rathaus

PÂTISSERIE OSTER
Pralinen, Desserts und Kleingebäck wird hier in bester handwerklicher Tradition hergestellt.
31, rue du Collège
Tel. 0388 08 92 49

FORTWENGER
Pain d'épices ist ein lebkuchenartiges feines Gewürzgebäck, das das ganze Jahr über verkauft wird. Gertwiller ist für diese »Lebkuchen« berühmt, Fortwenger produziert sie seit 1786.
144, route de Strasbourg
67140 Gertwiller (3 km westl.)
Tel. 0388 08 14 46
www.fortwenger.fr

PAIN D'ÉPICES LIPS
Seit 1756 ist Familie Lips mit Erfolg im Lebkuchengeschäft. Zusätzlich gibt sie Einblick in die süßen Stücke im »Musée du pain d'épices et de l'art populaire alsacien«.
110, rue Principale
67140 Gertwiller (3 km westl.)
Tel. 0388 08 93 52
www.paindepices-lips.com

WEINGUT GILG
Winzer Armand Gilg erzeugt nicht nur hervorragende Rieslinge und Crémants, sondern auch den Grand Cru Zotzenberg, die einzige Grand-Cru-Lage für Sylvaner. Eine Wein- und Crémantprobe bietet sich an.
2, rue Rotland
67140 Mittelbergheim (4 km südl.)
Tel. 0388 08 92 76
www.domaine-gilg.com
Mo.–Fr. 8–12, 13.30–18, Sa. bis 17, So. 9–11.30 Uhr

ENFIN €€€€
Mit ihrem Restaurant ist Carole Eckert von Strasbourg nach Barr umgezogen und hat dort eine ehemalige Schreinerei modern umgebaut. Zutaten für die Themen-Menüs stammen zu drei Vierteln aus dem Elsass, viele Gerichte sind vegetarisch, dazu gibt's eine Weinbegleitung, wahlweise auch alkoholfreie Getränke.
2, chemin du Château d'Andlau
Tel. 0369 61 37 30
www.enfin-barr.com
Ruhetage: Mo.–Mi., Sa.abend

AM LINDEPLATZEL
Mit ihrem kleinen Restaurant haben sich Sylvie und Thierry Baltzinger einen Lebenstraum erfüllt. Viel Bio, Fleisch vom Nachbarsbauern, alles immer marktfrisch, Wein vom Winzer um die Ecke.
71, rue Principale
67140 Mittelbergheim
Tel. 0388 08 10 69
www.am-lindeplatzel.fr
Ruhetage: Mi., Do.

5 TERRES HOTEL & SPA €€€€
2017 eröffnete mitten im Winzerstädtchen Barr dieses luxuriöse Haus. Im Dachgeschoss ziehen sich die Holzbalken des Fachwerkbaus durch den Raum, andere Zimmer punkten mit Blick auf die Weinberge. Viel Holz und Glas, Steinwände, Naturmaterialien, dazu schöne Dinge, die das Wohnen zum Luxus machen. Sehr ästhetisch: die Spa-Abteilung.
11, place de l'Hôtel de Ville
Tel. 0388 08 28 44
www.5terres-hotel.fr, 27 Z.

Wohin in Barr?

Im Juli mit Weinmarkt

Hôtel de Ville

Alles festhalten, was Räder hat: Koffer, Kinderwagen, Bobbycar. Der Rathausplatz liegt am Hang und wird von der lachsroten Hauptfront des Hôtel de Ville (1640) dominiert, einem reich verzierten Renaissancebau mit Treppengiebel und prächtigem Erker. Im Rathaus präsentieren die Winzer jedes Jahr Mitte Juli zur »Foire aux Vins« ihre besten Weine. Vom Innenhof aus kann man die schöne Rückfront des Gebäudes bewundern.

In und um die Stadt herum

Rundgänge

Direkt hinter dem Rathaus beginnt ein interessanter **Weinlehrpfad**. Auf dem ungefähr eine Stunde dauernden Spaziergang bietet sich ein schöner Blick auf Barr und die umliegenden berühmten Lagen wie Kirchberg und Klevener de Heiligenstein. Wer lieber den Ort und seine fotogene Altstadt erleben möchte, klappert die einzelnen Stationen des Stadtrundgangs ab: Tourplan und detaillierte Infos bei der Touristeninformation. Oder wagt sich auf eigene Faust ins verwinkelte Labyrinth. Zur Kaffeepause trifft sich die ganze Barr-Besucherschar in der Boulangerie Labouheure (1, Grand Rue). Auch der Nachtwächter weiß im Juli und August einiges zu erzählen, allerdings auf französisch.

Kirchlicher Stilmix

Église Saint-Martin

Erhöht hinter dem Rathaus und über den Rathausinnenhof zu erreichen, steht die protestantische Kirche Saint-Martin, ein eigenartiges Ensemble aus romanischen und historisierenden Elementen. Die vier unteren Turmgeschosse (12. Jh.) zeigen ausdrucksstarken Figurenschmuck. Im eigentlichen Kirchenbau (1850) befindet sich eine Orgel (1852) aus der Werkstatt der Gebrüder Stiehr in Seltz.

Ein verrückter Bauherr

»La Folie Marco«

Nahe dem östlichen Ortseingang steht in der Rue Sultzer das »La Folie Marco« genannte stattliche Barockgebäude (1763). Als Louis

Félix Marco, Advokat und Amtmann der früheren Herrschaft Barr, in den Jahren 1760 bis 1763 dieses Haus auf einem Grundstück außerhalb der Stadtmauern bauen ließ, nannten die Einwohner der Stadt dieses Unternehmen eine »Verrücktheit« (folie). Ganz unrecht hatten sie nicht, denn tatsächlich hat sich Marco mit diesem Bau finanziell ruiniert. Mittlerweile ist das Haus ein Museum, das eine Ausstelung regionaler Wohnkultur beherbergt. Zu sehen sind u. a. Möbel im Stil der Rheinischen Renaissance sowie Tafelgeschirr, Fayencen und Zinn, alles aus dem 17. bis 19. Jahrhundert.

Musée de la Folie Marco: Mai–Sept. 10–12, 14–18, Di. geschl.; Okt. bis April geschl. | Eintritt 5 € | www.musee-foliemarco.com

Rund um Barr

Weindorf mit Tulpenpracht

Mittelbergheim

Das südlich von Barr an der Route des Vins gelegene Mittelbergheim wird zu den schönsten Dörfern Frankreichs gezählt. Tatsächlich entspricht der Ort, der sich malerisch an einen Berghang schmiegt, mit seinen hübschen Fachwerkhäusern dem Idealbild eines elsässischen Winzerdorfs. In den Weinbergen blühen im April leuchtend gelb die wilden Tulpen. Wer probieren möchte, was aus den Trauben entsteht, kann bei Winzer Armand Gilg an einer Verkostung teilnehmen (► S. 53).

Das Lebkuchendorf

Gertwiller

Das Dörfchen Gertwiller (3 km westl.) ist die Hochburg eines Gewürzbrotes (»pain d'épices«), das wie eine Art Lebkuchen schmeckt. Allerdings produzieren von ehemals neun nur noch zwei Betriebe (► S. 53).

★ BITCHE

Département: Moselle | **Höhe:** 286 m ü. d. M. | **Einwohner:** 4900

Eckig und trutzig dräut die riesige Festung über dem Städtchen. Heute wird sie als Meisterwerk der Festungskunst vermarktet und ist für Halloween-Parties freigeben. Attraktiv ist das Umland zum Wandern und zum Einkauf von Glaswaren.

H 3

Die dicht bewaldeten Nordvogesen waren schon immer wirtschaftlich schwieriges Terrain. Die Ressourcen Holz und Sand machten sich früh die Glasmacher zunutze. So entwickelte sich im Bitscher Land

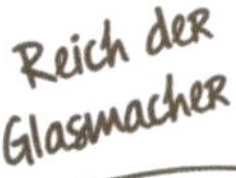

(Pays de Bitche) eine der wichtigsten Glasproduktionsstätten Frankreichs. Moderne Museen befassen sich mit diesem Thema; Shops bieten Vasen, Kristallgläser und andere Glaswaren feil und der Wald ist bestes Wander- und Radlerrevier.

Wohin in Bitche?

Citadelle

Die weithin sichtbare Zitadelle (306 m ü. d. M.) überragt imposant die Garnisonsstadt. Schon im Mittelalter stand hier eine Burg. Sonnenkönig Ludwig XIV. nahm sehr viel Geld in die Hand und ließ zwischen 1681 und 1683 nach Plänen von Festungsbaumeister Vauban eine ausgeklügelte Bergfestung errichten. Sie sollte den Vogesenübergang vom Elsass nach Lothringen überwachen. Kaum fertig, erlitt sie 1698 das Schicksal ihrer Vorgänger, wurde geschleift und 1740 bis 1754 wieder aufgebaut. Im Deutsch-Französischen Krieg (1870/1871) bot die Festung bei der Belagerung von Bitche auch der Zivilbevölkerung Zuflucht, im Zweiten Weltkrieg bildete sie einen wichtigen Punkt der Maginot-Linie. Die Besatzung belief sich damals auf rund 1000 Mann. Angeblich sollen auch 1000 Statisten bei der aufwendigen Videoproduktion mitgeholfen haben, die die Geschichte der Feste auf unterhaltsame Art darstellt. In den Souterrains de la Citadelle (Kasematten) sind insgesamt 67 Räume zu besichtigen. Auf dem höchsten Punkt der Zitadelle genießt man ein eindrucksvolles Panorama. Ein **Museum** widmet sich dem Krieg von 1870: Uniformen, Waffen, Dokumente aller Art erinnern an die Schlachten, die damals rund um Bitche igeschlagen wurden. In der restaurierten **Garnisonskapelle** befindet sich unter einer schützenden Glasglocke das Schmuckstück der Feste: ein Reliefplan von Bitche sowie ein Modell der Zitadelle und des nahen Umlandes (1794).
Mitte März– Mitte Okt. tgl. 10–18, So., Fei. bis 18.30; Juli, Aug. tgl. 10–18.30 Uhr | Eintritt: 11 €, Kombiticket mit Garten 13 €
www.citadelle-bitche.com

Garten für den Frieden

Lasst Blumen blühen
Am Fuß der Feste setzt das üppige Blütenangebot des Gartens für den Frieden ein Gegengewicht zur blutigen Vergangenheit des immer wieder unter Kriegen leidenden Bitcher Landes.
rue Bombelles | Ende April–Anf. Sept. tgl. 11–18, Juli, Aug. bis 19 Uhr | Eintritt: Kombiticket mit Zitadelle 13 €

Rund um Bitche

Simserhof

Besuch im Panzerfort
Von Bitche folgt man der in Richtung Zweibrücken führenden D 35 bis zur Abzweigung zu dem ca. 4 km entfernten, in die Maginot-Linie

BITCHE ERLEBEN

OFFICE DE TOURISME
2, avenue Général de Gaulle
57230 Bitche
Tel. 0387 06 16 16
www.tourisme-paysdebitche.fr

HALLOWEEN
An den Tagen um den 31. Oktober feiern Gruselfreaks auf der Citadelle Halloween. Das wilde Fest ist lange im Voraus ausgebucht, daher unbedingt Karten reservieren! Kinder unter 16 nur in Begleitung Erwachsener. Termine und Karten: www.citadelle-bitche.com

LE STRASBOURG €€€
Straßburg ist weit, auf gute Küche muss nicht verzichtet werden. Dem Guide Michelin war die klassisch-französisch orientierte Kochkunst von Lutz Janisch eine Auszeichnung wert. Damit war der Lausitzer der erste Ostdeutsche, der in Frankreich einen Stern erhielt. Der Gastraum ist im Art-déco-Stil eingerichtet, das Lamm stammt aus Deutschland, die Pilze und das Wild aus dem nahen Wald und die umfangreiche Weinkarte bietet einen Streifzug durch die ganze Welt. Wer bleiben will, übernachtet im angeschlossenen Hotel.
24, rue du Colonel Teyssier
Tel. 0387 96 00 44
www.le-strasbourg.fr
Ruhetage: So.abend, Mo., Di.mittag.

integrierten Festungswerk Simserhof (Hinweisschild »Ligne Maginot«). Das Panzerfort, eines der fünf wichtigsten seiner Art in der Maginot-Linie, ist seit 1940 in funktionstüchtigem Zustand erhalten geblieben. Die mit acht Kampfständen ausgerüstete und knapp 800 Mann Besatzung fassende Festungsanlage besitzt unterirdische Stollenanlagen von ca. 10 km Länge. Zu besichtigen sind Kraftwerk, Unterkünfte, Truppenküche, Krankenstation mit Operationssaal und Geschützstände. In den Gängen sind Geschützrohre aus beiden Weltkriegen zu sehen. Im Fort ist es ca. 11 °C kalt, auch im Sommer!
Siersthal | 15. März –15. Nov. tgl. außer Mo. 14–17, Juli, Aug. bis 18 Uhr | Eintritt: 10 € | www.cc-paysdebitche.fr

Berühmte Kristallglas-Manufaktur

Saint-Louis-les-Bitche

Im Kristallmuseum La Grand Place in Saint-Louis-les-Bitche lassen sich rund 2000 Kunstwerke bewundern, die in der 400 Jahre alten königlichen Manufaktur geschaffen wurden. Farbkristall, Schleifarbeiten und Vergoldungen haben einen besonderen Stellenwert. Im 18. Jh. war Saint-Louis die einzige Manufaktur Frankreichs, die Kristallglas herstellen konnte. Kristallwaren einzukaufen ist im benachbarten Laden möglich.

Auch die Kirche des Ortes ist sehenswert. Sie wurde vom ehemaligen Fabrikdirektor gestiftet wie auch ein besonders kunstfertig gestalteter Glasaltar, der heute wieder – nachdem er viele Jahre verschollen war – zur Fronleichnamsprozession in Saint-Louis aufgebaut wird.

Museum: Di.–So. 10–13, 14–18 Uhr | Eintritt: 8 € | www.saint-louis.com

Geburt einer Christbaumkugel

Meisenthal

Im rund 11 km südlich von Bitche gelegenen Ort Meisenthal, seit 1704 Sitz einer traditionsreichen Glasmanufaktur, zeigt die Maison du Verre et du Cristal eine sehenswerte Sammlung von Kunstglas, u. a. Werke von Émile Gallé (1846–1904) und Gläser aus den 1930er-Jahren. Zum Museum gehört auch eine Demonstrationswerkstatt, wo man beispielsweise erleben kann, wie Christbaumkugeln hergestellt werden. Dank Förderung der EU wurde das Museum um das **Internationale Glaszentrum** (CIAV – Centre International d'Art Verrier Meisenthal) erweitert, wo namhafte Künstler Glasobjekte zeigen. Die Glashalle dient als Ausstellungs- wie Veranstaltungsort; ein Verkauf von Glaswaren befindet sich ebenfalls im Haus.

Musée du Verre: April–Okt. tgl. außer Di. 14–18 Uhr | Eintritt: 6 €
https://ciav-meisenthal.fr

So werden Holzschuhe hergestellt

Soucht

Auch im Dörfchen Soucht lebten viele Bewohner von der Glasmacherei. Als sich diese nicht mehr lohnte, verlegte man sich auf die Herstellung von Holzschuhen. Doch wie entsteht ein Holzschuh? Alles über die robusten »Souchter Klumbe« und ihre aufwendige Fertigung zeigt das **Musée du Sabotier** (Holzschuhmachermuseum) in einem modernen Gebäude – natürlich ganz aus Holz. Interessant sind die Maschinen, an der Holzschuhmacher vorführen, wie man einen Holzschuh »schnitzt«. Zwischen Glasmuseum Meisenthal (s. o.) und dem hiesigen Museum verläuft ein 2 km langer Spazierweg.

Holzschuhmuseum: Ostern–Okt. tgl. außer Di. 14–18 Uhr
Eintritt: 5 € | www.museedusabotier.fr

Jugendstil-Glaskunst im Wald

Musée Lalique

In **Wingen-sur-Moder** widmet sich das Musée Lalique dem Jugendstil-Künstler René Lalique (1860–1945). Der Pariser Künstler verlegte sich seit 1912 ganz auf den Werkstoff Glas und ließ diesen seit 1921 in Wingen produzieren. Kurz vor Ausbruch des Zweiten Weltkriegs arbeiteten bereits 300 Menschen in seiner Glasfabrik. Heute sind noch 200 Mitarbeiter in diesem weltweit einzigen Werk für Lalique-Kristall beschäftigt. Den ungewöhnlichen Museumsneubau mit seiner grünen Schieferfassade kreierte das Architektenbüro Wilmotte. Es steht am Ortsrand auf dem Gelände der 1715 bis 1868 produ-

Wingen-sur-Moder zeigt im Musée Lalique exquisite Jugendstil-Glaskunst.

zierenden Glashütte Hochberg. Die alten Werksgebäude wurden behutsam in die Museumslandschaft integriert, die einen beeindruckenden Überblick über Laliques Schaffen gibt. Allein die Sammlung der 250 Parfumflakons ist einzigartig, dazu kommen 30 Kühlerfiguren aus Kristall, zahlreiche Schmuckstücke und großformatige Arbeiten, Kristallglas von Sohn Marc, insgesamt rund 650 Exponate. Videoinstallationen zeigen, wie heute im Lalique-Werke das berühmte Kristallglas produziert wird (mehr zu Lalique ▶ S. 18).

Musée Lalique: April–Sept. 9.30–18.30, Feb., März, Okt., Nov. tgl. außer Mo. 10–18, Dez. tgl. 10–18 Uhr, Jan. geschl. | Eintritt: 8 €
www.musee-lalique.com

Kraft tanken am Apostelstein

Zwölf-apostelstein

Zwischen Wingen-sur-Moder und Meisenthal ragt an der Kreuzung von D12/D37 der »Zwölfapostelstein« hoch in den Himmel (▶ Abb. S. 60). In diesen urspünglich keltischen Menhir ließ die Kirche im 18. Jh. eine Kreuzigungsgruppe sowie einen Fries mit den zwölf Aposteln einmeißeln – ein durchaus übliches Verfahren der »Christianisierung« fremder Heiligtümer. Doch noch heute gilt der Stein Esoterikern als Kraftort, wo sich angeblich irdische und kosmische Kräfte durchdringen und ein höheres Energiefeld herrscht.

Pause am Stausee

Étang de Hanau

Von der N 62, die Bitche mit ▶ Niederbronn-les-Bains verbindet, zweigt nach knapp 12 km eine landschaftlich schöne Nebenstraße nach Norden ab. Sie führt durch Wald zum Étang de Hanau (Hanauer Weiher), einem in den Abend- und Morgenstunden sehr romantischen Stausee und willkommene Abwechslung im Waldmeer der Nordvogesen. Beim See gibt es Gartenrestaurants, Camping-, Park- und Picknickplätze sowie zahlreiche Wanderwege. Kurzum: bei schönem Wetter und in der Hochsaison ist viel los. Auf der Westseite ragt über dem See die Ruine der um 1635 zerstörten **Burg Waldeck** auf; östlich erheben sich in einiger Entfernung vom See die Reste der **Burg Falkenstein**, 1677 von französischen Truppen zerstört.

Bei den Fayencemachern

Sarreguemines

Sarreguemines (Saargemünd, 30 km nordwestl.) liegt am Zusammenfluss von Saar und Blies unmittelbar an der französisch-deutschen Grenze und ist berühmt für seine Fayencen. Das **Musée de la Faïence de Sarreguemines**, das im ehemaligen Haus des Direktors der Porzellanmanufaktur eingerichtet ist, zeigt, wie das Steingut einst hergestellt wurde und bietet jede Menge Beispiele aus der örtlichen Produktion. Im schönen Wintergarten ist ein monumentaler Majolika-Brunnen zu bewundern. Wer Gärten liebt, wird am »Garten der Fayenciers« nicht vorbeikommen, der sich rund um das Museum und die ehemaligen Werkhallen erstreckt.

Musée de la Faïence: 17, rue Poincaré, Di.–So. 10–12 und 14–18 Uhr
Eintritt: 6 € | www.sarreguemines-museum.fr

BOUXWILLER

Département: Bas-Rhin | **Höhe:** 220 m ü. d. M. | **Einwohner:** 3700

Das alte Städtchen Bouxwiller zählt zu den ruhigen und wenig touristischen Orten im Nordelsass. Flaneure schlendern durch einen verschachtelten Ort mit schmalen Gassen und vielen restaurierten Fachwerkhäusern.

Hexen und Zauberer

Bouxwiller liegt am westlichen Rand der Oberrheinebene, d. h. in einer topfebenen Landschaft. Umso markanter ragt südwestlich der Bastberg (320 m ü. d. M.) auf. Der Hügel gilt als nicht ganz geheuer, Hexen sollen hier ihr Unwesen treiben und so manchen Dorfbewohner verführt haben. Die zauberische Energie scheint ins 5 km entfernte Kirrwiller geschwappt zu sein: Hier schwingen fesche Revuetänzerinnen ihre Röcke und Magiere zelebrieren phantastische Shows.

Erst keltisch, dann als »Zwölfapostelstein« christianisiert, nun esoterisch.

Wohin in Bouxwiller?

Rundweg durchs Städtchen

Ehemalige Residenz

Aus der ruhmreichen Vergangenheit – die Stadt war bis 1793 Residenz der Grafschaft Hanau-Lichtenberg und des »Hanauer Landes« – blieben nur die besonders schönen Fachwerkhäuser aus dem 15. bis 18. Jahrhundert, u. a. an der Place du Marché-aux-Grains (Kornmarkt). Ein historischer Rundweg führt zu ihnen.

Schlossplatz ohne Schloss

Place du Château

Im südöstlichen Teil der Stadt – am Schlossplatz, der nach dem Verschwinden des Schlosses etwas verloren wirkt – steht ein großzügiger, niedriger Gebäudekomplex, der 1659 als gräfliche Kanzlei errichtet und 1909 umgebaut wurde. Er dient heute als Hôtel de Ville (Rathaus). In der Fruchthalle (16. Jh.) und der ehemaligen Schlosskapelle (14. Jh.) hat das moderne **Hanauerlandmuseum** seinen Sitz (Musée du Pays de Hanau). Die ansprechend gestaltete Ausstellung führt umfassend in Geschichte und Kultur der Region ein.

Museum: 3, place du Château | Juli–Mitte Sept. Mi.–Fr. 10–12.30 und 14–18, Sa., So., Fei. 14–18, Mitte Sept.–Juni Mi.–So. 14–18 Uhr, Jan. geschl. | www.museedupaysdehanau.eu, Eintritt: 4,50 €

Juden im Elsass

Musée Judéo-Alsacien

In der ehemaligen Synagoge am westlichen Ende von Bouxwiller informiert das Jüdisch-Elsässische Museum in neun Ausstellungsräumen u. a. mittels Videovorführungen über die Geschichte der Juden im Elsass (▶ Baedeker Wissen, S. 138). Anhand von lebensgroßen Puppen und Keramikmodellen zeitgenössischer Künstler werden Alltagsszenen dreidimensional wiedergegeben.

62a, Grand' Rue | Mitte April–Nov. Mi.–Fr., So. 10–13 und 14–18 Uhr www.museejudeoalsacien.fr | Eintritt: 7 €

Auf den Hügel

Bastberg

Wer sich für Geologie und Botanik interessiert oder einen schönen Blick auf Bouxwiller und Umland genießen will, besteigt den unter Naturschutz stehenden Bastberg (320 m ü. d. M.). Der geologische Lehrpfad führt in 1,5 Stunden hinauf und wieder hinab.

Rund um Bouxwiller

Herrliche Ruine

Lichtenberg

Das auf einer Höhe der Nordvogesen gelegene Dorf Lichtenberg (500 Einw., 10 km. nördlich von Bouxwiller) wird überragt von der Ruine einer der größten und schönsten Befestigungsanlagen im Elsass, der aus dem 13. Jh. stammenden Burg der Grafen von Hanau-

BOUXWILLER ERLEBEN

OFFICE DE TOURISME DE PAYS DE HANAU ET DU VAL DE MODER
3, place du Château
67330 Bouxwiller
Tel. 0388 00 38 30
89, rue du Général Goureau
67340 Ingwiller
Tel. 0388 89 23 45
www.tourisme-hanau-moder.fr

Lichtenberg. Festungsbaumeister Vauban erweiterte sie, um zusammen mit den Festungen von Bitche und La Petite Pierre die Nordvogesen zu sichern. Vom Turm der Burg blickt man in die Waldlandschaft. Auf der Burg gastiert ein eigenes Theaterensemble, zudem beherbergt sie ein regionales Kultur- und Begegnungszentrum, eine Burgendokumentation und eine naturhistorische Ausstellung.
tgl. außer Mo. ab 10 geöffnet, März, April, Sept., Okt. Di.–So. 10–17, Mai, Juni bis 18,, Juli/Aug. tgl. 10–18 Uhr | Eintritt: 6 € | www.chateaudelichtenberg.alsace

Eine der ältesten Synagogen

Pfaffenhoffen

In Pfaffenhoffen steht die 1683 erbaute und damit älteste noch erhaltene Synagoge des Elsass. Sie ist auch das einzige erhaltene elsässische Beispiel einer sogenannten versteckten Synagoge, die sich nicht von den Nachbarhäusern unterscheidet. In dem renovierten Gotteshaus, in dem kein religiöses Gemeindeleben mehr stattfindet, sind eine Kahlstub (Gemeindesaal), ein Ritualbad und ein Zimmer für durchreisende Gäste sowie ein Matze-Ofen und ein schöner Thora-Schrein zu sehen. Den Schlüssel für die Synagoge erhält man an der Kasse des **Musée de l'Image Populaire.** Es führt in die »Quintessenz der elsässischen Traditionen« und zeigt Hinterglasmalereien, gemalte Weihnachts-, Tauf-, Beerdigungs- und Votivbilder, Miniaturmalereien in kleinen Medaillons, die von heimischen Laien und Künstlern angefertigt wurden.
Museum: 24, rue du Dr. Schweitzer | Mai–Sept. Mi.–So. 14–18, Okt.–April bis 17 Uhr | Eintritt: 3,50 €

Ein Hauch von Paris in der Provinz

Kirrwiller

In Kirrwiller gibt es das einzige Dorfkabarett Frankreichs, dessen 1000 Plätze fast immer ausgebucht sind: In Paris und Las Vegas angeheuerte Revuetänzerinnen, Magie mit Artisten von internationalem Renommee sorgen für Unterhaltung – ganz wie im Moulin Rouge von Paris, nur sind die Preise in Pierre Meyers **Royal Palace** wesentlich günstiger.
Royal Palace: 20, rue de Hochfelden | Tel. 0388 70 71 81
www.royal-palace.com

INRI

★★ COLMAR

Département: Haut-Rhin | **Höhe:** 193 m ü. d. M. | **Einwohner:** 68 000

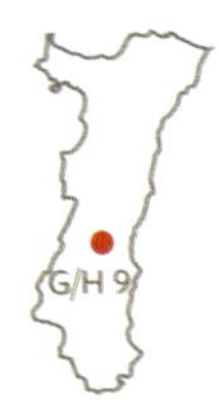

Colmars Aufstieg zur »Perle des Elsass« begann vor rund 50 Jahren. Damals nahmen sich Sanierer das vor sich hinbröckelnde Fischerviertel vor und schufen das romantische »Klein-Venedig«. Vor einem Jahrzehnt griff die Stadt wieder tief in die Kasse, um ihren größten Schatz, das Museum Unterlinden, ins rechte Licht zu rücken. Von pittoreskem Fachwerk hier aber keine Spur.

Die Basler Stararchitekten und Pritzker-Preisträger Herzog & de Meuron setzten ein puristisches Museumsquartier in Colmars historische Mitte. Wer Museum Unterlinden besucht, wird die Erweiterung in all ihren Facetten entweder lieben oder verschmähen. Aber der Isenheimer Altar von Matthias Grünewald hat nun so oder so ein angemessenes Umfeld erhalten.

Wein und Kunst

Glanzvolle Stadt

Colmar, das »Columbarium« (Taubenhaus) bei einem karolingischen Königshof, wird 823 erstmals erwähnt. 1226 erhebt Kaiser Friedrich II. Colmar zur Freien Reichsstadt und ebnete dieser den Weg zur blühenden Metropole im Oberelsass, einem Hort von Kunst und Wissenschaft. Der Maler **Martin Schongauer** (um 1450–1491) wird hier geboren. 1673 annektieren die Franzosen die Stadt, lassen die Festungswerke schleifen und heben die seit der Reformation bestehende Glaubensfreiheit auf. Ein deutsches Zwischenspiel folgt von 1871 bis 1918: Colmar ist zwar Hauptstadt des Oberelsass im ehemaligen deutschen Reichsland Elsass-Lothringen, gleichzeitig aber ein Zentrum des Widerstands gegen die Deutschen. Zu dessen führenden Köpfen zählt der Karikaturist **Jean-Jacques Waltz** alias Hansi (▶ Interessante Menschen). Colmar ist die drittgrößte Stadt im Elsass und Zentrum des Weinbaus. Hauptsehenswürdigkeiten sind der »Isenheimer Altar«, ausgestellt im Unterlindenmuseum, und die »Madonna im Rosenhag« in der Dominikanerkirche.

Wohin in Colmar?

Aus Kaisers Zeiten

Bahnhof, Champ de Mars

Wer mit der Bahn anreist, betritt über den 1902 bis 1906 errichteten wilhelminischen Bahnhof Colmars Boden. Jenseits der viel befahrenen Avenue de la République öffnet sich das ehemalige Exerzierfeld

Ein herausragendes Kunstwerk: Isenheimer Altar im Museum Unterlinden

COLMAR ERLEBEN

OFFICE DE TOURISME

4, place Unterlinden
68000 Colmar
Tel. 0389 20 68 92
www.tourisme-colmar.com

STADTBESICHTIGUNG

Kahnfahrten auf der Lauch:
ab Brücke Saint-Pierre bei der Rue Turenne
April–Sept. alle 15 Minuten von 10–12 und 13.30–19 Uhr, März und Okt. je nach Wetterlage.
Touristenzug (Petit Train Blane):
beim Musée d'Unterlinden, April–Okt. 10–17 Uhr. Termine Winter: www.petit-train-colmar.fr
Infos, Tickets und weitere Stadtführungen bei der Touristeninformation.

MUSIK

Musikfestspiele: Ende Mai
Internationales Musikfestival: Juli, www.festival-colmar.com
Jazzfestival: September, www.colmar.fr/jazz

WEINMESSE

Juli/August
www.foire-colmar.com

MÄRKTE

Wochenmarkt

Bester Markt weit und breit. Nordwestlich der Altstadt sorgen Bauern, Käse-, Fisch- und Gemüsehändler bei der Josephskirche für ein reiches Angebot. Feinster Munsterkäse, Sauerteigbrot, Baguette, Honig, Würste aller Art, Eingemachtes und Selbstgemachtes – hier finden Sie das Elsass in all seiner kulinarischen Pracht ausgebreitet.
Sa. 8.30–13 Uhr

Markthalle

Die renovierte, historische Markthalle bietet ein solides Angebot rund um Lebensmittel und Spezialitäten der Region. Hungrige bekommen im Hallenbistro kleine Snacks auf die Hand, Mittagsgerichte und das Passende für ein schnelles Frühstück.
13, rue des Écoles
Di.–Do. 8–18, Fr. 8–19, Sa. 8–17, So. 10–14 Uhr
Donnerstagvormittags mit Wochenmarkt im Außenbereich.

FROMAGERIE SAINT-NICOLAS

Colmars bekannter Käsespezialist: Hier zeigt sich das Käseland Frankreich in seiner ganzen Finesse und Vielfalt. Familie Quesnot arbeitet nur mit Lieferanten zusammen, die sie seit Langem kennen und besitzt einen Reifekeller, in dem die feinen Käse bis zum optimalen Verkaufszeitpunkt reifen. Das schlägt sich in der ausgezeichneten Qualität nieder. Auch Bioware steht zum Verkauf, dazu Joghurt, Milch und andere frische Milchprodukte.
18, rue Saint-Nicolas
Mo. 14–19, Di.–Do. 10–12.30, 14–19, Fr. 9–19, Sa. 9–18.30
www.fromagerie-st-nicolas.fr

PÂTISSERIE MULHAUPT

Macht Schokolade glücklich? Hier findet man unwiderstehliche Kreationen. Berühmt sind die Mandarinettes, eine Trüffelspezialität, deren Rezept bis in die Gründungszeit der Pâtisserie zurückgeht.
6, place de l'École
Di.–Fr. 9.30–18.30, Sa. bis 18 Uhr
www.mulhaupt.fr

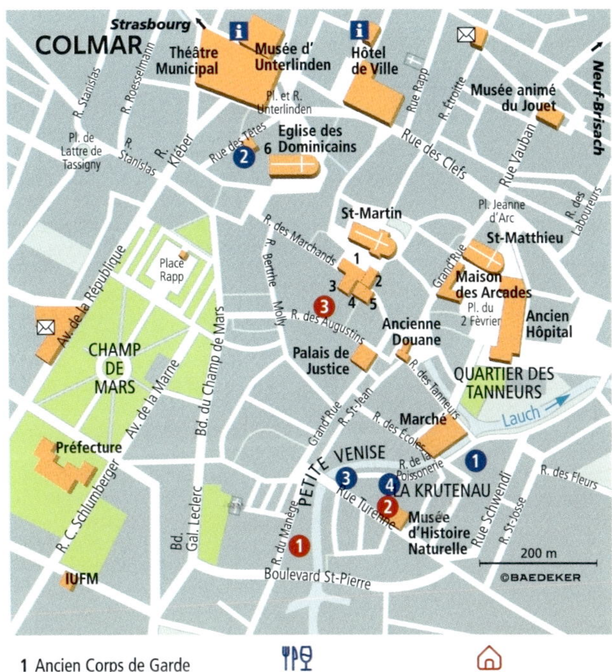

1 Ancien Corps de Garde
2 Maison Pfister
3 Musée Bartholdi
4 Maison du Cygne
5 Maison Schongauer
6 Maison des Têtes

❶ L'Épicurien
❷ La Maison des Têtes
❸ Wistub Brenner
❹ JYS

❶ Le Maréchale
❷ Le Colombier
❸ Quatorze

❶ L'ÉPICURIEN €€€

Bistronomie heißt in Frankreich der Trend, in lässiger Bistrot-Atmosphäre gehobene Küche anzubieten. In diesem kleinen Lokal in Petite Venise versteht man außerdem auch von Wein etwas. In der warmen, relaxten Atmosphäre lässt man sich Jakobsmuscheln, Forelle, Entrecôte oder Rinderfilet mit mediterranen oder asiatischen Akzenten gern schmecken.
11, rue Wickram
Tel. 0389 41 14 50
www.epicurien-colmar.com
Ruehetage: Mi.mittag, So., Mo.

❷ LA MAISON DES TÊTES €€€€

Das »Kopfhaus« aus dem 16. Jh. gehört zu den schönsten historischen Häusern der Stadt. Hinter dem großen Tor wartet ein ruhiger, schattiger Innenhof. Hier ist im Sommer eingedeckt, drinnen wartet in der Brasserie ein stimmungsvolles Ambiente mit gerade so viel Holzeinrichtung, dass man sich nicht erdrückt fühlt. Die Karte changiert zwischen Sauerkraut, Baeckeoffa und einer kleinen, feinen

Fisch- und Fleischauswahl. Sehr gediegen ist das Feinschmeckerrestaurant »Girardin« mit ausgezeichneter Küche (nur abends). Auch ein exklusives Hotel (21 Z.) gehört dazu.
19, rue des Têtes
Tel. 0389 24 43 43
www.la-maison-des-tetes.com
Ruhetage: So., Mo. Brasserie und Restaurant

❸ WISTUB BRENNER €€

Dezent gestylte Weinstube im Hotspot des Tourismus, Petite Venise. Im Sommer sitzt es sich draußen nett am Ufer der Lauch. Hier kommt Handfestes aus dem elsässischen Kochkanon auf den Tisch: Presskopf, Munsterkäse, Sauerkraut, Kutteln, geliefert von Erzeugern aus dem Umland. Und auf Höhe der Zeit: Wer will, erhält vegetarische oder glutenfreie Kost.
1, rue de Turenne
Tel. 0389 41 42 33
www.wistub-brenner.fr

❹ JY'S €€€€

Die Abkürzung steht für Jean-Yves Schillinger. Der gebürtige Colmarer Spitzenkoch, der lange in New York hinter dem Herd stand, hat von Übersee neue Ideen mitgebracht. Dies spiegelt sich sowohl in der clubartigen Einrichtung des Restaurants mit tiefen Ledersofas und stylisch-farbigen Elementen wider als auch in der Kochkunst. Zwar befindet sich das Restaurant in einem Fachwerkhaus, doch mit regionaler Kost hat der Koch in 4. Generation nichts am Hut. Hier wird feine französische Küche geboten, mit exotisch-asiatisch-amerikanischem Einschlag und ungewohnten Kreationen. Dem Michelin ist das zwei Sterne wert.
17, rue de la Poissonnerie
Tel. 0389 21 53 60
www.jean-yves-schillinger.com
Di.mittag, So., Mo. Ruhetag

❶ LE MARÉCHAL €€€€

Das hochklassige Hotel ist in einem sehr schön in »Petite Venise« gelegenen historischen Haus aus dem 16. Jh. eingerichtet. Die Zimmer – vom großzügigen Appartement bis zum Mansardenstübchen mit rustikalen Deckenbalken – bieten dem Gast sowohl Nostalgie als auch modernen Komfort. Die regionalen Gerichte des hoteleigenen Restaurants »A l'Echevin« werden entweder im langen, schmalen Saal mit herrlichem Blick auf Klein-Venedig genossen oder auf der Terrasse direkt über dem Wasser.
4/6, place des Six Montagnes Noires
Tel. 0389 41 60 32
www.hotel-le-marechal.com, 30 Z.

❷ LE COLOMBIER €€€€

In Colmar kehrt abends schnell Ruhe ein, wenn die Tagesgäste abgereist sind, dies auch im Hotspot »Petite Venise«. So kann, wer hier nächtigt, das Idyll an der Lauch umso intensiver genießen. Le Colombier gehört zu den besten Hotels der Stadt. Die Zimmer sind modern und geschmackvoll eingerichtet. Unterm Dach befindet sich ein charmantes Loft mit Klimaanlage.
7, rue Turenne
Tel. 0389 23 96 00
www.hotel-le-colombier.fr

❸ QUATORZE €€€€

Inmitten all des Fachwerks rundherum ist dieses kleine Boutiquehotel geradlinig und modern eingerichtet. Die 13 Zimmer in drei Preiskategorien messen zwischen 18 und 24 m^2.
Im Spa mit Hammam und Sauna lassen sich auch Ayurveda-Massagen buchen. In der Bar und im Innenhof können Gäste ein Glas Wein genießen.
14, rue des Augustins
Tel. 0389 20 45 20
www.hotelquatorze.com

Champ de Mars, das 1804 in einen Park umgewandelt wurde. An seiner Südseite befindet sich die **Préfecture** (Präfektur, 1865–1890) und im Norden die **Place Rapp** mit der von Bartholdi geschaffenen Reiterstatue des in Colmar geborenen Jean Rapp, General unter Napoleon und zeitweilig Gouverneur von Danzig.

Musée Unterlinden

tgl. außer Di. 9–18 Uhr | Eintritt: 13 € | www.musee-unterlinden.com

Noch weiter nördlich liegt Place Unterlinden, wohin es die meisten Besucher als Erstes zieht. Dort steht das zu Beginn des 13. Jh.s gegründete Dominikanerinnenkloster Unterlinden, das im Mittelalter eines der Zentren des Mystizismus war. In diesem Kloster, einschließlich der 1269 von Albertus Magnus geweihten frühgotischen Kirche, befindet sich das weltbekannte Musée Unterlinden. 2016 eröffnete der umfangreiche Erweiterungsbau, geplant vom Architekturbüro Herzog & de Meuron. 47 Millionen Euro flossen in die Neugestaltung des Museums (▶ S. 22).

Schongauer-Saal

Kloster

Von der **Eingangshalle** aus führt der Weg in einen eigenen Ausstellungssal für die Werke von Martin Schongauer, den großen Colmarer Maler. Viele Besucher eilen aber rasch weiter in die Kapelle.

Werk eines Ausnahmekünstlers

Isenheimer Altar

Der größte Schatz des Museums befindet sich in der Kapelle, der Isenheimer Altar (▶ Abb. S. 64). **Matthias Grünewald** (eigentlich Mathis Gothardt Nithard) malte ihn um 1515 für das Kloster Isenheim bei ▶ Guebwiller. Der Altar wird prominent präsentiert und hat die gesamte Kapelle für sich alleine. Seine einzelnen Tafeln sind separat aufgestellt, sodass man sie von allen Seiten betrachten kann. Das erste der drei Wandelbilder zeigt die erschütternd dargestellte Kreuzigung, flankiert auf den Seitentafeln vom hl. Sebastian und hl. Antonius (rechts). Die zweite Schauseite dreht sich um Maria Verkündigung, mittig das Engelskonzert mit der rätselhaften Darstellung eines dunklen Engels, sowie die berührende Szene von Maria mit dem Kind, und rechts die furios-farbenprächtige Auferstehung Christi. Das dritte und letzte Wandelbild gibt den Blick frei auf den von Nikolaus von Haguenau geschnitzten Schrein mit den Figuren der Heiligen Augustinus, Antonius und Hieronymus, flankiert von Grünewalds Versuchung des Antonius, dem die wildesten Geschöpfe erscheinen und der Begegnung des Antonius und Paulus in der Wüste. Berühmtheit erlangte das Werk wegen seiner für die damalige Zeit ungewöhnlichen Farbgebung und der nahezu surrealistischen Darstellungskraft. Nach der Restaurierung 2011–2015 leuchten Grünewalds meisterliche Gemälde wieder wie vor 500 Jahren.

HEILENDE KUNST

Es gibt Kunstwerke, deren Anblick sich tief in die Seele eingräbt. Der Isenheimer Altar, der fast schon schockartig wirkt, ist eines dieser Werke. Das Mittelalter ist zwar Gott sei Dank vorbei, aber eine Ahnung jener Zeiten kann einen beim intensiven Betrachten der Tafeln beschleichen: Wie mögen sich die Menschen gefühlt haben, als sie vor Grünewalds Bildern Heilung erhofften?

Kunsthandwerk

Räume im Kloster

Auf zwei weiteren Stockwerken zeigt das Museum im Klostertrakt Kunst des späten Mittelalters aus dem Oberrheingebiet und der Renaissance. Dann windete sich eine Treppe in die Tiefe zur unterirdischen Galerie. Im **Klosterkeller** (13. Jh.) sind Funde der regionalen Archäologie gezeigt, darunter Ring und Armreif aus einem keltischen Fürstengrab und eine bronzene Pyxis aus der Merowingerzeit. Großartig präsentiert wird auch ein gallo-römisches Mosaik aus dem 3. Jahrhundert. Eindrucksvoll sind die riesigen verzierten Fässer im nachgebauten Weinkeller.

Kunst des 19. und 20. Jahrhunderts

Galerie

Im unterirdischen Gang, der das Kloster mit dem Ackerhof verbindet, wird ein Panorama der Kunst des 19. und des frühen 20. Jh. gezeigt. Auf halbem Weg dringt Tageslicht durch die Decke, gespendet vom **Kleinen Haus**, durch das man hinunter ins Museum sehen kann.

Picasso, Dix und aktuelle Künstler

Ackerhof

Der Ackerhof ist der einzige tatsächliche Neubau. Er nimmt die Außenform der Kapelle auf und schmale gotische Fenster lassen Licht ein, die geschlossene, fast schuppig wirkende Außenhaut gibt ihm eine spannende archaische Komponente. Hier sind die Kunstwerke des Museums aus dem 20. und 21. Jh. untergebracht, darunter Werke von Picasso, Renoir, Braque und Vasarely. Ein besonders spektakuläres Objekt ist einer von weltweit drei Wandteppichen, nach Pablo Picassos berühmten Monumentalgemälde »Guernica« zwischen 1955 und 1985 geschaffen. Sehr interessant sind die Porträts und Zeichnungen des deutschen Expressionisten Otto Dix, die er während seiner Internierung in Colmar geschaffen hat. Unterm Dach finden Wechselausstellungen statt.

Neuer Raum für Wechselausstellungen

»Schwimmbad«

Das umgestaltete, ehemalige Jugendstilschwimmbad ist ebenfalls Teil der Erweiterung. Hier finden Wechselausstellungen statt und hier hat das **Café Schongauer** mit einer Terrasse sein Zuhause gefunden.

Café Schongauer: Mi.–So. 10–17 Uhr

Zwischen Kloster und Ackerhof

Sinn-Kanal

Nicht zum Museum gehörig, aber Teil der Umgestaltung des Museums, ist der freigelegte Kanal der Sinn. Früher parkten hier die Busse, jetzt hat Colmar einen autofreien Platz am Wasser. Am Ufer des Bächleins erhebt sich das Kleine Haus, das dem unterirdischen Museumsgang Licht spendet und wie die alte Mühle gestaltet wurde, die einst hier stand.

Rund um die Dominikanerkirche

Fachwerk aus über 400 Jahren

Maison des Têtes

Über die Rue des Têtes südlich des Unterlinden-Museums gelangt man in die hervorragend restaurierte historische Innenstadt von Colmar mit zum Teil engen und winkligen, von kunstvollen Aushängeschildern geschmückten Gassen sowie zahlreichen Bürgerhäusern aus dem 16. und 17. Jh. Dabei passiert man die Maison des Têtes, das »Kopfhaus« (19, Rue des Têtes), ein 1609 errichteter schöner Renaissancebau, der mit 105 Köpfen und Masken vor allem am Erker geschmückt ist und im Innern ein Hotel und Restaurants beherbergt. Weiter südlich in der Rue des Boulangers (Bäckergasse) und der Rue des Serruriers (Schlossergasse), zwei alten Zunftstraßen, stößt man ebenfalls auf alte Fachwerkbauten.

Heile Welt der Plüsch-Störche

Hansi-Haus

Elsass-Schnickschnack aller Art und regionale Spezialitäten verkauft Le Marché d'Oncle Hansi. Wer sich in die Welt des Karikaturisten Jean-Jacques Waltz alias Hansi (▶ Interessante Menschen) vertiefen will, besucht das zum Haus gehörende Hansi-Museum.

28, rue des Têtes | Museum: tgl. 10–12.30 und 13.30–18 Uhr
Eintritt: 5 € | www.hansi.fr

Schongauers erstes Meisterwerk

Église des Dominicains

An die Place des Dominicains zieht es Liebhaber von guten Backwaren und frischem Brot – hier produziert die Boulangerie Côté-Four (11–13, rue des Serruriers). Beherrschendes Bauwerk ist die im 13. Jh. erbaute, heute profanierte frühgotische Église des Dominicains (Dominikanerkirche), ein schönes Beispiel für die rheinische Gotik. In dem von außerordentlich schlanken Pfeilern gestützten hohen Chor und in der rechten Langhauswand finden sich beachtenswerte Glasmalereien aus dem 14./15. Jahrhundert. Die Hauptsehenswürdigkeit der Kirche steht im Chorraum: die **Madonna im Rosenhag** (1473), das früheste Gemälde von Martin Schongauer, dem angesehenen Künstler. »Hipsch Martin«, der Schöne Martin, wurde er »von wegen seiner kunst« genannt. Kaum ein anderer deutscher Künstler vor Albrecht Dürer genoss ein so weitreichendes Ansehen wie Martin Schongauer. Und dennoch sind von dem Kupferstecher und Maler nur sehr wenige biografische Einzelheiten bekannt. Auch sein Werk ist zum allergrößten Teil nur aufgrund von Zuschreibungen belegbar. Der Spross einer aus dem Augsburger Raum zugewanderten Goldschmiedfamilie unterhielt in seiner Geburtsstadt Colmar die wohl bedeutendste Malerwerkstatt im oberdeutschen Raum. Nur die »Madonna im Rosenhag« ist ihm als Maler eindeutig zuzuordnen. Seine mit äußerster Akkuratesse durchgestalteten, mit »M + S« signierten Kupferstiche wirkten stilbildend und gelten als die besten vor Albrecht Dürer, der ihn von jung an bewunderte. Die äußeren Gemälde des Flügelaltars sind im 19. Jh. entstanden. Links vom Altar erläutern Schautafeln die Ikonografie.

April–Mitte Nov. Di., Do.–So. 10–13 und 15–18, Juni–Okt. Fr., Sa. durchgehend, Ende Nov.–Ende Dez. tgl. 9–18 Uhr | Eintritt: 2 €

Glasfenster und Handschriften

Kloster, Rathaus

Nördlich schließt an die Kirche das einstige Dominikanerkloster an (heute u. a. Stadtbibliothek), in dem Wiegendrucke sowie Handschriften aus dem 8. bis 15. Jh. zu sehen sind. Im Kreuzgang (15. Jh.) werden im Sommer Serenadenkonzerte veranstaltet. Nordöstlich des Klosters steht an der Rue des Clefs (Schlüsselstraße), der Hauptgeschäftsstraße der Altstadt, das in französischem Klassizismus errichtete **Hôtel de Ville** (Rathaus) aus dem 18. Jahrhundert.
Südöstlich erhebt sich an der Grand Rue die Kirche **Saint-Matthieu**. Die evangelische, ehemalige Franziskanerkirche (14.–16. Jh.) besitzt wertvolle Glasfenster aus dem 14. und 15. Jh. Südlich gegenüber der Kirche stößt man auf die **Maison des Arcades**, ein 1606 als protestantischer Pfarrhof errichteter, mit Erkern geschmückter Arkadenbau.

Am Place de la Cathédrale

Colmars Kathedrale

Collégiale Saint-Martin

Den Mittelpunkt der Altstadt bildet die Place de la Cathédrale. Sie wird beherrscht von der ursprünglich gotischen, im 18. Jh. weitgehend umgestalteten Stiftskirche Saint-Martin, die von den Colmarern auch gern als Kathedrale bezeichnet wird. Weithin sichtbar ist der Chinesenhut auf dem 72 m hohen südlichen Turm der Westfassade – der nördliche wurde aus Kostengründen nicht gebaut –, eine pagodenähnliche Dachkonstruktion der Renaissance, die den gotischen Helm nach dem Brand von 1572 ersetzte. An der Südseite befinden

sich eine Uhr und die Emailtafel mit der lang gestreckten Achterschleife des Mittagspunktes sowie etwas weiter das Nikolausportal (um 1230). Im hochgotischen Chor (1350–1366) sind Glasmalereien und eine Kreuzigungsgruppe (beide 14. Jh.) zu sehen.
tgl. 8–18.30 Uhr, außer während der Messe

Das älteste Haus

Ancien Corps de Garde

Südwestlich des Münsters wurden vom reich verziertem Renaissance-Erker des Ancien Corps de Garde (Gerichtslaube) früher die Bekanntmachungen des Magistrats verlesen. Links daneben steht **Maison Adolph** (1350), leicht erkennbar an den bleiverglasten, gotischen Maßwerkfenstern, das wohl älteste Privathaus der Stadt.

Das schönste Haus

Maison Pfister

An der Ecke der malerischen Rue Mercière (Straße der Kurzwaren) und der Rue des Marchands (Straße der Händler) erhebt sich die Maison Pfister (Pfisterhaus) mit markantem Treppenturm und Fassadenmalerei. Das Gebäude zählt zu den aufwendigsten Häusern in der Altstadt. Es wurde 1537 für einen Hutmacher aus Besançon errichtet und besitzt schöne Holzgalerien im 2. Stock. Im Erdgeschoss wird heute Wein verkauft. Die gegenüber gelegene **Maison au Cygne** (Huselin zum Swan) wird als das Wohnhaus Martin Schongauers bezeichnet.

New Yorks Freiheitsstatue

Musée Bartholdi

Der gebürtige Colmarer und Bildhauer Frédéric-Auguste Bartholdi (▶ Interessante Menschen) war ein weit gereister Mann, dem es besonders die Kolossalstatuen in Ägypten angetan hatten. Er entwarf die Freiheitsstatue, die seit 28. Oktober 1886 an der Hafeneinfahrt von New York steht. Sie misst 46,5 m Höhe plus 51 m für den Sockel und wiegt 225 Tonnen. Zum Vergleich zwei antike Weltwunder: Der (zerstörte) Koloss von Rhodos hatte eine Höhe von 35 m, die Große Sphinx in Gizeh ragt noch heute 20 m über dem Wüstensand auf. Mit seinem Schaffen trat Bartholdi in die Fußstapfen der alten Meister – und es ging ihm wie diesen: Sein Name geriet in Vergessenheit, und nur wenige wissen, dass er der Schöpfer der Freiheitsstatue war.

Das Musée Bartholdi in seinem Geburtshaus zeigt Erinnerungen an den Künstler, der außer der berühmten Freiheitsstatue auch andere monumentale Werke wie den Löwen von Belfort geschaffen hat. Wer von Norden bzw. von Strasbourg her mit dem Auto in Colmar eingetroffen ist, hat vermutlich längst eine Kopie der »Miss Liberty« erspäht: Sie steht in einem Kreisverkehr an der D 83 östlich des Flughafengeländes und ist rund 12 m hoch.
30, rue des Marchands | tgl. außer Di. 10–12 und 14–18 Uhr | Jan., Feb. geschlossen | Eintritt: 6,50 € | www.musee-bartholdi.fr

Spaß für Kids und Eisenbahnfreunde

Musée du Jouet

An der nach Nordosten verlaufenden Rue Vauban (Fortsetzung der Grand Rue) befindet sich das Musée du Jouet (Spielzeug-Museum) u. a. mit einer umfangreichen Puppensammlung. Im 3. Stock des dreigeschossigen Museums ist eine riesige Spielzeugeisenbahnanlage mit ca. 20 Zügen aufgestellt. Und die Kinder haben auch an der Kutsche von Aschenbrödel Spaß. Mit großem Museumsshop.

40, rue Vauban | Juli, Aug. tgl. 9.30–18.30, Sept.–Juni Mo.–Fr. 10 bis 12.30, 14–18, Sa., So. 14–18, außerhalb frz. Schulferien Mo. und vormittags geschlossen | Eintritt 10 € | www.museedujouet.com

Place de l'Ancienne Douane

Bummeln am Zollplatz

Koifhus

Rund um den alten Zollplatz schlägt eines der touristischen Herzen Colmars. Etliche kleine Restaurants und Läden säumen den quirligen Platz. Im Winter stehen hier die hübschen Buden des Weihnachtsmarkts. Die 1480 errichtete Ancienne Douane, auch **»Koifhus«** (Altes Kaufhaus) genannt, war einst der wirtschaftliche und politische Mittelpunkt der Stadt. Im Erdgeschoss wurden Waren gelagert und Zölle erhoben; im 1. Stock fanden Sitzungen des Zehnstädtebunds statt. Der schöne einstige Sitzungssaal der Reichsstädte zeigt in seinen Fenstern die Wappen der zehn elsässischen Reichsstädte und wird heute für Feste vermietet.

Liebenswerter Stilmix

Um den Brunnen

Mittelpunkt des Platzes ist die **Fontaine Schwendi** (Schwendibrunnen), ein von Bartholdi geschaffenes Brunnendenkmal des kaiserlichen Feldhauptmanns Lazarus von Schwendi (1552–1584), der aus den Türkenkriegen von Ungarn die Tokaierrebe ins Elsass mitgebracht haben soll. Allerdings ist die früher als Tokaier bezeichnete hiesige Pinot-gris-Rebe nicht mit ihrem ungarischen Namensvetter verwandt. Der kunterbunte Stilmix ist charakteristisch für den Zollplatz: Südwestlich gegenüber der Ancienne Douane steht das **Tribunal Civil** (Justizpalast, 18. Jh.). Weiter südwestlich stößt man auf die in venezianischem Stil errichtete **Maison des Chevaliers de Saint-Jean** (Johanniterhaus, 1608), eines der originellsten Renaissancehäuser der Stadt.

Gerberviertel und Klein-Venedig

Eine romantische Ecke

Quartier des Tanneurs

Südöstlich von hier erstreckt sich das Quartier des Tanneurs (Gerberviertel), das schöne Fachwerkhäuser mit den charakteristischen hohen Dächern zum Trocknen der Tierhäute besitzt. Der einst stinken-

Petite Venise: Aus alten Fischerkaten sind Vorzeigehäuser geworden. Wer »Klein-Venedig« bequem und detailliert genießen möchte, bucht eine Bootsfahrt.

de, dreckige Ort, wo die Gerber ihre Häute bearbeiteten, ist seit 1968 hervorragend restauriert worden und heute ein beliebtes Ziel zum Bummeln, Fotografieren und Müßiggehen. An der Westecke des Marché Couvert (Markthalle) gelangt man zur **Fontaine des Vignerons** (Rebmännleinbrunnen, elsässisch »Rabmännele«; 1869), ebenfalls ein Werk von Bartholdi. In der **Markthalle** wurde ein ständiger Markt eingerichtet – ideal, um sich mit Wurst, Käse, Honig oder einer Kleinigkeit auf die Hand einzudecken (Rue des Écoles).
Noch weiter südöstlich schließt sich das von der Rue Turenne durchzogene **Quartier de la Krutenau** an, die einst befestigte Vorstadt Kräuterau, wo die Gemüsehändler lebten. Am Quai de la Poissonnerie hatten die Fischer ihre Häuser. Begrenzt wird das Viertel im Süden durch den Boulevard Saint-Pierre.

Hotspot Klein-Venedig

Petite Venise

Das liebevoll restaurierte Bilderbuchviertel an der Lauch, Colmars meistfotografiertes Postkartenmotiv und zugleich der romantischste Teil des Stadtviertels Krutenau, wird »Petite Venise« genannt. Mit Baken konnten die Fischer, die hier einst lebten, direkt an die Häuser heranfahren. Von der Petersbrücke (Pont Saint-Pierre) geht der Blick auf die von schmalen, hohen Häusern mit kleinen Gärten gesäumte Lauch und auf den Turm der Martinskirche.

Was blüht denn da?

Musée d'Histoire Naturelle et d'Ethnographie

Mitten in Krutenau, an der Rue de Turenne, befindet sich das Musée d'Histoire Naturelle et d'Ethnographie (Naturhistorisches und Völkerkundliches Museum), das sich der Fauna und Flora der Region widmet und Exponate aus der Geologie, Mineralogie, Paläontologie, Ethnografie und Ägyptologie präsentiert.

Di.–Fr. 9–12 und 14–17, Sa., So. 10–12 und 14–18 Uhr | Eintritt: 6 €
www.museumcolmar.org

Colmars Umland

Monumentale Erlebnisburg

Château Hohlandsbourg

Nur 7 km von Colmar entfernt liegt eine der größten mittelalterlichen Burgen des Elsass, die auf der Fünf-Burgen-Straße erreichbar ist (▶ Eguisheim, S. 82). Hohlandsbourg wurde 1279 errichtet und war bis zum Dreißigjährigen Krieg ein Symbol für die Macht der Habsburger im Elsass. Von Wintzenheim führt der Wanderweg GR 532 in gut einer Stunde hinauf zur Burg. Nach ihrer umfassenden Restaurierung bietet die Burg nun eine umfangreiche Ausstellung zur Geschichte der Anlage und ein Café-Restaurant. Zwischen Mai und

Aus der Vogelperspektive offenbart sich das sternförmige Festungswerk von Neuf-Brisach in seiner ganzen Symmetrie.

Oktober spielen Gaukler auf im Rahmen von (schnell ausverkauften) Mittelalterbanketten und anderen Rittershows auf der Burg.
April–Juni Di.–So. 10–18, Sept., Okt. Di.–Sa. 13–18/17, So. 10–18, Juli, Aug. tgl. 10–19 Uhr | Eintritt: 7 € | www.chateau-hohlandsbourg.com

Meisterwerk der Festungsbauer
Neuf-Brisach (Neubreisach) liegt ca. 14 km östlich von Colmar am Rhein gegenüber der deutschen Grenzstadt Breisach. Einzige Attraktion der Stadt ist ihr sternförmiger Grundriss. Dieser entstand in den Jahren 1699–1708 im Auftrag Ludwigs XIV. nach den Plänen seines Festungsbaumeisters Vauban. Er gab der Stadt den auffälligen achteckigen Grundriss und die regelmäßigen Straßenzüge, um eine schnellere Truppenbewegung zu ermöglichen. Um den für den Bau der Anlage notwendigen Granit aus den Vogesen zu holen, ließ der geniale Festungsbauer eigens einen 40 km langen Kanal, den Canal Vauban, anlegen. Die als Gegengewicht zum damals habsburgischen Breisach erbaute Bastion galt als die größte Festungsanlage ihrer Zeit und als das Meisterwerk des königlichen Ingenieurs. Seit 2008 zählt sie zum Welterbe der UNESCO. Von den vier Stadttoren der ca. 2,5 km langen Festungsmauer sind die barocke Porte de Colmar und die Porte de Belfort erhalten. In der Porte de Belfort wurde das **Vauban-Museum** eingerichtet. Ebenfalls in der Festungsmauer eingerichtet wurde ein Street-Art-Museum.

Neuf-Brisach

Musée Vauban: 7, place de la Porte de Belfort | April–Okt. tgl. außer Di. 10–12 und 13–18 Uhr | Eintritt: 6 € | **MAUSA Vauban:** 1, place de la Porte de Belfort | Di.–So. 11–19 Uhr | Eintritt 10 €

DAMBACH-LA-VILLE

Département: Bas-Rhin | **Höhe:** 215 m ü. d. M. | **Einwohner:** 2200

Dambach-la-Ville nördlich von Sélestat besitzt mit 470 ha den größten Weinberg im Elsass. Um den Ortskern zieht sich eine fast unversehrte Stadtmauer, die dem Dörfchen etwas Trutziges gibt. Der üppige Blumenschmuck sorgt für heitere Stimmung.

Dambach-la-Ville ist ein relativ wenig besuchtes Dorf. Ein Rundweg führt auf die fast unversehrte Stadtmauer und zu den drei noch erhaltenen Toren aus dem 14. Jahrhundert. Viele spätgotische Erkerhäuser prägen das homogene Gesamtbild der ehemaligen Bischofsstadt. Besonders idyllisch ist der Marktplatz mit Renaissance-Rathaus (1547) und Brunnen, den das Symbol der Stadt ziert: ein Bär mit Weinbecher.

Wohin in Dambach-la-Ville und Umgebung?

Skelette aufständischer Bauern?

Chapelle Saint-Sébastien

Unweit außerhalb der Porte Haute (Obertor), des nördlichen Stadttors, steht in westlicher Richtung auf einer Anhöhe mitten in den Weinbergen die Chapelle Saint-Sébastien. Einst gehörte die Sebastianskapelle zu einem mittlerweile verschwundenen Dorf. Heute kümmern sich 32 Familien aus Dambach-la-Ville um ihren Erhalt. Der Turm ist romanisch (12. Jh.), Chor und Beinhaus gotisch, der reich verzierte Hochaltar barock. Die Muttergottesstatue (15. Jh.) am linken Seitenaltar wird der Schule von Tilman Riemenschneider zugeschrieben. Die Skelette im Beinhaus außerhalb des Gotteshauses stammen von aufständischen Bauern, die Herzog Anton von Lothringen während des Bauernkrieges im Kampf um Scherwiller (1525) erschlagen ließ – so heißt es. Vermutlich gehören sie aber zum ehemaligen Dorffriedhof. Vom Kirchlein geht die Aussicht auf Dambach, die berühmte Lage des Grand Cru von Frankstein, der auf Granitböden wächst, und in die Oberrheinebene.

Spaziergang zur Burg

Bernstein

Zu Fuß geht es in 45 Min. von der Chapelle Saint-Sébastien auf die in 562 m Höhe gelegene renovierte Ruine der im 12./13. Jh. errichteten Burg Bernstein, deren Name sich von »Bärenstein« ableitet. Vom 18 m hohen Donjon (Bergfried) bietet sich eine schöne Aussicht auf die Rheinebene und die Vogesenausläufer.

Ein guter Platz: Kapelle am Berg

Epfig

Nördlich von Dambach-la-Ville liegt der ruhige Winzerort Epfig (2200 Einw.). Ein echtes Kleinod für Liebhaber der Romanik wartet hier: Östlich der Durchgangsstraße (Wegweiser) steht im ummauerten Friedhof die kleine, kreuzförmige, von einem mächtigen Vierungsturm beherrschte **Chapelle Sainte-Marguerite** (11. Jh.) mit Beinhaus (19. Jh.) und kreuzgangartiger Arkadenvorhalle im Süden und Westen. Im Innern finden sich Reste von Gewölbefresken, die einen thronenden Christus und die Evangelistensymbole zeigen.

So dezent kann Barock sein

Ebersmunster

Ebersmunster (500 Einw.), ca. 10 km östlich von Dambach-la-Ville an der Ill, besitzt mit der **Église Abbatiale Saint-Maurice** die bedeutendste Barockkirche des Elsass. Generell gibt es in der Region wenig Barockkirchen, die auch nicht so opulent ausgestaltet sind wie anderswo, z. B. in Süddeutschland. Ursprünglich stand an dieser Stelle ein Benediktinerkloster, das der Vater der hl. Odilie (▶ Mont Sainte-Odile) gegründet haben soll und das im Dreißigjährigen Krieg niedergebrannt wurde. In der Folgezeit wurden Kirche und Klostergebäude wieder aufgebaut.

DAMBACH-LA-VILLE

OFFICE DE TOURISME

11, place du Marché
67650 Dambach-la-Ville
Tel. 0388 92 61 00
www.paysdebarr.fr

RESTAURANT AUX DEUX CLEFS €€

Das Grand Ried mit seinen reichen Fischgründen erstreckt sich fast vor der Küchentür. Was liegt näher, als auf frischen Fisch zu setzen? Alexandre Baur kocht hier die berühmte Matelot: einen Fischtopf, der aus den vier besten Speisefischarten des Ried besteht: Aal, Zander, Hecht und Schleie. Baur serviert die Matelot in zwei Gängen. Auch die anderen Fisch- und Fleischgerichte sind hervorragend. Reservieren ratsam.
23, rue du Général-Leclerc
67600 Ebersmunster (8 km östl.)
Tel. 0388 85 71 55
www.restaurantauxdeuxclefs.fr
Ruhetage: Mo., Mi.

HÔTEL À LA FERME €€€

Ein typisches Elsässer Bauernhaus ist zum guten Hotel geworden: 15 großzügige Zimmer, geschmackvolle Ausstattung, schöner Garten. Zum Hotel gehört das benachbarte Gourmet-Restaurant A l'Aigle d'Or, wo Jean-Philippe Hellmann zeigt, was er bei Sternekoch Paul Haeberlin gelernt hat. In der angegliederten Winstub sind die Preise moderater, die Gerichte typisch elsässisch. Sehr gut: der Zander mit Sauerkraut im Strudelteig.
10, rue du Château
67150 Osthouse (21 km nördl.)
Tel. 0390 29 92 50
www.hotelalaferme.com
Ruhetage Restaurant: Mo., Di.

Die Abteikirche mit den beiden weithin sichtbaren Zwiebeltürmen und dem »Heidenturm«, der dem Chor angefügt ist, entstand im Jahr 1727 nach Plänen des Vorarlberger Baumeisters Peter Thumb. Im lichtdurchfluteten Innern lenken das Chorgestühl, die weißen Stuckverzierungen, Beichtstühle und Deckenfresken den Blick auf sich. Der monumentale, mit Gold und Skulpturen verzierte Hochaltar von 1728 reicht mit seinem kronenförmigen Baldachin bis zum Chorgewölbe. Die große Orgel von 1732 ist eines der letzten Instrumente, die der aus Sachsen stammende Orgelbauer Andreas Silbermann geschaffen hat.

Saint-Maurice: Juni–Okt. tgl. 9–18, Sept.–Mai bis 17 Uhr | Orgelkonzerte: www.amisabbatiale-ebersmunster.fr | Tel. 0388 85 78 32

Tabakmetropole am Rhein

Benfeld

Nördlich von Ebersmunster liegt das hübsche alte Städtchen Benfeld. Hier verläuft die Route du Tabac – nun befindet man sich bereits in der landwirtschaftlich geprägten Ebene des Rheins. Hauptsehenswürdigkeit des Orts ist die astronomische Uhr am Rathausturm (15.–17. Jh.) mit der Zwiebelkuppel. Jede volle Stunde tritt an der schiefergedeckten Haube der **»Stubehansel«** hervor. Der Sage nach soll dieser Ratsdiener im Hundertjährigen Krieg die Stadt gegen Geld an den Feind verraten haben. Bei ihrem Auftreten lässt die Figur die Kinnlade fallen – wie der entsetzte Verräter, als über ihn das Todesurteil gesprochen wurde. Benfeld bezeichnet sich gerne als das »Tor zum Grand Ried«.

Reich der Sumpfohreulen

Östlich der N 83 zwischen Muttersholtz und Erstein erstreckt sich entlang des Rheins das »Grand Ried«, dschungelartige Reste der alten Rheinauen und Gegenstück des deutschen Naturschutzgebiets Taubergießen. Das Überschwemmungsgebiet ist für viele seltene Arten ein wichtiger Rückzugsort geworden: Großer Brachvogel, Sumpfohreule, Rohrweihe, Eisvogel und Biber. Anders als in Deutschland

IM WASSERLAND

Langsam treibt der Nachen durchs Wasser. Der Fluss glitzert grünlich, am Ufer stehen Bäume und Büsche so dicht, dass kein Blick hindurchdringt. Weidenzweige hängen tief ins Wasser, bilden flirrende Vorhänge, überall geheimnisvolles Dämmerlicht. Vogelrufe aus dem Dickicht, hohes Sirren von Insekten. Ein menschenfernes Wasserland im Urzustand: auf Exkursion im Grand Ried.

haben die Elsässer die Ill nicht begradigt, sodass Starkregen von diesem Rheinzufluss gut aufgenommen werden kann.
Fahrten im Flachboot, Naturwander- und Radwege sowie naturkundliche Exkursionen siehe www.grandried.alsace

Museum des »Schraubenkönigs«

Erstein

Am französischen Firmensitz in Erstein zwischen Dambach und Strasbourg hat die Künzelsauer Firma Würth 2008 ein **Kunstmuseum** (Musée Würth) eröffnet. Wechselausstellungen zeigen Höhepunkte der Sammlung des Firmengründers Reinhold Würth, der ein Vermögen mit Schrauben verdiente und zwölf weitere Kunstmuseen besitzt. Aus deren Fundus speisen sich die Ausstellungen mit Schwerpunkt auf der Kunst des 20./21. Jh.s. Zum Museum gehört auch ein preisgekrönter Landschaftspark.
Kunstmuseum: Di.–Sa. 10–17, So. bis 18 Uhr | Eintritt frei, Führung: 6 € | www.musee-wurth.fr

★★ EGUISHEIM

Département: Haut-Rhin | **Höhe:** 204 m ü. d. M. | **Einwohner:** 1700

Wenn die Historiker recht haben, pflanzten die Römer in Eguisheim die ersten Reben in den Boden und gaben damit den Startschuss für den regionalen Weinbau. Auch der einzige Papst aus dem Elsass kommt aus diesem besonders hübschen Dorf.

Papst aus dem Elsass

Das Winzerstädtchen hat sich seinen kreisrunden Grundriss inklusive Mauer und schmalen Gässchen bewahrt. Und die Bewohner sparen nicht an Blumendekoration. Überbordende Blumenkübel, Kopfsteinpflaster und dicht an dicht stehende Fachwerkhäuser heißt: das Auto besser draußen parken. Ursprung des Dorfes ist eine im 8. Jh. gegründete Wasserburg, um die herum die Straßen in konzentrischen Ringen angelegt wurden. Eguisheim gilt als **Geburtsort von Papst Leo IX.** (1049–1054), dem vormaligen Bruno Graf von Eguisheim, der bald nach seinem Tod heiliggesprochen wurde. Er ist der einzige im Elsass geborene Papst.

Wohin in Eguisheim?

Ein netter Spaziergang

Stadtmauer

Entlang der kreisförmigen Stadtmauer ist ein lohnender Rundgang ausgeschildert. Auf dem Spaziergang durch die verwinkelten Gassen mit ihren in liebevoller Kleinarbeit restaurierten Fachwerkhäusern (überwiegend 17. Jh.) wird man auf die repräsentativen Zehnthöfe stoßen, die einst zu Klöstern gehörten. Damals wie heute stehen sie im Zeichen des Weins, der in Eguisheim die Hauptrolle spielt: Bei Verkostungen beim Winzer und im Restaurant z. B. einen Grand Cru Eichberg oder Pfersigberg probieren.

Feierlaune am Papstbrunnen

Château

Den Ortsmittelpunkt bildet die eigenartige achteckige Pfalz, die Ringmauer einer aus der Stauferzeit stammenden, aber bereits im 8. Jh. gegründeten kleinen Wasserburg, die 1894 erneuert wurde. Die 1889 gebaute neuromanisch-byzantinische Kapelle, deren Inneres von historisierenden Wandmalereien bedeckt ist, bewahrt das Andenken an Papst Leo IX. aus dem Geschlecht der Grafen von Eguisheim. Der Brunnen davor wird von seiner Statue bekrönt. Rund um den Brunnen wird auch das bunte Winzerfest Ende August gefeiert. Oberhalb des Brunnens steht die Pfarrkirche, die an der Stelle eines 1807 abgebrochenen romanischen Gotteshauses entstand, von dem noch der Turm und das Westportal (12./13. Jh.) stammen.

Galerie RempART

In einem restaurierten Teil der alten Stadtmauer hat Patricia Meyer die Galerie RempART eröffnet. Hier stellen überwiegend heimische Künstler aus. Auch selbst gestalteter Schmuck wird verkauft.
47, Grand Rue | Sa., So. 10.30–12.30 und 14.30–18.30 Uhr, Mo., Do., Fr. nur nachmittags | www.galerie-rempart.fr

Rund um Eguisheim

Aufregendes Sträßchen

Route des Cinq Châteaux

In Husseren-les-Châteaux, etwa 3 km westlich, beginnt die 11 km lange Fünf-Burgen-Straße (Route des Cinq Châteaux), die 1963 angelegt wurde. Sie führt – kurvenreich und nicht sonderlich breit – hauptsächlich in nördliche Richtung und endet in Wintzenheim. Nachts ist die Fünf-Burgen-Straße gesperrt. Die erste Station an der Straße bildet die ausgedehnte Anlage der Ruine Haut-Eguisheim (Hoch-Egisheim, 591 m ü. d. M.), deren drei weithin sichtbare Türme **»Drei Egsen«** (Besitz der Eguisheimer Grafen) genannt werden und ursprünglich jeweils zu eigenständigen Burgen gehörten, nämlich Dagsburg (12. Jh.), Wahlenburg (11. Jh.) und Wekmund (13. Jh.). Vermutlich wurde Papst Leo IX. im Jahr 1002 auf Hoch-Egisheim geboren. Von der obersten Plattform des Bergfrieds von Wahlenburg, dem mittleren Turm, genießt man eine hervorragende Rundsicht über die Oberrheinebene. Erhöht über der Straße steht 6 km weiter die im 13. Jh. erbaute, 1635 zerstörte und ab 1987 restaurierte Burg Hohlandsberg (Château Hohlandsbourg; 627 m ü. d. M., Öffnungszeiten ▶ Umgebung Colmar, S. 76). Jetzt geht es nur zu Fuß weiter: Von hier steigt man in 1 Std. zur Pflixburg ab. Die gut

EGUISHEIM ERLEBEN

OFFICE DE TOURISME

22a, Grand'Rue
68420 Eguisheim
Tel. 0389 23 40 33
www.tourisme-eguisheim-rouffach.com

WINZERFEST

Weinfeste gibt es ringsum viele, doch rund um den Papstbrunnen feierte es sich Ende August besonders nett.

DOMAINE EMILE BEYER

Eines der ältesten Weingüter der Region: Bereits seit 1580 wird hier Wein produziert; seit 1792 ist das Weingut in Besitz der Familie Beyer.
7, place du Château Saint-Léon
Tel. 0389 41 40 45
www.emile-beyer.fr
Weinproben: Mo.–Sa. 8–12, 13.30–18 Uhr, Juli, Aug. tgl. 8–19 Uhr

RESTAURANT CAVEAU LE HEUHAUS €€

Rustikale Atmosphäre in einem etwas überladen dekorierten Gastraum. Am schönsten sitzt es sich an warmen Abenden auf der Terrasse, die nahtlos in die Altstadt übergeht. Dort trifft sich halb Eguisheim mit Freunden und Familie und isst Flammkuchen.
7, rue Monseigneur Stumpf
Tel. 0389 41 85 72
www.caveauheuhaus.com
Ruhetag: Mi., Do.

HOSTELLERIE DU CHÂTEAU €€€

Mitten im Dörfchen liegt dieses altehrwürdige Haus direkt am Platz mit dem Papst-Brunnen. Es zeigt sich perfekt saniert und modern eingerichtet. Besonders die Bäder sind eine Augenweide. Der Besitzer ist Architekt und hat sorgsam auf jedes Detail geachtet.
2, rue du Château, Tel. 0389 23 72 00
www.eguisheim-hostellerie-du-chateau.fr, 10 Z.

erhaltene Ruine dieser 1220 erwähnten, 1434 zerstörten Burg bildet die letzte Station an der Fünf-Burgen-Straße.

Ein besonderer Kirchturm

Gueberschwihr

Ein elsässisches Bilderbuchdorf ist das auf einem Rebhügel gelegene Winzerdorf Gueberschwihr (Geberschweier), 10 km südlich von Eguisheim. Es besitzt nicht nur stattliche Winzerhöfe aus dem 16. und 17. Jh. beiderseits der schmalen, natursteingepflasterten Hauptstraße, sondern auch einen 36 m hohen romanischen Glockenturm (um 1120), der aufgrund seiner Fenstergalerien in den oberen drei Etagen als der schönste romanische Kirchturm an der Route des Vins gilt. Das Kirchenschiff ist jedoch später im neoromanischen Baustil ergänzt worden – 1863 musste es abgerissen und neu aufgebaut werden, weil die Mauern Risse zeigten.

ELSÄSSER WEIN

BAEDEKER WISSEN

Zwischen Rheintal und Vogesen reihen sich die Weinberge des Elsass aneinande Römer hatten den Weinbau eingeführt. Heute entfällt knapp die Hälfte der örtlichen Agrarproduktion auf den Wein, und für den Tourismus spielt er eine zentrale Rolle. Das Elsass ist ein fast reines Weißweinland, sein Flaggschiff der Riesling. Anders als im restlichen Frankreich erhält der Wein hier seinen Namen von der Rebsorte und nicht vom jeweiligen Landstrich.

▶ Rebsorten
Sieben Rebsorten bringen die Haupterträge im Elsässer Weinanbaugebiet:

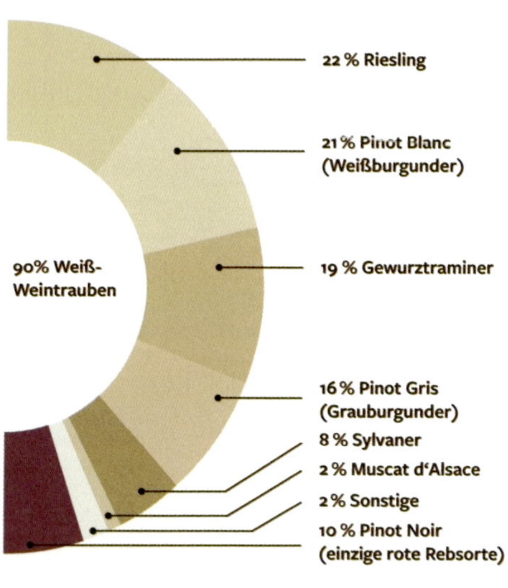

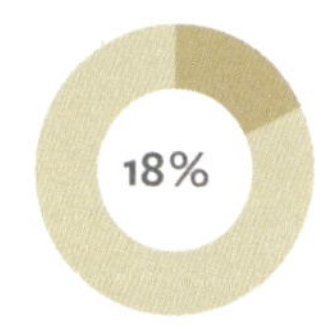

18 % der französischen Weißweinerzeugung kommen aus dem Elsass.

Genießen
Die AOC-Weine und die Grand-Cru-Weine (zu 90% Weißweine) sollten frisch und idealerweise bei einer Temperatur von 8 bis 10 °C serviert werden. Die Temperatur eines Crémant sollte zwischen 5 und 7 °C liegen.

▶ Regionale Verteilung der AOC-Weine in Hektoliter (2020)
Gesamt: 969 652 hl

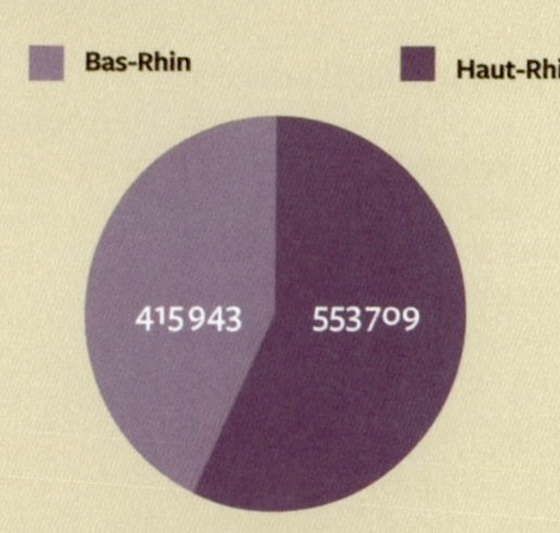

▶ Elsässer Weinbauwirtschaft (2020)
In der Elsässer Weinbauwirtschaft sind 3800 Menschen beschäftigt. Sie bearbeiten eine Gesamtanbaufläche von 15 606 Hektar

Ertrag pro Hektar in Hektoliter

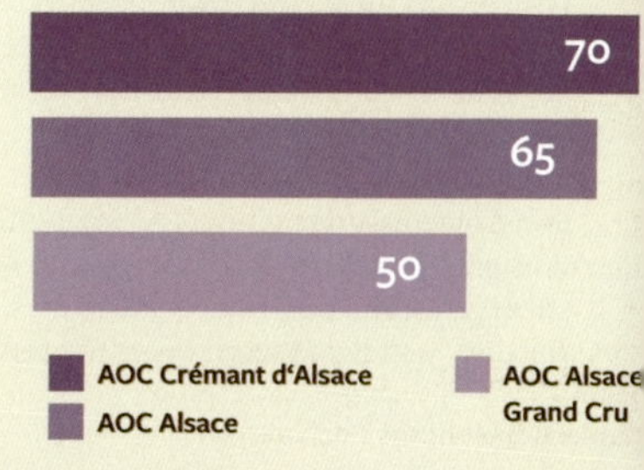

▶ **Das Anbaugebiet**
Die Gesamtanbaufläche beträgt 15606 ha. 2020 wurden 969652 Hektoliter AOC-Weine erbracht. Das entspricht rund 130 Millionen Flaschen.

▶ **Die Weinstraße**
Die 1953 eingerichtete Elsässer Weinstraße berührt auf 170 km Länge 67 von 119 Elsässer Weinbaugemeinden. Sie führt über ca. 300 Weingüter und an fast allen Grand-Cru-Einzellagen entlang und durchzieht somit in Nord-Süd-Richtung die Départements Bas-Rhin und Haut-Rhin.

ie Sprache
es Etiketts
usätzlich zur
ezeichnung
A.O.C. Crémant
Alsace« können
och folgende
ezeichnungen
ufgeführt sein:

rut: trocken
illésimé: die Beeren der Grundweine
ammen aus dem gleichen Jahrgang
osé: mit rotem Grundwein, aus
inot-Noir-Reben verschnitten
gillé: von der Confrérie Saint-Étienne
rämiert, besonders hochwertig

▶ **Export von Vins d'Alsace in Hektolitern (2020)**

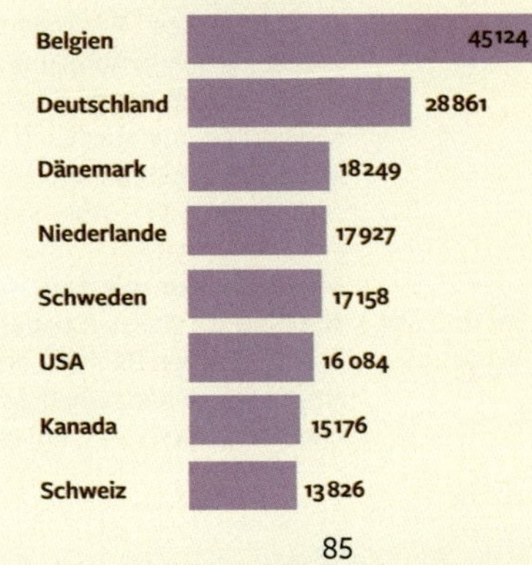

ENSISHEIM

H 10

Département: Haut-Rhin | **Höhe:** 217 m ü. d. M. | **Einwohner:** 7500

Mit seinen teils prächtigen Häusern aus dem 15. und 16. Jh. zeigt das Städtchen nördlich von Mulhouse noch heute ein malerisches Bild. Die Hauptattraktionen liegen allerdings außerhalb: Frankreichs größtes Freilichtmuseum, das Écomusée d'Alsace und der Park des Kleinen Prinzen.

Es war gerade mal drei Wochen her, dass Kolumbus Amerika entdeckt hatte. Das ahnte niemand in Ensisheim, die Sensation war etwas völlig anderes: Am 7. November 1492 fiel ein mächtiger Meteorit »mit Donnerschlag von oben herab aus dem Gewülk«, berichtet die Chronik des Sebastian Brant. Das Präsent aus dem Himmel verwahrten die Stadtväter sorgsam, jetzt ist er das Prunkstück des Museums im Rathaus. Vielleicht hat Albrecht Dürer, als er in Basel weilte, den Fall des Meteoriten gesehen – Kunsthistoriker vermuten, dass er Dürer als Inspiration für seine Meteoritenabbildungen gedient haben könnte. Heute wiegt der Stein nur noch 54 statt 127 kg. Angeblich überreichte man den hochrangigen Gäste gerne ein Stückchen aus dem Himmelskörper: Ensisheim war kein Kuhnest, sondern von 1135 bis zum Ende des Dreißigjährigen Kriegs 1648 Verwaltungszentrum der habsburgisch-österreichischen Besitzungen im Oberelsass.

Wohin in Ensisheim und Umgebung?

Besuch bei Meteor

Hôtel de Ville

Ein hübscher Spazierweg folgt dem Verlauf der alten Stadtmauer. Das von einer säulengetragenen Vorhalle gezierte Rathaus (1535–1547) entstand nach einem spätgotischen Gesamtplan und verdankt seinen reichen Fassadenschmuck der Renaissance. Im Rathaus ist das **Musée de la Régence** (Regimentshaus-Museum) mit einer historischen und archäologischen Abteilung sowie mit einer Sammlung zum Kali-Abbau in der Umgebung zu finden. Hier liegt auch der Rest des berühmten Meteoriten, nüchtern betrachtet ein hässlich-anthrazitfarbener Klops.

Museum: Mai–Sept. Mo., Mi., Fr. 10–12, 14–17.30 Uhr, Sa., So. nur nachmittags; Okt.–April auch Mo., Do., Fr. nur nachm. | Eintritt: 2 €

Man sieht nur mit dem Herzen gut

Parc du Petit Prince

Antoine de Saint-Exupérys Buch »Der kleine Prinz« gehört zu den meistgelesenen Büchern der Welt. Die Geschichte des Jungen, der sich auf die Suche nach einem Freund begibt und dabei allerlei Begegnungen erlebt, erschien 1943. »Man sieht nur mit dem Herzen gut. Das Wesent-

ENSISHEIM ERLEBEN

OFFICE DE TOURISME

6, place de l'Église
68190 Ensisheim
Tel. 0389 26 49 54
www.ensisheim.fr

ECOMUSÉE D'ALSASCE

Im Ecomusée gibt es ein Restaurant, eine Brasserie und ein Hotel. Die Bäckerei auf dem Gelände stillt Hunger schnell mit frischem Flammkuchen aus dem Holzbackofen.
chemin Grosswald
68190 Ungersheim (4 km westlich)
www.ecomusee.alsace/de

liche ist für die Augen unsichtbar.«, ist einer der oft zitierten Sätze aus dieser philosophisch angehauchten, märchenhaften Erzählung. Saint-Exupéry war im Zweiten Weltkrieg Luftwaffenpilot und wurde am 31. Juli 1944 über dem Mittelmeer abgeschossen.
2014 eröffnete in Ungersheim der »Park des kleinen Prinzen«. Angelehnt an die berühmte Geschichte, können Kinder in dem weitläufigen Themenpark mit 31 Attraktionen die Abenteuer des Kleinen Prinzen nacherleben, Fuchs und Rose treffen. Das Fliegen spielt hier wie im Buch selber eine große Rolle: Kinder dürfen einen Doppeldecker erklettern und mit einem Fesselballon abheben – das allerdings nur, wenn die Windverhältnisse es zulassen. Und noch mehr Bezüge zum Himmel: Wo heute der Park steht, schlug 1492 der »Meteorit von Ensisheim« ein.
Park des kleinen Prinzen: April–Okt. Sa., So. 10–17, Juli, Aug. tgl. 10–18 Uhr, in den Schulferien erweiterte Öffnungszeiten
Eintritt: 24 €, Kinder bis 11 J. 19 € | www.parcdupetitprince.com

Ecomusée d'Alsace

Ungersheim: chemin Grosswald | tgl. 10–18 Uhr, April–Anf. Nov. Mo. geschl. | Eintritt: 16,50 € | www.ecomusee.alsace/de

Frankreichs größtes Freilichtmuseum

Das alte Elsass

Das Écomusée d'Alsace (Elsässisches Freilichtmuseum) ist Frankreichs größtes und beliebtestes Freilichtmuseum. Es präsentiert 72 traditionelle Fachwerkhäuser aus dem ganzen Elsass, die in ihrem Ursprungsort demontiert und hier sorgfältig wieder aufgebaut wurden. In einigen dieser Gebäude sind dörfliche Werkstätten eingerichtet, wo man den Handwerkern bei der Arbeit zusehen kann: Töpfer, Bäcker, Holzschuhschnitzer, Wagenbauer und Sattler; auch eine Schmiede, ein Sägewerk, eine Ölmühle und eine Schnapsbrennerei lassen alte Berufe wieder aufleben. Anziehungspunkt für Besucher ist

OBEN: Die Handwerkervorführungen machen das Écomusée d'Alsace sehr lebendig. Wer weiß denn noch um die Kunst der Radherstellung?

UNTEN: Kraftvoll hallen die Hammerschläge des Schmieds durch die Schauwerkstatt.

auch die umfangreiche Sammlung von Holzmodellen aller möglichen Kuppelkonstruktionen im Gebäude Nr. 49 sowie der mittelalterliche Garten und das »Eden-Palladium«, ein noch in Betrieb befindliches Hallenkarussell der Belle Époque (1901).

Souvenirs von anno dazumal

Über-nachten, Einkaufen

Neben handwerklichen Vorführungen gibt es auch diverse Veranstaltungen. Drei Restaurants, Picknickplätze und das Hotel »Les Loges de l'Écomusée« gehören ebenfalls zum Museum. Der Museumsshop vertreibt alles, was Handwerker und Landfrauen auf dem Gelände produziert haben: Konfitüre, Töpferwaren, Holzobjekte, Spitzentücher, Honig und vieles mehr.

★ FERRETTE

Département: Haut-Rhin | **Höhe:** 470 m ü. d. M. | **Einwohner:** 800

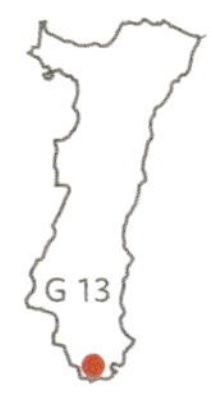

Das von einer Burgruine überragte Ferrette ist das charmanteste Städtchen des Sundgaus. Da weder Kultur noch Fachwerk noch Wein locken, setzt der äußerste Südzipfel des Elsass auf seine verträumten Flusstäler, ruhigen Wälder und Wiesen. Wo nichts geschieht, ist alles möglich.

Nur morgens wird es kurz turbulent auf den Straßen rund um Ferrette, wenn die Arbeitnehmer zu ihren gut bezahlten Jobs in der Schweiz sausen. Etwas später fallen die betuchten Basler Golfer in Mooslargue ein. Der Club befindet sich in Schweizer Besitz, wie viele perfekt restaurierte Bauernhäuser der Umgebung auch. Die gemeinsame Geschichte ist lang: Einst besaßen die Basler Bischöfe hier ausgedehnte Ländereien; der »Südgau« galt als der »Brotkasten der Eidgenossenschaft«. Den Titel eines Comté (Graf) de Ferrette führt heute der regierende Fürst von Monaco, derzeit Albert II. Touristisch gesehen ist Radeln und Wandern angesagt. Das Juramassiv, das sich erst in der Schweiz und der Franche-Comté zu seiner vollen Höhe aufwirft, zeigt sich hier in einer konditionsschonenden Variante.

Wohin in Ferrette und Umgebung?

Ein dreiarmiges Jesuskind

Unterstadt

In der mit historischen Bürgerhäusern geschmückten Unterstadt steht eine einschiffige, z. T. noch gotische Kirche (13./14. Jh.)

FERRETTE ERLEBEN

OFFICE DE TOURISME

rue de la 1ère Armée
68480 Ferrette
Tel. 0389 08 23 88
www.sundgau-sud-alsace.fr

SUNDGAUER KÄS KALLAR

Bernard Antony erzeugt keinen Käse, sondern lässt ausgewählte Rohmilch-Käse in seinem Keller reifen. Er dürfte der berühmteste »Éleveur de fromage« sein, hat weltweit prominente Kundschaft und genießt den Ruf eines »Käseflüsterers«. Inzwischen arbeitet auch Sohn Jean-François als Affineur im Betrieb. Im Geschäft finden auch Käsedegustationen mit dem passenden Wein statt. Das lohnt sich!

68480 Vieux Ferrette
(2 km nordwestlich von Ferrette)
5, rue de la Montagne
Tel. 0389 40 42 22
Mo.–Fr. 10–12.30 und 14–18,
Sa. 9–17 Uhr
www.fromagerieantony.fr

LE CHAUDRON €

Das einfache Lokal tischt Spezialitäten der Region wie gebackenen Karpfen auf und klassisch Französisches wie Krabbencocktail, Salat mit Ziegenkäse, Tatar oder Entrecôte.

68480 Vieux Ferrette
15, place de l'Ancienne Forge
Tel. 0389 40 10 88
Ruhetage: Mo.–Mi.

Bernard Antony lässt dem Käse genau die richtige Reifezeit.

AUBERGE ET HOSTELLERIE PAYSANNE €€

Geranien fallen in mächtigen Wogen über die Front des alten Bauernhauses. In Lutter mit seinen nicht einmal 300 Einwohnern zählt die Augberge Paysanne zu den markantesten Gebäuden. Viele Schweizer radeln kurz mal über die Grenze und kehren hier ein. Der Gastraum bietet heimelige Sundgauer Gemütlichkeit, doch auf den Teller findet sich Überraschendes wie Keftedes und Couscous oder Aromen von Ingwer und Kurkuma: Der Koch aus Zypern setzt interessante Akzente. Die Hostellerie befindet sich ein paar Häuser weiter in einem schmucken Bauernhaus aus dem 17. Jh.
1, rue de Wolschwiller
68480 Lutter
Tel. 0389 40 71 67
www.auberge-hostellerie-paysanne.com
Ruhetage: Mo., Di., So.abend

LE MORIMONT €€

Naturfreunde und Ruhebedürftige müssten sich hier wohlfühlen: Das komfortable Hotel entstand aus einem Bauernhaus mit Molkerei aus dem 18. Jh. und wurde nach baubiologischen Standards umgebaut. Die Lage ist sehr ruhig, die Sicht geht hinaus ins Grüne, Wanderwege locken, Fuchs und Has' sagen sich hier Gute Nacht. Gespeist wird im Wintergarten.
68480 Oberlarg (10 km westl. von Ferrette)
route des Ruines du Morimont
Tel. 0389 40 88 92, 16 Z.
www.lemorimont.com

---

mit bemerkenswertem Chor und farbigen Fenstern, die im 19. Jh. entstanden sind. Hier steht auch eine Madonnen-Skulptur mit einem dreiarmigen Jesuskind; erkennbar sind jedoch immer nur zwei Arme.

Immer bergauf

Hôtel de Ville

Von der Kirche führt die schmale und sehr steile Rue du Château hinauf in die historische Oberstadt und zum Hôtel de Ville, einem ochsenblutrot gestrichenen Bau aus dem 16. Jh. im Stil der deutschen Renaissance.

Mehrfach zerstört und immer noch da

Château de Ferrette

Über dem Städtchen erhebt sich ein bewaldeter Hügel von 613 m Höhe. Auf diesem liegt, über die steile Rue du Château erreichbar, die Ruine des einstigen Grafenschlosses (Burg Hohenpfirt; 1125). Nach Durchschreiten zweier Tore (16. Jh.) ist das Unterschloss (14./16. Jh.) erreicht, das aufständische Bauern während der Französischen Revolution zerstörten, und zu den 1975 freigelegten Resten des vierkantigen Turms. An der ehemaligen Katharinenkapelle vorbei kommt geht es zur Oberburg (12. Jh.), dem ältesten Teil der Anlage, die schon während des Dreißigjährigen Kriegs in Schutt und Asche gelegt wurde. Von der Aussichtsplattform bietet sich ein weiter Blick auf die Oberrheinebene, den Schwarzwald und den Elsässischen Jura.

Märchenhafte Ruinen

Château de Morimont

Nahe des Dörfchens Oberlarg ca. 400 m vom Hotel Le Morimont entfernt liegen die Ruinen des Schlosses Morimont recht märchenhaft im Wald verborgen. 1228 wurde das Schloss erstmals erwähnt und im Dreißigjährigen Krieg zerstört. 5 km nördlich liegt der Golfclub La Largue mit einem sehr schönen Restaurant.

Golfclub: Mooslargue | www.lalargue-resort.com

GÉRARDMER

E 9

Département: Vosges | **Höhe:** 665 m ü. d. M. | **Einwohner:** 7800

Gérardmer liegt sehr schön zwischen bewaldeten Bergen und einem tiefblauen See. Und wie jeder andere Kurort auch bietet das Städtchen Grand Hotel, Kasino, Sommernachtsfeuerwerk und gediegenes Flanieren an der Uferpromenade.

Skifahren und Baden

Im Winter versinkt der größte Luftkurort Vogesens keineswegs in Winterschlaf: Dank tannengesäumter, nächtlich beleuchteter Pisten, Schneekanonen, munterem Après-Ski und Wellnessangebot nimmt der Tourismus rund um die Weihnachtszeit erst richtig Fahrt auf. Im Sommer zeigen sich die kahlen Pistenhänge weniger attraktiv – Skifahren geht an der Umwelt nicht spurlos vorüber. Dafür locken Wald und See. Erster illustrer Gast war Karl der Große, der in den umliegenden Vogesenwäldern jagen ging. Bereits 1875 wurde das Tourismusbüro der Stadt gegründet, damit ist es das älteste Frankreichs. Auf diese Zeit geht auch der Titel »Perle der Vogesen« zurück. Nachdem 1944 der Ort größtenteils in Schutt und Asche gelegt wurde, gilt der Titel zumindest nicht mehr für die Bausubstanz.

Edle Tischwäsche lockt

Baumwollstadt

Vor allem an schönen Tagen und beim Narzissenfest zeigt sich der Ort sehr überlaufen, die Straßen sind verstopft. Irgendwo bietet der See aber immer ein nettes Plätzchen. Zusammen mit den östlich gelegenen Seen Lac de Longemer und Lac de Retournemer sowie den umliegenden Orten bildet Gérardmer ein herrliches Urlaubsgebiet mit viel Natur und Abwechslung aller Art. Neben dem Tourismus spielt in Gérardmer die Textilindustrie noch eine wichtige Rolle. Die Region um die Stadt ist eines der bedeutendsten Zentren der Textilbranche in den Vogesen. Hier wird ein Drittel aller französischen Baumwollstoffe produziert – Garnier-Thiébaut, Linvosges und Le Jacquard Français verkaufen direkt ab Fabrik ihre hinreißenden Kollektionen an Tisch- bzw. Bettwäsche und anderen Textilien.

GÉRARDMER ERLEBEN

OFFICE DE TOURISME

4, place des Déportés
88400 Gérardmer
Tel. 0329 27 27 27
www.gerardmer.net

NARZISSENFEST

Alles gelb in allen Straßen: Mit rund 50 Umzugswagen, Straßentänzerinnen wie beim Karneval in Rio und viel Essen und Trinken feiert die Stadt die ersten Blüten des Frühlings, die Narzissen (Osterglocken).
Alle zwei Jahre Mitte April in ungeraden Jahren

WOCHENMARKT

Munsterkäse, Kerzen, Wurst, Honig, Juli/Aug. auch handwerkliche Produkte bei der Kirche
Do., Sa. 8.30–12.30 Uhr

TEXTILIEN

Berühmte Namen wie Garnier-Thiébaut, für seine hinreißend-farbenfrohen Stoffe bekannt, der Damast-Hauswäschehersteller Le Jacquard Français und Linvosges produzieren in Gérardmer.
Die Touristeninformation hält Fabrikverkaufs- und Besichtigungstermine sowie eine Liste der Shops bereit.

FABRIKVERKAUF FA. LINVOSGES

6, place des Déportés
Tel. 0329 60 32 36
www.linvosges.com
Mo.–Sa. 10–12.30 und 14–19, So. bis 18 Uhr

1 LA GÉRÔMOISE €

Hierher kommen die Gäste, um das selbst gebraute Bier zu trinken oder um die Liveauftritte lokaler Bands zu hören. Die Küche bietet vor allem Flammkuchen und frische Forellen.
2, avenue Morand
Tel. 0329 60 91 45
www.lageromoise.fr
Ruhetage: So.abend, Mo.

2 LA P'TITE SOPHIE €€

Hier fühlt man sich sofort willkommen. Der Ableger des Hotels Jardins de Sophie in Xonrupt-Longemer bietet im Zentrum von Gérardmer einen feine Küche im lockeren Bistrot-Stil. Im Herbst gibt es Wild und Pilze, ansonsten das, was der regionale Markt an Frischem bietet.
40, rue Charles de Gaulle
Tel. 0329 41 76 96
www.hotel-jardins-sophie.fr
Ruhetage: Mo., So.-/Do.abend

1 GRAND HÔTEL & SPA DE GÉRARDMER €€€€

Das erste Haus am Platze mit 76 im Landhausstil eingerichteten Zimmern unterhält eine großzügige Spa-Abteilung, die teils auch für die Öffentlichkeit zugänglich ist. Ebenfalls zum Hause gehören drei unterschiedliche Restaurants, die vom Ambiente her von rustikal bis edel changieren. Die Küche deckt eine entsprechende Bandbreite ab und reicht von Gourmetniveau im Pavillon Pétrus über regionale und französische Küche bis zur flotten Bar.
17–19, place du Tilleul
Tel. 0329 63 06 31
www.grandhotel-gerardmer.com

Die Schönheit der Vogesen, hier bei Hohneck mit Blick zum Lac de Longemer

Wohin in Gérardmer?

Uferpromenade

Bummeln am Wasser

Neben wenigen prächtigen Privathäusern und großen Hotels hat Gérardmer in baulicher Hinsicht nicht allzu viel zu bieten, da der Ort im Zweiten Weltkrieg fast völlig zerstört wurde. Am schönsten ist die gepflegte, parkartig gestaltete Uferpromenade, an der das Kasino liegt und wo die Flaneure einen herrlichen Blick auf den See, auf Surfer und Boote genießen.

Lac de Gérardmer

Größter See der Vogesen

Der unmittelbar westlich an den Ort anschließende See ist mit einer Fläche von 115 ha (Länge 2,2 km, Breite 750 m) der größte See der Vogesen. Das hervorragende Wassersportgebiet kann auf einer 6,5 km langen Uferstraße mit dem Auto umfahren werden; natürlich gibt es auch einen Wanderweg um den See herum (6 km). Bei einer Fahrt auf dem See kann man sich die idyllische Uferlandschaft ansehen. Es verkehren von April bis Oktober Schnellboote, darüber hinaus können Elektroboote sowie Ruder- und Tretboote gemietet werden.
Von der Südwestbucht des Sees vor dem Camping- und Badekomplex Lido führt ein ca. 5 km langer Rundwanderweg auf die 897 m hohe **Tête de Mérelle**, von deren Aussichtsturm man einen prächtigen Blick auf Gérardmer, den See und die umliegenden Berge hat.

Rund um Gérardmer

Unvergessliche Narzissenblüte

Lac de Longemer

Eine nette Rundfahrt (besonders im April, wenn überall die Narzissen blühen) führt von Xonrupt-Longemer zunächst in Richtung Col de la Schlucht, zweigt nach etwa einem Kilometer rechts ab und zieht sich am nordöstlichen Ufer des lang gestreckten, zwischen bewaldeten Hängen und Wiesen gelegenen, fast 2,5 km langen und bis 38 m tiefen Lac de Longemer hin, der Gelegenheit zum Baden, Windsurfen, Bootfahren und Angeln bietet.

Spritztour zum Teufelsfelsen

Lac de Retournemer

Weiter südöstlich folgt der kleinere, fast kreisrunde Lac de Retournemer, der vom Roche du Diable (Teufelsfelsen) überragt wird. Anschließend kehrt der Weg zurück zum Lac de Longemer und folgt der an seinem südlichen Ufer verlaufenden D 67 A nach Xonrupt-Longemer. Möglich ist auch, von Retournemer die weiter nach Süden ausgreifende Strecke über die Colline de Vologne und La Bresse zurück nach Gérardmer zu nehmen. La Bresse gehört zwar zu den wichtigsten Wintersportorten der Vogesen, ist aber wegen der Kriegszerstörung 1944 vom Stadtbild her wenig interessant. Also nach Munsterkäse Ausschau halten. Einst lebten die Bewohner von Weberei und Käseherstellung; auch heute noch wird der aromatische **Munsterkäse** gern gekauft.

★★ GRAND BALLON

Département: Haut-Rhin | **Höhe:** 1424 m ü. d. M.

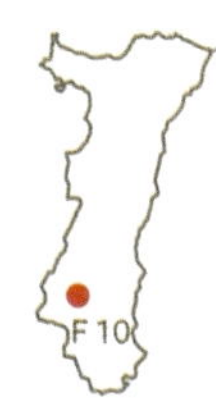

Mit 1424 m ist der Grand Ballon der höchste Gipfel der Vogesen. Nur struppiges Gras und zähe Blümchen wachsen rund um den windumtosten Gipfel. Klare Tage belohnen die Ausflügler mit einer phänomenalen Rundumsicht. Abends, wenn der Trubel nachlässt, die Sonne glanzvoll sinkt, Nebel die Täler füllt und die sanften Rücken der Vogesen im Blau verdämmern, schlägt die Stunde der Romantiker. Wäre da nicht die futuristische Radaranlage. Aber die muss niemand anschauen.

Hohe Berge gelten in vielen Kulturen als Sitz der Götter. Das ist auf dem Dach der Vogesen nicht anders: Auf der Passhöhe lag wohl in frühgeschichtlicher Zeit die Kultstätte eines keltischen Sonnengottes namens Bel oder Belen, was in dem Namen Belchen erhalten ist. Ge-

Grand Ballon: früher keltische Kultstätte, heute Flughafen-Radarstation

nau östlich vom Großen Belchen/Grand Ballon erhebt sich der Belchen im Schwarzwald. An Tagundnachtgleiche geht also die Sonne genau über dem deutschen Belchen auf. Auch die Schweiz hat einen Belchen, sodass manche hinter den drei Belchen-Bergen einen keltischen Sonnenkalender vermuten. Wenn die Luft klar ist, eröffnet sich in jedem Fall ein erhebender Anblick bis zu den scharf gezackten, schneebedeckten Alpen.

Fliegerfunk von der Spitze

Bollwerk und Sportgerät

Der Grand Ballon (Großer oder Gebweiler oder Sulzer Belchen) liegt an der Route des Crêtes (Vogesenkammstraße). Im Ersten Weltkrieg bildete das Bergmassiv ein starkes französisches Bollwerk. Im Winter zieht es Skifahrer hier hinauf, im Sommer Wanderer und Mountainbi-

ker. Großparkplätze, von denen aus zu Fuß in ca. 15 Min. der Gipfel bequem erreicht ist, garantieren den Besucheransturm. Skilifte, eine Sommerrodelbahn, Hotels und Restaurants tun ein Übriges. Der von alpiner Mattenflora bedeckte Gipfelbereich ist Naturschutzgebiet – das Gebot, Wege nicht zu verlassen, klingt rührend angesichts der Scharen, die den Berg als Sportgerät nutzen.
Eine Rundwanderung dauert ca. 30 Min. und führt über den Vorgipfel zum Hauptgipfel. Von der kugelförmigen Radarstation auf der Gipfelhochfläche aus bietet sich ein fantastischer Rundblick. Die außerirdisch anmutende Riesenkugel ist die Radaranlage der Flughäfen Strasbourg und Mulhouse-Basel. Etwas tiefer steht ein Denkmal für die französische Elitetruppe der »Diables Bleus« (»Blaue Teufel«, Gebirgsjäger), die hier im Ersten Weltkrieg kämpfte.

Rund um den Grand Ballon

Aufgestaute Seen

Rund um den Markstein

Auf der Nordseite unterhalb des Gipfels liegt im Wald der 1699 von Vauban, dem Festungsbaumeister Ludwigs XIV., künstlich aufgestaute, ca. 7,5 ha große **Lac du Ballon** (Belchensee, 986 m ü. d. M.). Die Route des Crêtes führt in nordwestlicher Richtung weiter und erreicht dann nach 7 km den **Markstein** (1176 m ü. d. M.), einen mattenbedeckten Bergsattel mit schöner Aussicht, der als Wanderstützpunkt und Wintersportziel gern besucht wird. Die Ferme du Markstein wurde 2019 leider geschlossen. Nördlich liegt in einem waldumrahmten Felskessel der 1894 aufgestaute, sehenswerte **Lac de la Lauch**.

Der »Menschenfresserberg«

Vieil Armand

Rund 8 km Luftlinie südöstlich des Grand Ballon und über die recht kurvenreiche D 431 erreichbar, erhebt sich der 956 m hohe Vieil Armand (Hartmannsweilerkopf/Hartmannswillerkopf). Auf diesem östlichen Vorgipfel der Vogesen spielten sich im Ersten Weltkrieg fürchterlichste Szenen ab. Bei den heftigen Kämpfen fanden auf beiden Seiten schätzungsweise 30 000 Soldaten den Tod, ebensoviele wurden verletzt. »Menschenfresserberg« wurde er daraufhin von den Einheimischen genannt.
2017 eröffnete hier oben ein sogenanntes »**Historial**«, eine Informationsstätte mit umfangreichen Bild- und Tondokumenten zum Ersten Weltkrieg, als am Hartmannswillerkopf eine der schlimmsten Schlachten geschlagen wurde. Bislang wurde hier nur der französischen Soldaten gedacht, nun auch der deutschen. Eine dreisprachige Ausstellung ergänzt das Angebot. Das neue, mandelförmige Bauwerk, das sich sehr gut in die Landschaft fügt, besitzt auch ein Besuchercafé.

In der Nachbarschaft befindet sich eines der vier Nationalen Denkmäler Frankreichs zum Ersten Weltkrieg. Unter dem Ehrenmal mit einem altarähnlichen Bronzeblock liegt eine **Krypta** mit den Gebeinen von 12 000 unbekannten Soldaten. In der Umgebung sind noch Reste der Gräben und Unterstände zu sehen.
Auf dem Felsplatz steht ein 22 m hohes Kreuz als Denkmal für den Frieden und Erinnerung an die Gefallenen. Vom »Kleinen Kreuz«, rund 10 Min. zu Fuß südlich des Gipfels auf einem kleinen Bergvorsprung gelegen, wartet wieder prächtiger Fernblick. Unmittelbar an der Straße, rund 10 Min. westlich unterhalb des Gipfels, erstreckt sich bis zum Silberlochsattel ein französischer Soldatenfriedhof.

Historial: April–Anf. Nov. Mo.–Sa. 9.30–17, So. 10–18 Uhr
Eintritt: 7 € | www.memorial-hwk.eu
Krypta: geöffnet wie Historial | Eintritt frei

Wasserfreuden am Stausee

Wildenstein

Das Vogesendorf Wildenstein, ca. 15 km nordwestlich des Grand Ballon, liegt in dem von wilden Granitfelsen umrahmten obersten Thurtal an der Route des Crêtes. Talabwärts führt die Straße zum Stausee Kruth-Wildenstein, über dem sich der 666 m hohe Schlossberg mit den spärlichen Resten der 1644 zerstörten Burg Wildenstein erhebt. Normalerweise plantschen im größten Stausee der elsässischen Vogesen Schwimmer. Doch ist der Sommer heiß oder das Wasser knapp, wird der Stausee abgelassen. Der reduzierte See wirkt dann etwas unerquicklich.

GUEBWILLER

G 10

Département: Haut-Rhin | **Höhe:** 288 m ü. d. M. | **Einwohner:** 11 000

Guebwiller ist als Stadt nicht so attraktiv, doch hier schlägt die Stunde der an romanischer Kunst Interessierten. Nur jeweils 5 km entfernt liegen mit Murbach und Lautenbach zwei weitere Hotspots der romanischen Baukunst.

Kirchenkunst und Wein

Wie andere romanische Kirchen gibt auch die Leodegarkirche (Église Saint-Léger) mit ihrem teils rätselhaften Figurenschmuck Aberglauben reichlich Nahrung. Auf den Schrägen des Vierungsturms sitzen vier Figuren, die »Doggala«. Sind es Wächter, Dämonen oder stehen sie für die vier Elemente? Im Ort geht die Sage, sie würden in Vollmondnächten zum Leben erwachen und ihre Plätze tauschen. Von sich reden macht die Stadt, weil sie die einzige ist im Elsass, die vier Grand Cru-Lagen besitzt (Kessler, Kitterlé, Saering, Spiegel).

GUEBWILLER ERLEBEN

OFFICE DE TOURISME
3, rue du 4 Février
68500 Guebwiller
Tel. 0389 76 10 63
www.tourisme-guebwiller.fr

LA TAVERNE DU VIGNERON €€
Eisbein, Presskopf, Forellen, Foie gras nach eigenem Rezept: schon die Tafeln an der Eingangstür zeigen, dass auch diese Weinstube ganz auf Elsässer Küche setzt.
7, place St-Léger, Tel. 0389 76 81 89
Ruhetage: Di., Mi.

LE SCHAEFERHOF €€€€
Unmittelbar unterhalb der romanischen Kirche von Murbach liegt im stillen Tal dieser geschmackvoll restaurierte ehemalige Bauernhof. Jedes der fünf Zimmer, das Sylvie Bronner anbietet, zeichnet sich aus durch viel Holz, gediegene Bauernmöbel, feine Textilien, Kristallleuchter, kombiniert mit modernem Komfort. Um das Haus zieht sich ein gepflegter Garten, Schafe sind auch in Sicht.
6, rue de Guebwiller
68530 Murbach
Tel. 03 89 74 98 98
www.schaeferhof.fr

Eine alte Textilstadt

Geschichte

Die im 8. Jh. aus einem Meierhof der Abtei Murbach hervorgegangene Stadt Guebwiller (Gebweiler), die all die Jahrhunderte über bis zum Ausbruch der Französischen Revolution Hauptort der Besitztümer dieser Abtei war, liegt zwischen ▶ Colmar und ▶ Mulhouse, dort wo Lauch- und Illtal zusammentreffen. Bis zum 18. Jh. lebte der Ort vom Weinbau, anschließend zusätzlich von der Textil- und Maschinenbauindustrie.

Wohin in Guebwiller?

Dem Verhängnis entronnen

Église Saint-Léger

An der Place Saint-Léger steht die gleichnamige fünfschiffige Kirche (Leodegarkirche) mit beeindruckender **Doppelturmfassade** und achteckigem Vierungsturm mit den Doggala (s. o.). Die romanische Kirche ist ein Zeugnis des Übergangsstils der Hohenstaufenzeit (12. Jh.), der Gesamteindruck innen noch schwer und gewichtig. Der gotische Chor datiert aus dem 14. Jh., die beiden äußeren Seitenschiffe aus dem 16. Jahrhundert. Die Sturmleitern der Armagnaken, die die Stadt 1445 vergeblich belagerten, hängen als Votivgabe im Gewölbe des rechten äußeren Seitenschiffs. Bei den Armagnaken handelte es sich um Söldnertruppen, zusammengeworben aus den verschiedensten Ecken von Frankreich, die für ihre Grausamkeit berüchtigt waren.

Kirche XXL

Weitere Bauten

Von der Kirche führt die Rue de la République, die Hauptstraße der Stadt, südöstlich zum **Hôtel de Ville** (Rathaus, 1514), einem im spätgotischen Flammenstil (»style flamboyant«) erbauten Patrizierhaus. Weiter südöstlich, links abseits der Rue de la République, steht die ehemalige **Dominikanerkirche**, eine 1312 begonnene gotische Basilika mit reichen Wandmalereien aus dem 14./15. Jahrhundert. Unweit südlich ist die Place Jeanne d'Arc erreicht mit der wuchtigen klassizistischen **Église Notre-Dame** (Liebfrauenkirche) aus rotem Vogesensandstein. Sie wurde 1764–1785 als Ritterstiftskirche der Murbacher Fürstäbte erbaut und war der größte elsässische Kirchenbau des 18. Jh.s.

Erfindung des Blaus

Musée du Florival

Links neben der Hauptfassade von Notre-Dame ist in einem Gebäude aus dem 18. Jh. das Musée Théodore Deck et des Pays du Florival (Museum des »Blumentals«, wie das Lauchtal auch genannt wird) untergebracht mit seinen heimatkundlichen Sammlungen und einem Überblick über das Werk des in Guebwiller geborenen Keramikkünstlers **Théodore Deck** (1823–1891). Dieser Künstler entdeckte ein Verfahren zur Herstellung des Türkistons persischer Keramiken, der fortan »Deck-Blau« genannt wurde, und schrieb das Fachbuch »La Faïence«, das auf dem Gebiet der Keramik immer noch als Standardwerk gilt.

Mi.–So. 14–18 Uhr | Eintritt: 5 €

Rund um Guebwiller

Ein Wandermönch vom Bodensee

Murbach

An einem schönen Tag nach Murbach fahren ist wie ein Ausflug in die Vergangenheit. Das Sträßchen führt immer höher ins Tal hinauf und plötzlich ist der ca. 5 km westlich von Guebwiller kleine Ort erreicht. Falls nicht gerade einer der 160 Einwohner Rasen mäht, ist es herrlich ruhig hier oben. Die Hauptattraktion ist nicht zu verpassen: die **romanische Kirche**, die dem Besucher kühn entgegenleuchtet. Diese im 12. Jh. erbaute Kirche ist neben ►Marmoutier und ►Rosheim eines der ältesten und bedeutendsten Denkmäler romanischer Baukunst im Elsass. Doch es sind nur die beiden Türme, das Querhaus und der Chor erhalten. Die Außenfassaden zeigen einen bemerkenswerten Relief- und Figurenschmuck. Gleich hinter dem Torbogen, dem Zugang zum einstigen Klosterareal, steht eine Statue des ersten Abts Pirmin von der Reichenau am Bodensee, einer der großen iroschottischen Wandermönche dieser Zeit. Er gründete 727 hier die älteste Benediktinerabtei des Elsass. Im 8. und 9. Jh. war sie ein kulturelles Zentrum des karolingischen Reichs.

WALDESEINSAMKEIT

In der Kirche läuft ein Endlosband mit meditativer Musik. Wanderwege beginnen hier, Obstbäume blühen. Am Parkplatz erinnert ein kleines Kräutergärtlein an die Heilpflanzengärten. Die Klosteranlage von Murbach abseits des weltlichen Trubels – wer einmal Ruhe, vielleicht sogar wohltuendes Alleinsein sucht, wird hier fündig.

Im Kloster fanden nur Mitglieder des hohen Reichsadels Aufnahme; angeblich trugen die Konventualen die Nase ziemlich hoch. Der Abt war Reichsfürst und hatte Sitz und Stimme im Reichstag, auch das steigerte das Selbstbewusstsein. 1764 wurde Murbach in ein weltliches Ritterstift mit Sitz in Guebwiller umgewandelt, das 1789 von aufständischen Bauern zerstört wurde. Zwischen Parkplatz und Kirche führt ein schmaler Fußweg in 5 Min. zur Chapelle Notre-Dame de Lorette hinauf. Von dort oben öffnet sich ein schöner Blick auf die Klosterkirche und die umliegenden Wälder. Wanderlustige können von hier aus das ganze Tal von Murbach erlaufen und bis zum Grand Ballon aufsteigen.

Das Werk von Schongauers Schüler

Buhl

Ca. 4 km nordwestlich von Guebwiller befindet sich in der neoromanischen Pfarrkirche des Industrieorts Buhl ein mit 7 m Breite außergewöhnlich großer Flügelaltar, dessen Altarbild um 1500 von einem Schüler Martin Schongauers gemalt wurde.

Feines Fries im Paradies

Lautenbach

2 km hinter Buhl gelangt man nach Lautenbach. Kunsthistorisch bedeutend ist die ehemalige Klosterkirche des Ortes, in erster Linie durch die gut erhaltene Vorhalle (»Paradies«) innerhalb des Westwerks. Es handelt sich um eine dreischiffige Halle mit zwei Jochen, die sich durch schlanke Säulen und einen Fries auszeichnet; errichtet in den Jahren 1145 bis 1155.
Im Ortsteil Zell, südlich der nach Markstein führenden Straße, kann man im **Vivarium du Moulin**, das in einer alten Mühle untergebracht ist, die faszinierende Welt von Spinnen und Insekten erleben.

Vivarium du Moulin: Sept.–Juni Di.–So. 14–18, Juli, Aug. tgl. 10–18 Uhr | Eintritt: 8 €

★ HAGUENAU

Département: Bas-Rhin | **Höhe:** 130 m ü. d. M. | **Einwohner:** 35 400

Haguenau zählt nicht zu den touristischen Hochburgen. Aber Ende August strömen die Besucher zum Hopfenfest. Anfangs war dies ein reines Straßenfest der Vereine. Die wirken immer noch mit, aber zur Blasmusik gesellen sich nun Bands aus der ganzen Welt beim größten Musikfestival in Ostfrankreich.

Hopfenstadt

In dieser Festwoche Ende August verwandelt sich die Stadt völlig. Hier wird Salsa gespielt, dort ertönt Jazz und Weltmusik, Folkloregruppen tanzen, in der Hopfenhalle steigen Dinershows, die Stimmung ist ausgelassen. Fast gerät der Ursprung des Festes aus dem Blick: Die Region um Haguenau ist Frankreichs Hauptanbaugebiet für Hopfen. In der Halle aux Houblons (Hopfenhalle) bei der Place de Barberousse wurden früher die internationalen Hopfenmärkte abgehalten. Heute dient sie als Markthalle. Eine hübsche Fußgängerzone mit gemütlichen Cafés, Relikten mittelalterlicher Türme und mit Kirchen sowie das skurrile Gepäckmuseum gehören zu den Highlights eines Besuchs, ansonsten prägt mittelständische Industrie das Bild. Wer in der Hopfenstadt eine lokale Brauerei besuchen will, muss bis in den Nachbarort Hochfelden (S. 109) fahren.

Lieblingssitz der Staufer

Geschichte

Haguenau (Hagenau) hatte eine große Vergangenheit: um eine 1115 errichtete staufische Burg entstanden, wurde sie von Kaiser Friedrich I. Barbarossa als dessen Lieblingssitz zur Stadt erhoben und war Stätte glänzender Reichstage. Im Jahr 1257 erlangte die Stadt die

HAGUENAU ERLEBEN

OFFICE DE TOURISME
1, place Joseph Thierry
67500 Haguenau
Tel. 0388 06 59 99
www.visithaguenau.alsace

HOPFENFEST
Mitte/Ende August feiert die Stadt ihr großes Hopfenfest. Musikgruppen aus aller Herren Länder treten in Zelten und in der Hopfenhalle auf.
www.festivalduhoublon.eu

MARKT
Wochenmarkt in der Hopfenhalle
Di., Fr. 7.30–12 Uhr

❶ BARBEROUSSE €
Der Einrichtungsstil ist eigenwillig, die italienischen Spezialitäten, natürlich auch Pizza, bilden aber eine nette Abwechslung zum Flammkuchen.
8, place Barberousse
Tel. 0388 73 31 09

❷ GRAINS DE SEL €€
Kleines feines Restaurant direkt neben der Hopfenhalle.
113, Grand' Rue, Tel. 0388 90 83 82
www.restaurant-grainsdesel.fr
Ruhetage: So., Mo.

❸ LE TIGRE €
Mitten in der Innenstadt lockt Le Tigre mit einer großen Terrasse. Das Essen ist bodenständig und solide, die Stimmung entspannt.
4, place d'Armes
Tel. 0388 93 76 82

Reichsunmittelbarkeit und wurde 1354 Hauptort des elsässischen Zehnstädtebundes. Der Dreißigjährige Krieg und die Brandschatzung der Stadt durch Truppen Ludwigs XIV. im Jahr 1677 brachten schwere Schäden. Gegen Ende des Zweiten Weltkriegs verlief an der Moder die Frontlinie, was wieder Leid und Zerstörungen bedeutete.

Wohin in Haguenau?

700 Jahre alte Türme

Innenstadt

Von den einstmals 40 Türmen der stolzen Stadtbefestigung sind nur noch drei erhalten: Aus dem 13. Jh. stammen der Fischerturm an der Moder (Tour des Pêcheurs) und der Ritterturm beim Rathaus (Tour des Chevaliers). Erst später bei der Stadterweiterung um 1300 wurde die Porte de Wissembourg (Weißenburger Tor) errichtet. Von der Place d'Armes folgt man der nach Norden verlaufenden Rue du Château, an der links die 1677 zerstörte Kaiserpfalz stand. Hier im stattlichen, rot verputzten Gebäude der einstigen Stadtkanzlei (15. Jh.) mit einer astronomischen Uhr am linken Fassadenturm ist das

1 Barberousse
2 Grains de Sel
3 Le Tigre

Musée Alsacien de Haguenau untergebracht. Die Küche, die »Stub« und ein Töpferatelier zeigen anschaulich elsässische Traditionen. Vorbei an der Ancienne Douane (Alter Zoll), einem ursprünglich gotischen Gebäude nördlich des Musée Alsacien, kommt man zu einem kleinen Park mit den Resten der Dischlachmühle, die im 13. Jh. erwähnt wurde. Nordwestlich liegt die Place Charles de Gaulle mit dem klassizistischen Hôtel de Ville (Rathaus, 1908).

Museum: 1, place J. Thierry | Juli–Mitte Sept. Mi.–So. 10–12.30 und 13.30–17.30, Mitte Sept.–Juni Mi.–So. 14–17.30 Uhr | Eintritt: 4 €

Saint-Georges

Frankreichs älteste Glocken

Westlich der Place d'Armes, dem an der Grand' Rue gelegenen Hauptplatz der Altstadt, steht die romanische Église Saint-Georges (Georgskirche), die 1189 unter den Hohenstaufen geweiht wurde. Das Langhaus mit seinen mächtigen Pfeilern und Würfelkapitellen wurzelt noch ganz in der Romanik. In der Gotik fügte man den Chor an. Im dreischiffigen Innern prangt gegenüber der spätgotischen

Kanzel (16. Jh.) ein großes hölzernes Kruzifix von 1488; im Chor befindet sich ein 10 m hohes Sakramentshaus (1523) von Hans Hammer mit reichem Skulpturenschmuck. Im achtkantigen Vierungsturm sollen die ältesten Glocken Frankreichs (1268) hängen.

Von Koffern und Reisen

Musée du Bagage

Gleich nebenan zeigt das Gepäckmuseum rund 600 Koffer aus unterschiedlichen Zeiten. Wenn die Betuchten reisten, packten sie ihre Habseligkeiten in enorm große, oft reich verzierte Schrankkoffer, aber auch fürs feine Teegeschirr auf Reisen fand sich ein Behältnis. Viele Truhen und Kisten sind durch alle Herren Länder gekommen und haben so manches mitgemacht. Das Museum stellt auch das Handwerk des Koffermachens vor.

5, rue Saint-Georges | Sa., So. 14–17 Uhr | Eintritt: 4 €
www.museedubagage.com

Reich geschnitztes Chorgestühl

Saint-Nicolas

Am Nordrand der Altstadt, die hier von einem kanalisierten Arm der Moder begrenzt wird, erhebt sich die gotische Église Saint-Nicolas (Nikolauskirche, 13.–15. Jh.), deren Ursprünge auf eine Gründung Friedrich Barbarossas (1189) zurückgehen. Sie birgt ein Heiliges

Details des spätgotischen Schnitzaltars der Kirche Saint-Georges

Grab (14. Jh.) sowie ein barockes Chorgestühl, Kanzel und eine Orgelempore (alles aus dem 18. Jh.) des nordwestlich der Stadt gelegenen, jetzt zerstörten Klosters Neuburg.

Auf den Spuren der Stauferzeit

Musée Historique

Im Südosten der Altstadt befindet sich in einem stattlichen Neorenaissance-Gebäude aus der Zeit um 1900 das Musée Historique (Historisches Museum). Es zeigt archäologische Funde der Region, Skulpturen der Stauferzeit und Dokumente zur Stadtgeschichte.

9, rue du Maréchal Foch | Mitte Sept.–Juni Mi.–So. 14–17.30, Juli bis Mitte Sept. Mi.–So. 10–12.30 und 13.30–18 Uhr | Eintritt 4 €

Spaß beim Baden

Nautiland

Wer mit den Kindern etwas unternehmen will: Am nördlichen Ufer der Moder (nahe dem östlichen Altstadtrand) wartet das Nautiland, ein Bade- und Freizeitzentrum mit Rutschbahn, Sauna, Solarien und Gastronomie und Sonderprogramm für Kinder.

8, rue de Dominicains | Mo.–Fr. 12–21, Sa., So., Fei. 10–19 Uhr Eintritt: 6,20 € | www.nautiland.net

Rund um Haguenau

Der Heilige Wald

Forêt de Haguenau

Nördlich der Stadt beginnt der Haguenauer Forst (Forêt de Haguenau), ein von Wanderwegen durchzogener prächtiger, 14 000 ha großer Mischwald. Nach den vielen einst hier ansässigen Klöstern wird das Gebiet, das sich östlich fast bis an den Rhein erstreckt, auch »Forêt Sainte« (Heiliger Wald) genannt. Die örtliche Überlieferung führt diese Tradition auf den hl. Arbogast (6. Jh.) zurück, der vom Frankenkönig mit der Bekehrung des Nordelsass betraut worden war.

Eine uralte Eiche

Gros Chêne

Rund 4 km östlich von Haguenau zweigt von der N 63 links ein Forststräßchen ab, das zu einer viel besuchten Lichtung führt. Dort soll im 6. Jh. der hl. Arbogast, der spätere Bischof von Strasbourg, als Einsiedler gehaust haben. Die Stelle bezeichnet eine alte Eiche (Gros Chêne = Dicke Eiche), die 1913 der Blitz traf und von der nur noch ein Stumpf übrig ist. Daneben steht eine 1955 erbaute kleine Kapelle. Nordwestlich der Dicken Eiche erinnert ein wieder hergestellter Kohlenmeiler an das Köhlerhandwerk, das hier bis ins 20. Jh. hinein ein recht bedeutender Wirtschaftszweig war.
Das Gebiet rund um Gros Chêne, wo es zahlreiche Spiel- und Picknickplätze sowie das Ausflugslokal Auberge du Gros Chêne (Mo. geschlossen) gibt, eignet sich ideal zum Spazierengehen und Radfahren (markierte Wanderwege).

Gründung bayerischer Benediktiner

Walbourg

10 km nördl. von Haguenau liegt Walbourg. Seinen Namen verdankt der Ort einer im 11. Jh. von bayerischen Mönchen gegründeten Benediktinerabtei, die der hl. Walburga (8. Jh.) geweiht war. Vom Kloster ist die Kirche (15. Jh.) mit schönen Glasfenstern erhalten.

Die letzten unabhängigen Brauer

Meteor-Brauerei

Die erste elsässische Brauerei nahm im Jahr 1260 ihren Betrieb auf. Frankreichs größte Brauerei, Kronenbourg, wurde 1664 in Strasbourg gegründet, gehört heute aber zum Carlsberg-Konzern. Bereits seit 1640 braut die heute letzte unabhängige Brauerei Frankreichs hier im Elsass in **Hochfelden**. »Meteor« stellt verschiedenste Biersorten her und wer mag, kann in die Braukessel schauen und probieren. Im September steigt jährlich »s'Meteor Bierfescht«.

Brasserie Meteor: 6, rue du Général Lebocq | Juni–Sept., Dez. Di.–So. 10–18, sonst Mi.–Fr. 10–12.30, 14–17, So. 10–18 Uhr
Führung: 9 € | www.brasserie-meteor.fr

★★ HAUT-KŒNIGSBOURG

Département: Bas-Rhin | **Höhe:** 755 m ü. d. M.

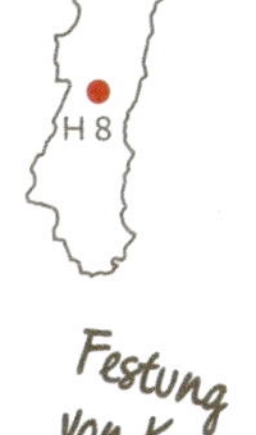

Sie war der ganze Stolz von Kaiser Wilhelm II. und ist heute eines der beliebtesten Ausflugsziele im Elsass – die weithin sichtbare Bilderbuchfestung Haut-Kœnigsbourg.

Was ursprünglich eine staufische Reichsburg war, ging im Dreißigjährigen Krieg zugrunde. 1899 verschenkte ihr Besitzer, die Gemeinde Schlettstadt, den Trümmerhaufen an Kaiser Wilhelm II., der sich umgehend an einen Wiederaufbau machte: Typ Ritterburg, das aber mit modernsten Mitteln. Zwischen 1901 und 1908 drehten sich die Kräne und rumorten Wasserpumpen, elektrisches Licht erhellte die nächtliche Baustelle, lange bevor die umliegenden Gemeinden in diesen Genuss kamen. Ein »Wahrzeichen deutscher Kultur und Macht« sollte erstehen. Lange hatte Wilhelm keine Freude an seiner Burg; nur zehn Jahre später war das Elsass wieder französisch. Heute gehört die größte Burg im Elsass dem Staat.

Ein preußisches Disneyland?

Geschichte

Die Haut-Kœnigsbourg erhebt sich 12 km westlich von ►Sélestat auf dem Plateau eines Bergkegels. Der bietet eine prachtvolle Aussicht über die Rheinebene und den Schwarzwald, bei klarem Wetter bis zu den Alpen. Um 1147 gegründet durch die Hohenstaufen, wurde sie 1462 durch die oberrheinischen Städte zerstört, 1479 neu aufgebaut und 1633, im Dreißigjährigen Krieg, durch die Schweden endgültig in Schutt und Asche gelegt. 1865 kam die Ruine in den Besitz der Stadt Schlettstadt (▶ Sélestat), 1899 ging sie an Kaiser Wilhelm II. Der Hohenzollernkaiser ließ die Ruine, die immer noch sehr beeindruckend war, auf Reichskosten wieder aufbauen – als symbolische preußische »Grenzfeste« an der neuen Westgrenze. Der mit dem Bau beauftragte junge Berliner Architekt **Bodo Ebhardt** (1865–1945), ein Experte auf dem Gebiet des mittelalterlichen Wehrbaus, orientierte sich zwar an den originalen Plänen von 1479. Dennoch warfen ihm Kritiker vor, sein Werk sei nahezu völlig von einem romantisierend-idealisierenden Historismus geprägt, was der Burg in späterer Zeit die Bezeichnung »preußisches Disneyland« eingebracht hat. Erst in jüngster Zeit ist die Erkenntnis gereift, dass Bodo Ebhardt historisch relativ exakt arbeitete, also eine Burg wieder auferstehen ließ, wie sie im Spätmittelalter tatsächlich ausgesehen haben könnte.

Ritterhausrat aus halb Europa

Besichtigung

Die Burg besitzt eine dreifache Rundmauer, Wachtürme, Gräben und eine Zugbrücke. Innen gibt es eine Burgkapelle und Säle zu sehen, die mit zahlreichen, aus vielen Teilen Europas zusammengekauften Möbeln, Bildern und Waffen (meist aus dem 15. bis 17. Jh.) eingerichtet sind, darunter den Fest- oder Kaisersaal, die Waffenkammer, den Jagdsaal und das lothringische Zimmer. Von den Wehrgängen und -türmen bieten sich viele herrliche Ausblicke. Auf dem Areal gibt es ein Restaurant, eine Buchhandlung und einen Shop sowie kostenlose Parkplätze. Nur die Außenbereiche sind rollstuhlgerecht. Hunde dürfen nicht in die Burg mitgenommen werden.

www.haut-koenigsbourg.fr | Öffnungszeiten S. 113

Rund um Haut-Kœnigsbourg

Störche und Affen in fast freier Wildbahn

Kintzheim

Kintzheim – im Osten der Haut-Kœnigsbourg – hat zwei Attraktionen zu bieten. Die Montagne des Singes (Affenberg) an der Zufahrtsroute zur Haut-Kœnigsbourg ist ein im Wald gelegenes, rund 20 ha großes Freigehege, in dem dreihundert **Berberaffen** (Macaca sylvana) leben. Die Tiere sind sehr zutraulich, lassen sich gern füttern, vergreifen sich aber auch nicht selten an den Taschen und Kameras der Besucher. La Montagne des Singes ist ein Ableger des Affenbergs in Salem am Bodensee.

Kaiser Wilhelm II. ließ die Hohkönigsburg als Ritterburg wiederauferstehen.

HAUT-KŒNIGSBOURG

Sie wirkt wie eine mittelalterliche Ritterburg, doch so richtig echt ist sie nicht: Kaiser Wilhelm II. ließ die zerfallene Ruine ab 1901 im Stil des 15. Jh.s wieder aufbauen. Die erste Burg auf dem 757 m hohen Bergkegel am Osthang der Vogesen hatten die Staufer im 12. Jh. errichtet.

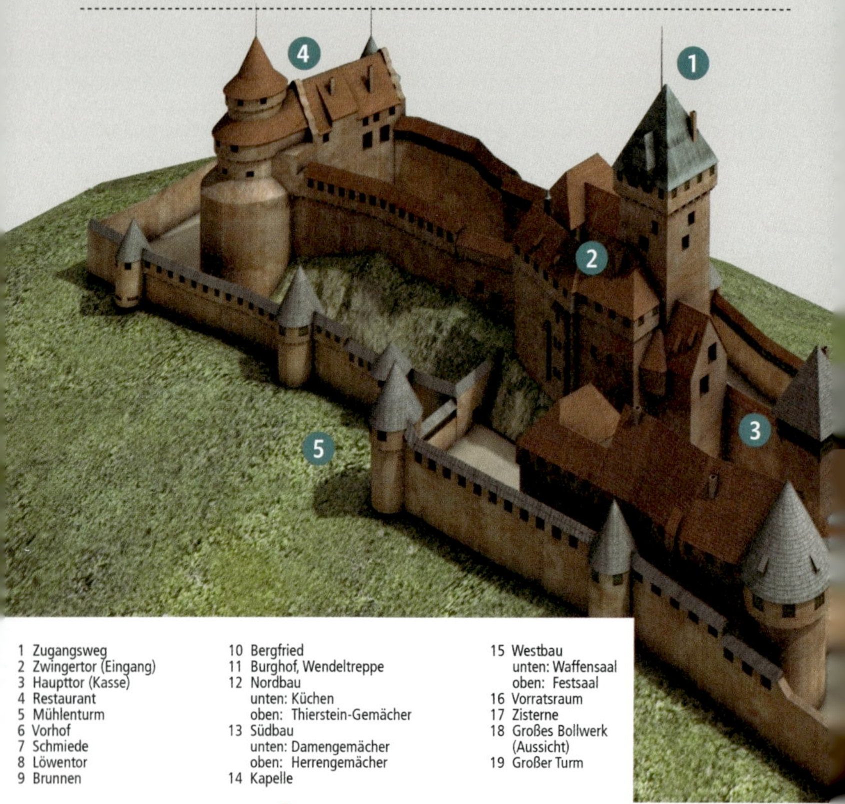

1 Zugangsweg
2 Zwingertor (Eingang)
3 Haupttor (Kasse)
4 Restaurant
5 Mühlenturm
6 Vorhof
7 Schmiede
8 Löwentor
9 Brunnen
10 Bergfried
11 Burghof, Wendeltreppe
12 Nordbau
unten: Küchen
oben: Thierstein-Gemächer
13 Südbau
unten: Damengemächer
oben: Herrengemächer
14 Kapelle
15 Westbau
unten: Waffensaal
oben: Festsaal
16 Vorratsraum
17 Zisterne
18 Großes Bollwerk (Aussicht)
19 Großer Turm

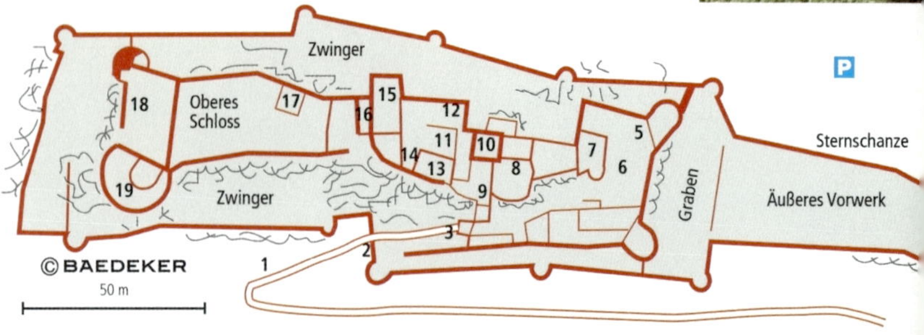

Zwinger
Oberes Schloss
Zwinger
Graben
Sternschanze
Äußeres Vorwerk

50 m

Nov.–Feb. 9.30–12 und 13.15–17.15, März, Okt. 9.30–17.45, April, Mai, Sept. 9.15–18, Juni–Aug. 9.15–18.45 Uhr
Eintritt: 9 €
www.haut-koenigsbourg.fr/de

1 Bergfried
Höchster Punkt ist der Bergfried, der die Burg unverwechselbar macht.

2 Westbau
Eine Treppe führt in den zweiten Stock des Palas, der sich um den Innenhof schließt. Hier liegt der festliche Kaisersaal mit dem kaiserlichen Adler an der Decke, Wandmalereien und etlichen Hohenzollern-Wappen. Über eine Wendeltreppe geht es in den ersten Stock hinunter zur Burgkapelle, dem Jagdtrophäensaal und der Waffenkammer. Neben der Kopie eines imposanten Keramikofens sind hier spätmittelalterliche Hellebarden, Schwerter, Armbrüste und Harnische ausgestellt. Eine Zugbrücke führt über einen Graben in den Garten und von dort zum westlichen Bollwerk.

3 Burghof
Hinter einem Vorratsraum liegt ein Innenhof mit Ecktürmchen und von Arkaden umrahmten Holzgalerien, auf die einige der einstigen Wohnräume abgehen. Gegenüber befindet sich die Burgküche.

4 Großes Bollwerk
Es diente der Verteidigung des Wohntrakts und ist über eine zweite Zugbrücke erreichbar. Blickfang: der monumentale, runde Südturm, genannt »Großer Turm«. Vom Bollwerk aus bietet sich eines der beliebtesten Postkartenpanoramen des Elsass.

5 Garten
Vor der Burg dehnt sich entlang der Burgmauern ein kleiner Garten aus mit Pflanzen, die schon im Mittelalter kultiviert wurden. Auch Rosen gehören dazu. Der Garten ist von Mai bis September frei zugänglich.

HAUT-KŒNIGSBOURG ERLEBEN

CHÂTEAU DU HAUT-KŒNIGSBOURG

67600 Orschwiller
Tel. 0369 33 25 00
www.haut-koenigsbourg.fr

SHUTTLE-BUS

(Navette) ab Bahnhof Sélestat
Fahrplan: www.haut-koenigsbourg.fr
Ticket 2,50 € (Ticketinhaber zahlen 7 statt 9 € Eintritt auf der Burg)

AUX DUCS DE LORRAINE **€€**

Das »Aux Ducs De Lorraine« gehört zum Hotel Munsch und serviert gute regionale Küche mit französischem Einschlag. Eine Spezialität des Hauses sind Leberpastetenschnitzel mit Äpfeln und Calvados. Die Weine stammen aus eigenem Anbau. Genau richtig, um den Tag ausklingen zu lassen: die Terrasse mit Blick in die Weinberge. Hotel Munsch zeigt sich großzügig gestaltet im altertümlichen Stil der Region. Die 40 komfortablen Zimmer haben Balkon, teils mit Sicht auf die Hochkönigsburg.
16, route du Vin
68590 Saint-Hippolyte
(5 km südöstlich)
Tel. 0389 73 00 09
https://hotelmunsch.com

Es müssen nicht immer Exoten sein: Im **Cigoland** (Storchen- und Vergnügungspark) können nicht nur die teils in etlichen Großvolieren, teils völlig frei lebenden Weißstörche bewundert werden, es gibt auch Freigehege mit Wat- und Wasservögeln, Bibern sowie ein Aquarium mit mehreren Süßwasserbecken. Die Greifvogelwarte auf der nahen Burg Kintzheim veranstaltet Flugshows mit Geiern, Adlern und Falken.

Montagne des Singes: April, Sept. tgl. 10–17.30, Okt. 10–17 Uhr, Mai–Aug. tgl. 10–18 Uhr | Eintritt: 12 €
www.montagnedessinges.com
Cigoland: April–Aug. tgl. 10–18 Uhr, Sept., Okt. nur Mi., Sa., So.
Eintritt: 19 € | www.cigoland.fr

Könige der Lüfte

Burg Kintzheim

Burg Kintzheim (320 m ü. d. M.) wurde zwischen dem 12. und 15. Jh. errichtet und zählt zu den am besten erhaltenen Burgen im Elsass. In dem von einem Palas aus dem 13. Jh. überragten Burghof ist eine Adlerwarte (Volerie des aigles) eingerichtet. Heute werden hier ca. 200 Greifvögel (Adler, Falken, Geier, Uhus) gehalten und können besucht werden. Bei guten Wetterbedingungen finden außerdem Flugvorführungen statt.

Adlerwarte: April–Anf. Nov. tgl. 13.30–17.30, Juli, Aug. teils schon ab 10 und bis 18.30 | Vorführungen meist ab 14.30, Juli, Aug. ab 11 Uhr
Eintritt: 11 € | www.voleriedesaigles.com

Dorf der Schnapsbrenner

Châtenois

Das unterhalb der Haut-Kœnigsbourg gelegene schmucke Weindorf Châtenois (Kestenholz, 4200 Einw.) verdankt seinen Namen den hier in ganzen Waldungen gedeihenden »Kestenbäumen« (Edelkastanien, frz. châtaignes) und seinen Ruf u. a. den Obstbränden der hiesigen Schnapsbrennereien. Von der einstigen Befestigungsanlage steht noch der Hexenturm (Tour des Sorcières, 15. Jh.), ein Stadttor, das den Zugang ins alte Burgviertel bildet. Die um 1760 erbaute, im 19. Jh. erneuerte Kirche Saint-Georges ist das Wahrzeichen des Orts. Sie besitzt einen romanischen Turm (12. Jh.), dessen Helm mit farbig glasierten Ziegeln gedeckt ist und der vier Ecktürmchen trägt.

Zwei Burgen mit Aussicht

Scherwiller

Knapp 3 km nördlich von Châtenois liegt das hübsche Weinbauerndorf Scherwiller mit Fachwerkhäusern aus dem 18. Jh. Zu trauriger Berühmtheit gelangte der Ort im Bauernkrieg 1525, als der Herzog von Lothringen 26 000 elsässische Bauern, die sich ergeben hatten, nachdem ihnen freier Abzug versprochen worden war, von seinen albanischen Söldnern brutal niedermetzeln ließ. Nordwestlich über dem Ort befinden sich zwei Burgruinen, die sogenannten **Châteaux de Scherwiller** (Scherweiler Schlösser), die den Zugang ins benachbarte Villé-Tal und damit in die Vogesen kontrollierten: die wohlerhaltene mächtige Ruine der 1262 von Rudolf von Habsburg erbauten **Ortenburg** (430 m ü. d. M.), die im Dreißigjährigen Krieg 1633 von schwedischen Truppen zerstört wurde, und die kleinere Ruine der **Burg Ramstein** (13. Jh.). Von beiden hat man einen weiten Blick auf das Vogesenvorland und auf die Oberrheinische Ebene.

★ HUNAWIHR

Département: Haut-Rhin | **Höhe:** 200 m ü. d. M. | **Einwohner:** 600

Das mitten in den Weinbergen gelegene Hunawihr ist ein Winzerdorf wie aus dem Bilderbuch mit seinen Gässchen, Brunnen und Fachwerkhäusern. Blickfang sind die wuchtige Kirche mit dem niedrigen Turm oberhalb des Dörfchens – und die Störche.

Seit 1976 hatte in Hunawihr eine wichtige Aufzuchtstation für Störche ihren Sitz. Weil die Vögel nicht mehr gefährdet sind, ist die Station zum Naturpark umgewandelt und auch mit Fischottern bestückt worden. Hunawihr (Hunaweier) selbst war im Mittelalter ein bekannter Wallfahrtsort. Heute liegt es zwischen den touristischen Schwergewichten ▶ Ribeauvillé und ▶ Riquewihr, aber abseits der Hauptverkehrstraße.

Die gotische Wehrkirche von Hunawihr hat schon 500 Jahre überstanden.

Wohin in Hunawihr?

Gotteshaus aus unruhigen Zeiten

Église de Hunawihr

Das Dorf und die Rebberge werden beherrscht von der weithin sichtbaren gotischen Wehrkirche (15./16. Jh.), deren befestigter Friedhof mit sechs runden Türmen zu den besterhaltenen seiner Art im Elsass gehört. Das Innere der Simultankirche, die sich Protestanten und Katholiken teilen, ist von ungewöhnlichem Grundriss: Nur Haupt- und linkes Seitenschiff sind voll ausgebildet. In der Apsis befinden sich neuzeitliche farbige Glasfenster, an denen sich die wechselvolle Geschichte des Elsass ablesen lässt: Das mittlere Fenster (Szenen aus dem Leben der hl. Huna) ist nach 1871 entstanden und daher deutsch beschriftet, die beiden seitlichen (Leben und Taten des hl. Deodatus) wurden nach 1918 gefertigt – nun auf französisch.

HUNAWIHR ERLEBEN

MAIRIE DE HUNAWIHR
1, rue de la Mairie
68150 Hunawihr
Tel. 0389 73 60 42

Office de Tourisme du Pays de Ribeauvillé et Riquewihr: www.ribeauville-riquewihr.com

AU RIESLING €€
Im Osten die Weinberge, im Westen die Kellerei: Das Restaurant mit Hotel trägt nicht von ungefähr den Riesling im Namen. Das Restaurant bietet traditionelle elsässische Küche zu fairen Preisen. Auch größere Gruppen finden hier Kost und Logis.
5, route du Vin, 68340 Zellenberg
Tel. 0389 47 85 85
www.au-riesling.com

Im Chorgewölbe entdeckt man schöne Schlusssteine, auf denen u. a. der doppelköpfige Reichsadler und die württembergischen Geweihstangen zu sehen sind. Das Seitenschiff endet in der Turmbasis, deren Gewölbe mit gut erhaltenen Fresken des 15. Jh. verziert ist, die Szenen aus dem Leben des hl. Nikolaus von Myra zeigen. Hier steht auch die 1700 gegossene, nach der hl. Huna benannte Glocke. Der hl. Huna, der Frau eines Gutsherrn aus dem 7. Jh., soll es gelungen sein, das Weinwunder von Kana zu wiederholen.

Württembergs Erbe

Circuit historique

Die eindrucksvollen Gebäude im Ortszentrum erkundet man am besten auf dem ausgeschilderten historischen Rundgang. An der Grand Rue, nahe der Abzweigung zur Kirche, befindet sich die Halle aux Blés (ehemalige Kornhalle), die die Teilwappen des württembergischen Herzogswappens trägt: Hirschstangen (Württemberg), Rauten (Teck) und zwei Barben (Mömpelgard / Montbéliard) sowie am Portal die Reichssturmfahne. Gegenüber steht das barocke protestantische Presbyterium. Ganz am unteren Ende der Grand Rue erhebt sich ein von Heinrich Schickhardt (1558–1634), Hofbaumeister des Herzogs von Württemberg, entworfenes Renaissancehaus, heute das Restaurant Caveau du Vigneron.

Schmetterlinge und Orchideen erleben

Jardins des Papillons

Am östlichen Ortseingang sind zwei zoologische Attraktionen zu finden: exotische Schmetterlinge aus Afrika, Asien und Amerika in den Jardins des Papillons (Schmetterlingspark) sowie eine umfangreiche Orchideensammlung.

tgl. Okt., Nov. 10–17, April–Sept. 10–18 Uhr, Dez.–Ostern geschlossen | Eintritt: 9 € | www.jardinsdespapillons.fr

RÜCKKEHR DER STÖRCHE

Fast wäre der Storch im Elsass ausgestorben, doch dank vielfältiger Initiativen lässt sich das elsässische Wappentier in vielen Gemeinden wieder blicken. Manchen wird es schon wieder zu viel.

Er war der gefiederte Freund, der die Babys brachte und den Frühling ankündigte. Der Klapperstorch verhieß Glück, vor allem für diejenigen, auf deren Haus er sein Nest errichtete. Seine Rückkehr aus dem Winterquartier in Afrika wurde stets vom ganzen Dorf gefeiert. Doch in den 1970er-Jahren warteten die Elsässer im Frühling immer öfter vergeblich auf ihr geliebtes **Wappentier**. Im 19. Jh. sollen 4000 Störche im Elsass gelebt haben, 1945 waren es 350 Exemplare, 1974 zählte man nur noch neun Paare.

Fünf vor zwölf

Ursachen für den Rückgang waren der mit der Regulierung des Rheins und dem Verschwinden von Altwässern einhergehende Verlust von Nahrungsflächen, der Einsatz von Chemikalien in der Landwirtschaft sowie die Hochspannungsleitungen, in denen die Störche oft den Tod fanden. Darüber hinaus sind die Tiere auf ihrem Zug in die Überwinterungsgebiete in Afrika vielen Gefahren ausgesetzt, sie werden teilweise abgeschossen oder mit Schlingen gefangen; fast 90 % der Jungvögel verlieren bei der weiten Reise ihr Leben. Menschen wie dem Biologen Dr. Alfred Schierer, dem Ornithologen Jacques Renaud und Gérard Wey vom **Verein Aprécial** ist die Rettung der elsässischen Störche zu verdanken. Sie ließen Jungvögel aus Afrika einführen, die sich in elsässischen Aufzuchtstationen kräftig vermehrten. Die Stammeltern fast aller derzeit im Elsass lebenden Störche kommen aus solchen Einrichtungen. Die ersten drei Lebensjahre verbrachten die Jungstörche in den Gehegen und wurden dann ausgewildert. Die erste Generation blieb auch in Freiheit ganzjährig standorttreu und zog nicht weg – ihre in freier Wildbahn geborenen Nachkommen machen sich aber alljährlich wieder auf den Weg nach Süden.

Zentnerschwerer Horst

Die alten Störche kommen im nächsten Frühjahr aus Afrika zurück, die Jungstörche bleiben vier oder fünf Jahre, bis sie erwachsen sind, dann kehren auch sie zurück. Störche sind relativ ortstreu, beziehen aber nicht immer dasselbe Nest. Ist ihr **Platz auf dem Kirchturm** besetzt, bauen sich die Vögel einfach ein Nest nebenan. Auch während der 33-tägigen Brutzeit und der Aufzucht der drei bis sechs Jungen, die nach zehn Wochen fliegen können, bauen die Elterntiere weiter am Nest, sodass ein Horst im Lauf von Jahrzehnten bis zu 2 m hoch und 500 kg schwer werden kann. Nicht selten finden sich in einem Nest Regenschirme und Plastiktüten – als Nistmaterial. Die Horste werden von ihren Inhabern gegen später eintreffende Störche erbittert verteidigt.

Winterquartier Spanien

Derzeit leben im Elsass rund 1400 Storchenpaare. In manchen Gemeinden sind regelrechte Kolonien zuhause,

Von den im Elsass heimischen Störchen bleibt inzwischen ca. die Hälfte das ganze Jahr über vor Ort, anstatt nach Afrika oder Spanien zu ziehen.

etwa an der Place de la République in Rouffach und in Strasbourg am Boulevard du Président Edwards und der Orangerie. Heute gilt der Weißstorch im Elsass als gerettet, alle **Wiederansiedlungsprojekte sind eingestellt**. Gute Karten für die Zukunft haben indes nur Weißstörche, die nach Westen ziehen und in Spanien überwintern. Die offenen Müllkippen liefern Nahrung im Überfluss; und seit Spanien Reis anbaut, bieten diese unter Wasser stehenden Felder eine allzeit gefüllte Speisekammer. Denn der Weißstorch ist wenig wählerisch: Regenwürmer, Heuschrecken und Maikäfer, Feldmäuse, Maulwürfe, Eidechsen stehen ebenso auf dem Speiseplan wie Jungvögel von Bodenbrütern, Fische, Krebse und kleinere Wassertiere, gelegentlich sogar Schlangen. Frösche hingegen verspeisten Störche gar nicht so oft wie angenommen. Viel Nahrung, kein gefährlicher Aufenthalt in Afrika – das treibt die Bestandszahlen nach oben. Störche aus Bayern, Polen und anderen östlichen Gebieten, die die Ostroute um die Alpen wählen, sind nach wie vor mit der Zerstörung ihrer Lebensräume und den Gefahren des Zugs konfrontiert.

Störche ganz nah

NaturOParC

Im NaturOParC, dem ehemaligen Parc de Cignognes, erfreut man sich das ganze Jahr über am Anblick der Störche – die rund 150 Tiere bleiben auch im Winter in dem 5 ha großen Park. Über eine Aussichtsplattform kann man sich den Störchen nähern, ohne sie zu stören und aus 7 m Höhe in die Nester blicken. Die Fische, die in der Region vorkommen, tummeln sich in einem Aquarium. Sehr eindrucksvoll ist auch ein Blick in die Fischotter-Station, wo man die wendigen Schwimmer unter Wasser beobachten kann. Nachmittags werden Vorführungen mit Fischottern, Pinguinen, Robben, Seelöwen und Bisamratten gezeigt. Das Zentrum hatte einst wesentlich Anteil an der Rettung der Störche, was durch ein umfangreiches Wiederansiedlungsprojekt gelang (▶ Baedeker Wissen, S. 118).

Juli, Aug. tgl. 10–18.30, sonst bis 17.30/18 Uhr | Eintritt: 12 €
https://naturoparc.fr

KAYSERSBERG

Département: Haut-Rhin | **Höhe:** 250 m ü. d. M. | **Einwohner:** 2500

Albert Schweitzers Geburtsort zählt zu den schönsten Dörfern im Elsass. Die Weiss strömt mittendurch und ihre 500 Jahre alte Brücke zählt zu den liebsten Fotomotiven im Elsass. Vor den Häusern stehen Töpferwaren und die Tische der Gastwirte, man schlendert übers Kopfsteinpflaster und durch verträumte Winkel.

Verträumtes Kopfsteinpflaster

Teure Autos werden überdurchschnittlich oft gesichtet, vielleicht liegt es an Olivier Nastis Gourmettempel im Hotel Chambard. **Albert Schweitzer** (▶ Interessante Menschen) wurde hier geboren, der Reformator von Strasbourg Matthias Zell (1477–1558), der Strasbourger Münsterprediger Geiler von Kaysersberg (1445–1510) wuchs hier auf. 1227 erwarb Kaiser Friedrich II. den Ort und sorgte dafür, dass er eine Burg erhielt – die ist heute noch zu sehen. 1293 wurde Kaysersberg Freie Reichsstadt und 1354 Mitglied des elsässischen Zehnstädtebunds.

Wohin in Kaysersberg?

Zuerst nach ganz oben

Aussicht

Ein Überblick über das Städtchen mit seinen mittelalterlichen Befestigungsresten, Bürgerhäusern im gotischen oder Renaissance-Stil

Ein gut gepflegter Citroën wagt sich in Kaysersbergs enge Gassen.

AS -642- SX

bietet sich von der Burg (s. u.) und von der **Wolfgangskapelle**, die erhöht jenseits der Durchgangsstraße nach Saint-Dié steht.

Kunst im Rathaus

Hôtel de Ville

Wenn man die Altstadt von Osten betritt, gelangt man zunächst zum Hôtel de Ville (Rathaus), einem prachtvollen Renaissancebau mit zweistöckigem Erker von 1604. Im Innenhof mit Brunnen und Holzgalerien wurde 1993 ein Wandgemälde angebracht, das die Erhebung Kaysersbergs zur reichsunmittelbaren Stadt zeigt. Im Erdgeschoss des Gebäudes finden Kunstausstellungen statt.

Schongauers Nachahmer

Église Sainte-Croix

Westlich vom Rathaus erhebt sich an der Hauptstraße die stattliche Pfarrkirche, die im Jahr 1227 begonnen und in der Spätgotik umgebaut wurde. In der Westfassade öffnet sich ein romanisches Rundbogenportal, in dessen Bogenfeld die Krönung Mariä dargestellt ist. Das dreischiffige Innere ist im unteren Teil romanisch, im oberen Teil gotisch; der Vierungsturm stammt aus dem 19. Jh. Im Chorbogen hängt ein mächtiges Kruzifix (um 1500). Im linken Querhaus befindet sich ein sehenswertes Heiliges Grab von 1514. Das imposanteste Kunstwerk ist der große Flügelaufsatz auf dem Hauptaltar, den der Colmarer Hans Bongartz im Jahr 1518 in Anlehnung an Vorlagen von Martin Schongauer schuf und deren Reliefs die Passion Christi zeigen.

Hinter der Kirche steht die kleine **Chapelle Saint-Michel** (Michaelskapelle, 1463), deren Inneres mit Fresken aus der Erbauungszeit geschmückt ist und die im Untergeschoss ein Beinhaus mit über 20 000 Knochen enthält.

Einblick in die Lokalgeschichte

Musée d'Histoire de Kaysersberg

Die von schmucken alten Bürgerhäusern flankierte Hauptstraße führt weiter nach Westen. An ihrer linken Seite befinden sich die Cave Coopérative (Genossenschaftskellerei) und die ehemalige Residenz der Silberminenbesitzer-Familie Wide (1521), in der das Historische Museum eingerichtet ist. Ausgestellt sind hier kirchliche Kunst, darunter eine Schreibmadonna von 1380, alte Möbel, Kurioses, Hinterglasbilder und Porträts. Wer mehr über Geiler von Kayersberg und Matthias Zell erfahren möchte, findet hier zahlreiche Dokumente.

Juli, Aug. tgl. außer Di. 10–12 und 14–18 Uhr | Eintritt frei

Fotogene Brücke

Pont fortifié

Schließlich biegt die Hauptstraße scharf links ab zu der mit einer Kapelle geschmückten Weissbrücke (1514), der einzigen mit Schießscharten und Brustwehr befestigten Brücke im Elsass. Hier ist eine der malerischsten Ecken in Kaysersberg.

KAYSERSBERG ERLEBEN

OFFICE DE TOURISME

39, rue du Général de Gaulle
68240 Kaysersberg
Tel. 0389 78 22 78
www.kaysersberg.com

WEIHNACHTSMARKT

Der Weihnachtsmarkt von Kaysersberg gehört zu den schönsten im Elsass. Handwerker und Künstler der Region zeigen ihr Können
Fr.–So. im Advent 10–20 Uhr

DISTILLERIE MICLO

Traditionsbetrieb, Spaziergang durch den Obstgarten möglich
311, La Gayire, 68650 Lapoutroie
(9 km westlich von Kaysersberg)
Tel. 0389 47 50 16
www.distillerie-miclo.com

1 Tour des Sorcières
2, 3 Galerienhäuser (16. Jh.)
4 Maison Guilleaume Korne (16. Jh.)
5 Haus der Edlen von Bavière-Hunawihr
6 Maison Buchele (15. Jh.)
7 Maison Vollraht (16. Jh.)
8 Chapelle St-Michel
9 Maison Bohn (17. Jh.)
10 Maison Lœwert (16. Jh.)
11 Maison Lœcken (16. Jh.)
12 Fassaden aus dem 16.-18. Jh.
13 Ehem. Winzerhaus (16. Jh.)
14 Gebäude von 1618
15, 16 Kellerei und lokalhistorisches Museum
17 Eckhaus von 1617
18 Maison Herzer (1592)
19-21 Häuser aus dem 16. Jh.
22 Maison Offinger

Restaurants: 1 L'Alchémille, 2 Le Valtrivin, 3 Winstub de Chambard, 4 Au Lion d'Or

Hotel: 1 Chambard

❶ L'ALCHEMILLE €€€
Ein mit Michelinstern ausgezeichnetes Lokal, das sich durch eine leichte, elegante Küche hervorhebt. Auf den Tisch bringt Jérôme Jaegle, was der Markt an diesem Tag an Frischem bietet, dazu (Wild-)Kräuter aller Art, wie es der Name – Alchemille/Frauenmantel – nahelegt: Rote-Beete-Ragout mit Bachsaibling, herrlich verziert mit Blümchen und Kräutern.
53, route de Lapoutroie
Tel. 0389 27 66 41
www.lalchemille.alsace
Ruhetage: So., Mo., Mi.mittag, Do.mittag

❷ LE VALTRIVIN €€€
Köchin Valeria und Sommelier Tristan ergänzen sich zum perfekt Duo – zur raffiniert aufgefrischten Elsässer Küche empfehlen sie passenden Wein aus der mit rund 3000 Positionen gut bestückten Weinkarte.
5, rue de l'Europe
68650 Lapoutroie (9 km westlich von Kaysersberg)
Tel. 0645 72 70 54
www.levaltrivin.fr
Ruhetage: Mo., Mi.mittag, Sa.mittag, So.abend

❸ WINSTUB DU CHAMBARD €€€
Hier wird in einer klassisch-rustikal eingerichteten Weinstube besonders gute Elsässer Küche serviert – das Lokal gehört zu Olivier Nastis gleichnamigem Hotel (s. u.). Spezialitäten sind der gegrillte Kalbskopf und der mit Marc de Gewürztraminer flambierte Munsterkäse.
9–13, rue du Général de Gaulle
Tel. 0389 47 10 17

❹ AU LION D'OR €€
Die Plastikstühle auf der Terrasse sollten nicht abschrecken: Der Gastraum des Restaurants in einem schmucken Fachwerkhaus aus dem 16. Jh. ist gemütlich, die Küche solide regional, insbesondere die Wildgerichte sind ausgezeichnet. Seit 1764 familiengeführt.
66, rue du Général de Gaulle
Tel. 0389 47 11 16
www.auliondor.fr
Ruhetage: Di., Mi.

❶ CHAMBARD €€€€
Luxushotel mit viel Designermöbeln in den 32 Zimmern. Es liegt mitten im Ortskern. Für die exquisiten Gerichte sorgt der Hausherr Olivier Nasti selbst im sternegekrönten Restaurant.
9–13, rue du Général de Gaulle
Tel. 0389 47 10 17
www.lechambard.fr.

Schweitzers Geburtshaus

Musée Albert Schweitzer

Am westlichen Rand der Altstadt steht in der Rue Général de Gaulle das Geburtshaus von Albert Schweitzer, heute ein kleines Museum. Hier wird auch die Entwicklung der 1913 von Schweitzer gegründeten Urwaldklinik in Lambarene (Gabun) aufgezeigt. Im angrenzenden Park ist ein Denkmal mit seiner Büste aufgestellt.
8, rue de Munster | Di.–Sa. 10–12 und 14–17, Juni–Sept. auch So. Eintritt 7 € | www.schweitzer.org/de

Eine vollendete Aussicht

Burgruine

Vor der Weissbrücke folgt man der geradeaus weiterführenden Rue des Forgerons zur Porte des Pucelles (13. Jh.). Dahinter zweigt rechts der Fußweg ab, der zur Ruine der einstigen Kaiserburg führt. Die Feste war seit 1227 in staufischem Besitz und wurde im Dreißigjährigen Krieg von den Schweden zerstört (1632). Insbesondere vom runden Bergfried hat man einen reizvollen Blick.

Rund um Kaysersberg

Im Welschland

Fréland

Etwa 5 km nordwestlich von Kaysersberg liegt abseits der Durchgangsstraße der Weiler Fréland. In diesem Landstrich, »pays welche« (welsche Gegend) genannt, wurde noch vor einigen Jahrzehnten eine altertümliche romanische Sprache gesprochen. Die **Maison du Pays** zeigt eine volkskundliche Sammlung mit altem Mobiliar, Bauern- und Handwerkergerät und vielem mehr. Bildschön ist die wenig befahrene Strecke von Fréland über den Col de Fréland und Aubure (▶Ribeauvillé) nach ▶Sainte-Marie-aux-Mines.

Museum: April–Okt., nur mit Reservierung Do.–Sa. 15 Uhr
Eintritt: 7,50 € | https://musee-pays-welche.alsace

Hier gibt's Hochprozentiges

Lapoutroie

Knapp 9 km westlich von Kaysersberg liegt abseits der N 415 der Erholungsort und Wanderstützpunkt Lapoutroie. Das örtliche **Musée des Eaux-de-Vie** (Schnaps- und Likörmuseum) dokumentiert alle Phasen der Branntweinbereitung – das Elsass ist dank Obst und Beeren im Überfluss auch eine Hochburg der Edelbrände. Ein Verkaufsraum mit Probierstube ist angegliedert.

Museum: 85, rue du Général Dufieux | tgl. 9–12 und 14–18 Uhr
www.musee-eaux-de-vie.fr

Ein Kleinod in den Bergen

Orbey

Orbey (Urbeis), 3 km südlich von Lapoutroie, ist ein weit verstreutes Vogesendorf mit steilen bewaldeten Hängen, das wegen der herrlichen Umgebung als ruhiger Sommerurlaubsort und zum Wandern besucht wird. Das **Musée Mémorial du Linge** erinnert an die verlustreiche Schlacht mit über 17 000 Gefallenen im Ersten Weltkrieg 1915 auf dem Lingekopf; die Wehranlagen sind Gedenkstätte.

Museum: April–10. Nov., 9–12.30 und 14–18 | Eintritt: 6 €
www.linge1915.com

Zwischen Elsass und Lothringen

Col du Bonhomme

Von Lapoutroie führt die N 415 in Richtung Westen zum Col du Bonhomme (949 m ü. d. M.), einem Gebirgsübergang, der das Elsass mit Lothringen verbindet. Von der Westrampe der Passstraße öffnet sich eine erstklassige Sicht.

Zu Füßen schroffer Felsen liegt auf rund 1000 m Höhe der Weiße See (Lac Blanc). Der Sage nach stand auf dem Rocher Hans einst ein Schloss.

Route des Crêtes

Einst dem Militär, heute den Gästen

Vogesenkammstraße

Die 103 km lange Route des Crêtes (Vogesenkammstraße) war ursprünglich eine Militärstraße, die im Ersten Weltkrieg angelegt wurde, um die Verbindung der verschiedenen Frontabschnitte sicherzustellen. Heute gehört die Vogesenkammstraße zu den landschaftlich eindrucksvollsten Strecken im Vogesenraum. Die Route beginnt unweit westlich von Colmar bzw. Kaysersberg auf dem 949 m hohen Col du Bonhomme und führt über den Col de la Schlucht und Grand Ballon hinunter nach Cernay bei Thann (► S. 27).

Zwei herrliche Vogesenseen

Lac Blanc

Ca. 8 bis 12 km südwestlich des Col du Bonhomme befinden sich die Seen Lac Blanc und Lac Noir, oberhalb davon dehnt sich das Hochmoor Gazon du Faing aus. An beiden Seen gibt es Parkplätze mit je einer Gaststätte. Der nördlicher gelegene Lac Blanc (Weißer See;

1055 m ü. d. M., bis 72 m tief), mit 29 ha Fläche der größte Vogesensee auf der Ostseite des Hauptkamms, liegt in einem eiszeitlichen Granitkessel. Seinen Namen soll er vom hellen Quarzsand auf dem Grund des Sees haben. Am Südufer des Gewässers, auf dem jede Art von Wassersport untersagt ist, erhebt sich der von einer Statue der Heiligen Jungfrau bekrönte **Rocher Château Hans,** auf dem einst das sagenumwobene Schloss des Hans von Felsenstein stand. Die Sage erzählt, dass der Burgherr wegen seiner Untaten samt Schloss von der Erde verschlungen wurde.
Eine bequeme Wanderung vom Lac Blanc zum Lac Noir dauert ca. 1 Std. Über dem Südufer des Lac Blanc ragt der 1272 m hohe Aussichtsfelsen Belmont auf, der den Weißen und den Schwarzen See voneinander trennt. Ob der Blick vom Observatoire (Aussichtspunkt) gut ist oder nicht, hängt von den Forstleuten ab; u. U. verstellen immer wieder nachwachsende Fichten den Zwei-Seen-Blick.

Ein schön anzuschauender Energieproduzent

Lac Noir

Der Lac Noir ist von der D 48 aus nur über eine kleine Seitenstraße erreichbar. Auch der Lac Noir (Schwarzer See) befindet sich in einem von bewaldeten Felshängen umgebenen Felskessel. Dieser Stausee (950 m ü. d. M.) verdankt seinen Namen dem wegen des moorigen Untergrunds schwärzlich erscheinenden Wasser. Ein einstündiger Fußweg am See entlang bietet immer wieder idyllische Ausblicke. Nur das Turbinenhaus am nördlichen Ufer beeinträchtigt das Landschaftsbild. Seit 1930 ist der Lac Noir an dieser Stelle durch einen Druckstollen mit dem Lac Blanc verbunden: Nachts wird das Wasser in den höher gelegenen Lac Blanc gepumpt, am Tag, wenn Elektrizität mehr kostet, fließt das Wasser wieder zurück.

KIENTZHEIM

Département: Haut-Rhin | **Höhe:** 225 m ü. d. M. | **Einwohner:** 700

Der bedeutende Weinort Kientzheim zeigt sich von der typisch blumenbunten Fachwerkseite. Da die meisten Touristen nach Kaysersberg abbiegen, wirkt der Ort sehr ruhig und friedlich.

Sehr stolz sind die Winzer in Kientzheim (Kienzheim) darauf, dass ihre Lage »Schlossberg« als erste im Elsass mit einer Grand Cru-Klassifizierung geadelt wurde. Am Ort befindet sich das Lycée Seijo, ein Elite-Gymnasium mit rund 130 japanischen Schülern – den Kindern der rund 1000 Japaner, die in japanischen Firmenniederlassungen im Elsass arbeiten.

KIENTZHEIM

OFFICE DE TOURISME

▶ Kaysersberg

CÔTÉ VIGNE €€€

Küchenchefin Marie Carrer setzt abends wenige, aber raffinierte Gerichte auf ihre kleine Speisekarte
30, Grand' Rue
68240 Kientzheim
Tel. 0389 22 14 13
https://cote-vigne.fr
Ruhetage: Mo., Sa.mittag, So.abend

HOSTELLERIE SCHWENDI €€€

Das Restaurant befindet sich in einem rustikalen Weinkeller aus dem 18. Jh. Man sitzt zwischen Sandsteinsäulen und verspeist mit Genuss zum Beispiel die sehr guten Fischgerichte oder hausgemachte Entenstopfleber (foie gras) mit Sauerkirschen. Draußen bei der Terrasse am blumengeschmückten Dorfbrunnen stehen auch ein paar Tische. Das Lokal gehört zu einem Hotel mit nett eingerichteten Zimmern und viel Fachwerkgebälk überm Bett. Auch Winzer befinden sich in der Familie, das schlägt sich in der Weinkarte nieder.
2, place Schwendi
Tel. 03 89 47 30 50
www.schwendi.fr

Kientzheims verfüllter Wallgraben bietet Platz für Gartenfreunde.

Panzer unter der Linde

Ortskern

Innerhalb der mittelalterlichen Ummauerung stehen zahlreiche Fachwerkhäuser, der älteste erhaltene Bau stammt von 1558. Das spätbarocke Rathaus wurde 1775 errichtet. Davor befindet sich ein origineller Winzerbrunnen, an dessen Becken die Elsässer Rebsorten im Relief dargestellt sind. An der Stelle des 1875 zerstörten Obertors erhebt sich eine mächtige Linde, unter der ein Sherman-Panzer der französischen Armee steht, der an der Befreiung Kientzheims am 17. Dezember 1944 beteiligt war. Das **Untertor** (Porte Basse) trägt auf der Feldseite den »Lalli«, einen Fratzenkopf aus dem 16. Jh.: Angreifern, die den äußeren Wall überwanden, streckte er spöttisch die Zunge heraus. Um den Spott zu verstärken, konnte die Eisenzunge bewegt werden. Besonders lauschig sind die teils verwilderten Gärten im Wallgraben. Hier summen unzählige Wildbienen, zahlreiche Vögel finden ungestörte Brutplätze.

Wein und Qualität

Musée du Vin

Krüge, Bütten, mächtige Traubenpressen: In der ehemaligen Residenz des Hauses Hohenlandsberg (16. Jh.) ist das Weinmuseum eingerichtet. In dem mit Weinlaub zugewucherten Schwendi-Schloss – benannt nach dem kaiserlichen Stadtvogt Lazarus von Schwendi, der das Gebäude Ende des 16. Jh.s ausbaute – befindet sich auch der Sitz der Confrérie Saint-Étienne d'Alsace (Stephansbruderschaft). Sie befasst sich mit der Qualitätskontrolle der elsässischen Weine.

1b, Grand' Rue | www.musee-du-vignoble-alsace.fr/deJuni–Mitte Okt. tgl. 10–12 und 15–18 Uhr, im Mai nur Sa., So., Fei. | Eintritt: 5 €

LEMBACH

Département: Bas-Rhin | **Höhe:** 190 m ü. d. M. | **Einwohner:** 1600

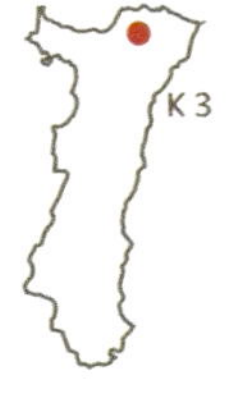

Das nette Städtchen Lembach ist ein idealer Ausgangspunkt, um die Burgruine Fleckenstein zu besuchen. Sie balanciert auf einem schmalen Felsgrat nahe der Grenze zur Pfalz und gilt als die eindrucksvollste Burg der Nordvogesen.

Der Parc Naturel Régional des Vosges du Nord (Regionaler Naturpark Nordvogesen) mit seinen ausgedehnten Mittelgebirgswäldern und die zahlreichen Burgen in der Region westlich von ▶ Wissembourg sind beliebte Ausflugsziele. Ganz in der Nähe verläuft die Maginot-Linie, deren Bunkerfestungen z. T. besichtigt werden können (▶ Baedeker Wissen, S. 130 und 300).

DER GROSSE WALL

Die Maginot-Linie, Frankreichs Verteidigungswall an der östlichen Landesgrenze, verfehlte zwar letztendlich ihr Ziel, die Nation gegen den deutschen »Erbfeind« zu schützen. Aber seine Bewährungsprobe bestand das Meisterwerk der Festungsbaukunst im Krieg dennoch. Heute ist es ein beliebtes Touristenziel.

Sofort nach dem Ersten Weltkrieg (1914–1918) erwog die französische Regierung ein neues Verteidigungssystem gegen Norden und Osten, um zu verhindern, dass das Land je wieder wie 1914 Opfer einer Invasion werden würde. 1930 begann man, an der Landesgrenze vom Ärmelkanal bis hinunter zum Mittelmeer Bollwerke zu errichten. Geplant waren zwei Festungsgebiete: bei Metz in Lothringen und an der Lauter im nördlichen Unterelsass sowie kleinere Anlagen im Norden Frankreichs, eine Linie von Kasematten am Rhein und solide Sperren in den Alpen. Benannt nach dem Kriegsminister **André Maginot** (1877–1932), der ihren Bau initiierte, erwies sich diese 5 bis 10 km von der Landesgrenze entfernte Verteidigungslinie als ein Meisterwerk der Festungsbaukunst. An der Nordostgrenze des Landes entstanden 36 kleine und 22 große Festungen sowie, dazwischen eingestreut, rund 400 schwere Einzelbunker. Dafür mussten ganze Landschaften umgepflügt und weit über 200 km Stollen, Schächte und Kasematten in den Untergrund gegraben werden.

Am vordersten Rand wurden Panzerhindernisse aufgestellt, dahinter befanden sich Stacheldrahthindernisse, Bunker und Batteriestellungen, die mit 3 m dickem Beton ummauert und mit Maschinengewehren und Panzerabwehrwaffen bestückt wurden. In Abständen von 5 bis 8 km ragten gewaltige, bis 30 m tief in die Erde reichende Festungswerke auf. Die **unterirdischen Heeresstädte** wurden ausgestattet mit kilometerlangen Gängen, Kavernen, Schmalspurbahnen, Aufzügen, Depots, Dieselkraftwerken, Spitälern und drehbaren Geschütztürmen. In den großen Festungswerken hielten sich jeweils bis zu 1100 Mann auf, die alle drei Monate abgelöst wurden. Genauso lange reichten auch die Lebensmittel-, Wasser-, Treibstoff- und Munitionsvorräte. Viele Soldaten züchteten Rosen auf den Betondecken – der schlimmste Feind in Friedenszeiten aber blieb die Langeweile.

Alles umsonst ...

Die Kosten für das damals gewaltigste **Armeelabyrinth** der Welt waren enorm. Rund acht Mrd. Goldfrancs (nach heutigen Wertbegriffen ca. 200 Mrd. €) musste die französische Regierung investieren, weshalb ihr dann das Geld für den Aufbau einer modernen Luft- und Panzerwaffe fehlte. Unverwundbar war der Superschützengraben aber nicht. Die Zeit des Stellungskrieges war vorüber, wie die zu weiträumigen Operationen fähigen deutschen Panzerverbände schnell unter Beweis stellten. Unter Missachtung der belgischen Neutralität wurde zu Beginn des deutschen Westfeldzugs (Mai 1940) die Maginot-Linie von der Wehrmacht im Norden einfach umgangen.

Dennoch blieb die Ligne Maginot nicht von deutschen Angriffen verschont.

Vor allem das Festungswerk von Schœnenbourg wurde im Juni 1940 von schwerer Artillerie heftig angegriffen. Insgesamt fielen ca. 3200 Bomben und Geschosse auf Schœnenbourg (▶ S. 277), doch konnte das Festungswerk ebenso wie andere Forts der Maginot-Linie von den Deutschen **nicht bezwungen werden.** Erst als Anfang Juli, also einige Tage nach dem Inkrafttreten des Waffenstillstands am 25. Juni, die französische Regierung den Befehl zur Kapitulation erließ, ergaben sich die Besatzungen und händigten ihre Festungswerke den deutschen Truppen aus.

Nach dem Krieg

Bis Anfang 1945 hielten die Deutschen die Maginot-Linie besetzt. Nach dem Krieg nahmen die Verteidigungswerke im Rahmen der Nato während des Kalten Kriegs ihren Dienst wieder auf, 1967 wurden sie aufgegeben. Die Werke und Kasematten überließ man sich selbst – und den **Plünderern**: Vor allem findige Alteisenhändler entdeckten in den verlassenen Forts ein wahres Paradies. Im Jahr 1978 gründete eine Gruppe von Festungsfreunden den Verein »Association des Amis de la Ligne Maginot d'Alsace« (A. A. L. M. A.), um die Verteidigungslinie vor dem endgültigen Verfall zu bewahren.
Heute sind dank dieser Initiative eine Reihe von Bunkeranlagen der Maginot-Linie **zur Besichtigung freigegeben** worden: Fort Simserhof bei Bitche an der Grenze zu Lothringen, Fort Four à Chaux bei Lembach, das Artilleriewerk Schœnenbourg westlich von Hunspach und in der Nähe von Wissembourg und das kleine Werk 35/3 bei Marckolsheim.

Trist, ungemütlich, kalt: In der Kommandozentrale von Fort à Chaux bei Lembach

Wohin in Lembach und Umgebung?

Fort aus dem Zweiten Weltkrieg

Four à Chaux

Unmittelbar am südlichen Ortsrand zweigt von der nach Wœrth (s. u.) führenden Strecke eine Stichstraße ab, die zur Bunkerfestung Four à Chaux (Kalkofen) führt. Dieses Artilleriefort an der Maginot-Linie (▶ Baedeker Wissen, S. 130) wurde zwischen 1930 und 1935 angelegt und kann seit 1983 besichtigt werden (Jacke mitnehmen empfiehlt sich). Zu sehen sind die Mannschaftsräume, die Munitions- und Verpflegungslager, einige Geschütztürme, eine Funkzentrale sowie eine Kraftwerksanlage. Eine Besonderheit dieses Befestigungswerks ist die Zahnrampe für die Munitionsloren. Beim Eingang zeigt ein Museum Waffen, Ausrüstungsgegenstände und Dokumente, die die Geschichte des Forts illustrieren und vom Alltag der Soldaten erzählen.

Führungen auf dt.: Nov.–März Sa., So. 14.30, April, Okt. tgl. 13.30, 15.30, Mai–Sept. auch 10.30 Uhr | Eintritt: 8 € | www.lignemaginot.fr

Hier lebt das Mittelalter

Château de Fleckenstein

Von Lembach folgt man der Straße nach Bitche. Nach 4 km biegt man rechts ab und gelangt auf der Nebenstraße nach ca. 3 weiteren km zum Château de Fleckenstein. Die im 12. Jh. errichtete und 1680 durch französische Truppen geschleifte Burg Fleckenstein (370 m ü. d. M.) ist die eindrucksvollste Ruine in den Nordvogesen. Sie erhebt sich nahe der deutsch-französischen Grenze mitten im Wald auf

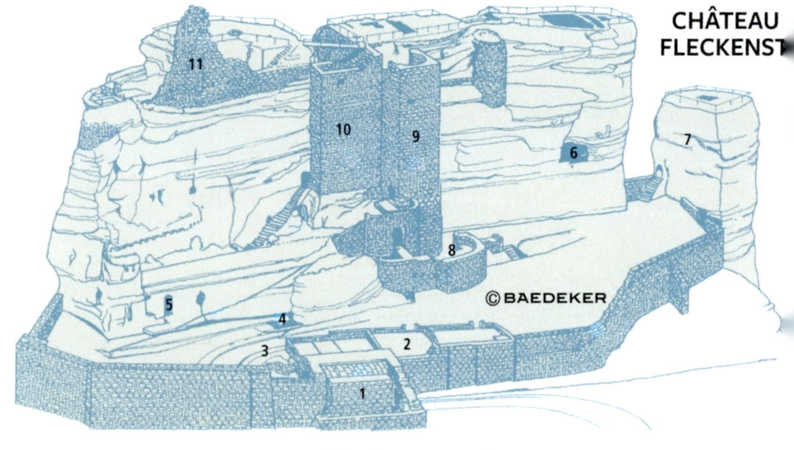

1 Eingang
2 Wachstube
3 Innerer Burghof
4 Pferdetränke
5 Museum
6 Backofen
7 Wachturm
8 Haupteingang mit Zugbrücke
9 Treppenturm
10 Bergfried
11 Palas

der Höhe eines Vogesenbergs, der von einem mächtigen Buntsandsteinblock bekrönt ist. Zweck der Burg war, die Verbindungsstraßen zwischen Elsass und Lothringen zu bewachen und Haguenau zu schützen. Die meisten Wohn- und Verteidigungsräume sowie die Verbindungstreppen sind in den Sandstein gehauen.
Im Innenhof vor dem einstigen Haupttor steht der Nachbau eines Lastenaufzugs mit Tretrad. Rechts davon befindet sich der sogenannte Wachtturm, ein isoliert stehender, oben abgeplatteter Sandsteinpfeiler, in dessen Innerem eine Wendeltreppe aufwärts führt. Eine der in den Fels gegrabenen Kavernen enthält eine Sammlung von Keramikfragmenten, Waffen und Geräten sowie Reproduktionen historischer Darstellungen der Burg. Von der Burgkapelle ist nichts mehr erhalten. Die Hauptburg umfasst mehrere Ebenen. Die oberste Plattform, welche die spärlichen Mauerreste der einstigen Wohnräume trägt, bietet einen hervorragenden Rundblick auf die Waldberge der nördlichen Vogesen. Für Kinder wird eine Rätselerkundung der Burg angeboten. An einzelnen Samstagen führt der Turmwächter im historischen Gewand durch die Burg und verwickelt seine Gäste in ein munteres mittelalterliches Intrigenspiel.

April–Juni. tgl. 10–17.30, Sept.–Nov. 10–17, Juli/Aug. bis 18, Jan.– März So. 12–16 Uhr | Eintritt: 5 € | www.fleckenstein.fr

Ein Weiler mit 13 Brunnen

Obersteinbach

Auf der durch das malerische Steinbachtal führenden Straße von Lembach nach Bitche erreicht man weiter westlich die Orte Nieder- und Obersteinbach (240 Einw.). Beide liegen idyllisch mitten im Biosphärenreservat des Parc Naturel Régional des Vosges du Nord und sind umgeben von Streuobstwiesen, Wald und Feldern. Vor allem Obersteinbach ist ein kleines Juwel mit seinen 13 Brunnen, Fachwerkhäusern und der lauschigen Atmosphäre eines typisch nordelsässischen Weilers. Ringsum erheben sich zahlreiche Burgruinen. So lohnt der Besuch des **Maison des Châteaux Forts**, wo anhand von Fotodokumenten, historischen Funden und Modellen über die Burgen der Nordvogesen informiert wird.

Maison des Châteaux Forts: Mitte April–Anf. Nov. So., Fei. 14.30 bis 17.30 Uhr | Führungen ganzjährig, Anmeldung: Tel. 0388 09 50 59

Schauplatz einer Heldendichtung

Burgenwanderung

Lohnend von Obersteinbach aus sind Wanderungen zu den Burgruinen Schœneck, Wineck und Windstein (das südliche Neuwindstein und Altwindstein). Wasigenstein thront auf zwei Felsriffen und besteht aus zwei Burgen, die durch einen in den Fels gehauenen Graben getrennt sind. Grandios: die steile Zugangstreppe von Grand Wasigenstein. Die Feste gilt als Schauplatz des Walthari-Liedes, einer Heldendichtung aus dem 10. Jh. Ebenfalls auf der Wanderung erreichbar ist Ruine Lutzelhardt nahe der französisch-deutschen Grenze.

FRIEDLICHER ORT

Ein besonderer Frieden liegt über diesem Platz, Grillen zirpen auf den Wiesen, das Sonnenlicht flirrt unter den Bäumen, die Ruhe ist köstlich. Einst soll hier ein vorchristliches Heiligtum gestanden haben. Unterhalb entspringt eine glasklare, in einem Brunnen gefasste Quelle, der Heilkräfte nachgesagt werden. Den Weg zu den Ruinen der kleinen Kapelle am Waldrand südöstlich von Climbach, am Ende der Rue du Porche de la Chapelle, weist von der D 51 in Climbach ein Schild.

Berühmt für ein Schlachtfeld

Wœrth

Das Städtchen Wœrth (Wörth an der Sauer, 1700 Einw.), ca. 8 km südwestlich von Lembach, wurde bekannt durch die Schlacht vom 6. August 1870 im Deutsch-Französischen Krieg (1870/1871). Damals siegten die vom preußischen Kronprinzen und späteren deutschen Kaiser Friedrich III. befehligten 80 000 Preußen, Bayern, Hessen, Württemberger und Thüringer über 40 000 Franzosen unter Marschall Mac-Mahon. Bei dem Kampf starben mehr als 20 000 Soldaten und Offiziere. Das einstige Schlachtfeld liegt westlich des Städtchens, im Bereich der Ortschaften Elsasshausen und Frœschviller, wo sich mehrere französische und deutsche Denkmäler sowie ein deutscher Soldatenfriedhof befinden.
Zu den Sehenswürdigkeiten des hübschen Städtchens Wœrth – »Werd« bedeutet auf Altdeutsch Flussinsel, Furt – zählt das nahe an der Sauer im 16. Jh. errichtete Renaissanceschloss, dessen Turm noch zwei Jahrhunderte älter ist. Im Schlossturm ist das **Musée de la Bataille du 6 août 1870** eingerichtet. Besonders sehenswert ist das mit 4000 Zinnsoldaten besetzte Diorama.

Musée de la Bataille: 2, rue du Moulin | April–Sept. Mo., Mi.–Fr. 14 bis 17, Sa., So. bis 18 Uhr | Eintritt: 5,50 €

Öl!

Merkwiller-Pechelbronn

Merkwiller-Pechelbronn (920 Einw.) besitzt einige Thermalquellen. Die 65 °C heiße Hélions-Quelle, auf die der Ort besonders stolz ist, wurde übrigens bei der Ölsuche entdeckt. Öl? In der Tat war schon seit dem 15. Jh. die Erdölförderung im Nordelsass wirtschaftlich bedeutend. 1813 bohrte man weltweit erstmals in Merkwiller-Pechelbronn nach Öl, 1857 entstand die erste Raffinerie. 1936 deckte die hiesige Produktion 17 % des französischen Benzinbedarfs. Die erste, ebenfalls hier gegründete Ölgesellschaft Europas ist der direkte Vorläufer des französischen Konzerns Total. Als 1970 die Vorkommen erschöpft waren, endete die Ära des Schwarzen Goldes in den Nordvogesen. Der Namen des Ortsteils Pechelbronn (= »Pechbrunnen«) verweist darauf, dass sich hier Erdöl- und Asphaltlagerstätten befinden. Das **Musée du Pétrole de Pechelbronn** (Erdölmuseum) informiert über die einstige Bedeutung des Erdöls.

Musée du Petrole: April–Okt. Mi.–Fr., So., Fei. 14.30–18, Juli/Aug. Di.–So. 14.30–18 Uhr | www.musee-du-petrole.com | Eintritt: 6 €

Bluegrass und Bauernkultur

Kutzenhausen

Nördlich von Merkwiller-Pechelbronn, nur wenige Autominuten entfernt, befindet sich in Kutzenhausen auf der Hauptstraße neben der weißen Kirche die **Maison Rurale de l'Outre-Forêt**, ein kleines Freilichtmuseum mit einem vollständigen Gutshaus. Dort kann man sich über die bäuerliche Lebensweise und die Veränderungen des ländlichen Lebens im Elsass zwischen 1920 und 1950 informieren. Jährlich im Juli findet hier auch ein Bluegrass-Festival statt.

Maison Rurale: Mai–Sept. Di.–So. 11–18, Okt.–April Mi., Do. 11–17, Sa., So., Fei. 14–18 Uhr | www.maison-rurale.fr | Eintritt: 6 €

Uralte Fresken

Surbourg

In Surbourg wurde im 7. Jh., also in merowingischer Zeit, ein Benediktinerkloster gegründet. Dessen aus dem 11. Jh. stammende schlichte romanische Kirche Saint-Arbogast (heute Pfarrkirche) zählt zu den ältesten Gotteshäusern im Elsass. Im Innern befindet sich am östlichen Abschluss des linken Querhauses ein Golgatha-Fresko aus gotischer Zeit.

★★ MARMOUTIER

Hier liegen noch Hunde auf der Straße, riesige Sonnenblumen lehnen sich schwer über die Zäune der Bauerngärten. Akkurate Dorfverschönerungen beschränken sich aufs Umfeld der romanischen Klosterkirche, die zu den schönsten im Elsass zählt.

Zentrum der Orgeln

Ein wichtiges Sinnesorgan in Marmoutier sind die Ohren: Hier eröffnete 2017 das Europäische Zentrum für Orgeln. Neben der alten Silbermann-Orgel in der Klosterkirche lernen Besucher auch moderne Varianten der Königin der Instrumente kennen.

Irische Mönche beschlossen vor fast 1500 Jahren, auf dem kleinen Hügel, an dem heute die dicht befahrene N4 vorbeiführt, eine Abtei zu gründen. Damit zählt Marmoutier zu den ältesten Ausgangspunkten der Christianisierung des alten Keltenlandes. »MaursMünster« – benannt nach dem hl. Maurus (s. u.) – wuchs und blühte zu einer der reichsten und mächtigsten Abteien im gesamten Elsass auf, bis in den Bauernkriegen ihr Niedergang einsetzte und die Benediktinerabtei 1792 während der Französischen Revolution aufgelöst wurde. In der Stadt lebten neun Jahrhunderte lang christliche Handwerker und jüdische Handelsleute friedlich nebeneinander, d. h. die Juden genossen den Schutz der Abtei, den diese sich allerdings teuer bezahlen ließ.

Wohin in Marmoutier?

Zeugnisse der jüdischen Kultur

Musée du Patrimoine et du Judaïsme

Gegen über dem Rathaus steht ein schönes Renaissancefachwerkhaus (1590), das lange von Juden bewohnt war. Im Hinterhaus existiert noch eine Mikwe, ein Bad für rituelle Waschungen. Das Gebäude beherbergt das Musée du Patrimoine et du Judaïsme alsacien mit Stücken zu volkstümlicher Kunst und Traditionen aus dem 18. und 19. Jh. sowie jüdischen Kult- und Gebrauchsgegenständen.
Den Schlüssel für den über die Rue Neuve erreichbaren **jüdischen Friedhof** hält die Touristeninformation bereit.

Museum: 6, rue du Général Leclerc | Mai–Juni, Okt. So., Fei. 10–12 und 14–18, Juli–Sept. zusätzl. Mi.–Sa. 14–17 Uhr | Eintritt: 5 €
www.museedemarmoutier.fr

Romanik und Silbermann-Orgel

Saint-Maurus

Die einstige Abtei zählt zu den ältesten christlichen Baudenkmälern des Elsass, und die ehemalige Abteikirche, in der sich Romanik, Gotik und Barock vereinigen, ist eines der schönsten Gotteshäuser am linken Oberrhein. Gegründet wurde der Konvent im Jahr 589 von irischen Mönchen unter Leitung des hl. Leobardus. Im 8. Jh. leitete der hl. Maurus als Abt die Geschicke des Klosters und führte die Benediktinerordnung ein.
Die ältesten erhaltenen Gebäudeteile, Reste einer kleinen dreischiffigen Kirche mit Rundapsis aus karolingischer Zeit, bilden heute die Krypta (Zugang im rechten Querhausarm). Die extrem wuchtig wirkende, aus rotbraunem Sandstein errichtete Westfassade mit den drei Türmen, dem dreifachen Rundbogenportal und kargem Figurenschmuck wurde um 1150 bis 1160 erbaut. Auch der Säulenschmuck der Vorhalle gehört in die Romanik. Das Quer- und Hauptschiff folgten im 13. Jh. und zeigen bereits gotische Stilelemente. Die Seitenschiffe entstanden ab 1519, der weite Chor mit seinem prächtigen

MARMOUTIER ERLEBEN

OFFICE DE TOURISME
50, rue du Convent
67440 Marmoutier
Tel. 0388 71 46 84
www.marmoutier.fr

POTTERIE ERNENWEIN
Claude Ernenwein töpfert neben ungewöhnlichen Vasen auch die vielfältigsten Springerleformen. Die köstlichen Aniskekse, die hierin gebacken werden, gehören auch im Elsass zu den traditionellen Weihnachtsbackwaren.
78, rue du Général Leclerc
Tel. 0388 70 62 50
www.poterie-ernenwein.com

L'AURA €€
Das Lokal unweit der Abteikirche bietet mittags ausgesprochen günstige Tagesgerichte und abends gute Bistrot-Küche.
Tel. 0388 02 32 11
www.restaurant-l-aura.fr
Ruhetage: Mi., Mo.abend, Di. abend, Do.abend

LA FERME DE SOPHIE
Im 300-Seelen-Dorf Kleingoeft hat die ehemalige Springreiterin Sophie Huet neben der Kirche eine kleine, feine Unterkunft mit nur drei Zimmern geschaffen. Die Steinmauern des alten Bauernhofs von 1840 sind freigelegt, die Dielen blankpoliert, die behaglichen Räume mit alten Bauernmöbeln ausgestattet, die Betten mit Kelschwäsche versehen. Ein wunderbarer Ort zum Wohlfühlen – dazu trägt auch die freundliche, stets gut gelaunte Besitzerin bei.
13, rue de l'Église
67440 Kleingoeft (10 km östl.)
Tel. 0368 04 68 96
www.lafermedesophie.fr

geschnitzten Chorgestühl ist aus dem 18. Jahrhundert. Auf der **Silbermann-Orgel** von 1709, der besterhaltenen unter den zwölf im Elsass, werden gelegentlich Konzerte gegeben. Die aus Sachsen stammenden Brüder Gottfried und Andreas Silbermann sowie dessen Sohn Andreas Johannes zählen zu den bedeutendsten Orgelbauern der Barockzeit. In Strasbourg betrieben sie eine Orgelwerkstatt.
Mai–Okt. 9–18, Nov.–April bis 16.30 Uhr

Alles über Orgeln

Orgelmuseum

Anknüpfend an die lange Tradition des Orgelspiels im Elsass wurde im Herbst 2017 das Europäische Orgelzentrum (Centre européen de l'Orgue-Flûtes du monde) eröffnet. Es demonstriert sehr anschaulich, was Register sind, was es mit der Windlade auf sich hat, wie Luft in die Pfeifen kommt und wie eine Orgel überhaupt funktioniert. In der Halle des Klangs steht die Klangkunstorgel »Organum XXI«, die

JUDENTUM IM ELSASS

»Wir sind im Elsass sehr stolz auf ›unsere Juden‹, sie sind Teil unserer Literatur, unserer Identität, sogar unserer Gastronomie. Wir haben in Harmonie gelebt mit unseren Juden«, so der elsässische Künstler Tomi Ungerer in einem Interview.

Im Jahr 2000 gründete Ungerer gemeinsam mit dem Strasbourger Bürgermeister das »Centre Européen de la Culture Yiddish« (CECY), in dem Bücher und Dokumente aus der ganzen Welt zusammengetragen werden. Hier finden Kongresse statt und die jiddische Sprache wird unterrichtet. Ein wichtiger Meilenstein in der Geschichte der Juden im Elsass, die auch hier sehr wechselvoll verlief. Während sie in der frühen Neuzeit Rechte genossen, die ihnen anderswo verwehrt waren, waren sie im Mittelalter Pogromen ausgesetzt.

Zwischen Duldung und Verfolgung

Die ersten Juden kamen vermutlich mit den Römern ins Elsass. Im 12. Jh. beschrieb der spanische Jude Benjamín de Tudela die jüdische Gemeinde von Strasbourg: Ein blühendes Gemeindeleben konnten die Elsässer Juden dann führen, wenn sie den – nicht kostenlosen – Schutz des Kaisers oder eines Feudalherren genossen. Doch zwischenzeitlich schlug den Juden im Elsass wie in anderen Teilen Europas immer wieder Hass entgegen. Sie wurden etliche Male **Opfer grausamer Pogrome**, so während des ersten Kreuzzuges 1096 oder mit den Pestepidemien in Europa ab 1348. Das Leben wurde ihnen systematisch schwer gemacht: Juden durften keine Grundstücke besitzen und sich Handwerkszünften nicht anschließen, was einem **Berufsverbot** gleichkam. So blieb ihnen nur das den Christen verbotene Geld- und Zinsgeschäft, was die Feindseligkeit der Schuldner gegenüber den als Wucherern verschrienen Geldgebern schürte. Der Vorwurf des Christusmordes und ein allgemeiner Fremdenhass taten ein Übriges. Während der Pestepidemie 1362 wurden in Strasbourg rund 2000 Juden verbrannt. Man hatte sie bezichtigt, Brunnen vergiftet und dadurch den Schwarzen Tod über Europa gebracht zu haben. Darüber hinaus wurden die Juden in ihrem Alltagsleben eingeschränkt: Seit dem 4. Laterankonzil von 1215 mussten sie einen gelben Fleck auf der Brust tragen und durften nicht mehr in den Städten wohnen, sondern sich nur tagsüber dort aufhalten. Spätestens wenn vom Straßburger Münster das »Gruselhorn« geblasen wurde, mussten sie die Stadt verlassen.

Endlich gleichberechtigt

Das nun entstehende Dorfjudentum setzte sich aus den ärmeren Schichten, Vieh- und Getreidehändlern sowie Hausierern zusammen, war aber nicht wie in Osteuropa gettoisiert. Teilweise lebten die »Dorfjedden« sogar in gutem Einklang mit den christlichen Nachbarn. Als König Ludwig XIV. die Juden unter seinen Schutz stellte, wuchs die Zahl ihrer Gemeinden durch den Zustrom deutscher Juden enorm. Bei Ausbruch der Französischen Revolution lebten im Elsass 20 000 Personen jüdischer Herkunft, in ganz Frankreich damals etwa 40 000. Die Französische Revolution gab ihnen die **volle bürgerliche Gleichberechtigung** (1791). Frankreich nahm hierin eine Vorreiterrolle in Europa ein. Nun durften die jüdischen Bürger wieder in die Städte ziehen und auch ihnen bisher verwehrte Berufe ergreifen. Die Gleichheit vor dem Gesetz veranlasste viele deutsche Juden, sich im Elsass niederzulassen. Doch es dauerte lange, bis ihnen der Aufstieg ins Bürgertum gelang. Dann aber begann für das elsässische Judentum eine Blütezeit. Bis 1914 entstanden hier 176 Synagogen, im übrigen Frankreich nur 80. Die Annexion von Elsass-Lothringen durch das Deutsche Reich 1871 trieb allerdings viele Juden in die Emigration nach Frankreich. Mit dem Nachrücken deutscher Juden wurde der Exodus jedoch wieder ausgeglichen.

Unter den Nazis

Während der deutschen Besatzungszeit ab 1940 ermordeten die Nationalsozialisten etwa 5000 Juden, d. h. ein Zehntel der Elsässer Juden, und zerstörten alle Synagogen. Nach dem Krieg wuchs die jüdische Gemeinde im Elsass wieder an, u. a. durch 4000 Sephardim, die in den 1960er- und 1970er-Jahren aus Tunesien, Algerien und Marokko kamen. Das einst für das Elsass typische Dorfjudentum aber ist so gut wie verschwunden. Von den 68 noch existierenden jüdischen Friedhöfen liegen viele gut versteckt außerhalb der Orte. Heute leben die rund 15 000 elsässischen Juden in den Städten, v. a. in Strasbourg, und gehören den wichtigsten jüdischen Gemeinden in Frankreich an.

Der älteste der 68 jüdischen Friedhöfe des Elsass befindet sich nahe Ettendorf bei Pfaffenhofen. Grabstellen bleiben, wie es der Brauch ist, ewig bestehen.

DIE WELT IST KLANG

Die Waldkircher Orgelbauer Jäger & Brommer haben Außergewöhnliches geleistet: Im Orgelmuseum von Marmoutier steht in der Halle des Klangs mittig der Spieltisch, ringsum die 768 Pfeifen der »Organum XXI«. Sie können auf Tastendruck nicht nur Töne erzeugen, auch das Rauschen des Windes, mächtigen Gewitterdonner und hauchzartes Saitenspiel bringen sie hervor.

die Möglichkeiten der Königin der Instrumente noch einmal erweitert. Das Haus will nicht nur als Museum für Orgeln wirken, sondern auch als Forschungs- und Dokumentationszentrum.

13, rue du Général Leclerc | Feb.–April und Okt.–Nov. Mi.–Sa. 14–18, Juni–Sept., Dez. Mi.–So. 14–18 Uhr | Eintritt: 7 €
www.latelierdelorgue.fr

Rund um Marmoutier

Kapelle mit Aussicht

Sindelsberg

Einen guten Blick auf Marmoutier bietet der 300 m hohe, nordwestlich des Städtchens gelegene Sindelsberg. Im gleichnamigen Ortsteil von Marmoutier stehen noch die Reste eines Benediktinerklosters und die Chapelle Saint-Blaise mit Wandmalereien des 16. Jahrhunderts.

Noch eine Silbermann-Orgel

Wasselonne

Das an der N 4 südöstlich von Marmoutier am Fuß der Vogesen gelegene Wasselonne (Wasselnheim, 5700 Einw.) geht auf eine Burg aus dem 14. Jh. zurück, die 1674 zerstört wurde. Einziger Rest der Burg, die eine der mächtigsten Festungsanlagen des Unterelsass war, ist der Uhrturm (Tour de l'Horloge) an der Place du Général Leclerc. Hier befindet sich auch die 1755–1777 entstandene protestantische Kirche mit einer Silbermann-Orgel von 1754.

In der Elsässischen Schweiz

Wangenbourg

Wangenbourg (Wangenburg, 1300 Einw.), ein beliebter ruhiger Urlaubs- und Luftkurort, liegt verstreut in einem weiten Vogesenhochtal ca. 10 km südwestlich von Marmoutier. Zusammen mit dem lothringischen Ort Dabo (s. u.) gehört er zu den Petites Vosges (Kleine Vogesen). Das Bergland zwischen Lothringen und dem Elsass südlich der Zaberner Steige ist so malerisch, dass es auch »Elsässische Schweiz« genannt wird. Für Wanderer, Radler und Wintersportler ist die Gegend ideal. Freizeitstress entsteht nicht: Als größte und einzige Sehenswürdigkeit gilt die originalgetreue Rekonstruktion der 1220 erbauten, einst zur Abtei Andlau gehörenden Wangenburg, die sich südöstlich im Wald erhebt.

Gedenkkapelle für den Papst

Dabo

Dabo (Dagsburg, 2400 Einw.), südwestlich von Marmoutier, ist als Ausflugs-, Wander- und Langlaufzentrum bekannt. Im Umland produzieren mehrere Kristallglasschleifereien und bieten neben Werksverkauf auch Atelierbesichtigungen. Einst hieß es, hier sei Bruno Graf von Egisheim und Dagsburg, der spätere Papst Leo IX., geboren worden. Tatsächlich wurde Leo IX. (1049–1054) aber in ▶ Eguisheim geboren. Südöstlich über dem Ort erhebt sich weithin sichtbar der 664 m hohe Fels **Rocher de Dabo** (Rocher Saint-Léon), auf dem bis 1679 die von den Franzosen zerstörte Dagsburg stand. An ihrer Stelle wurde im Jahr 1890 zu Ehren des elsässischen Papstes die Chapelle Saint-Léon (Sankt-Leo-Kapelle) erbaut. Vom Turm der ziemlich auffallenden, neoromanischen Gedenkkapelle ist der Blick in alle Himmelsrichtungen frei.

Kapelle: April–Nov. tgl. 10–18 Uhr | Eintritt: 2 €

MASEVAUX

Département: Haut-Rhin | **Höhe:** 405 m ü. d. M. | **Einwohner:** 3300

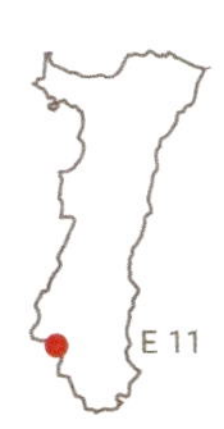

Naturgenuss, Wandern und Radeln sind die Attraktionen in der Vogesenstadt Masevaux, die ganz in der Nähe von Dollertal und Ballon d'Alsace liegt. Während der österlichen Fastenzeit ist es mit der Ruhe vorbei. Etwa 200 Darsteller aus Ort und Region führen jeden Sonntag in deutscher Sprache Passionsspiele vor vielen Hundert Gläubigen auf.

Masevaux (MasMünster) liegt herrlich eingebettet in den sanften Vogesenhügeln, ringsum nichts als Wälder und Wiesen. Vielleicht war diese Lage der Grund, weshalb im 18. Jh. viele junge Damen aus dem europäischen Hochadel hierher geschickt wurden, um ihrer Bildung den letzten Schliff zu verleihen. Auch die spätere Zarin Katharina II. verweilte in dieser Idylle. Keimzelle von Masevaux war eine im 8. Jh.

MASEVAUX ERLEBEN

OFFICE DE TOURISME
2, rue du M. de Lattre de Tassigny
68290 Masevaux
Tel. 0389 82 41 99
www.cc-vallee-doller.fr

PASSIONSFESTSPIELE
an den fünf Sonntagen vor Ostern

FERME AUBERGE DU GRESSON €
Das Auto bekommt auch mal frei: Diese bildschön gelegene Ferme ist nur durch einen einstündigen Fußmarsch zu erreichen. Hier genießen Wanderer und Radler Fleischschnacka, Surlawerla (Kalbsleber), Bergkräuter-Omelette und Vesperplatte. Übernachtungsplätze gibt es in ein paar wenigen Doppelzimmern oder in den zwei einfachen Schlafsälen. Im Sommer ist das Haus rasch ausgebucht, also rechtzeitig reservieren.
68290 Oberbruck
Tel. 0389 82 00 21
www.ferme-auberge-gresson.fr
Ruhetag: April–Okt. Do., Fr.mittag
Dez./Jan., Feb. geschlossen;
Nov./März nur Sa., So.

gegründete Benediktinerabtei, die ihren Namen »Masonis Monasterium« ihrem Gründer verdankt, Fürst Maso aus dem Geschlecht der Etichonen. Während der Französischen Revolution wurde die Abtei schließlich aufgelöst.

Wohin in Masevaux und Umgebung?

Üppiger Blumenschmuck

Masevaux Typisch für das Erscheinungsbild der Innenstadt von Masevaux sind die vielen blumengeschmückten Brunnen und die aus dem 16. und 17. Jh. stammenden, von Wohlstand zeugenden Bürgerhäuser. Am westlichen Ende der Rue Foch, einer belebten Fußgängerzone, steht die klassizistische Kirche **Saint-Martin** (1787), die nach dem Brand von 1966 originalgetreu wieder aufgebaut wurde. Die Orgel stammt aus der Werkstatt Kern in Strasbourg (1976); Konzerte werden von Juli bis September gegeben.

Eines der schönsten Vogesentäler

Dollertal Das Dollertal zwischen Masevaux und Ballon d'Alsace gehört zu den schönsten Tälern der Südvogesen. Seine Schätze enthüllt es vor allem Wanderern und Radfahrern, die sich Zeit nehmen und auch mal anhalten. Zwischen Sentheim und Sewen radelt man sehr bequem auf einer ehemaligen Bahnstrecke. Beliebt sind die Wanderungen vom Lac d'Alfeld auf den Ballon d'Alsace.

Paradies der Radler

Ballon d'Alsace

Im Sommer wie im Winter ist der 1247 m hohe Ballon d'Alsace (Elsässer Belchen) ungefähr 20 km nordwestlich von Masevaux am südwestlichen Ende der Vogesen gern besucht. Der Gipfel ist Wasserscheide zwischen Nordsee und Mittelmeer. Von 1871 bis 1919 verlief hier die französisch-deutsche Grenze. 1905 fand hier die erste Bergetappe der Tour de France statt. Von der mattenbedeckten, plateauartigen Höhe bietet sich bei guter Sicht ein grandioser Blick über die Oberrheinebene und vom Schwarzwald bis zu den Alpen. Ringsumher bieten sich viele Möglichkeiten für Wanderungen und Radtouren. Eine herrliche Strecke für Mountainbiker bietet die **D 466 ab Masevaux**, die nicht allzu sehr befahren ist. Und wer pausieren möchte, kann in einem schönen Berggasthof am idyllischen Lac d'Alfeld gemütlich einkehren.

MOLSHEIM

Département: Bas-Rhin | **Höhe:** 200 m ü. d. M. | **Einwohner:** 9300

H 6

Molsheim? Ist vor allem Autofans ein Begriff: Hier gründete der legendäre italienische Autokonstrukteur Ettore Bugatti 1909 seine Werke. Jährlich führen Anhänger der Nobelmarke ihre feschen Flitzer beim Bugatti-Festival aus.

Die wichtigsten Dinge geschehen in Molsheim hinter streng verschlossenen Türen: In einer futuristischen Werkhalle, genannte »Die Manufaktur«, fertigen Spitzenkonstrukteure den Chiron, den schnellsten Seriensportwagen der Welt. Seine 1500 PS (1023 kw) beschleunigen ihn auf 420 km/h, dann wird automatisch abgeregelt. Nettopreis: 2,4 Mio. Euro. Neben der Manufaktur liegt Château Saint-Jean, das Herz und Stammsitz der 1909 gegründeten Firma Bugatti Automobiles SAS (seit 1998 Teil des Volkswagen-Konzerns). Beide Komplexe sind nicht zu besichtigen. Mehr zu Bugatti ▶ Baedeker Wissen, S. 146.

Wohin in Molsheim?

Mauer aus dem Mittelalter

Place de l'Hôtel de Ville

Teils zieht sich noch die wuchtige Stadtmauer wie einst im Mittelalter um die malerische Altstadt. Ihren Mittelpunkt bildet die mit einem Löwenbrunnen geschmückte Place de l'Hôtel de Ville (Rathausplatz). An der Ostseite sticht sofort der stattliche Renaissancebau **La Metzig** (16. Jh.) ins Auge. Das einstige Haus der Fleischerzunft ist mit seinen geschweiften Giebeln, den Balkonen an den Giebelseiten,

MOLSHEIM ERLEBEN

OFFICE DE TOURISME

19, place de l'Hôtel de Ville
67120 Molsheim, Tel. 0388 38 11 61
www.ot-molsheim-mutzig.com

BUGATTI-FESTIVAL

Auf Hochglanz gewienerte Oldtimer, die mit viel Herzblut in Schuss gehalten werden: Eine ganze Parade der legendären Bugattis präsentieren sich an einem Wochenende Mitte September in Molsheim.

LA METZIG 1525 €€

Im ehemaligen Haus der Metzgerzunft wird in einem urigen Gewölbekeller (1525) klassische Elsässer Küche geboten. Nichts für Kalorienzähler.
1, place de l'Hôtel de Ville
Tel. 0388 38 26 24
www.restaurant-metzig.fr
Ruhetag: Di., Mi.

AUBERGE DE L'ELMERFORST €€

Der Elmerforst bei Balbronn ist von alters her in Besitz der Straßburger Münsterbauhütte. Hier, mitten im Wald auf einer kleinen Lichtung, haben Sophie und Benoît Hahn das ehemalige Forsthaus in eine angenehme Herberge mit einem feinen Restaurant mit kleiner Karte verwandelt. Der Abstecher dorthin lohnt!
67310 Balbronn (12 km nordwestl.)
Tel. 0388 38 51 11
www.elmerforst.com
Ruhetage: Mo., Di.–Fr. abends

ZUM LÖJELGÜCKER €€

In einem Fachwerkhaus aus dem Jahre 1777 in Traenheim haben Lydie und Claude Fuchs ein uriges Restaurant eingerichtet. Hervorragende Gerichte, regionale Zutaten stets frisch zubereitet: Auf der Karte finden sich hausmacher Köstlichkeiten wie Presskopf, Lewerknepfle (Leberknödel) und Wädele. Reservieren empfiehlt sich!
17, rue Principale,
67310 Traenheim (6 km nörd.)
Tel. 0388 50 38 19
www.aubergedetraenheim.com
Ruhetage: Mo.abend, Di.abend

der doppelläufigen Freitreppe und dem Erkertürmchen ein Paradebeispiel der elsässischen Renaissance. An der astronomischen Uhr über der Freitreppe schlagen zwei Engel die Stunden. Heute beherbergt die Metzig ein Restaurant (▶ Molsheim erleben).

Schnelle Autos, bittre Kräuter

Cour des Chartreux

Vom Rathausplatz führt die Rue Jenner westlich zum ehemaligen Kartäuserkloster (1598–1792), wo rekonstruierte Mönchszellen, Reste des Kreuzgangs und ein hübscher Kräutergarten zu besuchen sind. Von der Cour des Chartreux (Hof der Kartäuser) geht es zu zwei Museen, die in verschiedenen Gebäuden untergebracht sind. Das **Musée de la Chartreuse** zeigt in schönen Rokoko-Räumen mit Rocaille-Stuckaturen altes Mobiliar, Werkzeug und bäuerliches Gerät, römische Kleinkeramik, stein- und bronzezeitliche Funde sowie mehrere Stadtmodelle. Die in der ehemaligen Klosterküche untergebrachte **Bugatti-Stiftung** umfasst Dokumente, Abbildungen fast aller Bugatti-Automodelle und einen Achtzylinder-Automotor von 1930. Im unteren Geschoss blitzen und blinken drei echte Bugattis.

Musée de la Chartreuse: 15. Juni–15. Sept. tgl. außer Di. 10–12 und 14–17, Sa., So. 14–17, Mai–14. Juni, 16. Sept.–Mitte Okt. tgl. außer Di. 14–17 Uhr | Eintritt: 5 €

Jesuitengotik als Protest

Église des Jésuites

Am südöstlichen Rand der Altstadt ist mit der Église des Jésuites (1614–1619) ein bedeutendes Beispiel der sog. Jesuitengotik erhalten. Das Gotteshaus war Teil der Molsheimer Jesuitenuniversität, die 1617 als Gegengewicht zur protestantischen Straßburger Universität gegründet worden war – Molsheim war seinerzeit ein Zentrum der Gegenreformation von überregionalem Ruf und Sitz der Straßburger Bischöfe. Nach dem Anschluss von Strasbourg an Frankreich wurden beide Hochschulen 1702 zusammengelegt. Der Rückgriff der Molsheimer Jesuiten auf die altbewährten Bauformen der Gotik ist sichtbarer Ausdruck ihres Widerstands gegen jegliche Neuerungen und reformatorischen Strömungen. Baumeister war der aus Unterfranken stammende Christoph Wamser, der auch die Kölner Jesuitenkirche baute. Im Innern sind eine **Silbermann-Orgel** von 1781 und ein steinernes Kruzifix sehenswert.

Den südlichen Abschluss der Altstadt bildet die Porte des Forgerons (Schmiedtor, 1412) in der Rue de Strasbourg. Im Torturm der Stadtmauer hängt eine Glocke von 1412, eine der ältesten des Elsass.

Rund um Molsheim

Älteste Kirche des Elsass

Avolsheim

Von Molsheim lohnt sich ein Ausflug zu dem 3 km nördlich gelegenen Avolsheim, das zwei bedeutende Sakralbauten besitzt. Abseits der Durchgangsstraße steht die um das Jahr 1000 gebaute Chapelle Saint-Ulrich. Der Turm datiert von 1160, die Taufkapelle auf dem Grundriss eines vierblättrigen Kleeblatts mit herrlichen romanischen Freskenresten. in der Hauptkuppel ebenfalls aus dem 12. Jahrhundert. In einem ummauerten Friedhof steht neben der mittlerweile zusammengebrochenen, angeblich tausendjährigen Linde die romanische Kirche **Dompeter** (»Domus Petri«, 9./10. Jh.). Teile des Baus gehen auf das 6. Jh. zurück. Daher gilt der Dompeter trotz einiger Erneuerungen im 18. und 19. Jh. als das älteste Gotteshaus im Elsass.

Ein Ritter mit Prothese

Balbronn

Das romanische Kirchlein (11. Jh.) von Balbronn (8 km nordwestl.) steht an einer Stelle, wo zuvor schon die Kelten ein Heiligtum errichtet

MYTHOS BUGATTI

BAEDEKER WISSEN

Der geniale Autobauer Ettore Bugatti aus Mailand baute vor dem Zweiten Weltkrieg in Molsheim Luxuslimousinen und Rennsportwagen, die ihrer Epoche technisch und stilistisch weit voraus waren und noch heute zu den kostbarsten Autos aller Zeiten gehören. Heute versucht die Volkswagen AG eine neue Bugatti-Epoche einzuleiten – mit den schnellsten Seriensportwagen der Welt.

Seine Meisterwerke wollte Ettore Bugatti nur in würdigen Händen wissen. Nicht einmal jeder Monarch schien ihm hierfür geeignet. König Zogu von Albanien z. B., dessen Tischmanieren dem genialen Autobauer während eines Verkaufsgesprächs beim Essen missfallen hatten, wurde kurzerhand von der Liste gestrichen.

Ein genialer Ingenieur

Bereits mit 17 Jahren rüstete der 1881 in Mailand geborene **Ettore Bugatti** ein Dreirad mit zwei Motoren aus und nahm an einigen Rennen teil. 1902 wurde der erst 20-jährige Spross einer Künstlerfamilie von der elsässischen Industriellen-Dynastie De Dietrich als Fahrzeugingenieur in Niederbronn unter Vertrag genommen, wo in den folgenden zwei Jahren rund 100 Automobile unter dem Namen Dietrich-Bugatti entstanden. 1907 zog Bugatti nach Köln und produzierte für die Gasmotoren-Fabrik Deutz Vierzylindermotoren mit großem Hubraum. Parallel begann er im Keller seiner Villa in Köln-Mülheim auf eigene Rechnung ein kleines Chassis mit Vierzylindermotor und Kardanwellenantrieb zu konstruieren. 1909 schließlich machte der Wahl-Elsässer **in Molsheim** seine eigene Firma auf. Hier baute er bis 1939 mit seinen Mitarbeitern vor allem Renn- und Sportwagen, die sich nach Ettore Bugattis Motto »Nichts ist zu schön, nichts ist zu teuer« durch fortschrittliche Technik, hohe Verarbeitungsqualität und ästhetisches Design auszeichneten. Allein im Jahr 1927 heimsten Bugatti-Fahrer 806 Trophäen ein.

Konkurrenz für den Rolls-Royce

1926 rollte auch ein Luxusauto vom Band, das es mit Ikonen der Zeit wie Rolls-Royce aufnehmen sollte: benannt »Royale«. Das Luxusgefährt mit der 12,7-Liter-Maschine hatte 300 PS, erreichte eine Höchstgeschwindigkeit von 200 km/h, benötigte aber zum Betrieb 23 Liter Motoröl und 48 Liter Kühlwasser. Billig war der Benzinschlucker mit dem sich aufbäumenden **Elefant als Kühlerfigur** nicht, allein das Fahrgestell kostete das Dreifache des damals teuersten Rolls-Royce. Es dauerte lange, bis sich der erste Käufer fand.
Wer einen Bugatti fuhr, gehörte zur erlesensten Gesellschaft: Wenn Bugatti erlauchte **britische Kunden** zur Jagd ins Elsass einlud, wurden alle Straßen von der Küstenstadt Calais bis nach Molsheim gesperrt, damit die Gäste ihre schönen Bugatti-Wagen ungehindert bis ans Ziel ausfahren konnten.
Von den geplanten 25 Royales wurden nur sechs Exemplare gebaut. Die übrigen Royale-Motoren mussten als Antrieb für Schienenbusse herhalten. Der Zweite Weltkrieg beendete die Produktion in Molsheim. 1963 (16 Jahre nach

dem Tod Bugattis) musste die Firma, in der 7950 Wagen gebaut worden waren, ihre Pforten schließen.

Die Wiedergeburt

1998 erwarb der **VW-Konzern** die Bugatti-Markenrechte und präsentierte im selben Jahr den Bugatti EB 118 mit 555 PS. In einem neuen Montagewerk auf dem Gelände der früheren Bugatti-Werke in Molsheim wurde der Supersportwagen Bugatti Veyron 16.4 gebaut, der schnellste und teuerste Seriensportwagen der Welt mit 1001 PS. Sein 2016 vorgestellter Nachfolger, der Chiron, bringt 1500 PS auf die Straße und kostet 2,4 Millionen Euro. Die Käufer? Bekannt ist, dass jeder fünfte Bugatti Veyron 16.4 in den Vereinigten Arabischen Emiraten zugelassen wurde. In Dubai haben die Ölscheichs eine 180 km lange, schnurgerade Autobahn erbaut, damit sich die Prinzen in ihren superschnellen Flitzern richtig austoben können. Wer den Veyron sehen und hören möchte, kann dies in der **Musée de l'Automobile in Mulhouse** tun. Es besitzt die größte Bugatti-Sammlung weltweit (▶S. 160)

Der Bugatti Royale »Esders« im Automobilmuseum Mulhouse: Die Scheinwerfer des Roadsters sind abnehmbar und stören somit den Schwung der Kotflügel nicht.

6X ERSTAUNLICHES

Hätten Sie das gewusst?

1. GELEUCHTET

Was haben sich die Baumeister dabei wohl gedacht? Zwei Mal im Jahr zur Frühlings- und zur Herbst-Tagundnachtgleiche fällt ein grünes Licht durch die Fenster des Münsters in **Strasbourg** und lässt die Christusfigur über der Kanzel aufleuchten. (▶ **S. 245**)

2. GEBACKEN

Weihnachtliche Düfte wehen hier selbst im Hochsommer: **Gertwiller** bei Barr ist die Lebkuchenhauptstadt des Elsass. (▶ **S. 55**)

3. GETAUSCHT

Im Grab eines Ritters aus **Balbronn** kam eine eiserne Armprothese zum Vorschein. Die ausgetüftelte Apparatur aus dem Jahr 1530 erlaubte es dem kriegsversehrten Recken, wenigstens noch die Zügel seines Pferdes zu halten. (▶ **S. 145**)

4. GEBOHRT

Erdöl im Nordelsass? Tatsächlich wurde dort über Jahrhunderte Erdöl gewonnen – und 1813 in **Pechelbronn** sogar der erste Bohrturm der Welt errichtet. Ein kleines Museum erinnert an die Zeit des Schwarzen Goldes. (▶ **S. 134**)

5. GETANZT

Mitten in der Pampa liegt eines der bestbesuchten Cabarets zwischen Paris und Straßbourg. In **Kirrwiller** schwingen leicht bekleidete Damen das Bein und bringen einen Hauch von Moulin Rouge in den Wald. (▶ **S. 63**)

6. GETOPPT

Der schnellste Seriensportwagen der Welt kommt aus **Molsheim**: Mit seinen 1500 PS fährt der Bugatti Chiron jedem Porsche ziemlich lässig davon. (▶ **S. 146**)

hatten. Fünf Köpfe zieren den Turm, der einst als Wehrturm der Verteidigung diente. Rechts im Chor liegt die metallene Armprothese des Ritters Hans von Mittelhausen. Das kuriose technische Meisterwerk stammt aus der Zeit um 1530. Spätestens seit 1665 gab es in Balbronn eine jüdische Gemeinde. 1936 zählte sie noch 62 Mitglieder. Wer jedoch nicht rechtzeitig auswanderte, wurde ab 1940 von den Nazis deportiert. Die Synagoge existiert noch, wird aber nicht mehr genutzt.

Hier beginnt die Weinstraße

Marlenheim

Rund 12 km nördlich von Molsheim liegt Marlenheim, das »nördliche Tor zur Weinstraße«, die hier beginnt. Jährlich wird Mitte August die »Hochzeit des Ami Fritz« gefeiert, ein farbenfrohes Fest mit Trachtenumzug, wo sich die Tische biegen, wenn wieder einmal eindrucksvoll gezeigt wird, was Küche und Keller zu bieten haben.

5000 Kirschbäume

Westhoffen

Nordwestlich von Molsheim liegt in einer fruchtbaren, sanft hügeligen Landschaft am östlichen Fuß der Vogesen Westhoffen (1700 Einw.). Das Städtchen lebt vom Weinbau und vom Kirschenanbau – nicht umsonst bezeichnet sich der Ort selbst als »Kirschenhauptstadt des Elsass«. Viele Früchte werden zu Schnaps gebrannt. Im Altstadtkern sind schöne Stein- und Fachwerkhäuser aus dem 16./17. Jh., weite Teile der Stadtmauer und vier Türme erhalten.

Kirchlein für Stilbewusste

Altorf

Südöstlich von Molsheim und nördlich der A 352 steht in dem Ort Altorf eines der schönsten Beispiele barockisierter romanischer Kirchen. Während das Langhaus romanischen Ursprungs ist, wurden Querschiff und Chor vom Vorarlberger Peter Thumb im Stil des süddeutschen Barock erbaut.

★★ MONT SAINTE-ODILE

Département: Bas-Rhin | **Höhe:** 764 m ü. d. M.

Für Gläubige ist der »heilige Berg des Elsass« die bedeutendste Wallfahrtsstätte der Region. Viele alte Sagen und Legenden umranken den weithin sichtbaren Odilienberg, den ein besonderer Zauber umgibt. Esoterikern gilt er als Kraftort, Augenkranke stehen geduldig an der heilenden Quelle Schlange, Archäologen erforschen die »Heidenmauer«.

Der Heilige Berg

Unübersehbar prangt auf dem langgestreckten Odilienberg (763 m) das Kloster der hl. Odilie (um 660–720). Hier wird die blind geborene Tochter des Herzogs Attich verehrt. Verstoßen vom Vater und in ein Kloster verbracht, wurde sie der Legende nach als Zwölfjährige bei Empfang der Taufe wieder sehend. Attich, jetzt geläutert, gründete zum Dank das Kloster, Odilie wurde dessen erste Äbtissin. Bis heute verehren Tausende Wallfahrer hier oben die Patronin der Gegend. Viele Besucher kommen auch einfach der schönen Aussicht wegen, die schon der schwäbische Dichter Ludwig Uhland lobte.

Ein gewitzter Bücherdieb

Klosterbibliothek

Zwischen 2000 und 2002 verschwanden aus der Klosterbibliothek immer wieder wertvolle Bücher trotz vergitterter Fenster und Austausch aller Türschlösser. Dank Videoüberwachung ertappte die Polizei am 19. Mai 2002 einen Mann auf frischer Tat. Er hatte sich über einen Geheimgang Zutritt verschafft, über den eine alte Handschrift berichtete. Rund 1000 Bücher stellte die Polizei in seiner Wohnung sicher. Er habe sie retten wollen, weil sie verschmutzt oder beschädigt gewesen seien, gab er zu Protokoll. Da dem Kloster kein Schaden entstand, verurteilte das Gericht ihn zu 18 Monaten Haft auf Bewährung und 6000 Euro Geldstrafe.

★★ Kloster Mont Sainte-Odile

tgl. 8–20, Winter bis 19 Uhr | www.mont-sainte-odile.com

Berühmter Hort des Wissens

Geschichte

Das Kloster Sainte-Odile hieß ursprünglich Kloster Hohenburg und dürfte gegen Ende des 7. Jh.s an der Stelle der gleichnamigen Burg des elsässischen Herzogs Attich gegründet worden sein. In der Stauferzeit war der Odilienberg ein Hort kirchlicher Kultur. Die gebildete Äbtissin Herrad von Landsberg (▶ Interessante Menschen) verfasste hier den »**Hortus Deliciarum**« (Garten der Köstlichkeiten), ein reich illustriertes Kompendium zeitgenössischer Bildung, dessen Original während der Belagerung von Strasbourg im Jahr 1870 dem Feuer zum Opfer fiel.

Vier Kapellen und ein Mosaik aus Gold

Besichtigung

Von den großen Parkplätzen aus betritt man den allseits geschlossenen Klosterkomplex durch ein stattliches Torgebäude. Im Innenhof steht ein Stein zum Gedenken an den Besuch Papst Johannes Pauls II. am 11. Oktober 1988, auf der einen Seite liegt die Hôtellerie (▶ Erleben). Gegenüber führt der Weg zur Ost- und Nordseite des Gipfelplateaus, wo sich herrliche Ausblicke in die Oberrheinebene öffnen.

OBEN: In der Tränenkapelle auf dem Mont Sainte-Odile soll die Heilige ihre Tränen vergossen haben.

UNTEN: Der rötliche Sandstein macht das Kloster schon von Weitem unverwechselbar.

Eine riesige neoromanische Odilienstatue breitet hier segnend ihre Arme aus.
Am äußersten Punkt stehen die **Chapelle des Larmes** (Tränenkapelle), wo Odilie für ihren Vater gebetet und Tränen vergossen haben soll, und die **Chapelle des Anges** (Engelskapelle), deren Ursprünge im 12. Jh. liegen. Die goldgrundigen Mosaiken in der Engelskapelle – teilweise mit Motiven aus dem »Hortus Deliciarum« – stammen aus dem 19. Jahrhundert. Durch die 1687 nach einem Brand erneuerte Klosterkirche gelangt man in die **Chapelle Sainte-Odile** (Odilienkapelle) mit romanischem Langhaus und gotischem Chor, wo die sterblichen Überreste der Heiligen ruhen. Mit der Klosterkirche gleichfalls verbunden ist die **Chapelle de la Croix**, die Kreuzkapelle (11. Jh.) und der bedeutendste Rest des romanischen Baukomplexes.

An der heiligen Quelle

Fontaine de Sainte-Odile

Etwas unterhalb des Konvents liegt an der ziemlich steil nach Saint-Nabor hinabführenden Straße (D 33) die Fontaine de Sainte-Odile (Odilienquelle), deren Wasser in der Lage sein soll, Augenleiden zu heilen. Die hl. Odilie schlug der Sage nach hier an den Felsen, worauf die Quelle hervorbrach, und gab einem alten Mann von dem Wasser, der um die Heilung seines blinden Kindes gebeten hatte. Heute stehen mitunter Menschen Schlange, um sich das Wasser abzufüllen.

Rund um Mont Sainte-Odile

Wer baute die Mauer?

Heidenmauer

Der Gipfel des Odilienbergs wird von der »Mur Païen« (Heidenmauer) umzogen, einem etwa 10 km langen, meist durch schönen Wald führenden Mauerwall. Die Heidenmauer – den Begriff prägte der elsässische Papst Leo IX. im 11. Jh. – ist teilweise noch 2 bis 3 m hoch und bis 2 m dick. An den Blöcken sind stellenweise die Löcher für die Eichenholzklammern zu sehen, die die Mauersteine zusammenhielten. Die Datierung bereitete den Archäologen lange Kopfzerbrechen. Denn die Mauerreste lassen sich weder mit keltischen noch römischen Bautechniken in Verbindung bringen; auch andere Funde sind uneindeutig. 2003 konnten rund 60 Klammern von ca. 25 cm Länge aus Eichenholz dendrochronologisch, also mittels Jahrringanalyse, exakt datiert werden. Sie weisen auf eine Entstehung der Mauer um das Jahr 700 n. Chr. hin, also zeitgleich mit dem Klosterbau. Experten gehen daher mit großer Gewissheit von einem Bau der Mauer in der Zeit der Etichonen aus.
Ca. vier Stunden sind nötig, um die gesamte Mauer abzuwandern (Markierung gelbes Kreuz). Unterwegs warten mehrere spannende Ziele wie der Maennelstein (mit 817 m höchster Punkt der Heidenmauer), die Druidengrotte und die Ruine von Château de Landsberg.

MONT SAINTE-ODILE ERLEBEN

MONT SAINTE-ODILE
67530 Ottrott, Tel. 0388 95 80 53
www.mont-sainte-odile.com

HÔTELLERIE DU MONT SAINTE-ODILE €€€
Die 80 Zimmer werden auch von Pilgern frequentiert. Abends, wenn die Tagesbesucher sich zerstreut haben und Ruhe einkehrt, senkt sich eine besondere Stimmung über den Odilienberg. Allein die Aussicht ist einen Aufenthalt hier oben wert. Mit fünf Restaurants auf dem Klostergelände.
Hotel im Kloster Mont Sainte-Odile
67350 Ottrott
Tel. 0388 95 80 53
www.mont-sainte-odile.com

Das Rotweindorf

Ottrott

An der Route des Vins zwischen Weinbergen und naturbelassenen Wiesen liegt der Winzerort Ottrott, wo einer der wenigen elsässischen Rotweine, **»Le Rouge d' Ottrott«**, gekeltert wird. Im Unterdorf wohnen die Winzer, im Oberdorf befinden sich die meisten Restaurants und Hotels. Eine Wanderung (ca. 1 Std.) führt zu den nordwestlich über dem Ort gelegenen Ottrotter Schlössern, den relativ gut erhaltenen Burgruinen Lützelburg (12. Jh.) und Rathsamhausen (13. Jh.). Die beiden Burgen waren nur durch einen Graben voneinander getrennt. Solche Konstellationen findet man auch an anderen Orten im Elsass. Sie stellten ein im Mittelalter nicht unübliches feindliches Burgenpaar dar, d. h. die eine Burg wurde nur gebaut, um die andere zu erobern.

★★ MULHOUSE

Département: Haut-Rhin | **Höhe:** 240 m ü. d. M. |
Einwohner: 108 000

Einen Schönheitswettbewerb wird Mulhouse nie gewinnen. Industrie bestimmt das Bild, die Vorstädte sind trist, vieles wirkt ein bisschen verlottert – und doch ist die Stadt so belebend wie ein Magenbitter auf ein Übermaß an Weinstraßen-Romantik.

Mulhouse steht zu seiner Industrie – Stichwort Arbeitsplätze, Lohn und Brot. Und es gelang, dies für den Tourismus fruchtbar zu machen: Gleich mehrere berühmte Technikmuseen haben hier ihren Sitz, die jährlich von rund einer halben Million Menschen besucht werden. Auch wurde die Innenstadt in den vergangenen Jahr sehr erfolgreich verschönert. Und zum Einkaufen ist die Altstadt mit ihren vielen Shops einfach ideal.

Hotspot des Oberelsass

Im Dreiländereck

In und um Mulhouse befindet sich die wirtschaftliche Hochburg des Oberelsass. Dazu trägt auch die Lage im Dreiländereck am Rheinknie bei; viele Arbeitskräfte pendeln über die Grenzen vor allem nach Basel und in den Freiburger Raum. Gleichzeitig hat man nirgendwo im Elsass mehr mit (Jugend-)Arbeitslosigkeit zu kämpfen. Der Anteil von Menschen ausländischer Herkunft, oft aus den ehemaligen Kolonien, ist hoch. Zusammen mit den vielen Studierenden gibt dies der Stadt ein völlig anderes Gepräge als in Colmar oder Strasbourg. Attraktiv ist Mulhouse auch durch seine kulturelle Szene. 1993 eröffnete das nach Plänen von Claude Vasconi erbaute Kulturzentrum **La Filature** (u. a. Musik, Theater, Tanz). Illusionistische Malereien zieren etliche Häuserwände, und Kunstobjekte überraschen an vielen Stellen der ganzen Stadt.

Das französische Manchester

Geschichte

Der Ort wurde 803 erstmals urkundlich erwähnt und 1246 als Besitz der Straßburger Bischöfe geführt. Zu den Herrschern zählte auch Rudolf von Habsburg. 1308 wurde Mühlhausen reichsunmittelbar und trat 1354 der Dekapolis (Bund der zehn elsässischen Reichsstädte) bei. Von 1515 bis zum Westfälischen Frieden (1648) gehörte die Stadt als »zugewandter Ort« zur schweizerischen Eidgenossenschaft. Nach Einführung der Reformation und der Aufhebung des Edikts von Nantes 1685 wurde Mulhouse zu einer Hochburg der Calvinisten, was sich auch im wirtschaftlichen Aufschwung niederschlug. 1746 gründeten die Mülhauser Unternehmer Samuel Kœchlin, Jean-Jacques Schmalzer, Jean-Henri Dollfus und Jean-Jacques Fee eine Stoffdruck-Manufaktur, der Beginn der Mülhausener Textilindustrie. Der Anschluss an Frankreich 1792 beschleunigte die industrielle Entwicklung. Seinerzeit erhielt Mulhouse den Beinamen »französisches Manchester« oder »Stadt der hundert Schornsteine«. Heute ist Stellantis (vormals PSA Peugeot Citroën) mit seinem Autowerk der größte Arbeitgeber der Stadt.

Wohin im Zentrum?

Auf den Stufen von Saint-Étienne

Place de la Réunion

Mittelpunkt der Innenstadt bildet die von bildschönen Bürgerhäusern umrahmte Place de la Réunion (Rathausplatz). Ihr Name erinnert an den 15. März 1798: Damals übergab Mülhausen seine Stadtschlüssel symbolisch an Frankreich. Heute trifft man sich in einem der netten

Cafés, die den Platz säumen oder – mit bestem Ausblick auf das Geschehen – auf der Kirchentreppe der neugotische evangelische Kirche **Saint-Étienne** (Stephanskirche). Sie steht an der Stelle des 1858 abgerissenen Baus. Heute dient sie auch als Ausstellungssaal. Genauer hinschauen lohnt: Die prächtigen Buntglasfenster stammen aus dem 14. Jh. und wurden aus dem Vorgängerbau gerettet.

MULHOUSE ERLEBEN

OFFICE DE TOURISME

1, avenue Robert Schuman
68100 Mulhouse
Tel. 0389 35 48 48
www.tourisme-mulhouse.com

STADTBESICHTIGUNGEN

Mit dem Rad

Mulhouse führt das Prädikat »fahrradfreundliche Stadt«. Die Touristeninformation gibt einen Flyer heraus, der Touren vorschlägt, über Verleih- und Reparaturservice sowie angeschlossene Hotels und Restaurants informiert.

Mit dem Greeter

Neben klassischen Stadtführungen lohnt sich eine Tour mit einem Greeter. Dies sind Einheimische, die ihre Stadt von einer ganz persönlichen Seite zeigen – kostenlos.
https://greeters.fr/mulhouse

OLDTIMER-AUTOPARADE

Mitte Juli

WEIHNACHTSMARKT

Jährlich entwirft ein Designer aus Mulhouse einen Weihnachtsstoff, der dann sämtliche Läden, die Holzbuden auf dem Weihnachtsmarkt und Straßen der Innenstadt schmückt. Bredele, Lebkuchen, Weihnachtsartikel und hübsch verpackte Erzeugnisse der Landwirte und Kunsthandwerker der Region warten ebenfalls.
place de la Réunion
1. Advent bis 28. Dezember

MARCHÉ DU CANAL COUVERT

Der größte Markt Ostfrankreichs mit rund 300 Ständen in der Hauptsaison ist samstags am Schönsten.
Di., Do. 7–17, Sa. 6–17 Uhr
Canal Couvert, Rue Franklin, Avenue Aristide Briand, Boulevard Roosevelt

FROMAGERIE AU BOUTON D'OR

Was für eine wunderbare Auswahl an Käsesorten!
5, place de la Réunion;
44, avenue d'Altkirch
Tel. 0389 45 50 17
www.auboutondor.fr

PATISSERIE CONFISERIE JACQUES

In den drei Filialen der Confiserie werden exquisite Torten und Kuchen serviert.
1, place de la Réunion
25, place de la Réunion
(Café Mozart)
50, avenue d'Altkirch
www.patisserie-jacques.fr

1 IL CORTILE €€€€

Gekrönt mit einem Michelin-Stern gehört das Cortile zu den besten italienischen Restaurants von Frankreich. Das heißt auch: rechtzeitig reservieren! Der Koch, ein gebürtiger Italiener, kombiniert japanisches Wagyu-Rind raffiniert mit Tomaten und Parmesan, das Risotto mit Fenchel-Confit und den Klassiker Ravioli gefüllt mit Venusmuscheln. Das Ambiente ist gediegen und erinnert in Nichts an Italienisches, sieht man von der glyzinienüberwachsenen Terrasse ab, die an heißen Tagen Original Dolce Vita aufleben lässt.
11, rue des Franciscains
Tel. 0389 66 39 79
www.ilcortile-mulhouse.fr
Ruhetage: So., Mo.

❷ LA TABLE DE MICHÈLE € €
Der Europaturm wird keinen Schönheitspreis gewinnen, dafür entschädigt das benachbarte Restaurant mit interessant kombinierten Speisen, darunter gebackene Lammkeule mit kandiertem Knoblauch oder Tatar von der Goldbrasse mit Koriander. Viel Holz und Blumen machen den Gastraum gemütlich.
16, rue de Metz
Tel. 0389 45 37 82
www.tabledemichele.fr
Ruhetage: Sa.mittag, So., Mo.

❸ AU BUREAU €
Die große Brasserie gehört zu den stark frequentierten gastronomischen Anlaufstellen. Hamburger, Steaks, Bier, schnell serviert zu flotter Hintergrundmusik. Ideal, um rasch einen Happen in lockerer Pub-Atmosphäre zu essen.
6, place de la République
Tel. 0389 66 00 00
www.aubureau.fr
tgl. 11.30–23.30, Fr., Sa. bis 0.30 Uhr

❹ LC2 €
Dieses kunterbunte und verspielte Restaurant-Café bietet den Gästen »Kleinigkeiten«, die sich dann als mächtige Portionen erweisen. Kulinarische Höhenflüge sind hier nicht unbedingt zu erwarten, aber wer es unkompliziert mag, ist hier genau richtig.
17, rue Henriette
Tel. 0389 45 28 74
Ruhetage: So., Mo.
www.lc2-cafe.fr

❺ LA QUILLE €€
Die Weinbar hat vor allem die Flaschen kleiner Winzer im Ausschank – fachkundige Beratung inklusive. Oft finden Weinproben oder Konzerte statt. Wer Appetit hat, bestellt zum Wein Käse- oder Aufschnittplatten.
10, rue de la Moselle
keine Reservierung
www.laquille-mulhouse.com
Ruhetag: So.

❶ DU PARC €€€
Hochklassiges, 1926 eröffnetes Hotel zwischen Bahnhof und Altstadt. In dem im Art-déco-Stil eingerichteten Haus werden die »wilden« Zwanziger Jahre wieder lebendig, wie vor allem im Entrée zu sehen ist. Die Bäder in den 76 Zimmern sind aus weißem griechischem Marmor. In »Charlys Bar« klingt ein Tag bei Livemusik herrlich aus. Gourmetküche bietet das zugehörige Restaurant.
26, rue de la Sinne
Tel. 0389 66 12 22
www.hotelduparc-mulhouse.com

Harte Strafen für Lästermäuler
Bei dem rötlichen Prachtbau an der Ostseite handelt es sich um das **Rathaus** (Hôtel de Ville), ein nach einem Brand 1552 im rheinischen Renaissancestil neu errichteter Bau mit prächtigen Fassadenmalereien und einer doppelten gedeckten Freitreppe. An der rechten Seite des Gebäudes hängt eine Kopie des sog. **Klappersteins**, einer 13 kg schweren, Grimassen schneidenden »Schandmaske«. Bürger, die mit üblen Nachreden Zwietracht gesät hatten, mussten diese Maske tragen und, rückwärts auf einem Esel sitzend, durch die Stadt reiten – ein 1791 abgeschaffter Brauch. Das im Rathaus untergebrachte **Historische Museum** (Musée Historique) bringt Besuchern die Geschichte

Hôtel de Ville

und Kultur der Stadt näher. Im früheren Kornspeicher sind eine Spielzeugsammlung und eine Volkskunstabteilung zu besichtigen.

Musée Historique: tgl. außer Di. 13.30–18.30, Juli, Aug. zusätzlich 10–12 Uhr | Eintritt frei | www.musees-mulhouse.fr

Kunst in der Villa

Musée des Beaux-Arts

Südlich vom Rathausplatz, am weiten Square Steinbach, befindet sich das Kunstmuseum. In einer stattlichen Villa aus dem 18. Jh. werden Gemälde verschiedener Meister vom Mittelalter bis zur Gegenwart (u. a. Breughel, Boucher, Courbet, Boudin) ausgestellt und eine schöne Kollektion des Sundgauer Malers Jean-Jacques Henner.

tgl. außer Di. 13–18.30, Juli, Aug. zusätzlich 10–12 Uhr
Eintritt frei | www.musees-mulhouse.fr

Es hat was von einem Zuckerguss, so kräftig rosarot sticht das Rathaus hervor. Typisch für Mulhouse sind die illusionistischen Malereien auf der Front.

Nicht schön, aber hoch

Tour de l'Europe

Vom Rathausplatz nach Norden gehend, erreicht man jenseits der Rue du Sauvage (s. u.) den Europaplatz, an dessen Ostseite sich der 1969–1972 errichtete, 100 m hohe Europaturm erhebt. Seine drei Seiten stehen für die drei Grenzen im Dreiländereck. Auf dem weiten Platz sind als farbige Steinmosaiken die Wappen europäischer Städte zu sehen. Im obersten Stockwerk der Turms befindet sich ein Panoramarestaurant. Unweit südlich steht der Bollwerkturm aus dem 14. Jh., ein Rest der einstigen Stadtbefestigung.

Shoppen in der Wildemannsgass

Rue du Sauvage

Von der Place de l'Europe bis zur Place de la République bildet die Rue du Sauvage (Wildemannsgass) – größtenteils Fußgängerzone – die Hauptachse der Innenstadt. Hier reihen sich Kaufhäuser, Läden und Gastrobetriebe aller Art aneinander; bei Schönwetter herrscht Hochbetrieb.

Tausendundein Stoff

Musée de l'Impression sur Étoffes

In der Mitte des überwiegend modern geprägten, teils auch tristen Gebiets zwischen Place de la République und Bahnhof (Gare) befindet sich das Stoffdruckmuseum, das die Geschichte und Entwicklung des Stoffdrucks vom 18. Jh. bis heute nachzeichnet und zu den bedeutendsten seiner Art gerechnet wird. Neben französischen Stoffen werden englische Stoffe, herrliche Wandbehänge aus dem 18. Jh. sowie bedruckte Taschentücher und handbemalte Stoffe aus aller Welt gezeigt. Das Museum verfügt insgesamt über 6 Mio. Muster und 50 000 sogenannte textile Zeitdokumente. Besonders spannend sind die Druckvorführungen.

14, rue Jean-Jacques Henner | Mi.–So. 13–18 Uhr | Eintritt: 10 €
www.musee-impression.com

Am Kanal entlang

Vieux Bassin

Parallel zur Bahnhofsfassade verläuft der Rhein-Rhône-Kanal, dessen Vieux Bassin (Altes Becken) zum Sportboothafen ausgebaut ist. Unweit jenseits der Kanalbrücke steht ein Denkmal für die Erste Französische Panzerdivision, die 1944/1945 maßgeblich an der Befreiung von Mulhouse beteiligt war. Südwestlich hat die Stadt mit **La Kunsthalle** eine ausreichend große Location für Ausstellungen zeitgenössischer Kunst.

La Kunsthalle: 16, rue de la Fonderie | Mi.-Fr. 12–18, Do. bis 20, Sa., So. 14–18 Uhr | Eintritt frei | www.musees-mulhouse.fr

Kleine Auszeit

Belvédère

Einen herrlichen Blick über Mulhouse bis zu den Vogesen hat man vom Belvédère, einem kleinen Aussichtsturm auf dem Rebberg nahe beim Zoo.

Musée de l'Automobile

17, rue de la Mertzau | April–Anf. Nov. tgl. 10–18, Jan. Mo.–Fr. 13 bis 17, Sa., So. 10–17; Feb., März, Nov., Dez. tgl. 10–17 Uhr
Eintritt: 18 € | www.musee-automobile.fr/de

Louvre der Autoindustrie

Vom Zentrum erreicht man auf der Avenue de Colmar das nahe des Nordbahnhofs (Gare du Nord) gelegene Musée National de l'Automobile – Collection Schlumpf (Nationales Automuseum). Dieses Museum, auch »Louvre der Autoindustrie« genannt und eines der meistbesuchten Museen Frankreichs, ist aus der Sammelleidenschaft der aus der Schweiz stammenden **Brüder Schlumpf** entstanden, die neben ihrer Textilfabrik eine eigene Restaurierungswerkstatt für Oldtimer unterhielten, allerdings mit ihrem kostspieligen Hobby das Unternehmen ruinierten. Nachdem die beiden Brüder vor der Justiz in die Schweiz geflohen waren und die Arbeiter zur Sicherung ihrer Ansprüche die Automobilsammlung in Besitz genommen hatten, die dann vorübergehend »Musée de l'Ouvrier« (Arbeitermuseum) hieß, übernahm der Staat schließlich die kostbare Kollektion. Heute gehört das Museum, das die über 100-jährige Automobilgeschichte widerspiegelt, zu den größten technischen Museen in Frankreich.

Sportwagen und Kühlerfiguren

Highlights

In der ehemaligen Werkshalle der früheren Kammgarnspinnerei sind auf 17 000 m² rund 450 hervorragend restaurierte Sport- und Luxuswagen, die meisten aus der Zeit zwischen den Weltkriegen, ausgestellt, darunter Modelle von Alfa Romeo, Ferrari, Porsche, Mercedes, Maserati und Peugeot. Darüber hinaus besitzt das mit 900 Jugendstillaternen dekorierte Museum die umfassendste Bugatti-Sammlung. Glanzstück ist der **Bugatti »Royale Coupé Napoléon«** (1930), den Ettore Bugatti persönlich fuhr und der als eines der elegantesten Automobile aller Zeiten gilt (▶ Baedeker Wissen, S. 146). Amüsant ist die Sammlung der Kühlerfiguren: Bis 1958 war es möglich, sich diese für sein Nobelauto individuell entwerfen zu lassen: Ein Metzger setzte sich eine silberne Wurst auf die Nase seines Rolls Royce, andere wählten ein zartes Kätzchen oder einen zähnefletschenden Hund. Das Museum bietet Interaktion mittels neuester Technologien und Multimedia-Mittel: Plasmabildschirme, Simulatoren, Filme, Geräusche und Animationen, Audioführungen etc.

Auf die Piste!

Live dabei

In den riesigen Hallen des Musée de l'Automobile stehen die schönsten Autos der Welt. Wie es sich anhört, wenn einzelne Schaustücke einmal losknattern, wird am Wochenende im Autodrome demonstriert. Die Piste befindet sich direkt am Museum. Dort kann man auch selbst eine der alten Schönheiten über den Rundkurs steuern.
www.myclassicautomobile.com/reservation

Nur Fahren wäre schöner: tolle Flitzer im Musée de l'Automobile

Weitere Sehenswürdigkeiten

Dampfrösser und Feuerwehrautos

Cité du Train

Im Norden der Stadt zeigt das Eisenbahnmuseum die schönste Sammlung von Zügen in Europa. In einem Parcours spectacle kann man sich mittels Filmen und Spezialeffekten auf höchst unterhaltsame Weise in die Welt der Eisenbahn und Eisenbahntechnik begeben. Besonders interessant sind die historischen Schlaf-, Speise- und Salonwagen mit ihrer eleganten, historischen Ausstattung. Im Freigelände gibt es die verschiedensten Bahnhofseinrichtungen wie Kräne, Signalanlagen und Gleisbaugerät zu besichtigen.

2, rue Alfred de Glehn | Nov.-März 10-17, April-Okt. 10-18 Uhr
Eintritt: 14 € | www.citedutrain.com

Das große Strombusiness

Électropolis

Das Musée Électropolis (Elektrizitätsmuseum) des französischen Stromriesen EDF – zweitgrößter Stromproduzent weltweit, Staatskonzern und hoch verschuldet – unterrichtet über Elektrizitätsgewinnung, -transport und -nutzung. Den Einstieg bildet ein 80 m langes Diorama, das die Stromerzeugung und Übertragungsarten vom Kraftwerk über Trafostation und Fernleitung bis in die Haushalte zeigt. Im Versuchskabinett kann man u. a. den Geheimnissen der

Elektrostatik auf die Spur kommen. Kernstück des Museums bildet die »Grande Machine«, eine 170 t schwere Dampfgeneratoranlage von 1901/1902. Auch über Lasertechnik, Holografie und elektronische Musikinstrumente wird man informiert. Im Jardin Technologique (Garten der Technologie) gibt das Haus der Elektrizität einen Ausblick auf den Wohnkomfort der Zukunft.
55, rue du Pâturage | April–Okt. Di.–So. 10–18 Uhr | Eintritt: 8 €
www.musees-mulhouse.fr

Der kleine Eisbär

Parc Zoologique et Botanique

Als im Frühjahr 2017 das erste Eisbärenbaby des Zoos endlich ins Freigehege durfte, lockte »Nanuk« Tausende Besucher an. Von den in Europas Zoos geborenen Eisbären überleben längst nicht alle, daher behandeln Zoodirektoren diese Babies wie rohe Eier und schotten sie anfangs strikt ab. Der wunderschöne Parc Zoologique et Botanique (Zoo und Botanischer Garten) liegt südlich vom Hauptbahnhof im Stadtteil Tannenwald. Der Rundgang beginnt beim Haupteingang am oberen Ende des Geländes. Der 25 ha große Park mit seinen über 1000 Tierarten ist in einem prachtvollen, an alten Bäumen reichen Gelände eingerichtet. Zu sehen sind u. a. mehrere Landschaftsbiotope (Alpen, Jura, Vogesen) und eine Voliere, in der Betrachter und Vögel einander in ein und demselben Raum begegnen können.
111, avenue de la 1ère Division Blindée | April, Sept. tgl. 9–18, Mai bis Aug. bis 19, Okt., Nov., März bis 17, Dez.–Feb. 10–16 Uhr | Eintritt: Sommer 17,50 €, Winter 11,50 € | www.zoo-mulhouse.com

Rund um Mulhouse

Nachbildung der Aachener Pfalzkapelle

Ottmarsheim

Bekannt ist das kleine Städtchen Ottmarsheim (2000 Einw.) durch seine 1049 geweihte, einst zu einem Benediktinerkloster gehörende Kirche Saint-Pierre-et-Saint-Paul. Der Zentralbau ist in geringfügig kleineren Maßen die romanische Nachbildung der karolingischen

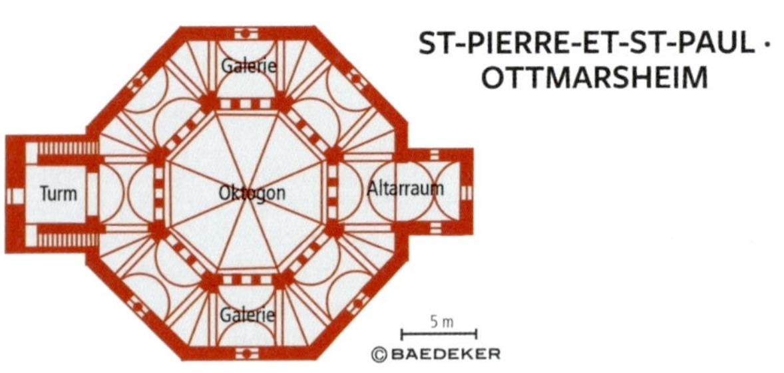

BAEDEKER ÜBERRASCHENDES

6x UNTERSCHÄTZT

Genau hinsehen, nicht dran vorbeigehen, probieren!

1. BERG

Der Grand Ballon ist zugegebenermaßen höher, doch der **Donon** ist viel schöner. Und man hat diesen Prachtausblick meistens für sich allein. (▶ **S. 222**)

2. MARMELADE

Eine schlichte Angelegenheit? Von wegen! Gute Konfitüre köchelt sanft zwei Stunden im Kupferkessel und die Früchte müssen vom Allerfeinsten sein. Am besten aus Wildsammlung, sagt Fabrice Krencker von **Confiture du Climont**. (▶ **S. 219**)

3. RHEIN

Die wässrige Landesgrenze zwischen Deutschland und Frankreich ist mehr als nur ein Hindernis. **Petite Camargue** und die **Rheinauen** sind auch ein grandioser Lebensraum seltener Pflanzen und Tiere. (▶ **S. 47, 80**)

4. MUSEUM

Warum wird eines der bedeutendsten Museen des Elsass so wenig besucht? Im **Musée de l'Œuvre Notre-Dame** in Strasbourg stehen doch einige der großartigsten Werke deutscher Kunst des Mittelalters! (▶ **S. 250**)

5. KIRCHE

Groß ist die achteckige Kirche aus dem 11. Jh. in **Ottmarsheim** nicht. Aber ihr Vorbild ist es: die Pfalzkapelle von Karl dem Großen zu Aachen. (▶ **S. 162**)

6. SAUERKRAUT

ist typisch fürs Elsass, mögen viele aber nicht. Seltsam, denn es ist nur eine Frage der **Zubereitung**, wie viele Restaurants mit Bravour beweisen. Sterneköche wie in der Auberge de l'Ill machen einen Sport daraus, dem »Sürkrüt« zu neuen Ehren zu verhelfen. (▶ **S. 190**)

Achteckiger Grundriss? Ottmarsheim kopiert die Pfalzkapelle zu Aachen.

Pfalzkapelle **Karls des Großen in Aachen** mit einem achteckigen Grundriss. Die Reste gotischer Fresken vor dem Eingang zur Sakristei und auf der Empore stammen aus dem 15. Jh., etwa zur gleichen Zeit entstanden auch die Kapellenanbauten im Osten.

Saints-Pierre-et-Paul: tgl. 8–18 Uhr

Wundervolle Tapetenkunst

Rixheim

Im 6 km östlich von Mulhouse gelegenen Städtchen Rixheim (14 200 Einw.) hat Tapetenherstellung seit 1797 Tradition. Die alteingesessene Manufaktur Zuber produziert heute noch. In der einstigen Commanderie des deutschen Ordens (18. Jh.), die heute als Rathaus dient, zeigt auch das **Musée du Papier Peint** (Tapetenmuseum) seine Schätze: rund 130 000 Dokumente, Tapetenmuster und großartige Panoramatapeten.

Musée du Papier Peint: 28, rue Zuber | voraussichtlich bis. Okt. 2025 wegen Renovierung geschl. | www.museepapierpeint.org

Motorräder für Kenner

Bantzenheim

In Bantzenheim (18 km westl.) zeigt das Motorradmuseum **La Grange à Bécanes** rund 90 restaurierte und liebevoll auf Hochglanz polierte Oldtimer-Motorräder. Die meisten Marken kennt heute niemand mehr, doch für Liebhaber sind sie reinste Musik im Ohr: Ravat, Terrot, Hercules und viele andere mehr.

8, rue du Général de Gaulle | April–Okt. Di.–Sa. 14–17, So. 10–12.30 und 14–17 Uhr | Eintritt: 4,50 € | www.musees-mulhouse.fr

MUNSTER

Département: Haut-Rhin | **Höhe:** 381 m ü. d. M. | **Einwohner:** 4700

Wenn die Colmarer sich die Füße vertreten wollen, fahren sie ins Munstertal. Nur eine halbe Autostunde entfernt, tut sich eine völlig andere Welt auf: Blumenbunte Täler, frische Wälder und etliche Möglichkeiten, auf die Vogesengipfel zu wandern, machen die Gegend so attraktiv. Und der »Munster« lockt.

Gleich eine ganze »Käseroute«, die Route du Fromage, zieht sich durch das von der Fecht durchflossene Munstertal (Vallée de Munster). Sie verbindet etwa 50 Bergbauernhöfe, die allesamt auf ihren saftigen Bergwiesen noch glockengeschmückte Kühe weiden lassen und den Munsterkäse herstellen. Der kann es in sich haben: Ist der Käse richtig reif, wird er mitunter als »Stinker« geschmäht. Wie überaus sorgsam die flachen Laibe nach alter Sitte hergestellt werden, zeigt das Haus des Käses in Munster (▶ Erleben).

Kühe, Käse, Glockenklang

Eine Region rappelt sich hoch

Munstertal

Munster (Münster) selbst liegt nur 20 km südwestlich von Colmar. Am Anfang der Stadtgeschichte stand das im 7. Jh. gegründete Benediktinerkloster, worauf auch der Stadtname zurückgeht (lat. »monasterium« = Kloster). Munster war im 13. Jh. freie Reichsstadt, trat 1354 dem elsässischen Zehnstädtebund bei und schloss sich 1536 der Reformation an. Lange profitierte das Vallée de Munster als einer der wichtigsten Vogesenübergänge von seiner Lage an einer bedeutenden Handelsroute. Später siedelte sich Textilindustrie an. Im Ersten Weltkrieg wurde der Ort besonders stark zerstört, da die Frontlinie mitten durch die Gemeinde verlief. Wirtschaftskrisen schüttelten die Region heftig und seit 2009 die letzte Textilfabrik geschlossen hat, zählt das Tal endgültig zu den strukturschwachen Regionen. Heute leben insgesamt 16 000 Einwohner verstreut über mehrere Dörfer. Verstärkt wird auf Outdoor-Tourismus gesetzt und die Voraussetzungen sind nicht schlecht: Rings um das 20 km lange Tal ziehen sich rund 500 km markierte Wege für Wanderer und Mountainbiker. Das Munstertal gehört zum Parc Régional Naturel des Ballons des Vosges, der sich über das Elsass, Lothringen und Franche-Comté erstreckt.

Wohin in Munster und Umgebung?

Rundgang durch Munster

Altstadt

Munsters Altstadt hat kriegsbedingt wenig historische Bauten zu bieten. Dafür nisten Störche regelmäßig auf der Kirche. Die Reste der während der Französischen Revolution aufgelösten Benediktinerabtei befinden sich am zentralen Place du Marché (Marktplatz). Hier steht auch das Rathaus von 1555, der Löwenbrunnen von 1576 sowie die Maison du Parc, das Besucherzentrum des Parc Régional Naturel des Ballons des Vosges. Anhand einer umfassenden Ausstellung zur Natur, einem großen Landschaftsmodell und Mitmachstationen für Kinder stimmen sich Ausflügler auf den Besuch des Naturparks ein.

Maison du Parc: 1, rue du Couvent | Feb.-Mitte Juni und Mitte Sept.-Dez. Di.-Sa. 13.30-17.30, Mitte Juni-Mitte Sept. Di.-So. 10-12 und 13.30-17.30 Uhr | www.parc-ballons-vosges.fr

Blick in den Käsekessel

Maison du Fromage

Alles zum Munsterkäse und den Vogesenkühen erfährt man in der Maison du Fromage, die auf dem Weg von Munster nach Gunsbach liegt. Im Eingang des Schauhauses läuten Kuhglocken aus den Lautsprechern und stimmen Besucher akustisch auf die Welt der Kühe ein. Mit multimedialer Unterstützung erzählt die Ausstellung die Geschichte des Tals und des Munsterkäse: Der Alltag in den Sennereien war alles anderes als romantisch, sondern harte Arbeit für bescheidensten Lohn. Zwei Mal am Tag zeigt eine Sennerin in Holzschuhen, wie einst in den Bauernhöfen der berühmte Rotschmierkäse mit dem kräftigen Geschmack erzeugt wurde. Im Verkaufsraum finden die kleinen Erzeuger hier einen gemeinsamen Markt, um ihre Produkte anzubieten. Im Restaurant werden örtliche Spezialitäten serviert. Auf dem acht Hektar großen Areal weiden auch einige echte »Vaches vosgiennes«. In der Region selbst ist die »Transhumance«, der Almauftrieb, die beste Gelegenheit, Senn und Kühe zu erleben.

Gunsbach, 23, route de Munster | April-Okt. Mi.-So. 9.45-18.30, sonst bis 17 Uhr, Vorführungen Käserei: 11, 14.30, 16.30 Uhr Eintritt: 8,50 € | www.maisondufromage-munster.com

Hohrodberg

Ausflüge in die nähere Umgebung führen zum Kriegerdenkmal unmittelbar am Rand des kleinen Luftkurorts Hohrodberg (750–800 m ü. d. M.) mit Panoramablick über das Munstertal und die Vogesen.

Albert Schweitzers Heimat

Gunsbach

Im links der Fecht gelegenen, hübschen Gunsbach (4 km in Richtung Colmar) verbrachte Albert Schweitzer (▶ Interessante Menschen) seine Jugendjahre. Hier gibt es auch einen Plan zum **Sentier Albert Schweitzer**, einem ca. 1 km langen Rundweg auf den Spuren dieses außergewöhnlichen Mannes.

928 baute er sich hier ein Haus, das heute als **Albert-Schweitzer-Museum** und -Archiv dient. Unter den vielen, sehr persönlichen Ausstellungsstücken befindet sich auch die Orgel, die den Weg nach Afrika und zurück mit ihm machte.

Albert-Schweitzer-Museum: www.schweitzer.org

AM VOGESEN-HAUPTKAMM

Das Wetter kann am Vogesen-Hauptkamm durchaus ruppig sein. Starker Wind, Regen, früher Schnee. Aber es gibt auch viele zauberhafte Tage mit reingewaschenem Himmel, Sonnenglanz und großartiger Fernsicht. Obstbaumwiesen wechseln ab mit Wäldern und den kargen Hochweiden. Wie wundervoll, sich die Zeit zu nehmen, hier oben einmal innezuhalten, durchzuatmen, diese begnadete Landschaft und das Leben zu genießen.

Eisenhaltige Quellen

Soultzbach-les-Bains

An der Straße in Richtung Colmar liegt rechts der Fecht der auch als Sommerurlaubsziel besuchte kleine Kurort Soultzbach-les-Bains (Bad Sulzbach), ein einst befestigtes Städtchen mit malerischen alten Gassen und eisenhaltigen Mineralquellen.

Auf zum Petit Ballon!

Luttenbach

Von Luttenbach (4 km westlich von Munster) aus führen Wanderwege direkt hinauf auf den kargen, aber sehenswerten **Petit Ballon** (1272 m ü. d. M.) mit seiner herrlichen Aussicht. Im Gras verborgen blüht das zartgelbe, manchmal auch violette Vogesen-Stiefmütterchen. Sehr lohnend ist eine Wanderung von der Auberge du Ried bis hinauf auf den Petit Ballon. Die Wegzeit beträgt ca. 1 Stunde einfach, und bei der Rückkehr schmecken hungrigen Wanderern eine Melkermahlzeit und andere Spezialitäten der Ferme nochmal so gut.

Auberge du Ried | route du Ried (5 km südlich von Luttenbach) | Tel. 03 89 77 36 63 | Ruhetage: Mo., Di.

Gefahren der Waldarbeit

Muhlbach

In Muhlbach-sur-Munster (5 km westlich von Munster) erinnert das Musée de la Schlitte et des Métiers du Bois (Museum der Schlitten und der Holz verarbeitenden Berufe) an die Bedeutung der Forstwirtschaft für die Vogesen und an den gefährlichen Holztransport mit Schlitten. Zwischen Hohneck und Kleinem Belchen lohnt das Wandern. Eine schöne Tour beginnt in Metzeral (2 km südwestlich von Muhlbach) und führt wahlweise auf die Hochalm Schnepfenried (Bergbauernhof und Skistation) oder zur Ferme Kastelberg.

Musée de la Schlitte: Juli, Aug., Mo., Mi., Sa., So. 14.30–18 Uhr Eintritt: 3,50 € | https://lemuseedelaschlitte.fr | **Schnepfenried**: www.leschnepf.com | **Kastelberg:** Winter geschl. | www.ferme-auberge-kastelberg.fr

Im Reich der »Ballons«

Parc Naturel Régional des Ballons des Vosges

Der seit 1989 als Schutzgebiet ausgewiesene Parc Naturel Régional des Ballons des Vosges (Regionaler Naturpark Vogesenbelchen) erstreckt sich von Munster nördlich bis in die Gegend von ▶ Sainte-Marie-aux-Mines und südlich bis zum Vogesenrand unweit nördlich von Belfort. Seinen Namen verdankt er den »Belchen« (franz. Ballons), den hier landschaftsprägenden kuppelförmig gewölbten Vogesenbergen. Der Naturpark umfasst sowohl die Tallagen mit ihrer Landwirtschaft als auch die empfindlichen Ökosysteme der Hochmoore und die Hochlagen über 1000 m, die sog. chaumes, ausgedehnte Hochweiden mit alpiner Flora. Von den oft baumlosen Kammlagen bieten sich prachtvolle Panoramablicke. Zahlreiche Wanderwege und Fahrradpisten durchziehen die Landschaft. Rustikale Unterkünfte findet man vielerorts in den sog. Fermes Auberges, Bauernhöfen überwiegend mit Viehwirtschaft, wo man bodenständige Spezialitäten wie den berühmten **Munsterkäse und Géromé** (Munster von der lothringischen Seite der Vogesen), aber auch Räucherspeck bekommen kann. Auskünfte z. B. über naturkundliche Exkursionen erhält man bei der Maison du Parc in Munster und bei den örtlichen Tourismusbüros.

Auf dem Pass

Col de la Schlucht

Der Col de la Schlucht (1139 m ü. d. M.), westlich von Munster, war schon immer ein wichtiger Gebirgspass auf dem Kamm der Hochvogesen. Über ihn verlief auch bis 1919 die deutsch-französische Grenze. Hier kreuzen sich die landschaftlich schöne, aber im Sommer stark von Radlern, Bikern, Wohnmobilen und zahllosen Autos frequentierte Vogesenkammstraße (Route des Crêtes) und die von ▶ Colmar nach ▶ Gérardmer verlaufende D 417. Als hervorragender Tourenstützpunkt wird das Gebiet ebenso gern besucht wie als Wintersportort. Vom Col del la Schlucht Richtung Norden führt die Route des Crêtes zum Col du Bonhomme und Gazon du Faing, Richtung

MUNSTER ERLEBEN

OFFICE DE TOURISME

1, rue du Couvent, 68140 Munster
Tel. 0389 77 31 80
www.vallee-munster.eu

TRANSHUMANCE

Almabtrieb der Vogesenkühe im September und Almauftrieb im Mai zählen zu den beliebtesten Festlichkeiten der kleinen Orte rund um Munster (▶ S. 14). Über Termine informiert die Touristeninformation. Großes Abschlussfinale ist die »Fête de la Transhumance« im September in Munster.

INTERNATIONALES JAZZFESTIVAL

Jährlich am Wochenende vor Christi Himmelfahrt steigt das Internationale Jazzfestival in Munster.

LE COLLET €€€

Hotel im Berghüttenstil der nobleren Art, hervorragende Küche, auch die Kuchen sind vorzüglich. Das Haus liegt hoch oben nahe der Route du Crêtes. Nur tagsüber wird es etwas laut der Straße wegen – Motorradfahrer schätzen die Strecke. Die Zimmer mit Balkon sind die schöneren.
9937, route de Colmar
88400 Xonrupt-Longemer/
Col de la Schlucht (25 km westl.)
Tel. 0329 60 09 57
www.chalethotel-lecollet.com

FERME AUBERGE BUCHWALD €

Ringsum breitet sich auf rund 1000 m Höhe die herbe Bergwelt des Petit Ballon aus. Friedlich grasen die Vaches Vosgiennes der Familie Wehrey, die diese hier oben im Sommer weiden lassen und die Milch zu Munsterkäse weiterverarbeiten. Auf der Ferme gibt es Käsedirektverkauf, in der großen Gaststube mit Blick ins Tal die klassische Melkermahlzeit, danach Sießkas (ein süßer Nachtisch) und Heidelbeerkuchen.
Petit Ballon, 131, Buchwald
68230 Wasserbourg
Tel. 0389 77 37 08
geöffnet Mitte April–Anf. Nov., Di.–Do., Sa., So.
www.fermeaubergalsace.fr

FERME AUBERGE DU CHRISTLESGUT €€

Ein Berggasthof, wie er im Buche steht mit Käseverkauf und hausgemachten Speisen. Es muss aber nicht immer Melkermahlzeit und Munsterkäse sein – hier kommt auch Coq au Riesling auf den Holztisch. Sehr zu empfehlen sind die netten 5 Zimmer und 3 Ferienwohnungen, die sich vom einfachen Stil mancher Fermes wohltuend unterscheiden.
162, Lieu-dit Christlesgut
68380 Breitenbach-Haut-Rhin
Tel. 0389 77 51 11
www.christlesgut.com
geöffnet Mitte April–Okt., Ruhetage: Di., Mi., April, Okt. auch Mo.

Süden geht es zum Grand Ballon (herrliche Rundsicht!). Von der Passhöhe erreicht man zu Fuß in etwa 30–45 Minuten (im Sommer auch Sessellift) den **Montabey** (Martinswand, 1246 m ü. d. M.), von dessen 15 m hohem Turm man eine grandiose Aussicht genießt.

KÄSE MIT AOP-SIEGEL

BAEDEKER WISSEN

Er riecht streng, aber schmeckt unvergleichlich zart: der Munster (auch Münster). Die Milch für den bekanntesten Weichkäse der Vogesenregion stammt von den Kühen der Hochweiden. In zahlreichen Bergbauernhöfen wird er noch nach alter Sitte hergestellt. Mittlerweile wird die Herkunft mit einem AOP-Siegel bestätigt.

Zu beiden Seiten des südlichen Vogesenhauptkamms, im Munstertal und westlich bei Gérardmer, weiden die Kühe, aus deren Milch der Munster erzeugt wird. An der Herstellung hat sich nichts geändert, seit die Mönche im Munstertal im 7. Jahrhundert erstmals den »Munsterkäse« produzierten: Die morgens gemolkene, auf 32 °C erwärmte Milch wird mit Lab aus Kälbermagen versetzt, stockt dadurch und dickt ein. Diese weiße, bröckelige Masse siebt der Senn ab und füllt sie in runde Formen. Nach ein paar Tagen ist die Masse so weit abgetrocknet, dass sie aus der Form genommen und weiter verarbeitet werden kann.

In den folgenden drei Wochen werden die Laibchen gesalzen, regelmäßig gedreht und mit einer Rotschmiere-Bakterienkultur abgewaschen, die die **typische rötliche Rinde** ergibt. Aus fünf Litern Milch wird ein Käse. Dicht an dicht liegen die Laibe in den Holzregalen der Käsekeller – den Schatzkammern der Bergbauernhöfe. Jeder Hersteller ist penibel darauf bedacht, dass die Luftfeuchtigkeit stimmt und der Käse den gewünschten Reifeprozess durchläuft. Seit die regionale Erzeugung immer stärkeren Zuspruch erfährt, hat sich die Käseproduktion durchaus zu einem Wirtschaftsfaktor entwickelt. Im Mittelalter standen weder Absatz noch Genuss im Vordergrund als vielmehr die Notwendigkeit, Milch haltbar zu machen.

Munster oder Gérome?

Bereits seit 1969 trägt der Munsterkäse das Herkunftszeichen AOC (Appellation d'origine contrôlée, seit 1996 AOP). Voraussetzung dafür ist, dass der jeweilige Käse in den Vogesen bzw. den Départements Bas-Rhin, Haut-Rhin, Vosges, Meurthe-et-Moselle, Moselle, Haute-Saône oder Territoire de Belfort erzeugt wurde. Munsterkäse von der östlichen Vogesenseite heißt »Munster«; von der westlichen rund um Gérardmer stammend, trägt er den Namen »Munster Gérome«.
Zwar sind beim Munsterkäse Herkunft und Rezeptur festgelegt, nicht jedoch die Vorbehandlung der Milch: Auch pasteurisierte Milch ist erlaubt. Wer den

Die rötliche Rinde ist typisch für den Munsterkäse.

Ferme Rothenbrunnen: Jean Claude Lochert zeigt seine gut gehüteten Schätze.

deutlich besser schmeckenden Käse aus Rohmilch bevorzugt, muss einen **»Munster Fermier«** verlangen. Den besten Käse erhält man direkt beim Erzeuger in einer der vielen Fermes Auberges der Vogesen, auf den Bauernmärkten der Region oder im Haus des Käse in ▶ Munster.

Riecht streng, schmeckt mild

Der Munsterkäse riecht sehr streng, schmeckt aber relativ mild, vor allem als noch junger Käse. Er muss rechtzeitig aus dem Kühlschrank genommen werden, denn nur bei Zimmertemperatur entfaltet er seinen ganzen Geschmack. Am besten schmeckt er mit ein wenig Kümmel und Zwiebeln zu einem herzhaften Bauernbrot oder Bratkartoffeln. Beliebt ist auch die sehr üppige **Melkermahlzeit**, auf Französisch Repas Marcaire (Marcaire = Melker), bei der der Munster den Nachtisch stellt. Den Auftakt bildet eine habhafte Fleischpastete (Tourte de la vallée), gefolgt von Roïgabrageldi (Bratkartoffelkuchen) mit geräucherter Schweineschulter. Als Dessert wird Sieskäs gereicht: Munster-Frischkäse mit Sahne und Kirschwasser. Den Abschluss bildet ein Heidelbeerkuchen. Zur Melkermahlzeit passt ein Elsässer Grauburgunder (Pinot gris) oder Gewürztraminer vorzüglich, mit dem auf Käse und Marcaire angestoßen wird.

Spiegelt den Himmel, ist aber ein Moorsee: Lac de Lispach beim Col de la Schlucht

Sentier des Roches

Felsenweg für Trittsichere

Am Col de la Schlucht beginnt der Sentier des Roches, ein 3 km langer Wanderpfad, der zu Le Hohneck führt, mit 1363 m ü. d. M. dritthöchster Berg der Vogesen. Der alpine Felsenstieg ist sehr steil, führt über Leitern und Geröllhalden und eignet sich nur für geübte Wanderer mit entsprechender Ausrüstung! Wer es bequemer mag: **Le Hohneck** ist mit dem Auto bezwingbar.

★ Jardin d'Altitude du Haut Chitelet

Alpiner Pflanzengarten

Rund 2 km südlich vom Col de la Schlucht und gut erreichbar über einen schönen Wanderweg, befindet sich an der Route des Crêtes in 1228 m Höhe der Jardin d'Altitude du Haut Chitelet mit der reichsten alpinen Flora ganz Frankreichs. Ein Bereich widmet sich ausschließlich der in den Vogesen vorkommenden Flora. Interessant ist auch das geschützte Torfmoorgebiet, das sich westlich talwärts an den Garten anschließt. 10 km westl. liegt der moorige **Lac de Lispach**.

Juni tgl. 10–12 und 14–18; Juli–Aug. tgl. 10–18; Sept. tgl. 10–12 und 13.30–17 Uhr | Eintritt: 5,80 €

Gazon du Faing

Wild-romantische Bergwelt

Wenn der Wind über die Vogesengipfel fegt und die Wolken immer wieder Sonnenstrahlen passieren lassen, entfaltet sich der ganze Zauber der Hautes Chaumes, der Hochalmen. Robuste Borstgräser, lila Heidekraut und eine vom Charakter her alpine Flora prägen das Gelände. Besonders ausgedehnt sind die Wiesen am Gazon du Faing

(1306 m, Naturreservat) 4 km nördlich des Col de la Schlucht. Empfehlenswert ist ein Spaziergang von der am Straßenrand gelegenen Auberge ca. 20 Min. in jeder Richtung zum Steilabfall der Hochfläche, von wo man einen grandiosen Ausblick über den künstlich aufgestauten **Lac des Truites** in die Vogesenberge genießt.

MUTZIG

Département: Bas-Rhin | **Höhe:** 187 m ü. d. M. | **Einwohner:** 6100

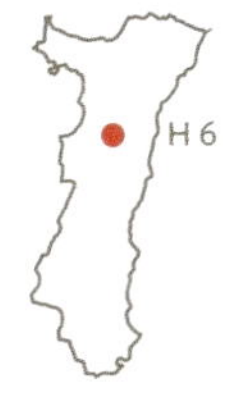

Die hübsche Fachwerkstadt Mutzig im Tal der Bruche liegt an der Route des Vins. Berühmt war die Stadt indes für ihr gutes Bier. Mit der Brauerei nahm es ein trauriges, aber typisches Ende.

Seit 1810 galt das »Mützig« als ein hervorragendes Bier, das den Namen der Stadt in ganz Frankreich bekannt machte. 1989 übernahm der Heineken-Konzern die Brauerei, verlegte die Produktion erst nach Strasbourg, dann nach Afrika. Lange Jahre schauten die Bürger auf die leerstehende Fabrik, mittlerweile ist in den ritterburgähnlichen Bau ein Hotel eingezogen. Die bedeutendste Attraktion der Stadt liegt außerhalb und unterm Boden: die deutsche Festung »Wilhelm II.« (Fort de Mutzig,).

Wohin in Mutzig und Umgebung?

Die alte Brauerei

Porte du Bas

Die östliche Begrenzung der Altstadt (in Richtung Molsheim) bildet die Porte du Bas (Untertor), ein Überrest der aus dem 14. Jh. stammenden Stadtummauerung. Von hier führt die Hauptstraße durch den verkehrsberuhigten Ortskern, an dessen anderem Ende die alte Brauerei liegt, ein Bau im historisierenden Stil einer Ritterburg.

Ein frecher Stundenzeiger

Place de la Fontaine

Den Hauptplatz der Innenstadt bildet die Place de la Fontaine mit einem hübschen Renaissancebrunnen und dem stattlichen Fachwerkbau der Hostellerie de la Poste. Im nördlichen Abschnitt befindet sich das Hôtel de Ville (Rathaus) aus dem 18. Jh., das von einem kunstvoll gearbeiteten und mit Schindeln gedeckten Zwiebelturm gekrönt ist. In einer Öffnung des Rathausturms erkennt man einen grimassenschneidenden Kopf, den **»Rothüssmann«**, der die Zunge herausstreckt und gleichzeitig mit den Ohren wackelt, wenn die Turmuhr zur vollen Stunde schlägt.

MUTZIG ERLEBEN

OFFICE DE TOURISME RÉGION DE MOLSHEIM-MUTZIG

19, place Hôtel de Ville
67120 Molsheim
Tel. 03 88 38 11 61
www.ot-molsheim-mutzig.com

MIRABELLENFEST

In Dorlisheim (3 km südöstl.) steigt jedes Jahr im August ein großes Dorffest zu Ehren der Mirabellen. Diese Programmpunkte sind Teil der Tradition: Blumencorso, Seifenkistenrennen, Krönung der besten Mirabellentorte und ein bunter Markt im Zentrum der Altstadt. Weinverkostungen gehören in dem alten Winzerdorf natürlich auch dazu.

Schloss für Waffenfans

Château Rohan

Am Ortsrand steht Château Rohan, das 1674 erbaute ehemalige bischöfliche Schloss. Die kleine Dreiflügelanlage beherbergt heute ein Kulturzentrum sowie das Musée régional d'Armes (Waffenmuseum) mit Blankwaffen aus Klingenthal und Feuerwaffen aus Mutzig.

Museum: Fr.–So. 14–18 Uhr | Eintritt: 3 €

Eine unterirdische Kleinstadt

Fort de Mutzig

Fort Mutzig war bis zum Ersten Weltkrieg die größte Festung des deutschen Kaiserreichs. Die in den Untergrund einbetonierte Festung stellte ihre Planer vor große Herausforderungen: Vier Kraftwerke lieferten Energie, sechs Bäckereien sollten im Ernstfall die Mannschaft mit Brot versorgen, in 17 Küchen brodelten die Fleischtöpfe, ein Lazarett stand für die Versorgung der Verwundeten zur Verfügung. Die Soldaten lebten ohne Tageslicht und stets auf Tuchfühlung: Selbst in den Toiletten waren keine Trennwände angebracht – vermutlich, um Selbsttötungen auszuschließen.

Nördlich der Stadt steht auf einem Hügel die 254 ha große Festung »**Wilhelm II.**«, heute Fort de Mutzig, die der Kaiser ab 1893 erbauen ließ, um die Rheinebene gegen jeden französischen Angriff aus dem Südelsass abzuschirmen. Von fünf geplanten Forts wurden nur die ersten beiden gebaut: das Ostfort im Jahr 1893 und das Westfort zwei Jahre später. Der dreieckige Umriss der Forts war zu dieser Zeit einmalig im Deutschen Reich. 15 Millionen Goldmark (dem Wert von 230 Millionen Euro entsprechend) verschlang der Bau der Festung. Doch weder Mauer noch Turm zackt sich malerisch in den Himmel. Mutzig ist gut getarnt in den Vogesenfels einbetoniert und sollte maximalen Schutz vor moderner Artillerie bieten. 8000 Mann Besatzung hätten hier dreimonatiger Belagerung standhalten können. Mit die-

ser Besatzung und einer Feuerkraft von 6 t Munition pro Minute war Mutzig 1914 die größte Festung des deutschen Kaiserreichs. Am 18. August 1914 war ihr erster Kampftag – und ihr letzter: Mutzig feuerte 291 Schuss in 20 Minuten ab, dann gaben die französischen Angreifer auf, um 1918 als Sieger wiederzukehren: Der Erste Weltkrieg hatte sich anderswo entschieden.
Den Verfall von Fort Mutzig hält heute ein sehr reger Förderverein auf, der die gigantische Anlage besuchergerecht wiederhergestellt hat. Dabei unterstützen ihn arbeitslose Jugendliche über eine deutsch-französische Kooperation. Rund 22 000 Besucher, überwiegend Franzosen, bestaunen jährlich das gigantische Bauwerk. Die Besichtigung erfolgt zur Hälfte in unterirdischen Gängen – zu jeder Jahreszeit ist es hier ca. 11 °C kalt, also an entsprechende Kleidung denken.
nur mit Führung (auch auf Deutsch), aktuelle Termine siehe Internetseite: www.fort-mutzig.eu | Dauer 2–3 Std. | Eintritt: 12 €

Wertvolle Glasmalereien

Nieder-haslach

Das 12 km westlich von Mutzig an der östlichen Vogesenflanke gelegene Niederhaslach bildet den Mittelpunkt eines bewaldeten Gebiets, das gern von Wanderern, Rad- und Motorradfahrern aufgesucht wird. Die **Église Saint-Florent** ist dem hl. Florentinus geweiht, der sich hier als Eremit niedergelassen hatte und 614 in Strasbourg als Bischof starb. Die heutige Kirche – Mitte des 19. Jh.s von Boeswillwald restauriert – wurde zwischen 1274 und 1385 gebaut, u. a. von Gerlach von Steinbach, dem Sohn des Straßburger Münsterbaumeisters Erwin von Steinbach. Die Westfassade mit dem imposanten Turmaufsatz (19. Jh.) zeichnet sich durch eine Fensterrose und das schmale hohe Hauptportal aus. Besonders wertvoll sind die Glasmalereien im Innern: im Chor aus dem 13. Jh. sowie in den Seitenschiffen aus dem 14. und 15. Jahrhundert. An der linken Seitenwand des Chors steht der vergoldete Reliquienschrein des hl. Florentinus. Eine **Wallfahrt** findet immer am Sonntag nach dem 7. November statt.

Wo der Wildbach rauscht

Château de Nideck

Talaufwärts hinter Oberhaslach führt ein rechts von der Straße abzweigender Wanderweg zur **Cascade du Nideck**, einem Wasserfall, der im dicht bewaldeten Talschluss 25 m in einen von steilen Porphyrfelsen umrahmten Felskessel hinabstürzt. Die Straße selbst zieht sich weiter in Windungen bergan, und ca. 1 km vor dem Wanderparkplatz erreicht man den Aussichtspunkt, von dem sich der Blick auf die beiden Turmruinen der Burg Nideck aus dem 13./14. Jh. (1636 niedergebrannt) öffnet. Vom Wanderparkplatz, direkt bei der Maison Forestière du Nideck (Forsthaus), führt ein steiler Fußweg in etwa 20 Minuten zur Burgruine Nideck.

Skurrile Felsen und Menhire

Porte de Pierre

Nahe Lutzelhouse liegt der **Roche de Mutzig** (1008 m) mit mehreren spektakulären Buntsandsteinformationen. Von Lutzelhouse führt ein Wanderweg (ca. 3,5 Std.) zum Porte de Pierre und dem Jardin des Fées mit mehreren Menhiren.

★ NIEDERBRONN-LES-BAINS

Département: Bas-Rhin | **Höhe:** 192 m ü. d. M.| **Einwohner:** 4400

Niederbronn-les-Bains ist das größte Thermalbad des Elsass, ausgestattet mit Kurgarten, Casino, Konditoreien und allem, was sonst noch zu Kurstädten gehört.

Der Vogesenort ist zwar das bedeutendste Heilbad im Elsass, doch einem Vergleich mit so exklusiven Badeorten wie Baden-Baden oder Bad Kissingen hält Niederbronn nicht stand. Dafür ist weder der Trubel so heftig, noch die Preise so hoch. Das Städtchen liegt gemütlich eingebettet in die nördlichen Vogesenwälder. Wer also weder kuren mag noch muss, genießt die Ruhe, wandert und fährt Rad.

Wohin in Niederbronn-les-Bains?

Linderung bei Rheuma und Arthrose

Thermalquellen

Heute werden die Source Romaine (Römerquelle, 18 °C) mit einem Trinkbrunnen vor dem Casino und die Source Celtique (Keltenquelle, frische 10 °C) am nördlichen Ortsende zur Behandlung von Stoffwechselstörungen, Rheuma, Bluthochdruck und Arteriosklerose genutzt. Unmittelbar am westlichen Ortsrand steht das neue Brunnengebäude der Keltenquelle, dessen Flaschenabfüllanlage besichtigt werden kann. Etwas abseits der schmalen Durchgangsstraße befindet sich der nicht sonderlich große Kurpark mit dem Casino, in dem Blackjack, Poker und Roulette angeboten werden.

Casino: 10, place des Thermes | tgl. 10.30–2, Fr., Sa. bis 4 Uhr
www.casinosbarriere.com

Kelten, Römer, Kachelöfen

Maison de l'Archéologie

Die vom Kurpark östlich verlaufende Avenue Foch führt zur Maison de l'Archéologie des Vosges du Nord. In diesem Museum wird außer den archäologischen Funden aus der Kelten- und Römerzeit eine um-

NIEDERBRONN-LES-BAINS ERLEBEN

OFFICE DE TOURISME
6, place de l'Hôtel de Ville
67110 Niederbronn-les-Bains
Tel. 0388 80 89 70
www.alsace-verte.com/de

L'ATELIER DU SOMMELIER €€€
Entspannte Atmosphäre sowie hervorragende Küche und Weine kennzeichnen diese mehrfach ausgezeichnete, rustikale Auberge. Sehr schön am Waldrand gelegen.
35, rue des Acacias
Tel. 0388 09 06 25
www.les-akcias.fr
Ruhetage: Di., Mi., So.abend

RESTAURANT AU CYGNE €€
Die lässig-geschmackvolle Einrichtung sticht im »Schwan« als erstes hervor. Sodann zeigt sich, dass die »bistronomische« Küche im französischen Stil mit frischen Zutaten die Restaurantlandschaft der Region bereichert.
35, Grand' Rue
67110 Gundershoffen
Te. 0388 72 96 43
www.aucygne.fr
Ruhetage: So.abend, Mo., Do.

HÔTEL LE MOULIN €€€€
Ein Zimmer ist schöner als das andere in dieser rund 300 Jahre alten Getreidemühle, die 2005 zu einem luxuriösen Hotel umgebaut wurde. Ringsumher erstreckt sich ein weitläufiger Park. Idealer Stützpunkt für Wanderungen und Radtouren. Am Abend erholt man sich im empfehlenswerten Restaurant Le Jardins du Moulin bei traditonellen Gerichten der Region.
7, rue du Moulin
67110 Gundershoffen (8 km südl.)
Tel. 0388 07 33 30
www.hotellemoulin.com, 13 Z.

---

fangreiche Sammlung von gusseisernen Öfen gezeigt, die in Niederbronn seit drei Jahrhunderten produziert werden.
März–Okt. Mi.–Fr. 14–17 Uhr; sonst n.V. Tel. 0388 80 36 37
Eintritt: 4 €

Auch Goethe war hier
Rund 2 km westlich steht auf einem steilen Berg die Ruine der Wasenburg (432 m ü. d. M.). Über dem Eingang der Ruine, von der man eine interessante Rundsicht genießt, hängt eine Gedenktafel, die an den Besuch Goethes (1770) erinnert. Nordöstlich der Burg befinden sich die Reste eines römischen Merkurtempels. Château de Wasenburg

Auf dem höchsten Berg der Nordvogesen

Beim Betriebsgebäude der Keltenquelle beginnt die schöne, sehr schmale Straße, die zum Großen Wintersberg führt, dem höchsten Berg der Nordvogesen (580 m ü. d. M.). Auf dem Gipfel steht ein 1890 errichteter 25 m hoher Aussichtsturm mit Orientierungstafel. Grand Wintersberg

Rund um Niederbronn-les-Bains

Dorf der Esskastanien

Oberbronn

Das malerische Dorf Oberbronn (1500 Einw.) liegt gleichfalls am Vogesenhang. Das Schloss (16. Jh.), am Ortsanfang in einem Park gelegen, ist heute ein Kloster. An einigen Häusern in den reizvollen Gässchen kann man schöne Zunftzeichen erkennen. Außerdem sind mit Steinscheiben verschließbare Lüftungsöffnungen der Gärkeller zu sehen. Eine Spezialität des Ortes ist die Kastanien-Blutwurst (Boudin aux Châtaignes). Der deftige Genuss verweist auf die Esskastanien, die in dem Winzerort angebaut wurden, um Fassholz zu gewinnen. Jährlich am 3. Sonntag im Oktober feiert Oberbronn das **Kastanienfest** und zeigt, welche Köstlichkeiten sich aus Maroni herstellen lassen. Über dem Ort erhebt sich der 522 m hohe Berg **Wasenkœfel** (Wasenköpfel) mit dem Stöberturm (Rundsicht).

Ausflug in die Wirtschaftsgeschichte

Reichshoffen

Etwa 3 km südöstlich von Niederbronn gelangt man in das alte Städtchen Reichshoffen mit einer schönen spätbarocken Kirche (gotischer Turm) und dem in einem Park gelegenen Schloss der Freiherren von Dietrich (1769), einer bedeutenden Industriellenfamilie des Elsass. Das Musée Historique et Industriel (Eisenmuseum) beherbergt die archäologische Sammlung und illustriert die hiesige Eisenindustrie, u. a. die Entwicklung vom Hochofen von 1767 bis zum französischen Hochgeschwindigkeitszug TGV von 1986.

Musée Historique et Industriel: Mai–Okt. Mi.–So. 14–18 Uhr
Eintritt: 3 €

★★ OBERNAI

Département: Bas-Rhin | **Höhe:** 181 m ü. d. M. | **Einwohner:** 12000

Das Städtchen am Fuß des Mont Sainte-Odile gehört zu den hübschesten im Elsass. Auch hier winken Gässchen, eine mittelalterliche Stadtmauer, Fachwerkhäuser, dazu der Sechs-Eimer-Brunnen. Alles auf kleinem Raum, das Auto kann draußen bleiben.

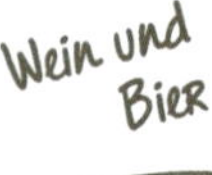

Eine sehr eindrucksvolle mittelalterliche Befestigung mit Türmen und Gräben umzieht die Touristenidylle, die mit rund 7000 Arbeitsplätzen auch ein sehr wichtiger Wirtschaftsstandort ist. Neben Tourismus und Wein wird auch mit Bier Geld verdient. Die 1664 gegründete, 2008 von Carlsberg übernommene Brauerei Kronenbourg produziert auch in Obernai. Seit 2014 steht hier auch ein rund 17 Mio. Euro teures Forschungs- und Entwicklungszentrum, wo Carlsberg für ganz Europa neue Verpackungen und Biersorten kreiert. Hier in Obernai (Oberehnheim) soll die hl. Odilie geboren sein. Von der Stauferzeit bis 1648 war die Stadt reichsunmittelbar und trat im 14. Jh. dem elsässischen Zehnstädtebund (Dekapolis) bei.

Wohin in Obernai?

Treffpunkt am Sechs-Eimer-Brunnen

Place du Marché

Den Mittelpunkt der Altstadt bildet die große malerische Place du Marché (Marktplatz), in deren Mitte ein Brunnen mit der Statue der hl. Odilie (1904) steht. Ringsum befindet sich eine Ansammlung der schönsten Fachwerkhäuser. Genauer hinschauen lohnt sich: viele Konsolen, die die Fachwerkobergeschosse tragen, sind mit fantasievollen Tier- und Menschenköpfen verziert. Im Osten wird der Marktplatz von der Ancienne Halle aux Blés (Alte Kornhalle) begrenzt, einem 1554 errichteten stattlichen Renaissancebau. Am westlichen Ende des Platzes befindet sich das 1523 erbaute, 1860–1870 erheblich veränderte Rathaus. Gegenüber der Nordfassade, vor dem Hôtel

Eines der fotogensten Bauwerke von Obernai ist das Fachwerkeckhaus an der Place de l'Étoile in der westlichen Altstadt.

OBERNAI ERLEBEN

OFFICE DE TOURISME

place du Beffroi, 67210 Obernai
Tel. 0388 95 64 13
www.tourisme-obernai.fr

LA MAISON DU LIN

In diesem Textilgeschäft gibts Stoffe und Tischwäsche.
61, rue du Gén. Gouraud
Tel. 0388952740

DISTILLERIE LEHMANN

Hier findet man so ziemlich alles, was das Elsass an Obstbränden zu bieten hat.
Chemin des Peupliers
Tel. 0388 50 41 29
www.distillerielehmann.com

MARKT

Was ernten die Bauern aktuell? Was führt der Wursthändler im Angebot? Ein kleiner, netter Markt, um sich ein wenig umzutun.
place du Beffroi
Do. 7.30–12 Uhr

❶ LA FOURCHETTE DES DUCS €€€

Mit zwei Sternen ausgezeichnete Küche, die überraschende Kreationen bietet. Einige fußen auf regionalen Gerichten wie Zander und Sauerkraut, die exzellent verfeinert werden. Das Restaurant geht auf Ettore Bugatti zurück, der gerne mit seinen betuchten Kunden angemessen speisen wollte. Im Wintersalon sind Lampen des Glaskünstlers René Lalique zu sehen. Vorab unbedingt reservieren.
6, rue de la Gare
Tel. 0388 48 33 38
www.lafourchettedesducs.com
Ruhetag: So.abend, Mo.

❷ LA HALLE AUX BLÉS €

Eine grundsolide Adresse für Gerichte aus dem Fundus der Elsässer Küche. Schniederspätzle, Sauerkraut und Baeckeoffe werden an großen Holztischen serviert, ringsum herrscht urig-ländliche Gemütlichkeit. Korngarben und Strohschmuck weisen auf den früheren Zweck des 1554 erbauten Gebäudes hin: Es diente als Kornhaus, frz. Halle aux Blés. Ebenfalls sehr großzügig: die Terrasse, die an den Markplatz grenzt.
place du Marché
Tel. 0388 95 56 09
www.halleauxbles.com

❶ A LA COUR D'ALSACE €€€€

Hochklassiges, ruhig gelegenes Hotel im ehemaligen Stadtsitz der Barone von Gail an den Wallmauern, das ein deutscher Unternehmer restaurieren ließ. Alle um einen gepflasterten Innenhof angelegten 53 Zimmer sind geräumig, hell und dezent-rustikal. Mit Garten, Feinschmeckerlokal und rustikaler Winstub.
3, rue de Gail
Tel. 0388 95 07 00
www.cour-alsace.com

❷ VILLA HAUTE CORNICHE €€€

Hoch oben auf einem Hügel liegt diese Villa. Die vier Zimmer haben Terrassen mit Blick in die Ferne, die Lage ist absolut ruhig, die Einrichtung geschmackvoll – und das Ganze nennt sich B&B.
25, rue Haute Corniche
Tel. 0670 92 11 96
www.villahautecorniche.com

1 La Fourchette des Ducs
2 La Halle aux Blés

1 A la Cour d'Alsace
2 Villa Haute Corniche

de la Cloche, steht der runde Puits aux Six Seaux (Sechs-Eimer-Brunnen), der als der berühmteste Renaissancebrunnen des Elsass gilt. Auf dem Rand des Baldachins, der von drei verzierten korinthischen Säulen getragen wird und auf dem ein Posaune blasender Engel posiert, sind Bibelsprüche gemeißelt. Direkt neben dem Rathaus ragt der 60 m hohe Kapellturm (Beffroi, 13./16. Jh.) auf. Der 60 m hohe Turm ist der Rest einer gotischen Kirche, die 1873 abgerissen wurde.

Meisterwerk der Schnitzkunst

Cour Fastinger

Nördlich gegenüber der Halle aux Blés liegt der Cour Fastinger (16. Jh.), einer der schönsten Höfe der ganzen Stadt mit grandiosen Holzschnitzereien und blumengeschmückten Galerien.

Kirchenfenster beachten

Saint-Pierre-et-Saint-Paul

Am Sechs-Eimer-Brunnen vorbei führt der Weg zur neugotischen Stadtkirche St. Peter und Paul (1867–1873). Im Kircheninnern befinden sich vier beachtenswerte Fenster des im Jahr 1867 zerstörten Vorgängerbaus von Peter Hemmel aus Andlau (um 1480). Im linken Querschiff steht der Reliquienschrein mit dem Herzen von Charles Freppel (1827–1891). Auf dem Vorplatz steht ein Denkmal für diesen hier geborenen Kleriker, der als Bischof von Angers die katholische Fakultät der dortigen Universität gründete.

An der Mauer entlang

Stadtmauer, Synagoge

Von St. Peter und Paul kann man einen Spaziergang entlang der Stadtmauern unternehmen. Erhalten sind 30 der einst 52 meist halbrunden Türme. Der z. T. abgetragene Wall ist heute ein beliebter Spazierweg. Besonders schöne Ausblicke ergeben sich vom Rempart Maréchal Foch mit seinem Rundturm. An der östlichen Mauer befindet sich die Synagoge (1876).

 LA PETITE PIERRE

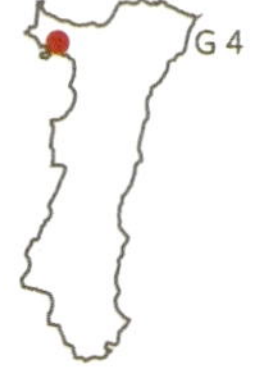

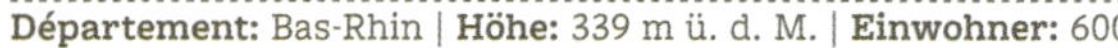

Département: Bas-Rhin | **Höhe:** 339 m ü. d. M. | **Einwohner:** 600

Wald, Wald, Wald – dieses Credo der Nordvogesen gilt auch für Lützelstein, wie La Petite Pierre einst hieß. Das Dorf liegt äußerst malerisch auf dem Altenberg (384 m ü. d. M.) und ragt genügend weit aus dem grünen Meer heraus, um einen Blick über Berge und tief eingeschnittene Täler zu ermöglichen.

La Petit Pierre hat seinen Namen vom ersten Burgherrn Walther de Parva Petra, der um 1180 die Burg errichten ließ. Sehenswert ist die winzige Altstadt (»Staedel«) rund um die Burg herum mit ihren Gebäuden aus dem 16. Jh. und den beiden kurios-charmanten Museen. Das gesamte Dorfleben spielt sich allerdings im neueren Teil am Fuß des Berges ab: dort befinden sich das Rathaus und alle Hotels, Restaurants und Geschäfte.

Wohin in La Petite Pierre und Umgebung?

Von Siegeln und Springerle

Museen

An der Straße, die die Oberstadt der Länge nach durchzieht, steht die profanierte Chapelle Saint-Louis (Ludwigskapelle, 1684), in der das **größte Siegelmuseum Europas** eingerichtet ist (Musée du Sceau Alsacien). Museumsgründer Charles Haudot, Fachmann für Siegelkunde, hat Tausende Abdrücke von Siegeln genommen, u.a. von deutschen und französischen Kaisern und Königen, elsässischen Städten, berühmten Familien und Zünften – ein kurioses und erstaunliches Sammelsurium.

Nahebei im einstigen Pulverhaus ist das **Volkskunstmuseum** (Musée d'Arts et Traditions Populaires) zu finden, das sich fast ausschließlich den »Springerle« genannten kunstvollen Backmodeln bzw. deren Abdrücken (Anisplätzchen) widmet.

LA PETITE PIERRE ERLEBEN

OFFICE DE TOURISME DE PAY DE LA PETITE PIERRE

2 a, rue du Château
67290 La Petite Pierre
Tel. 0388 70 42 30
https://tourisme.hanau-lapetite-pierre.alsace

AU CHÂTEAU €€

Bei nur 623 Einwohnern ist es sehr erstaunlich, wie bunt das Straßenleben im Sommer sein kann. Von der Terrasse aus lässt sich gut beobachten, wer kommt und geht. Serviert werden elsässischen Spezialitäten.
15, rue du Château
Tel. 0388 70 45 18
Ruhetage: Do.abend, Mo.

LA CLAIRIÈRE €€€€

Das luxuriös ausgestattete Hotel (50 Z.) liegt auf einer Anhöhe inmitten des Naturparks Nordvogesen. Von den talwärts gelegenen Zimmern hat man eine wunderbare Aussicht auf die Umgebung, gegenüber geht der Blick in den Wald. Zur Anlage gehören ein Hallenbad, eine Sauna, ein Fitnessraum und ein Gartenrestaurant mit Bioküche – das Haus zählt zu den Vorreitern der Biogastronomie im Elsass. Aktuell liegt ein Schwerpunkt auf Gerichten, die nach ayurvedischen Prinzipien zusammengestellt werden. Direkt am Haus beginnen allerlei Wanderwege.
63, route d'Ingwiller
Tel. 0388 71 75 00
www.la-clairiere.com

Siegelmuseum: 17, rue du Château | März–Juni, Sept.–Dez. Sa., So. 10–12 und 14–17, Juli, Aug. Di.–So. 10–12 und 14–18 Uhr | Eintritt: 2,50 € | www.musee-sceau.com | **Volkskunstmuseum:** 11, rue des Remparts | Eintritt und Öffnungszeiten wie Siegelmuseum

Gotische Wandermalereien

Burg und Kirche

Auf dem Sporn, der den Altenberg abschließt, steht die pfalzgräfliche Burg, 1205 von Graf Hugo I. von Lützelstein gegründet. Nach diesem war das Dorf bis zur Annexion durch Frankreich unter Ludwig XIV. benannt. Die im 16. Jh. umgebaute Burg beherbergt heute das Informationszentrum des **Parc Naturel Régional des Vosges du Nord**. Hier werden Geologie, Flora und Fauna der Region vorgestellt sowie zahlreiche Dokumente der Ortsgeschichte. Die kleine, um 1418 erbaute Kirche am Burgeingang, deren Kirchturm und Langhaus im 19. Jh. erneuert wurden, hat einen gotischen Chor aus dem 15. Jh. mit sehr schönen Wandmalereien.

Naturparkzentrum: 21, rue du Château | Feb.–Dez. tgl. 10–12 und 14–18 Uhr | www.parc-vosges-nord.fr

Ausgeklügelte Wasserversorgung

Zisterne

Links vom Burgtor führt eine Treppe durch die Ummauerung zu einem Fußpfad, auf dem man die am Übergang zwischen Burgfelsen

OBEN: Bis 1958 lebten Menschen in den Felsenwohnungen von Graufthal. Der peppige Anstrich kam erst später.

UNTEN: Feucht, duster, kalt, ärmlich: Das Wohnen im Fels stellte eine Herausforderung dar.

und steilem Waldhang in den Felsen geschlagene Zisterne (Citerne) erreicht. Zwei runde Schächte (einer davon einige Meter im Berginnern, Taschenlampe zweckmäßig) führen von den Brunnenkammern senkrecht nach oben, wo sie im Bereich der Rue des Remparts und der Stadtmauer an die Oberfläche treten.

Wohnungen im Fels

Graufthal

Die Sehenswürdigkeiten in Graufthal – 10 km südwestlich von La Petite Pierre – sind in eine 70 m hohe Felswand gebaute Wohnungen, die »Maisons troglodytiques«. Die zwei hier früher lebenden Familien mit bis zu 15 Kindern teilten sich eine winzige Küche. Ein anderer Raum, mit Tisch, Stuhl, Schrank und Bett spärlich möbliert, diente als Wohn- und Schlafzimmer, die Nachbarkammer als Ziegenstall. 1958 starb die »Felsenkäthe«, die letzte Bewohnerin der Höhlenhäuser, im Alter von 82 Jahren. Engagierte Bürger nahmen sich der Häuser an, gaben ihnen einen blauen Anstrich und machten sie für Touristen zugänglich.

Mitte März–Mitte Nov. Mo.–Sa. 10–12 und 14–18, So., Fei. bis 18.30 Uhr, Juli, Aug. durchgehend | Eintritt: 3 Euro

PHALSBOURG

Département: Moselle | **Höhe:** 330 m ü. d. M. | **Einwohner:** 4700

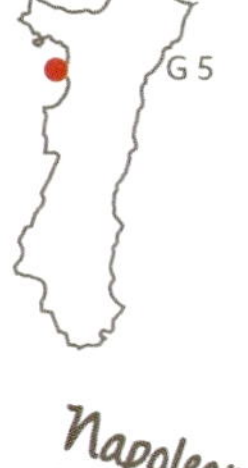

Die wichtigste Sehenswürdigkeit der Garnisonsstadt liegt heute außerhalb: das Schiffshebewerk von Saint-Louis-Arzviller, ein Fahrstuhl für Schiffe am Rhein-Marne-Kanal.

Für Napoleon war Phalsbourg eine »pepinière des braves«, eine Pflanzstätte der Tüchtigen und Tapferen, worunter der große Feldherr eine gute Schmiede für den militärischen Nachwuchs verstand. Hohe Militärs sind aus ihr hervorgegangen. Phalsbourg (Pfalzburg) wurde 1570 durch Pfalzgraf Johann Georg von Veldenz gegründet, um flüchtenden Protestanten eine neue Heimat zu geben. Nach der Eroberung durch Frankreich baute der Militärarchitekt Vauban den Ort zur Festungsstadt aus.

Das Schriftstellerduo Emile Erckmann und Alexandre Chatrian verhalfen Phalsbourg zu literarischem Ruhm. Ihre ab 1847 in großer Zahl veröffentlichten Romane – Milieustudien aus der Zeit der Napoleonischen Kriege – waren damals Bestseller, heute kennt sie kaum ein Mensch. Nur ein einziges Werk wird immer noch in vielen elsässischen Buchhandlungen verkauft: der 1863/64 erschienene Heimat- und Liebesroman »L'Ami Fritz«.

SCHIFFSHEBEWERK SAINT-LOUIS-ARZVILLER

Der Aufzug für Schiffe hat Arzviller (Arzweiler) am Rhein-Marne-Kanal bekannt gemacht. 1969 ging das Schräg-Schiffshebewerk in Betrieb. Die Schiffe fahren in einen riesigen Wasserbottich hinein und dieser wird auf Schienen aufwärts gezogen bzw. abwärts gelassen. Am Ziel angekommen, fahren die Boote wieder aus dem Trog hinaus. Klingt unspektaktulär, ist es aber nicht. Und technisch eine ganz ausgeklügelte Sache.

April–Okt. tgl. 10–17, Juli, Aug. bis 18 Uhr
Führung durchs Bauwerk mit Blick in den Maschinenraum und Museum: 5 €
Führung mit Hebewerk-Bootsfahrt: 4–6 mal tgl. | 11 € | Dauer ca. 1,5 Std.
Schiffstour mit Hebewerk-Fahrt und Tal der Zorn: Juli, Aug. 14.30 Uhr | 13 € Dauer ca. 2 Std.
Fahrt mit der Bimmelbahn am Kanal entlang bis zum Kanaltunnel: Juli, Aug. 11.30, 14.30, 16 Uhr | 9 € | Dauer ca. 1,5 Std.
www.plan-incline.com
Parkplätze, Imbiss und ein Shop mit Andenken, Karten, Plänen und Infos am Schiffshebewerk

1 Rhein-Marne-Kanal
Der Canal de la Marne au Rhin ist einer der längsten und (von der Sportschifffahrt) meistbefahrenen Kanäle Frankreichs mit insgesamt 155 Schleusen. Zwar sinkt die Zahl der Frachtschiffe ständig, denn die Beförderung auf Schiene oder Straße ist oft billiger, doch die Ausflugsboote und Hausboote nehmen zu.

2 Zuschauerterrasse
Von der Terrasse aus hat man das ganze Geschehen gut im Blick.

3 Schrägaufzug
Was früher 17 Schleusen und einen ganzen Arbeitstag benötigte, bewerkstelligt seit 1969 dieser »Fahrstuhl für Schiffe«. Er überwindet einen Höhenunterschied von fast 45 Metern. Und das nahezu geräuschlos und ohne Erschütterungen. Das erstaunliche Spektakel, das stets viele Zuschauer anzieht, dauert rund 20 Minuten.

4 Trog (Fähre)
Ein mit Wasser gefüllter Trog (41,5 x 5,5 m) nimmt die Schiffe auf und wird auf Rollen nach oben bzw. nach unten bewegt. Hat der Lastkahn im Trog festgemacht, ermöglicht diese raffinierte Technik den Transport der Schiffe auf den weiter oben liegenden Kanalarm praktisch ohne Energie.

5 Gegengewichte
Der 900 t schwere Trog befindet sich mit zwei Gegengewichten im Gleichgewicht und wird von zwei Elektromotoren bewegt. Wenn ein Schiff durch das untere Tor hineinfährt, wird hier weniger Wasser eingelassen. Dadurch ist der Trog leichter als das Gegengewicht und kann relativ einfach die schiefe Ebene hochgezogen werden. Oben liegt er dagegen etwas tiefer. Durch das zusätzliche Wasser ist der Trog nun schwerer als das Gegengewicht. Das Gewicht der Boote selbst wird durch das Gesetz der Wasserverdrängung ausgeglichen. Auf diese Weise funktioniert das System fast ohne zusätzlichen Energieaufwand.

1
2
3
4
5
1

Wohin in Phalsbourg und Umgebung?

Napoleons Inspiration

Place d'Armes

Von der befestigten Stadtmauer, die nach 1870 geschleift wurde, sind noch die Porte d'Allemagne (Deutsches Tor) und die Porte de France (Französisches Tor) erhalten. Auf der Place d'Armes im Zentrum der Stadt steht das Bronzestandbild des hier geborenen Marschalls Georges Mouton (1770–1838). Der Name – »mouton« bedeutet »Schaf« – inspirierte Napoleon, der diesem verdienstvollen Militär viel verdankte, zu dem Bonmot »Mon mouton est un lion« (»Mein Schaf ist ein Löwe«). An der Westseite des Platzes steht die neugotische Garnisonskirche.

Einblicke in die Lokalgeschichte

Musée Historique

An der Nordseite des Platzes befindet sich das prachtvolle barocke Hôtel de Ville (Rathaus; 1680–1690) mit dem Museum, das Gegenstände zur Garnisons- und Lokalgeschichte sowie zum Schriftstellerduo Erckmann und Chatrian zeigt.

Mo.–Fr. 9–12 und 14–17, Juli, Aug. auch Sa., So. 10–12 und 14–17 Uhr
Eintritt: 2 €

Freizeitkapitäne unterwegs

Lutzelbourg

Von waldigen Höhen umgeben liegt Lutzelbourg (Lützelburg, 600 Einw.), wo die Kristallglasschleiferei eine bedeutende Rolle spielt, an der Zorn sowie am Rhein-Marne-Kanal. Knapp hundert Meter über dem Ort ragt majestätisch die Ruine der Lützelburg auf, die im 12. Jh. auf den Resten eines Römerkastells errichtet und 1523 zerstört wurde. Der etwa 45-minütige Aufstieg lohnt sich allein schon wegen der herrlichen Aussicht auf den Ort und die Kanalschleifen. Im Sommer legen hier viele Hausboote an. Wer sich auch aufs Wasser wagen möchte: Von April bis Oktober starten Ausflugsboote den Kanal entlang zu einer Fahrt Richtung Arzviller ins Schiffshebewerk.

PHALSBOURG ERLEBEN

OFFICE DE TOURISME
1, rue des Gén. Micheler
57370 Phalsbourg
Tel. 0387 24 42 42
www.paysdephalsbourg.com

AU SOLDAT DE L'AN DEUX €€€
Feines Hotel mit sechs großzügigen Zimmern und einer Suite sowie Gourmetrestaurant »L'An 2« und Bistro.
1, rue de Saverne
Tel. 0372 60 02 66
www.lan2-delices.fr

Aufzug für Schiffe

Schiffs-hebewerk

Südwestlich von Phalsbourg und ca. 3 km westlich von Lutzelbourg (Wegweiser) befindet sich am Rhein-Marne-Kanal eine der wichtigsten technischen Sehenswürdigkeiten der Region, zugleich ein beliebtes Ausflugsziel: das Schiffshebewerk (Plan Incliné = Schiefe Ebene) von Saint-Louis Arzviller. Hier werden auf einer 109 m langen geneigten Rampe Schiffe bis ca. 350 t in 20 Minuten um 45 m gehoben bzw. gesenkt. Ehe der Plan Incliné 1969 in Betrieb genommen wurde, musste der Niveau-Unterschied des Kanalbetts auf einer Strecke von 4 km über 17 Schleusen überwunden werden.
Die Führung durch das Schiffshebewerk dauert etwa 30 Minuten; ergänzend werden auch Ausflugsrundfahrten (ca. 90 Min., mit Fahrt durch den Schrägaufzug) angeboten. Etwas unterhalb des oberen Beckens steht auf trockenem Land die Péniche (Lastkahn) »Sophie Marie«, die zum Museumsschiff ausgebaut ist (Öffnungszeiten und weitere Informationen ▶ Baedeker Wissen, S. 186).

★★ RIBEAUVILLÉ

Département: Haut-Rhin | **Höhe:** 240 m ü. d. M. | **Einwohner:** 4700

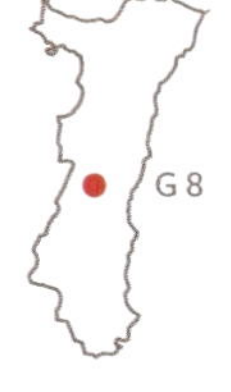

Drei Burgruinen überragen malerisch das Winzerstädtchen an der Weinstraße. Fachwerkpracht, Blumenzauber und nette Läden bescheren Ribeauvillé eindrucksvolle Besucherströme, die am Pfifferdaj alle Dimensionen sprengn.

Sie lieben das Bad in der Menge, bunt kostümierte Menschen, Umzüge und Musik an jeder Ecke? Dann legen Sie ihren Ribeauvillé-Besuch auf den Pfifferdaj am ersten Wochenende im September. Das Fest der Fiedler und Straßenmusikanten wird mit größter Hingabe vom ganzen Dorf begangen. Es ist das älteste Fest im Elsass und erinnert daran, dass den örtlichen Grafen von Rappoltstein seit dem 14. Jh. der Schutz der fahrenden Spielleute und Gaukler am Oberrhein oblag. Am Ortseingang von Ribeauvillé (deutsch Rappoltsweiler, elsässisch Rappschwihr) steht das Fabrikgebäude der Mineralwassermarke »Carola«, die im Elsass gerne gekauft wird.

Wohin in Ribeauvillé?

Drey Schlösser auff einem Berge...

Burgruinen

Der weitgehend verkehrsberuhigte Ort besitzt einen überaus malerischen Kern mit vielen altertümlichen Fachwerkhäusern. Überragt

RIBEAUVILLÉ ERLEBEN

OFFICE DE TOURISME

1, Grand'Rue, 68150 Ribeauvillé
Tel. 0389 73 23 23
www.ribeauville-riquewihr.com

PFIFFERDAJ

Zwar kommen viele in Elsässer Tracht, doch am Pfeifertag stehen die mittelalterlichen Kostüme eindeutig im Mittelpunkt; Minnesänger, Spielleute und Burgfräulein bevölkern den Ort. Wer zuschauen und mitfeiern will, muss Eintritt zahlen.
jährlich am 1. Wochenende im Sept.
Eintritt: 8 €, Kinder 6–12 J. 4 €,
Tribünenplatz zusätzlich 10 €

LA POTERIE DU VIGNOBLE

Klassisch verzierte elsässische Keramik und traditonelles Steingut von der Gugelhupfform bis zur Terrine für Pasteten, auch bunte Salatschüsseln und Geschirr für den täglichen Bedarf.
60, Grand'Rue
Tel. 0389 73 89 38

CHOCOLATERIE DANIEL STOFFEL

Hauchzarte Schoko-Täfelchen, Pralinen und Trüffel in allen Varianten, ausgefeilte Kreationen zu Ostern und Weihnachten, kurzum: ein Paradies für alle Schokolade-Fans.
route de Guémar, Tel. 0389 71 20 20
www.daniel-stoffel.fr

BEAUVILLÉ

Die ortsansässige Firma repräsentiert seit 1838 die Tradition der Stoffdruckkunst im Elsass. Oft stark in den Farben, mit rankenden Mustern zeigt sich hier diese alte Kunst von ihrer schönsten Seite. Die Fabrikboutique bietet eine große Auswahl an Stoffen, Tischwäsche und Heimtextilien aller Art.
19–21, route de Saint-Marie-aux-Mines, Tel. 0389 73 74 74
www.beauville.com

❶ AUBERGE DE L'ILL €€€€

Seit 30 Jahren zeichnet der Guide Michelin das wohlbekannte Restaurant an der Ill mit Sternen aus, aktuell sind es zwei. Generationen von Küchenchefs haben bei Haeberlin Vater und Sohn den Ritterschlag der hohen französischen Küchenkunst erhalten. Zum Restaurant gehört das Luxushotel »Des Berges«.
2, rue de Collonges au Mont d'Or
68970 Illhaeusern
Tel. 0389 71 89 00
www.auberge-de-l-ill.com
Ruhetage: Mo., Di.

❷ WISTUB ZUM PFIFFERHUS €€€

Die renommierte Weinstube ist auch bei Touristen sehr beliebt, denn das einstige Zunfthaus der Pfeifer ist zwar etwas überdekoriert, aber durchaus eindrucksvoll. Tisch reservieren!
14, Grand'Rue
Tel. 0389 73 62 28
Ruhetage: Mi., Do.

❸ AUBERGE DU PARC CAROLA €€

Wo die Quelle der gleichnamigen Mineralwasserfabrik sprudelt, wird eine ausgezeichnete Küche zu absolut gerechtfertigten Preise geboten: Küchenchefin Michaela Peters aus Munster, die als erste Deutsche in Frankreich einen Michelin-Stern erkochte, bietet in ihrem eigenen Restaurant nicht nur an traditi-

onellen Elsässer Rezepten ohne die schweren Saucen an, sondern bereitet auch herrliche Gerichte mit asiatisch-exotischem Touch zu.
48, route de Bergheim
Tel. 0389 86 05 75
www.auberge-parc-carola.com
Ruhetage: Mo.abend, Di., Mi.

4 LE CAMMISSAR €€

Ein Elsässer Restaurant muss nicht zwingend rustikal eingerichtet sein, es geht auch modern, was Ambiente und Küche betrifft. Chefkoch Thomas Eblin bereitet aromatische Gemüse-, Fisch- und Fleischgerichte zu – an den Produkten orientiert und raffiniert zugleich.
81, Grand' Rue
Tel. 0389 660 87
www.cammissar.fr
Ruhetage: Di., Mi.

1 LE CLOS SAINT VINCENT €€€€

Das hochklassige, in den Weinbergen gelegene Hotel bietet einen schönen Panoramablick. Alle Zimmer sind mit Holzfußböden ausgestattet und modern-nostalgisch eingerichtet.
1, Lieu-Dit Spiegel
Tel. 0389 73 67 65
www.leclossaintvincent.com

2 DU MOUTON €€

Die 13 mit floralen Tapeten und moderner Einrichtung renovierten Zimmer im Fachwerkhaus haben teils Blick auf die hübsche Place de la Sinne. Mit empfehlenswertem Restaurant.
5, place de la Sinne
Tel. 0389 73 60 11
www.hoteldumouton.com

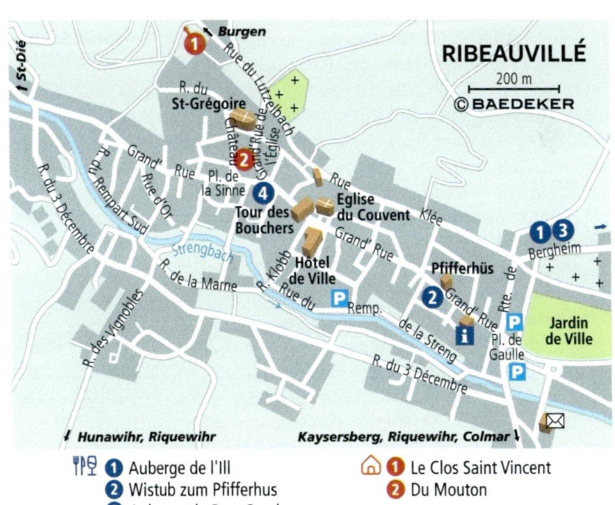

wird das Städtchen von den drei Burgen **Girsberg** (528 m, 13. Jh.), **Ulrichsburg** (530 m, 11. Jh.) und **Haut-Ribeaupierre** (Hoch-Rappoltstein, 642 m, 14. Jh.), auf die sich der schon im Jahr 1663 von Matthäus Merian zitierte Spruch bezieht: »Drey Schlösser auff einem Berge, Drey Kirchen auff einem Kirchhoffe (Riquewihr), Drey Städte in einem Thal (Ammerschwihr, Kientzheim, Kaysersberg), Ist das gantze Elsaß überall.« Die Ruinen von Girsberg und Saint-Ulrich sind begehbar, Hoch-Rappoltstein nicht. Alle drei Burgruinen von Ribeauvillé verbindet eine 9 km lange Wanderung. Der rote Balken des Hauptwanderweges GR 5 führt vom Ort aus über einen botanischen Lehrpfad durch Reben und Wald hinauf zur Burgruine Saint-Ulrich. Unweit davon liegt die Burg Girsberg, die in 10-minütigem Fußmarsch erreicht ist. Auch von hier bietet sich eine herrliche Aussicht. Ein steiler Aufstieg führt in etwa 30 Min. auf Hoch-Rappoltstein.

Treffpunkt der Pfeifer

Pfifferhüs

An der Grand' Rue No. 14, der Hauptstraße des Städtchens, steht das »Pfifferhüs« (nach der Erkerinschrift auch »Ave-Maria-Haus« genannt), ein reich verzierter Fachwerkbau aus der Zeit um 1680. Einst war er Hauptversammlungsort der Pfeifenbruderschaft, heute ist darin eine Winstub untergebracht (▶ Erleben).

Wein statt Wasser

Place de l'Hôtel de Ville

In nordwestlicher Richtung erstreckt sich an der Grand' Rue der Rathausplatz, an dessen Südseite sich das 1773 erbaute barocke Hôtel de Ville (Rathaus) erhebt. Das Rathaus beherbergt im »roten Salon« eine Sammlung mit dem sog. Ratssilber: eine Reihe von Silberbechern aus dem 17. Jh., die die Feudalherren von Ribeauvillé im 18. Jh. zur Begleichung ihrer Schulden der Bürgerschaft aushändigen mussten. Mitten auf dem Marktplatz steht ein schöner Renaissancebrunnen von 1536, der einen wappenhaltenden Löwen trägt. Am Pfifferdaj fließt hier Wein statt Wasser. Jenseits des Platzes steht die 1412–1452 vom Augustinerorden errichtete Kirche, die heute dem Orden der Sœurs de la Divine Providence (Schwestern von der Göttlichen Vorsehung) gehört.

Der Metzgerturm

Tour des Bouchers

Den nordwestlichen Abschluss des Rathausplatzes bildet der Metzgerturm (Tour des Bouchers) aus dem 13. und 16. Jh., der früher die Mittelstadt von der Altstadt trennte. Seinen Namen erhielt der Turm, der zeitweise als Gefängnis diente, von dem davor errichteten Schlachthaus.

Madonna mit Trachtenhaube

Saint-Grégoire-le-Grand

Etwas abseits der Grand' Rue und leicht erhöht befindet sich die Église Saint-Grégoire-le-Grand (kath. Pfarrkirche), ursprünglich ab

1282 erbaut, aber im 19. Jh. erheblich verändert. Vor dem Kirchenportal steht ein mächtiger Mammutbaum (Sequoia sempervirens), der im Jahr 1856 zum Gedenken an die Geburt des Kronprinzen Eugène Louis Napoléon Bonaparte gepflanzt wurde. In der Kirche beeindruckt vor allem das harmonische gotische Maßwerk. Am Ende des rechten Seitenschiffs steht eine gotische Madonna mit einer Flügelhaube, also dargestellt mit der Kopfbedeckung der elsässischen Frauentracht. Die Orgel mit dem Rokokogehäuse, eine der ältesten Orgeln im Elsass, stammt aus der Zeit um 1700.

Rund um Ribeauvillé

»Bazillenfreie« Luft

Aubure

Biegt man von der nach ► Sainte-Marie-aux-Mines führenden Straße nach rund 7 km links ab, so gelangt man nach Aubure (Altweiler), dem mit 800 m ü. d. M. höchstgelegenen Dorf im Elsass. Im 19. Jh. war Aubure für seine Luftqualität bekannt und wurde seit 1891 auch als Tuberkuloseheilstätte genutzt. Hatte doch der deutsche Arzt Robert Koch 1882 nachgewiesen, dass ein Bakterium der Erreger der Tuberkulose ist. Von der sauberen, »bazillenfreien« Luft in Aubure und anderswo erhofften sich die Kranken Heilung.

Abseits der immer gut besuchten Grand' Rue warten in Ribeauvillé am Strengbach blumenumrahmte, ruhige Bänkchen.

Ausstellung zum Hexenwahn

Rund 4 km nordöstlich von Ribeauvillé versteckt sich das Winzerstädtchen Bergheim (2100 Einw.) hinter seiner fast komplett erhaltenen Stadtmauer aus dem 14./15. Jh. An der Nordseite sind noch drei schlanke Rundtürme gut erhalten: der Pulverturm (Tour de la Poudrière), der Hexenturm (Tour des Sorcières) und das malerisch mit roten Ziegeln gedeckte Obertor (Porte Haute). Im Park beim Obertor wächst eine angeblich tausendjährige Linde. Nahe beim unteren Ortsende steht die ursprünglich gotische dreischiffige Basilika mit Resten gotischer Fresken in der Vorhalle. Das **Museum der Hexenprozesse** (Maison des Sorcières) an der Place de l'Église informiert über die Hexenprozesse in Bergheim zwischen 1582 und 1683. Etwa 40 Frauen fielen dem »Hexenwahn« zum Opfer.
Weine aus kontrolliert-biologischem Anbau bietet Kellerei Gustave Lorentz.

Museum: 14–18 Uhr, Juli, Aug. Mi.–So. Mitte Juni–Mitte Okt. nur So. Eintritt: 5 € | www.haxahus.org | **Weingut Gustave Lorentz** | 91, rue des Vignerons | www.gustavelorentz.com

★★ RIQUEWIHR

Département: Haut-Rhin | **Höhe:** 300 m ü. d. M. | **Einwohner:** 1100

Ein bemerkenswerter Mut zur Farbe kennzeichnet Riquewihrs Fachwerkaltstadt. Vielen gilt es als das schönste Dorf im Elsass. Mit Sicherheit gehört es zu den bestbesuchten: Während der Saison ist in den autofreien Gassen fast kein Durchkommen.

Eine Perle der Weinstraße

Schwer hängen Rosen und himmelblaue Glyzinien in dichten Trauben über die Torbögen der Weinkeller, tiefrote Geranien schmücken die Fensterbretter, durch die geöffneten Türen der Winstubs fällt der Blick auf karierte Tischdecken und schlanke Rieslingflaschen. Flaneure lassen sich am besten durch die Gassen treiben, an jeder Ecke wartet Elsass pur. Auch wegen seiner ausgezeichneten Weine steht Riquewihr (Reichenweier), das sich selbst als »Perle der Weinstraße« bezeichnet, als Ausflugsziel hoch im Kurs.

Wohin in Riquewihr?

Entdeckungstour durch die Altstadt

Das durch seine Weine reich gewordene Städtchen bildet eine überraschend geschlossene Einheit. Wohlerhaltene Mauern und Tortür-

Riquewihr: knochenhartes Kopfsteinpflaster und knallige Farben

me sowie zahlreiche stattliche Häuser aus der Renaissance des 16. und 17. Jh.s mit malerischen Innenhöfen und prächtigen Aushängeschildern formen das idyllische Ortsbild. Zu den schönsten Häusern zählen an der Hauptstraße die Maison Irion (1606) mit zweigeschossigem Eckerker und die Maison Liebrich (1535) mit hübschem Innenhof sowie in einer Querstraße die Maison Dissler (1610), ein schönes Beispiel rheinischer Renaissance. Die Hauptstraße (Rue du Général de Gaulle) mit ihren vielen Weinhandlungen und Restaurants kann allerdings – besonders an Sommerwochenenden – den Besucherstrom kaum fassen.

Schlösschen der Württemberger

Château

Unweit vom klassizistischen Hôtel de Ville (Rathaus) steht südlich der Hauptstraße das schlichte ehemalige Schloss (1539) der Grafen und späteren Herzöge von Württemberg-Mömpelgard (Montbéliard). An der Fassade sind Plaketten angebracht: eine Gedenkplakette für den durch Wilhelm Hauffs »Lichtenstein« bekannten Herzog Ulrich von Württemberg (1487–1550) und ein Porträtmedaillon der blitzgescheiten Maria Caroline Flachsland, der Gattin Johann Gottfried Herders, die hier 1750 geboren wurde, 1809 in Weimar starb und die Werke ihres Mannes lektorierte.

RIQUEWIHR ERLEBEN

OFFICE DE TOURISME

2, rue de la Première Armée
68340 Riquewihr
Tel. 0389 73 23 23
www.ribeauville-riquewihr.com

MAISON ALSACIENNE DE BISQUITERIE

»Bredele«, Kekse, warten hier in allerlei verführerischen Variationen. Dazu luftige Macarons, eine Art Pfefferkuchen, Mini-Kougelhopf und viele andere Kleinigkeiten.
2, rue du Général de Gaulle
49, rue du Général de Gaulle
Tel. 0389 21 85 10, tgl. 9–18 Uhr
www.maison-alsacienne-biscuiterie.com

❶ LA TABLE DU GOURMET €€€€

In einem Gebäude aus dem 16. Jh. zeigt der experimentierfreudige Küchenchef Jean-Luc Brendel, was er kann. Mit seiner ausgefallenen Blumen- und Kräuterküche hat er sich einen Michelin-Stern erkocht. Fleisch gibt es natürlich auch: z. B. Saibling aus den Vogesen, Hummer aus der Bretagne und Lamm aus den Pyrenäen. Genauso exklusiv: das angeschlossene Gästehaus.
5, rue de la Première Armée
Tel. 0389 49 09 09
www.jlbrendel.com
Ruhetage: Di., Mi., Do.mittag

❷ LE TIRE-BOUCHON €€

Halten Sie Ausschau nach einem himmelblauen Fachwerkhaus: Die ganz

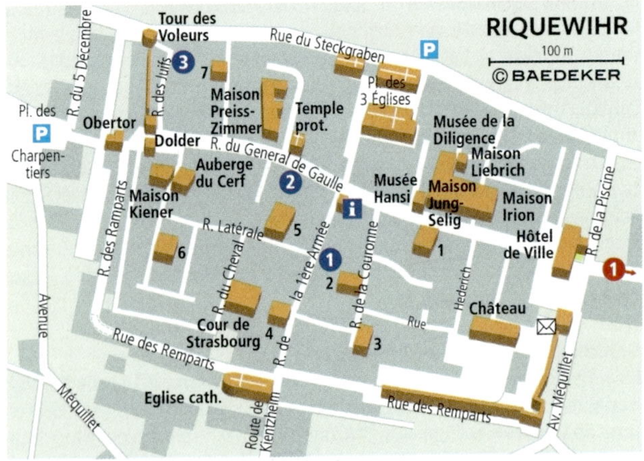

1 Maison Behrel
2 Maison Dissler
3 Maison Jung
4 Maison Bouton d'Or
5 Erkerhaus (1551)
6 Erkerhaus (1581)
7 Maison Schaerlinger (17. Jh.)

❶ La Table du Gourmet
❷ Au Tire-Bouchon
❸ Trotthus

❶ Le Gambrinus

klassisch eingerichtete Elsässer Weinstube bringt mit Spezialitäten wie Flammkuchen, Sauerkraut mit Fisch und Riesling aus dem familieneigenen Weingut die Lebensgeister wieder in Schwung.
29, rue du Général de Gaulle
Tel. 0389 47 91 61
Ruhetage: Mo., So.abend

3 TROTTHUS €€€
Ein Blick auf den Teller lässt sogleich ahnen, dass Küchenchef Philippe Aubron auch in Kyoto lebte und dort japanische Küchengeheimnisse kennenlernte. Wagyu-Fleisch, ausgezeichneter Fisch und andere Köstlichkeiten werden im Trotthus serviert.
9, rue de Juifs
Tel. 0389 47 96 47
Ruhetage: So., Mo.
www.trotthus.com

1 LE GAMBRINUS €€€
Gemütlich und authentisch Wohnen in einem Gasthof aus dem Jahre 1569. Gastgeber Stefan Klein restauriert Möbel und legt Wert auf Originaltreue. Das Gambrinus verfügt über Gästezimmer und Ferienwohnungen sowie ein altes Bauernhaus, das 2010 saniert wurde.
4, rue des Raisins
68980 Beblenheim (2 km östl.)
Tel. 0389 49 02 82
www.legambrinus.fr

Museum oder Souvenirshop?

Maison Hansi

Direkt an der Hauptstraße steht La Maison Hansi. Es ist dem Werk des im Elsass höchst populären Grafikers, Karikaturisten und Schriftstellers Jean-Jacques Waltz (genannt Hansi; ▶ Interessante Menschen) gewidmet. Ein Film führt zunächst in sein Leben ein; es werden Grafiken und Plakate von ihm gezeigt. Nachdrucke von vielen seiner humoristisch-satirischen Bilderbücher können hier gekauft werden. Hansi wurde zwar in Colmar geboren, doch sein Bruder war Apotheker in Riquewihr. Das Haus dient gleichzeitig als Andenkenshop, der weit über Hansi-Artikel hinausgeht. In den Regalen ist eine Überfülle an teils netten, teils kitschigen Elsass-Souvenirs versammelt.
16, rue du Général de Gaulle | Feb.–Mai 9.30–12.30 und 13.30–18.00, Juni–Dez. 9.30–12.30 und 13.30–18.30 Uhr | Eintritt: 3 €

Riquewihr von oben

Tore und Museen

Der stattliche Dolder, ein Torturm von 1291, schließt den Ortskern im Westen ab. Im Dolder, was »Spitze« oder »Gipfel« heißt, ist ein kleines stadthistorisches Museum untergebracht, das Haushalts- und Handwerksgerät, Keramik sowie allerlei Kriegsgerät aus der Zeit seit 1870 zeigt. Im wuchtigen Dolderturm wartet eine hervorragende Aussicht: Von den oberen Stockwerken schweift der Blick weit in die Oberrheinebene. Zugang nur übers Museum im Turm.
Hinter dem Dolder folgt das **Obertor** (1548) mit Fallgatter, Pechnase und Schießscharten. Direkt beim Dolder steht der Sinnbrunnen aus dem 16. Jh. mit dem wappenhaltenden Löwen der Herzöge von Württemberg-Mömpelgard.

Vom Dolder führt eine Querstraße zum **Diebsturm** (Tour des Voleurs; um 1300, heute Museum), dem ehemaligen Gefängnis, in dem eine mittelalterliche Folterkammer, ein Verlies, eine Wachstube und die Wohnung des Wärters zu besichtigen sind.

Stadtmuseum: Juli, Aug. tgl. 10.30–13 und 14–18 Uhr, Karfreitag–Juni und Sept., Okt. nur Sa., So., Fei. | Eintritt: 3 €
Diebsturm-Museum: tgl. 10.30–13 und 14–18 Uhr | Eintritt: 5 €

 ROSHEIM

Département: Bas-Rhin | **Höhe:** 194 m ü. d. M. | **Einwohner:** 3000

Das in einer Talmulde gelegene Winzerstädtchen Rosheim an der Route des Vins nennt sich »cité romane« (romanische Stadt): Hier steht eine der berühmtesten romanischen Kirchen der Region und das einzige noch erhaltene Wohnhaus aus dieser Zeit.

Das Mittelalter ruft

Auch die mittelalterlichen Mauern und Tortürme sowie viele Fachwerkhäuser sind ungewöhnlich gut erhalten. So führt die wichtigste Straße der Altstadt durch vier spätmittelalterliche Stadttore. Jahrhundertelang war hier eine der drei großen jüdischen Gemeinden des Elsass ansässig.

Zu den ganz Großen in der Geschichte des Elsass zählt **Josel von Rosheim** (1478 – 1554). Der in Haguenau geborene Rabbiner wirkte seit 1530 von Rosheim aus und galt den Juden im Heiligen Römischen Reich deutscher Nationen als ihr Anführer. Er setzte mit ungeheurem Mut ihre Rechte gegen die Willkür von Fürsten und Städten durch und erreichte, dass Karl V. im Jahr 1520 die kaiserlichen Judenprivilegien für das ganze Reich bestätigte. Auch die Seinen nahm er ins Gebet und prangerte Wucher beim Geldverleih scharf an. Martin Luther bezeichnete Josel 1537 noch als »seinen guten Freund«, doch als der Reformator später offen gegen die Juden hetzte, gelang es Josel, den Straßburger Rat auf seine Seite zu ziehen. Dieser verbat Luthers Schriften in seinem Gebiet.

Wohin in Rosheim?

★ Saint-Pierre-et-Saint-Paul

Berühmte romanische Kirche
Unmittelbar westlich des mittleren Stadttors, das von der im 13. Jh. angelegten ersten Ummauerung stammt, erhebt sich die Église Saint-Pierre-et-Saint-Paul (Peter-und-Paul-Kirche), einer der bedeutendsten romanischen Bauten im Elsass. Der Eingang befindet sich in dem

von schön skulptierten Säulen eingefassten Portal beim rechten Querhausarm. Der um 1132–1160 errichtete, klar gegliederte Bau aus Vogesensandstein wird von einem wuchtigen achteckigen Vierungsturm (14. Jh.) überragt. Beachtenswert ist die romanische Bauplastik: die Tier- und Menschengestalten und Giebel, das mittlere Fenster der Hauptapsis und im Innern die Kapitelle. Im rechten Seitenschiff versteckt befindet sich eine **Silbermann-Orgel** von 1733.

Ein oft fotografierter Brunnen

Hôtel de Ville

Vor dem nüchtern-eleganten Hôtel de Ville (Rathaus, 1775) steht der fotogene Sechs-Eimer-Brunnen (1605/1762) mit drei Säulen und sechs Eimern.

Das älteste Wohnhaus des Elsass

Maison Romane

An der klassizistischen protestantischen Kirche mit romanischem Turm vorbei kommt man zur Maison Romane (Romanisches Haus) oder auch Maison Païenne (Heidenhaus bzw. »Heidehüss«). Das zweistöckige, ganz aus Stein erbaute Haus wurde 1154 von einer Rosheimer Patrizierfamilie errichtet und gilt als der älteste noch erhaltene nicht-kirchliche Steinbau im Elsass. Drinnen befindet sich ein kleines Museum, das rund ums Mittelalter informiert. Achten Sie auf die

Über die Weinberge geht der Blick auf Rosheims Nachbarort Rosenwiller. Der dortige jüdische Friedhof gehört zu den ältesten im Elsass.

ROSHEIM ERLEBEN

OFFICE DE TOURISME

94, rue du Général de Gaulle
67560 Rosheim
Tel. 0388 50 75 38
www.mso-tourisme.com

FROMAGERIE SIFFERT FRÈRES

Ein Käseladen mit riesiger Auswahl und Käse der Spitzenklasse. Hier finden Sie auch diverse besondere Zubereitungen, z. B. einen Munster mit Gewürztraminer.
35, route de Rosenwiller
Tel. 0388 50 20 13

WINSTUB D'ROSEMER €€

Küchenchef Hubert Maetz kocht vorzüglich, wie er im Hauptrestaurant der Hostellerie du Rosenmeer beweist. In der preislich deutlich günstigeren Weinstube kocht Maetz raffinierte Gerichte auf Basis der regionalen Küche. Die Weine kommen aus dem eigenen Weingut. Der schon seit über 150 Jahren bestehende Gasthof liegt nordöstlich etwas außerhalb des Orts und bietet auch Zimmer, die nach Weinlagen benannt sind.
45, avenue de la Gare
Tel. 0388 50 43 29
www.le-rosenmeer.fr
Ruhetage: Mo., Mi., So.abend

L'AUBERGE DE LA CHÈVRERIE €

In der sympathischen Ferme kommen köstliche Ziegengerichte auf den Tisch. Die Tiere stammen aus dem eigenen Stall, der gleich nebenan steht. Auch bei der Auswahl der anderen Zutaten wird Wert auf lokale Herkunft gelegt. Im Hofladen können Ziegenkäse und andere Produkte aus eigener Erzeugung gekauft werden.
Rue des Puits
67870 Griesheim près Molsheim
(5 km östlich von Rosheim)
Tel. 0388 38 83 59
https://chevrerie.com
Ruhetage: Mo., So., Di.abend

beiden winzigen Rundbogenfenster: Typisch romanisch sind die Bögen mit rätselhaften Gesichtern verziert.
23a, rue du Général de Gaulle | April–Okt. Sa., So. 15–18 Uhr
Eintritt frei

Rund um Rosheim

Gotische Fresken

Rosenwiller

Westlich von Rosheim liegt in einem malerischen Wiesental der kleine Ort Rosenwiller. Seine im 19. Jh. größtenteils erneuerte Kirche lohnt einen Besuch wegen der gut erhaltenen gotischen Fresken in der Turmbasis und der farbigen Chorfenster. In Rosenwiller befindet sich seit dem 14. Jh. am Waldrand auch ein **jüdischer Friedhof** (Cimetière Israélite), der zu den ältesten im Elsass zählt, jedoch während der Französischen Revolution profaniert wurde.

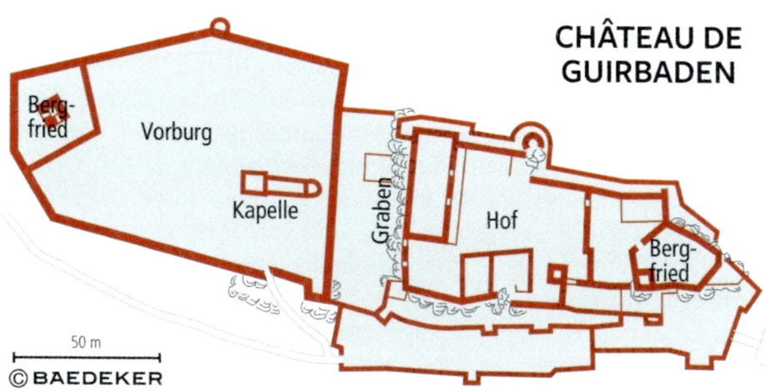

Noch ein Sechs-Eimer-Brunnen

Bœrsch

Südwestlich von Rosheim an der Route des Vins befindet sich inmitten von Obstgärten, Weinbergen und Wiesen das reizvolle und winzige, in seinen Festungsmauern eingezwängte Landstädtchen Bœrsch (2400 Einw.) – ein elsässisches Winzerdorf wie aus dem Bilderbuch. In der Dorfmitte erhebt sich auf dem von alten Fachwerkhäusern gesäumten Rathausplatz das Hôtel de Ville (Rathaus), ein schlichter Renaissancebau von 1572. Davor steht der hübsche, reich verzierte, jetzt mit Blumen bepflanzte Sechs-Eimer-Brunnen (1617), der neben dem Brunnen von Obernai als einer der schönsten im Elsass gilt.

Ein lohnender Aufstieg

Château de Guirbaden

Folgt man von Rosheim der über Grendelbruch nach ▶Schirmeck führenden Bergstraße, kommt nach ca. 10 km das nördlich oberhalb gelegene Château de Guirbaden (565 m ü. d. M.). Der wunderbare Blick belohnt für den 40-minütigen Aufstieg. Die auf römischen Fundamenten errichtete Burg war eine der größten Festen im Elsass. Ursprünglich im 10. Jh. erbaut, wurde sie nach wechselvoller Geschichte 1657 von den Franzosen endgültig geschleift. Im Bereich der Vorburg steht die ursprünglich romanische, aber im 19. Jh. erneuerte Valentinskapelle.

★ ROUFFACH

Département: Haut-Rhin | **Höhe:** 204 m ü. d. M. | **Einwohner:** 4200

Das Bauern- und Winzerstädtchen Rouffach besitzt einen unüblich großen Marktplatz. Ein echter Hingucker ist der Hexenturm mit einem wagenradgroßen Storchennest auf der Spitze. Zur Brutzeit klingt das Klappern der Störche über die halbe Stadt.

Wenn der Kaiser zürnt …

In Rouffach (Rufach) erzählt man sich folgende Geschichte: Als König Heinrich V., der spätere Kaiser, im Jahr 1106 auf der Durchreise im Rufacher Schloss Quartier bezog, ließ er sich, wie damals üblich, ein hübsches junges Mädchen in seine Gemächer bringen. Vergebens bat die verzweifelte Mutter des Mädchens die Männer des Orts um Hilfe, Unterstützung fand sie schließlich bei den Frauen. Diese zogen bewaffnet auf die Isenheimer Burg und schlugen alles nieder, was sich ihnen in den Weg stellte. Die königliche Leibwache floh, und auch dem König selbst blieb nur noch die Flucht – ohne Zepter und ohne Krone. Als Heinrich um die Herausgabe der Reichsinsignien bat und versprach, gegen die Stadt keine Repressalien zu ergreifen, kamen die Rufacher Bürger seinem Wunsch nach. Doch der König hielt nicht Wort und ließ den Ort zerstören. Tatsächlich wurde Rouffach Anfang des 12. Jh.s von Kaiser Heinrich V. niedergebrannt – und zwar als »Papistenstadt« im Investiturstreit zwischen Kaiser und Papst.

Wohin in Rouffach und Umgebung?

Straßburgs Münster als Vorlage

★ Église Notre-Dame-de-l'Assomption

Blickfang an der Place de la République ist die dreitürmige Pfarrkirche Mariä Himmelfahrt mit ihrer komplexen Baugeschichte. Das Querschiff datiert in die Frühromanik (11. Jh.), unter dem achteckigen Vierungsturm schlummert ein hochromanischer Unterbau, während Westfassade und Radfenster in die Spätgotik weisen (14. Jh.). Wer Strasbourg bereits besucht hat, wird einen gewissen Wiedererkennungseffekt erleben: Tatsächlich war das dortige Münster Vorbild für die Westfassade. Der unvollendet gebliebene Südturm entstammt dem 15. Jh., der Nordturm ist eine Zutat des 19. Jh.s.

Die Hexenstadt

Altstadt

Hexen sind in den kopfsteingepflasteren Gassen von Rouffach allgegenwärtig als plüschige Hexenpüppchen, Hexenwein und erst recht, wenn Mitte Juli das Hexenfest steigt. Die Altstadt gibt eine gelungene Kulisse für das wilde Fest ab; gut, dass der Marktplatz so riesig ist. Im prächtigen, ehemaligen Kornhaus (Halle aux Blés), einem zweistöckigen Renaissancebau von 1569, widmet sich das Musée du Baillage der Stadtgeschichte. An die Stadtmauer ist der Komplex des Alten Rathauses (Ancien Hôtel de Ville) angefügt: ein harmonisches Ensemble zweier Häuser von 1581 bzw. 1617 mit Renaissancefassaden und auffälligen Staffelgiebeln. Daneben erinnert der mittelalterliche **Hexenturm** (Tour des Sorcières), der einzige noch erhaltene Turm der Stadtbefestigung, der bis ins 18. Jh. als Gefängnis diente, an die Zeiten, als Rouffach Hochburg von Hexenprozessen war. Viel Aufmerksamkeit ziehen die Störche auf sich, die auf dem Turm und dem Alten Rathaus nisten. Auf der Place Georges Clemenceau steht ein

ROUFFACH ERLEBEN

AUSKUNFT

OFFICE DE TOURISME
12a, place de la République
68250 Rouffach
Tel. 0389 78 53 15
www.tourisme-eguisheim-rouffach.com
Mo.–Fr. 8–18.30, Sa. 10–13 und 14–18 Uhr

HEXENFEST
Eine Mischung aus Walpurgisnacht und Open-Air-Festival steigt jährlich Mitte Juli. Die Altstadt ist dann brechend voll, Mittelaltermarkt, Feuerwerk, Illuminationen des Hexenturms, Musik und (Hexen-)Tanz locken.
www.fete-sorciere.com

DOMAINE PIERRE FRICK
Weinbau ist Monokultur, das ist im Elsass auf den ersten Blick ersichtlich. Auch ohne Pestizideinsatz lässt sich bester Wein produzieren. Bei Frick werden biologische Weine nach den strengen Demeter-Richtlinien erzeugt.
5, rue Baer
68250 Pfaffenheim
Tel. 0389 49 62 99
www.pierrefrick.com

DOMAINE DU CLOS SAINT-LANDELIN
Auch die Familie Muré bewirtschaftet ihr rund 28 Hektar großes Weingut in biologischem Anbau nach Demeter-Vorgaben (bereits seit 1999!) und hält die alten Trockenmauern instand. Feine, trockene Weißweine, Crémants und Pinot Noir.
68250 Pfaffenheim, Ausfahrt Soultzmatt
Tel. 0389 78 58 00
www.mure.com

AU VIEUX PRESSOIR €€
Ziemlich abseits, dafür ruhig in den Weinbergen liegt dieser ehemalige Bauernhof mit seinen alten elsässischen Möbeln und einem wuchtigen Kachelofen. Solide Elsässer Küche hilft Wanderern und Radlern wieder auf die Beine. Obstbrände, Wein und Eingemachtes, z. B. Gelee aus Gewürztraminer oder Zwiebelkonfit (»confit d'oignon«) aus eigener Herstellung können hier eingekauft werden. Das dazugehörige Hotel du Bollenberg bietet 50 eher einfach eingerichtete Zimmer.
Domaine du Bollenberg
(6 km südwestlich)
68250 Westhalten
Tel. 0389 49 60 04
www.bollenberg.com

CHÂTEAU D'ISENBOURG-SPA €€€€
Das Hotel mit 41 Zimmern zählt zu den »Small Luxury Hotels of the World« und ist in der einstigen Residenz der Straßburger Erzbischöfe eingerichtet. Das setzt auch schon Maßstäbe für den riesigen Park. Auch die Spa-Abteilung bietet zahlreiche Anwendungen sowie Hallenbad, beheiztes Freibad, Fitnessraum und einen Tennisplatz. Im Restaurant isst man ausgezeichnet und genießt einen ebensolchen Blick auf die Dächer von Rouffach und die Vogesen.
9–11, rue de Pfaffenheim
Tel. 0389 78 58 50
www.grandesetapes.com/chateau-hotel-isenbourg-alsace

Denkmal für den in Rouffach geborenen François-Joseph Lefebvre (1755–1820), Herzog von Danzig und Marschall von Frankreich. Gegenüber befindet sich die klassizistische Mairie (Rathaus).

Musée du Baillage: Mitte Juli–Mitte Sept. Fr.–So. 14–18 Uhr

Von der Pfalz zum Luxushotel

Château d'Isenbourg

Nördlich der Stadt erblickt man auf dem Rehberg das den Ort dominierende Schloss Isenburg. Es wurde 1880 auf den Fundamenten einer merowingisch-fränkischen Pfalz erbaut (heute ein Hotel, ▶S. 203).

Auch das Elsass hat sein Cola

Soultzmatt

Das 5 km westlich von Rouffach gelegene malerische Winzerdorf Soultzmatt ist noch von Resten der einstigen Befestigung umzogen. Am östlichen Ortseingang steht das ehemalige Schloss Wangenbourg (16. Jh., jetzt Weingut) mit Rundturm und Staffelgiebel. Im Ortszentrum erhebt sich die romanisch-gotische Kirche (12. Jh.).

Im Ort wird ein Mineralwasser namens »Lisbeth« abgefüllt sowie »Elsass Cola«, die Limonade »Hansi« und viele andere Getränke. Täglich gehen rund 150 000 Flaschen vom Band. Wie eine moderne Produktion funktioniert, zeigt die Werksführung.

Werksführung: 5, avenue Nessel | ganzjährig immer Mi. 14, Juli, Aug. auch Do. 14 Uhr | Anmeldung: Tel. 0389 47 00 06 oder online www.lisbeth.alsace

Erntehelfer bei Soultzmatt: Kein lockerer Job, denn die volle Bütte wiegt rund 50 Kilo und im September kann die Sonne noch immer brennen..

★ SAINT-DIÉ-DES-VOSGES

Département: Vosges | **Höhe:** 343 m ü. d. M. | **Einwohner:** 19 500

Von der alten Bischofsstadt ist außer drei Kirchen nicht viel übrig geblieben, da der Ort im Zweiten Weltkrieg weitgehend abbrannte. Zwar wurde daran gedacht, Le Corbusier den Wiederaufbau planen zu lassen, doch letztlich ließ man den berühmten Architekten nur eine Fabrik entwerfen.

Sie nennt sich »Taufpatin Amerikas« – die an der Meurthe gelegene Vogesenstadt. Denn hier veröffentlichten die Kartografen Martin Waldseemüller und Mathias Ringmann 1507 die »Cosmographiae Introductio«, in der sie die Neue Welt als erste mit dem Name »America« versahen. Dabei stützten sich die beiden auf einen Bericht des Seefahrers Amerigo Vespucci, der angab eine »mundus novus« (neue Welt) entdeckt zu haben. Und dem Entdecker gebührte auch die Ehre, namentlich verewigt zu werden. Kolumbus hingegen lebte im Glauben, einen Weg nach Indien gefunden zu haben. So fußt Amerikas Namen im Grunde auf einem Missverständnis. Saint-Dié besitzt eine Kopie der Karte, das Original wird in Washington in der Bibliothek des US-Kongresses ausgestellt.

Wohin in Saint-Dié-des Vosges?

Ungewöhnliche Glasfenster

Cathédrale Saint-Dié

Am nördlichen Rand der Innenstadt steht etwas erhöht die im 12. bis 14. Jh. entstandene ehemalige Stiftskirche (seit 1777 Kathedrale), die im 18. Jh. die imposante Zweiturmfassade erhielt. Die 53 modernen farbigen Glasfenster (1987) wurden von einer Künstlergruppe um Jean Bazaine gestaltet. Aus dem linken Seitenschiff betritt man den unvollendet gebliebenen gotischen Kreuzgang aus rotem Vogesensandstein (15./16. Jh.), der die Kathedrale mit der bemerkenswerten romanischen Kirche **Notre-Dame de Galilée**, die Liebfrauenkirche, verbindet. Sie ist ein wirklich herrliches Beispiel für die rheinisch-romanische Baukunst des 12. Jahrhunderts. Von den Einwohnern wird sie auch liebevoll »petite église« genannt.

Heimatkunde und Kunst

Musée Pierre Noël

An die Kathedrale schließt das Heimatmuseum an (Musée Pierre Noël). Es umfasst neben einer historischen Schau auch die Samm-

lung Claire und Ivan Goll sowie Werke u. a. von Chagall, Dalí und Moore. Hier werden auch die Skizzen und Pläne von Le Corbusier zum Wiederaufbau der Stadt aufbewahrt. Ein Raum ist dem in Saint-Dié gebürtigen Minister Jules Ferry (1832–1893) gewidmet, der die »laïcité« (Trennung von Kirche und Staat) sowie konfessionsfreien und kostenlosen Schulunterricht durchsetzte.

11, rue Saint-Charles | Juni–Sept. Mo., Mi.–Fr. 10–12, 13.30–18, Sa. 10–18, So. bis 19, Okt.–Mai Mi.–Mo. 13.30–17.30 Uhr | Eintritt: 5 €

Ein Turm aus Paris

Tour de la Liberté

Südwestlich der Kathedrale steht ein höchst ungewöhnliches Bauwerk, der 36 m hohe und 1440 t schwere Freiheitsturm (Tour de la Liberté). Ursprünglich wurde er anlässlich der 200-Jahr-Feier der Französischen Revolution im Pariser Tuileriengarten aufgestellt und 1990 hierher gebracht. Er symbolisiert den Vogel der Freiheit, der sich in die Lüfte schwingt. Der gläserne Kubus in halber Höhe birgt eine kleine Sammlung mit Gold- und Edelsteinschmuck, dessen Gestalter sich von den Werken des kubistischen Malers **Georges Braque** inspirieren ließ. Von oben hat man einen sehr guten Rundblick.

Le Corbusiers einzige Fabrik

Fabrik Claude et Duval

Wäre es nach den Mutigen und Innovativen gegangen, hätte Architekt Le Corbusier die ganze Innenstadt neu planen dürfen. Doch da-

SAINT-DIÉ-DES-VOSGES ERLEBEN

OFFICE DE TOURISME

2, place Jules Ferry
88100 Saint-Dié-des-Vosges
Tel. 0329 42 22 22
www.vosges-portes-alsace.fr

1 RESTAURANT DES VOYAGEURS €€

Ein mächtiges, mit Efeu bewachsenes Vogesensteinhaus erwartet die Gäste. Es liegt unweit südlich der Meurthe und bietet einen hübschen Blick auf den Stadtpark mit der Tour de la Liberté.
9, rue de la Meurthe
Tel. 0329 56 21 56
www.restaurant-des-voyageurs.fr
Ruhetage: So.abend, Mo., Do. abend

1 AUBERGE DE LA CHOLOTTE €€

Inmitten der herrlichen Vogesenlandschaft an einem kleinen Weiher liegt diese nette Auberge. Sie bietet romantisch eingerichtete Zimmer, eine ordentliche Küche mit regionalen Spezialitäten und beste Wandermöglichkeiten.
44, La Cens de Saint Dié
88600 Les Rouges-Eaux
(16 km südwestlich von Saint-Dié an der N 420)
Tel. 0329 50 56 93, 5 Z.
www.lacholotte.com

vor schreckten die Stadtväter zurück und es blieb bei der Kurzwarenfabrik Claude et Duval. Dieses 1946 errichtete Gebäude ist der einzige Fabrikbau von Le Corbusier.
1, avenue de Robache

Rund um Saint-Dié

Kultstätte für den Donnergott

Camp celtique de la Bure

Vom Col de la Crenée führt ein Fußweg zur keltischen Siedlungsstätte Camp celtique de la Bure aus der Zeit zwischen 2000 v. Chr. und dem 4. Jh. n. Chr. Vom ellipsenförmigen, ca. 340 m langen Ringwall blieb ein kniehoher Rest übrig. Die Funde der archäologischen Ausgrabungen sind im Museum von Saint-Dié zu sehen und legen nahe, dass hier der keltische Gott Taranis verehrt und Metall verarbeitet wurde. Vor Ort bleibt der Genuss einer wunderbaren Aussicht auf das Meurthetal.

Die funkelnde Welt der Kristallgläser

Baccarat

Weltberühmt wurde das lothringische Baccarat durch seine Kristallwaren. Im Jahr 1764 entstand die erste Glashütte. Zu Beginn des

19. Jh.s wurde die Glasbläserei in eine Kristallmanufaktur umgewandelt, von der sich schon bald die Mächtigen der Welt beliefern ließen, darunter die spanische Königin Isabella II. Mitte des 19. Jh.s sowie der russische Zarenhof. Die Firma Baccarat ist noch heute mit rund 900 Mitarbeitern das größte französische Kristallunternehmen. Ganz in der Nähe liegen auch die durch Kristallglas berühmt gewordenen Orte Meisenthal, Wingen-sur-Moder und Saint-Louis-lès-Bitche (alle ▶ Bitche). Über eine Straßenbrücke gelangt man ans andere Ufer der Meurthe, wo die Pfarrkirche Saint-Rémy steht, die 1957 an der Stelle der 1944 durch Beschuss zerstörten Vorgängerin in Sichtbeton erbaut wurde. Das Gotteshaus besitzt schöne Glasfenster der örtlichen Manufaktur: 4000 Kristallplatten, bestehend aus 20 000 Kristallstücken, symbolisieren in 52 Farben »Leben und Licht«.

Im östlich der Meurthe gelegenen Ortsteil befindet sich das **Kristallmuseum**, das neben Kristallglas seit dem frühen 19. Jh. auch eine Glasbläserei und -schleiferei besitzt, in der die Herstellung von Kristallwaren gezeigt wird. Zu den Glanzstücken der Sammlung zählt das für Könige und Staatschefs produzierte Tafelkristall. Unterhalb des Museums gibt es eine Verkaufsausstellung der Kristallerie, wo man eine umfangreiche Auswahl genießt.

Kristallmuseum: 13, rue du Port | Di.–So. 10–12 und 14–18 Uhr, Juli, Aug. durchgehend | Führung: 8 €

Ideal für Wandertouren

Raon-l'Étape

Ca. 8 km südöstlich von Baccarat liegt die »Brunnenstadt« Raon-l'Étape, ein auch als Wanderzentrum beliebter Ort an der Meurthe. Neben dem Rathaus von 1750, einem klassischen Bau mit Arkadenhalle im Erdgeschoss, und der direkt daneben stehenden klassizistischen Kirche von 1833, machen die zwölf Brunnen aus der zweiten Hälfte des 19. Jh.s den Reiz des Städtchens aus.

Kunstvolles Geländer

Senones

Senones (20 km nordöstl.) ist im 7. Jh. um eine Benediktinerabtei entstanden. Sehenswert sind der Kreuzgang und die kunstvoll geschmiedeten Geländer der Treppe, die zu den Gemächern des Abtes Don Calmet führt (18. Jh.). Als großer Gelehrter verband ihn eine Freundschaft mit Voltaire, obwohl dieser starke Kritik an der Kirche übte. Außerdem standen hier zwei Ende des 18. Jh.s. erbaute Schlösser der Prinzen von Salm. Das eine ist 1994 abgebrannt, das andere mittlerweile in Appartements umgewandelt.

Barocke Abtei

Moyenmoutier

Talabwärts von Senones liegt Moyenmoutier. Die Kirche (1766 bis 1776) der ehemaligen Benediktinerabtei zählt zu den schönsten barocken Sakralbauten der Vogesen.

★ SAINTE-MARIE-AUX-MINES

Département: Haut-Rhin | **Höhe:** 370 m ü. d. M. | **Einwohner:** 5100

Die alte Bergbaustadt liegt in einem der typischen, tief eingeschnittenen Vogesentäler. Kein Fachwerkhaus und kein Weinberg weit und breit. Wer hierherkommt, will in der rauen Bergwelt sein Mountainbike bewegen, wandern oder Bergwerke besuchen.

Wie der Name Val d'Argent (Silbertal) andeutet, lebten die Menschen hier einst vom Silberbergbau. Vom Mittelalter bis in die Neuzeit war Sainte-Marie-aux-Mines ein bedeutender Bergbauort und zwischen dem 15. und 18. Jh. die wichtigste Grubenstadt in Ostfrankreich. Im 17./18. Jh. löste Textilindustrie den Bergbau ab. Das jährliche Patchwork-Festival weist auf die Amish-People hin: In Sainte-Marie-aux-Mines sammelten sich Ende des 17. Jh.s viele aus der Schweiz ausgewanderte strenggläubige Mennoniten, die die Rückkehr zu einem einfachen Leben forderten. Im 18. und 19. Jh. emigrierten sie in die Vereinigten Staaten. Ihre Quilt-Stickereien sind berühmt und werden beim jährlichen Patchwork Meeting gefeiert.

Die stillgelegte Silbermine Tellure ist heute ein eindrucksvolles Schaubergwerk. Teils sind die Gänge extrem schmal.

SAINTE-MARIE-AUX-MINES ERLEBEN

OFFICE DE TOURISME
place du Prensureux
68160 Sainte-Marie-aux-Mines
Tel. 0389 58 80 50
www.valdargent-tourisme.fr

EUROPEAN PATCHWORK MEETING
Jährlich im September zeigen die Meister der Quiltkunst in mehreren Ausstellungen, was es mit dieser besonderen Art der Textilkunst auf sich hat. Wer selber tätig werden will, kann einen Kurs belegen.
www.patchwork-europe.eu

AUBERGE FRANKENBOURG
€€€
In dem wunderbar puristisch eingerichteten Restaurant speisen Sie auf Sterneniveau. Ebenfalls fein: das angeschlossene Hotel.
13, rue du Général de Gaulle
67730 La Vancelle
Tel. 0388 57 93 90
www.frankenbourg.com

Wohin in Sainte-Marie-aux-Mines?

Paläste der Bergbaubarone

Innenstadt

Statt Fachwerkbauten Bürgerhäuser der Renaissance: Kein anderer Ort im Elsass verfügt über so viele Renaissancehäuser. Unter den ca. 50 Gebäuden fallen besonders die türmchenverzierten Paläste der Bergbaubarone ins Auge.

Welt der Silberschürfer

Mine d'Argent Saint-Barthélemy

Zwei Silberminen können besichtigt werden. Die **Silbermine Saint-Barthélemy** erreicht man, wenn man am westlichen Stadtrand, oberhalb der klassizistischen Kirche Sainte-Madeleine und des Rathauses, der Beschilderung folgt. Die Besichtigung der **Silbermine Saint-Louis-Eisenthür** erfordert mehr Zeit. Die Exkursion dauert rund 3 Stunden, wovon etwa die Hälfte unter Tage verbracht wird. Robustes Schuhwerk und warme Kleidung sind erforderlich, da die Temperatur im Stollen nur 8 °C beträgt.

4, rue du Dr. Weisgerber | Eintritt: 12 € | nur mit Führung | www.asepam.org

Vogesen-Bergbau erleben

Tellure

Im Bergbau-Themenpark »Parc Minier Tellure« in der ehemaligen Mine Saint-Jean Engelsbourg nahe Sainte-Marie-aux-Mines setzen die Museumsmacher das Thema multimedial und interaktiv ins Szene. Auch ein Gang in die pechschwarze Mine gehört zum Programm.

Teils sind die Gänge so schmal, dass man auf Tuchfühlung mit den Felsen vorangeht – sehr abenteuerlich, aber nichts für Klaustrophobiker. Warm anziehen!
Juli/Aug. tgl. 10–19, April–Juni, Sept.–Nov. Di.–So. 10–18 Uhr
Eintritt: 12,50 € | https://tellure.fr

★ SARREBOURG

Département: Moselle | **Höhe:** 250 m ü. d. M. | **Einwohner:** 12 350

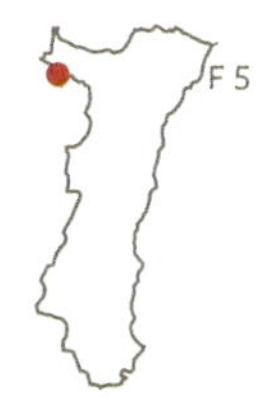

Sarrebourg steht für Großes: Marc Chagall schuf für die Franziskanerkapelle ein monumentales Glasgemälde. Und kein anderer Gutshof der Römer in Gallien besaß solche Ausmaße.

Die Römer legten ihre perfekten Straßen nicht nur an, um Truppenverbände rasch in die eroberten Provinzen schicken zu können, sondern vor allem auch als Handelswege. Eine große Verkehrsachse verband Reims mit Strasbourg. Wo diese an einer Furt die Saar querte, entstand vor rund 2000 Jahren Saarebourg (Saarburg). Einer der größten Gutshöfe aus dieser Zeit liegt nahebei; seine Reste können besichtigt werden. 1766 fiel der Ort mit Lothringen an Frankreich. Heute nennt sich die Industrie- und Handelsstadt die »Porte des Vosges« (Pforte der Vogesen).

Pforte der Vogesen

Wohin in Sarrebourg und Umgebung?

Chagalls »Friede« in Glas

Für die Chapelle des Cordeliers (Franziskanerkapelle) aus dem 13. Jh., die sich in der Stadtmitte etwas nördlich der Grand' Rue erhebt und wo heute das Office de Tourisme untergebracht ist, schuf Marc Chagall (1887–1985) das 12 m x 7,5 m große Buntglasgemälde »La Paix« (Der Friede), das u. a. die Schöpfungsgeschichte und den Einzug Jesu in Jerusalem zeigt.
1, place des Cordeliers | April–Okt. Mo., Mi.–Sa. 10–18, So. 14–18; Nov.–März tgl. außer Di. 14–17 Uhr

Chagalls »Friede« in Textil

Musée du Pays de Sarrebourg

Im Westen der Innenstadt befindet sich das Musée du Pays de Sarrebourg (Regionalmuseum). Es gehört wie die Chapelle des Cordeliers zum **»Parcours Chagall«**, denn das helle, sehr moderne Museum beherbergt u. a. den Wandteppich »La Paix«: die Transposition eines Kirchenfensters, das Chagall den Vereinten Nationen in New York schenkte.

SARREBOURG ERLEBEN

OFFICE DE TOURISME
place des Cordeliers
57400 Sarrebourg
Tel. 0387 03 11 82
www.tourisme-sarrebourg.fr/de

CHEZ L'AMI FRITZ €€
Mitten in der Altstadt liegendes, nettes Restaurant. Zur Auswahl stehen elsässische und lothringische Gerichte, darunter auch Knepfle und Sauerkrautplatte nach Großmutterart. Wem nach viel Fleisch ist, bestellt sich das Cordon Bleu.
76, Grand'Rue
Tel. 0387 03 10 40
www.ami-fritz.fr
Ruhetag: Do.

L'AUBERGE MAÎTRE PIERRE €
Von hier aus genießt man während des Essens einen schönen Blick auf die Stadt. Die Gerichte sind einfach: Pizza und Flammkuchen, aber auch Krustenschinken im Teigmantel und Fleisch aller Art vom Holzkohlegrill werden geboten.
24, rue de Lunéville
(am Ortsausgang Richtung Morhange)
Tel. 0387 03 10 16
www.bistromaitrepierre.fr

Besonders interessant sind die archäologischen Funde aus gallo-römischer Zeit, die großteils aus der Villa St. Ulrich (s. u.) stammen. Daneben gibt es mittelalterliche Kunst sowie eine bemerkenswerte Fayence- und Porzellansammlung aus Niderviller (18. Jh.) zu sehen.
rue de la Paix | April–Okt. Mo., Mi.–Sa. 10–18, So. 14–18; Nov.–März tgl. außer Di. 14–18 Uhr | Eintritt: 6 €

Römer im Lande der Gallier

Villa St. Ulrich

Ungefähr 4 km nordwestlich erreicht man das Ausgrabungsgelände von St. Ulrich. Archäologen legten hier die Fundamente eines stattlichen gallo-römischen Gutshofs (ca. 1. Jh. n. Chr.) frei. Mit ihren weitläufigen Innenhöfen, über 100 Zimmern und den Thermen gehört die Anlage zu den größten bekannten römischen Gutshöfen im gallischen Raum.

Kleine Runde mit dem Nachtwächter

Fénétrange

15 km entfernt von Sarrebourg liegt Fénétrange (700 Einw.). In diesem Ort am Saaroberlauf scheint die Zeit stehen geblieben zu sein, so altertümlich wirkt das Stadtbild. Das Zentrum wird vom einstigen Schloss der Herren von Fénétrange beherrscht. An der Place de l'Église lohnt die gotische Collégiale Saint-Rémy (Remigiuskirche, 15. Jh.) mit ihrer aus dem 18. Jh. stammenden Orgel einen Besuch. Im Sommer dreht der Nachtwächter in Originaltracht seine Runden. Im Juni steigt ein internationales Musikfestival. Ringsum breitet sich in diesem seenreichen Hügelland der **Parc Naturel Régional de Lor-**

raine (Regionaler Naturpark Lothringen) aus, ein hervorragendes Wandergebiet.

★★ SAVERNE

Département: Bas-Rhin | **Höhe:** 210 m ü. d. M. | **Einwohner:** 11 300

Nach Saverne zieht es die Gartenfreunde der Rosen wegen, die hier jedes Jahr für eine beispiellose Blütenpracht sorgen. Sanfte Hügel prägen die Gegend, Bäche murmeln zwischen Wiesen und Obstbäumen, unterm Sommerhimmel fährt der Wind in die Getreidefelder.

Saverne (Zabern) wird seiner Gärten wegen auch »Stadt der Rosen« genannt. Sie liegt äußerst verkehrsgünstig am Fuß des Col de Saverne, einem nur 6 km breiten, flachen Vogesenkamm, der das lothringische Hochland mit der Oberrheinebene verbindet. Eisenbahn, Autobahn und der Rhein-Marne-Kanal passieren hier die Vogesen, wie es schon die Römer taten: Als »Tres Tabernae« war Saverne ein wichtiger Verkehrsknotenpunkt in römischer Zeit. Seine Blütezeit erlebte der Ort von 1414 bis 1789 als die glanzvolle Residenz der Bischöfe von Strasbourg. Die »Pforte zum Elsass« liegt ideal zwischen Vogesenwäldern und Weindörfern. Von hier aus erreicht man auch rasch das Schiffshebewerk (▶ Phalsbourg), sei es zu Lande oder zu Wasser mit dem Boot.

Wohin in Saverne?

Ein elsässisches Versailles

★★ Château des Rohans

Von 1779 an ließ Louis-René de Rohan auf den abgebrannten Fundamenten des Schlosses seiner Familie, aus der im 18. Jh. die mächtigen Fürstbischöfe Straßburgs hervorgingen, einen wahrhaft herrschaftlichen Neubau in ungebremstem Luxus errichten. Nicht zuletzt wegen der 140 m langen Gartenfront – Prunkstück des Schlosses – bekam Saverne den schmeichelhaften Titel »Elsässisches Versailles«. Louis-René de Rohan war einer der Hauptdrahtzieher in der »Halsbandaffäre«, in die auch der italienische Abenteurer Allesandro Cagliostro und Königin Marie Antoinette verwickelt waren. Der stattliche Sandsteinbau diente nach der Französischen Revolution als Wohnheim für Witwen verdienter Beamter und Militärs, dann als Kaserne.

Heute sind im Schloss eine Jugendherberge, ein Kulturzentrum und ein Museum (Musée du Château des Rohan) untergebracht. Die **kulturhistorischen Abteilungen** zeigen gallo-römische Altertümer der Region, religiöse Kunst, Gemälde lokaler Künstler des 19./20. Jh.s und stadtgeschichtliche Exponate. Die Schenkung **»Donation Louise Weiss«** umfasst interessante Dokumente, die die Journalistin, Frauenrechtlerin und überzeugte Europäerin Louise Weiss (▶ Interessante Menschen) dem Museum Anfang der 1980er-Jahre vermachte. Im Park des Schlosses steht der dustere **Cagliostroturm**, wo der Lebemann und Magier Cagliostro seine Experimente durchführte.

Mitte Juni–Mitte Sept. Mi.–So. 10–12, 14–18, Mitte Sept.–Mitte Juni Mi.–Fr. 14–18, Sa., So. 10–12 und 14–18 Uhr | Eintritt 4 €

Das magische Einhorn

Place de Gaulle

Vor der Stadtfront des Schlosses erstreckt sich die Place de Gaulle (Schlossplatz) mit dem Einhornbrunnen an der westlichen Ecke, der das Wappentier der Stadt trägt. Angeblich soll ein Einhorn, das in der Mythologie als vollkommen reines Tier gilt, sein Horn in das Wasser getaucht haben, woraufhin fortan heilkräftiges Wasser aus dem Brunnen sprudelte.

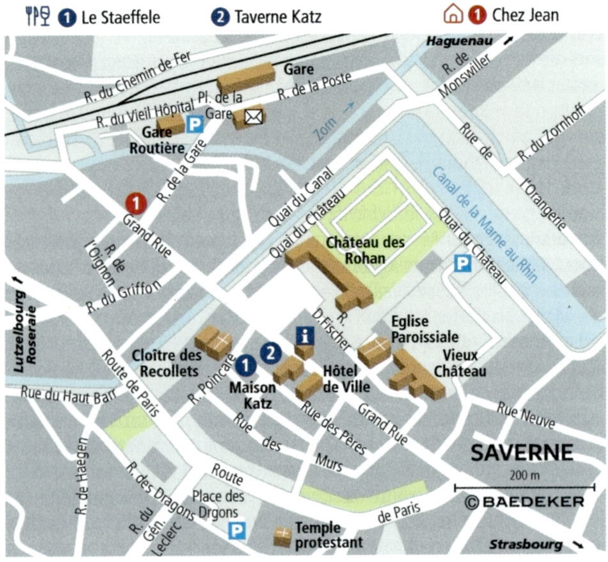

Im Haus des Steuereinnehmers

In der von schönen alten Häusern gesäumten Grand' Rue fällt das Haus Katz besonders auf, ein prächtiger, reich mit Schnitzereien verzierter Fachwerkbau von 1605, den der Generalsteuereinnehmer Heinrich Katz errichten ließ. Heute kommt die gut besuchte Winstub »Taverne Katz« in den Genuss des schönen Ambientes (s. u.). Unmittelbar daneben steht das um 1900 erbaute wilhelminische Rathaus.

★ Maison Katz

Einer der schönsten Kreuzgänge der Region

Südwestlich etwas abseits der Grand' Rue steht die Kirche des einstigen Rekollektenkonvents, eines besonders strengen Zweiges des Franziskanerordens, der heute als Schule dient. Neben der Kirchentür schließt der restaurierte Kreuzgang an, der zu den schönsten im Elsass gehört. Hier haben sich einige Wandgemälde unterschiedlicher Stilepochen erhalten.

Ancien Cloître des Récollets

SAVERNE ERLEBEN

OFFICE DE TOURISME
37, Grand' Rue, 67700 Saverne
Tel. 0388 91 80 47
www.tourisme-saverne.fr

❶ LE STÆFFELE €€
Weder Rehgeweihe noch karierte Tischdecken: Diese Edelwinstub zeichnet sich durch ihr modern-gediegenes Ambiente aus. Die Küche ist französisch orientiert; es kommen auch ausgefallenere Speisen und köstliche Fischgerichte auf den Tisch.
1, rue Poincaré
Tel. 0388 91 63 94
www.staeffele.com
Ruhetage: Mo., Di., So.abend

❷ TAVERNE KATZ €€
Nicht alle, die vor der Taverne stehen, wollen auch hinein, sondern bestaunen die Fassade: Das reich verzierte Fachwerkhaus aus dem 17. Jh. ist eine der berühmtesten Sehenswürdigkeiten der Stadt. Drinnen warten viel Holz, niedrige Decken und ordentlich Deko an allen Wänden. Im Sommer lockt die Terrasse. Satt wird man hier auf alle Fälle: Zu den gern bestellten Gerichten zählen Wädele, Schweinshaxe mit Sauerkraut und geschmorte Schweinebäckchen.
80, Grand' Rue, Tel. 0388 71 16 56
www.tavernekatz.com
Ruhetag: Do., Mi.- und So.abend

❶ CHEZ JEAN €€€
Die Zimmer in dem ehemaligen Kloster aus dem 17. Jh. sind im elsässischen Stil eingerichtet.
Zu dem netten Hotel mit 40 Zimmern gehören die rustikale Winstub S'Rosestiebel und ein empfehlenswertes Restaurant. Spezialitäten sind die Fisch- und Wildgerichte.
3, rue de la Gare
Tel. 0388 91 10 19
www.chez-jean.com
Ruhetage Restaurant:
So. abend, Mo.

Gotische Glasgemälde

Église paroissiale

Die im 14./15. Jh. errichtete Pfarrkirche befindet sich, etwas von der Grand' Rue zurückversetzt, auf der Anhöhe oberhalb des Schlosses. Durch die Basis des romanischen Viereckturms (12. Jh.) betritt man das gotische Innere, in dem vor allem die Bischofsgräber und die aus dem 15. und 16. Jh. stammenden Glasgemälde interessant sind.

tgl. 8–18 Uhr

Im Reich der Rosen

Roseraie

Westlich der Innenstadt und jenseits des Rhein-Marne-Kanals liegt der um 1900 angelegte Rosengarten (Roseraie). Der zweitgrößte Rosengarten Frankreichs besitzt rund 550 verschiedene Rosenarten. Während der Öffnungszeit blühen hier rund 8500 Rosenstöcke. Im Shop sind Rosenprodukte wie Seife, Rosenkonfitüre und -sirup und Rosentee zu haben.

Mitte Mai–Aug. Mo.–Sa. 14–19, So. 10–19, Sept. tgl. 14–18 Uhr
Eintritt: 3 € | www.roseraie-saverne.fr

Rund um Saverne

Orchideenpracht

Jardin Botanique

Auf der N 4 in Richtung Phalsbourg liegt in etwa 2,5 km Entfernung an der Zaberner Steige der Botanische Garten. Er umfasst auf einer Fläche von 2,3 ha ein Arboretum, ein Alpinum und ein kleines Torfmoor. Bekannt ist der Garten vor allem für seine Vielfalt an wilden Orchideen – nirgends in ganz Frankreich können mehr verschiedene Arten dieser faszinierenden Pflanzen bestaunt werden.

April, Okt. Sa., So., Fei. 14–18, Mai–Aug. tgl. 10–18, Sept. tgl. 14–18 Uhr | Eintritt: 3 € www.jardin-botanique-saverne.eu

Auge des Elsass

Haut-Barr

Das beliebteste Ausflugsziel in der Umgebung von Saverne ist der leuchtend rote, weithin sichtbare und auf einer gut beschilderten, 5 km langen Bergstraße erreichbare Burgberg von Haut-Barr. Wegen seiner hervorragenden Rundsicht wird er auch »Auge des Elsass« genannt. Vom Parkplatz am Eingang der Burgruine führt ein kurzer Fußpfad zu dem 1794 von Claude Chappe entwickelten, 1968 restaurierten optischen Flügeltelegrafen, der einst zur Signalübertragungsstrecke Paris–Strasbourg gehörte. Frankreich verfügte bereits 1794 als erstes Land über ein Telekommunikationsnetz. Die Ruinen des mächtigen Schlosses Haut-Barr (458 m ü. d. M.) stehen auf drei Buntsandstein- und Konglomeratfelsen, die über eine Metalltreppe und eine Brücke (Pont du Diable) miteinander verbunden sind. Das Schloss wurde um 1170 vom Bischof von Strasbourg erbaut, 1583–1590 durch den Landgrafen und Bischof von Mander-

Haut-Barr wird dank bester Rundumsicht auch das »Auge des Elsass« genannt.

scheid-Blankenheim erneuert, aber 1650 geschleift. Zur Burg gehören die im 12. Jh. erbaute Kapelle sowie ein stattlicher Fachwerkbau. Von den Türmen bietet sich ein grandioser Rundblick.

Auf dem Michaelsberg

Saint-Jean-Saverne

Nördlich von Saverne liegt malerisch am Hang des Mont Saint-Michel (Michaelsberg), von dessen romanischer Gipfelkapelle man eine schöne Aussicht genießt, das Dorf Saint-Jean-Saverne (500 Einw.). Die romanische Kirche gehörte einst zu einem von den Armagnaken und Schweden zerstörten Benediktinerkloster; neun kostbare Wandteppiche aus dem 16. Jh. sind dort zu sehen.

Bildschöne Wandteppiche

Neuwiller-lès-Saverne

Neuwiller-lès-Saverne (1100 Einw.) mit dem noch weitgehend intakten mittelalterlichen Ortsbild war einst Sitz einer im Jahr 726 vom hl. Pirmin gegründeten Benediktinerabtei, von der die **Église Saint-Pierre-et-Saint-Paul** (Kirche St. Peter und St. Paul) zeugt. Die mächtige Basilika entstand ursprünglich im 13. Jh. im romanisch-gotischen Übergangsstil; Westturm und Westfassade wurden im 17. Jh.

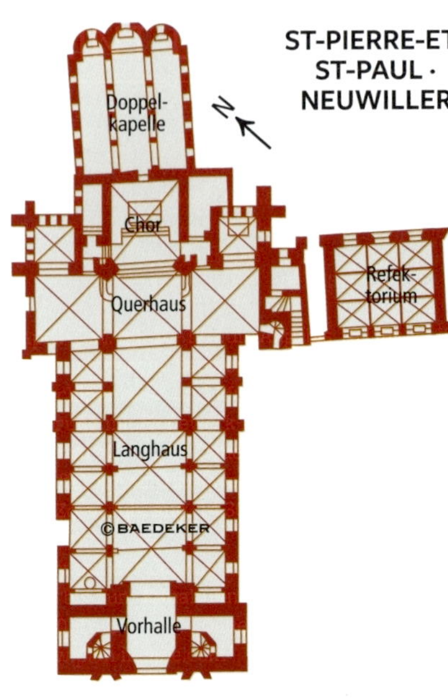

angefügt. An der Nordseite befinden sich zwei mit reichem Skulpturenschmuck versehene Portale. Davor stehen die 1988 freigelegten Grundmauern der aus dem 10./11. Jh. stammenden Chapelle Saint-Nicolas. Gleich links vom Hauptportal sieht man ein romanisches Taufbecken (12. Jh.), rechts das Hochgrab des hl. Adelphus (14. Jh.), eines Bischofs von Metz. Das linke Seitenschiff enthält eine spätgotische Grablegung Christi. Im rechten Querhausarm führt eine kleine Türe zu der schlichten romanischen Doppelkapelle (»chapelles superposées«). In der oberen, dem hl. Sebastian geweihten Kapelle befinden sich vier schöne gewebte Bildteppiche aus dem frühen 16. Jh. von hervorragender Qualität, die das Leben des hl. Adelphus schildern. Um diese Wandteppiche besichtigen zu können, im Pfarrhaus gegenüber läuten.

SCHIRMECK

Département: Bas-Rhin | **Höhe:** 317 m ü. d. M. | **Einwohner:** 2200

Schirmeck ist Dreh- und Angelpunkt des Tourismus im Bruchetal. Von hier aus schwärmen Wanderer, Mountainbiker und Genussradler in die waldige Umgebung aus.

Tannen, Buchen, Waldesluft

Das Obere Bruchetal zählt zu den schönsten Elsasstälern. Wiesen säumen den Fluss Bruche (Breusch), der eine dünn besiedelte Landschaft durchfließt. Immer wieder tun sich zwischen Tannen- und Buchenwäldern kleine Seitentäler auf, die zu Entdeckungstouren verlocken. Zwar ragen die Vogesen hier nur knapp über 1000 Meter auf, doch die Steigungen im Buntsandstein haben es in sich und strapa-

SCHIRMECK ERLEBEN

OFFICE DE TOURISME

114, Grand Rue
67130 Schirmeck
Tel. 0388 47 18 51
www.valleedelabruche.fr

MARKT

Ein munterer Kreis von Erzeugern bietet auf dem großen Bauernmarkt in Saâles die Köstlichkeiten des ganzen Bruche-Tals an: Käse, Wurst, noch fast ofenwarme Backwaren, im Sommer Eis aus Ziegenmilch, auch Wein wird verkostet – und überall gefachsimpelt. Im Zentrum des Geschehens befindet sich die Markthalle, drumherum gruppieren sich weitere Stände.
Saâles (20 km südl.)
Mitte Juni–Mitte Sept. Fr. 15 - 18 Uhr

LES CONFITURES DU CLIMONT

Mitten im Vogesenwald bei Ranrupt brodeln feinste Früchte in Kupferkesseln: Familie Krencker produziert seit über 25 Jahren »Les Confitures du Climont«. Verarbeitet werden überwiegend Früchte aus der Region, teils sogar aus Wildsammlungen, z. B. Heidelbeeren, nach Omas Rezepten. Darunter befinden sich ungewöhnliche Sorten wie Weißdorn (Aubépine), Löwenzahnblüte (Fleur de Pissenlit) und Wilder Apfel. Bei der Konfitüreherstellung darf zugeschaut werden.
Verkostung und Verkauf Di.–Sa. 9.30–12, 14–18.30 Uhr
14, route du Climont
67420 La Salcée, Ranrupt
Tel. 0388 97 72 01
www.confituresduclimont.com

HOTEL-RESTAURANT AUBERGE METZGER €€€

Der Großvater hat noch den Dorfgasthof betrieben, der Enkel ist nun weit und breit berühmt für seine hervorragende Küche. Yves Metzger bietet regionale Küche, lässt sich aber vor allem vom tagesaktuellen Angebot des Marktes inspirieren. Zu den Spezialitäten gehören die Wildgerichte. Hierher kommen auch die Einheimischen mit ihren Gästen und Geschäftspartnern. Daher ist das Restaurant selbst mittags sehr gut besucht und Reservieren empfehlenswert. Das Hotel im Hause bietet komfortable, moderne Zimmer.
55, rue Principale
67130 Natzwiller
Tel. 0388 97 02 42
15 Z.
www.hotel-aubergemetzger.com

FERME AUBERGE DU NOUVEAU CHEMIN €

Kühe, Enten und Hühner bilden das Begrüßungskomitee auf dem Bauernhof von Nadine und Wilfried Kreis. Im rustikalen Gastraum werden Baeckeofe, Fleischschnaka und andere ländliche Gerichte serviert. Die Zimmer sind einfach, sehr ruhig und angenehm. Weil der Hof abgelegen ist, empfiehlt sich für Übernachtungsgäste die Halbpension. Eine gemütliche Wanderung führt zum Climont, dem Hausberg dieser Gegend, an dessen Fuß die Bruche entspringt.
Le Hang
67420 Bourg-Bruche
(20 km südl.)
Tel. 0388 97 72 08
Ruhetage: Mo., Di.

zieren so manchen Wanderer. Schirmeck selbst liegt am südöstlichen Fuß des Donon, dem höchsten Berg der nördlichen Vogesen. Er steht im Ruf, eine keltische Kultstätte gewesen zu sein.

Kriegserinnerungen

Frontlinie und KZ

Das Obere Bruchetal hatte unter den Kämpfen des Ersten Weltkriegs besonders zu leiden, verlief hier doch eine der Frontlinien. Militärische Unterstände und Soldatenfriedhöfe erinnern an die Kampfhandlungen. Im Zweiten Weltkrieg richteten Nationalsozialisten in Schirmeck ab 1940 ein »Erziehungslager« ein, das die »Germanisierung« der elsässischen Bevölkerung unterstützen sollte. Neben diesem KZ-ähnlichen Lager liegt unweit in Natzweiler-Struthof das einzige Konzentrationslager auf französischem Boden (►S. 222).

Ein Zeichen der Versöhnung mit dunklem Hintergrund:
Das Memorial Alsace-Moselle erinnert an die deutsch-französische Geschichte.

Wohin in Schirmeck?

Spaziergang auf die Burg

Château

Östlich über dem Ort liegt die 1969 restaurierte Burg, erreichbar über den hinter der Kirche gelegenen Großparkplatz zu Fuß in etwa 10 Minuten. Das im Burgturm eingerichtete Museum zeigt eine kleine volkskundliche Sammlung.

Juli–Anf. Sept. So., Fei. 14.30–18.30 Uhr, Juli, Aug. auch Di., Do.

Monument der Versöhnung

Mémorial Alsace-Moselle

Das »Mémorial Alsace-Moselle« (Gedenkstätte Elsass-Mosel) am östlichen Ortseingang von Schirmeck dokumentiert die Geschichte des Gebietes Elsass-Mosel von der Einverleibung ins Deutsche Reich 1871 bis zur Gründung der EU. Maginot-Linie, deutscher »Blitzkrieg«, Germanisierung, Deportationen, Zwangsrekrutierungen der Elsässer und Widerstand gegen die Nazis sind nur einige Themen dieser umfangreichen Schau. Sie endet bei der deutsch-französischen Versöhnung und dem Weg in die EU; 2017 wurde das Mémorial umfassend erneuert und erweitert. Auffallend ist das flache Dach des Ausstellungsgebäudes, das über die Hangkante hinausragt. An klaren Tagen ist das Mahnmal des ehemaligen KZ Natzweiler-Struthof (►S. 222) auf der anderen Talseite sichtbar.

tgl. 9.30–18 Uhr | Eintritt: 13 € | www.memorial-alsace-moselle.com

Rund um Schirmeck

Besuch im Bergbaudorf

Grandfontaine

Den kleinen ehemaligen Bergwerksort Grandfontaine, wo zwischen dem 13. und 19. Jh. nach Eisenerz gegraben wurde, erreicht man, indem man von Schirmeck in Richtung Col du Donon fährt. Nach etwa 5 km zweigt links ein Sträßchen ab, das den Ort durchquert. Am Ortsrand befindet sich der heute als Besucherbergwerk eingerichtete Stollen, dem ein kleines Bergwerksmuseum angegliedert ist.

Ein göttlicher Ausblick

Donon

Nordwestlich von Schirmeck erhebt sich das dicht bewaldete Donon-Massiv, das die Grenze zwischen Elsass und Lothringen sowie den südlichen Abschluss der Sandsteinvogesen bildet. Vom 1009 m hohen Donon, dem König der Berge in den Nordvogesen, hat man bei klarem Wetter einen grandiosen Rundblick bis zu den Berner Alpen. Bester Aussichtspunkt ist das Gipfelplateau, das mächtige Buntsandsteinplatten bilden. Unterhalb der Fernsehrelaisstation gibt es Reste keltischer Kultstätten und gallo-römischer Fundamente, der Merkurtempel oberhalb der Station ist ein Nachbau. Ein archäologischer Lehrpfad erläutert die Geschichte des Ortes. Ein Rundwanderweg

HIMMELSBLICK

Die Kelten wussten um die Magie der Orte. Ihnen war auch der Donon heilig. Wen sie hier oben angebetet haben und in welcher Form, wissen wir nicht. Auf dem Gipfel hat die Erosion mächtige Buntsandsteinplatten freigelegt und eine Insel aus Felsen hoch über den endlosen Wäldern der Nordvogesen geschaffen. Meistens hat man diese erhabene Klausur unter freiem Himmel für sich allein. Da fühlt man sich fast schon keltisch ...

führt vom Parkplatz oberhalb des Col du Donon auf den Gipfel (ca. 6,5 km; Wegmarkierung: Aufstieg roter Balken (GR 5) sowie Tempel-Symbol; Rückweg gelbes Kreuz).

Das elsässische Konzentrationslager

Le Struthof

Von Schirmeck in Richtung Le Hohwald bzw. Barr fahrend, ist nach rund 5 km das links etwas abseits gelegene ehemalige Konzentrationslager Natzweiler-Struthof erreicht. Ab 1941 wurden hier 52 000 Deportierte, überwiegend politische Häftlinge, zur Zwangsarbeit in den Granitsteinbrüchen gezwungen. Die Todesrate war wegen der unmenschlichen Arbeitsbedingungen und des rauen Vogesenklimas extrem hoch. Rund 22 000 Menschen wurden von den Nationalsozialisten ermordet. Berüchtigt war das Lager wegen seiner zusammen mit der Straßburger Medizinischen Fakultät durchgeführten medizinischen Versuche. Als die US-Armee im November 1944 das KZ erreichte, waren die Lagerinsassen von der SS bereits nach Dachau transportiert worden. Heute ist das Gelände eine KZ-Gedenkstätte.

Am Parkplatz erhebt sich ein mit schwarzen Granitsteinen verkleideter Bau, das 2005 eröffnete Museum Centre Européen du Résistant Déporté (Europäisches Zentrum des deportierten Widerstandskämpfers). In bewusst dunkel gehaltenen Räumen wird hier über Widerstandskämpfer und Deportierte informiert. Ein kurzer Fußweg führt zum stacheldrahtgeschützten ehemaligen KZ. Der Tisch, an dem Nazi-Ärzte ihre Versuche durchführten, ist ebenso erhalten wie die hübsche Villa des Lagerkommandanten mit Swimmingpool. Am 40 m hohen **Mémorial de la Déportation** ist das Grab des Unbekannten Deportierten angelegt. Ungefähr 1,5 km außerhalb des Lagers liegt die Gaskammer, die von der SS als gewöhnliches elsässisches Haus getarnt war. Etwas weiter oben, rechts der Bergstraße,

befindet sich die Grande Carrière, der Steinbruch, in dem die Häftlinge Zwangsarbeit leisten mussten.
Mitte April–Sept. tgl. 9–18.30, bis Mitte April und Okt.–Dez. tgl. 9–17.30 Uhr | Eintritt: 8 € | www.struthof.fr

Wo spielen klug macht

Südlich von Schirmeck ist im Pfarrhaus des bildschönen Ortes Waldersbach das **Musée Oberlin** eingerichtet, das an das Wirken von Johann Friedrich Oberlin (1740–1826, ▶ Interessante Menschen) erinnert. Als er nach Waldersbach kam, herrschte wie in vielen anderen abgelegenen Vogesentälern bittere Armut. Der gebürtige Straßburger krempelte mit Intelligenz, Ideenreichtum und Gottvertrauen den Ort vollkommen um, kümmerte sich um die Bildung der Kinder, animierte die Bauern dazu, Obstbaumwiesen, Wege, Brücken und Gartenterrassen anzulegen und stampfte sogar eine kleine Seidenbandfabrik aus dem Boden. Die Ansätze des rührigen Pfarrers, Sozialreformers und Pädagogen zur kindgerechten Erziehung sind heute wieder hochmodern. So ist das ihm gewidmete Museum nicht nur für Pädagogen, sondern auch für Kinder einen Ausflug wert. Die Ausstellung steht unter dem Motto »Wo Spielen klug macht«: Die über 200 Jahre alten Spielzeuge und Unterrichtskarten sind lehrreich, skurril und witzig. Im Kinderhaus können auch die Kleinsten malen, basteln und den Garten erforschen. Zum Museum gehört ein großer Lehrgarten.

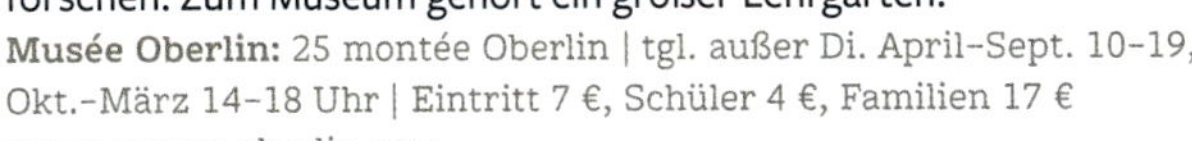

Musée Oberlin: 25 montée Oberlin | tgl. außer Di. April–Sept. 10–19, Okt.–März 14–18 Uhr | Eintritt 7 €, Schüler 4 €, Familien 17 €
www.musee-oberlin.com

★ SÉLESTAT

Département:: Bas-Rhin | **Höhe:** 182 m ü. d. M. | **Einwohner:** 19 300

Viele kommen, um die romanische Kirche anzuschauen, ein wenig durch die nette Altstadt zu bummeln oder am Dahlienfest teilzunehmen. Sélestat ist aber auch eine Hochburg der Bücherfreunde: die Humanistische Bibliothek gehört zum UNESCO-Welterbe und birgt einzigartige, wertvolle und sehr alte Bücher und Schriften.

Jährlich im Advent, wenn sich Historiker und Journalisten auf die Suche nach dem ältesten Weihnachtsbaum machen, taucht Sélestat in der Presse auf. Die Stadt rühmt sich, Geburtsort des Weihnachtsbaums zu sein. Richtig ist, dass hier erstmals ein Weihnachtsbaum aktenkundig wurde. Natürlich in der Humanistischen Bibliothek.

Wörtlich heißt es in einem dort ausgestellten Rechnungsbuch von 1521: »Item IIII schillinge dem foerster die meyen an sanct Thomas tag zu hieten«, das heißt, dem Förster werden vier Schillinge bezahlt, damit er am Thomastag (21. Dezember) auf die »Meyen« aufpasst. Mit Meyen oder Maien wurden grüne bzw. grünende Bäume bezeichnet, die anlässlich von Festen geschmückt werden, wie der Maibaum. Klingt alles wenig spektakulär, aber offenbar hat dieser eine Satz ausgereicht, um den Geburtsort des Weihnachtsbaums festzulegen. Was das Dokument nicht verrät: wie der Baum geschmückt wurde. Äpfel und Gebäck gehören zum ältesten bekannten Christbaumschmuck.

Zentrum des Humanismus

Geschichte

Das merowingische Fischerdorf Scladistat (Sumpfort) wurde 737 als fränkische Königsburg erstmals erwähnt. Schlettstadt, wie Sélestat damals hieß, entwickelte sich zur Freien Reichsstadt und wurde 1354 Mitglied des elsässischen Zehnstädtebundes. Im 15. und 16. Jh. zählte es dank seiner universitätsähnlichen Lateinschule und der »Literarischen Gesellschaft« zu den wichtigen Zentren des oberrheinischen Humanismus. In dieser Zeit gab es hier bis zu 1000 Schüler aus ganz Europa, u. a. die Humanisten Erasmus v. Rotterdam, Beatus Rhenanus, Jakob Wimpfeling sowie Reformator Martin Bucer.

Wohin in Sélestat?

Ein Meisterwerk der elsässischen Romanik

Sainte-Foy

In der Altstadt erhebt sich am Marché Vert (Grünmarkt) die spätromanische Kirche Sainte-Foy, die ehemalige Benediktiner-Propsteikirche Saint-Fides (1152–1190), mit ihrem massigen achtkantigen Vierungsturm. Da hier roter Sandstein und grauer Granit verbaut wurden, wirkt die Kirche wie gesprenkelt. Friese und Fensterbögen sind üppig geschmückt, auch die Westfassade trägt reichen Figurenschmuck. Das dreischiffige Innere mit der Barockkanzel (1733) liegt über einer Krypta, einem Überrest des Vorgängerbaus aus dem 11. Jahrhundert. Bei Restaurierungsarbeiten im Jahr 1892 wurde in der Krypta die Büste der »Unbekannten von Schlettstadt« aufgefunden. Vermutlich handelt sich um die Kirchengründerin Hildegard von Büren (um 1020–1094) oder deren Tochter Adelheid.

Kleine Brötchenkunde

Maison du Pain d'Alsace

In der Maison du Pain d'Alsace, dem Elsässischen Brotmuseum neben der Église Saint-Georges, darf man den Bäckern bei der Arbeit über

In Sélestat gab sich einst die geistige Elite des Humanismus ein Stelldichein.

SÉLESTAT ERLEBEN

OFFICE DE TOURISME

2, place du Dr. Maurice Kubler
67600 Sélestat, Tel. 0388 58 87 20
www.selestat-haut-koenigsbourg.com

SÉLEST'ART

Diese Biennale zeitgenössischer Kunst führt seit 1983 Freunde moderner Kunst nach Sélestat.
Sept., Okt., www.selestat.fr

CORSO FLEURI

Jährlich im August zeigt sich Sélestat von seiner buntesten Seite, wenn das große Dahlienfest mit bunt geschmückten Umzugswagen und Feuerwerk gefeiert wird.
www.selestat.fr

MARKT

Einer der größten und ältesten Straßenmärkte im ganzen Elsass macht sich dienstags in der Altstadt breit. Herrliche Spezialitäten von Erzeugern aus der gesamten Umgebung werden hier Seite an Seite mit Billig-Klamotten und Krempel feilgeboten. Für passionierte Marktgänger ist das ein Muss!
Di. 8–12 Uhr

LA PETITE FERME RIEDWASEN

Käse, Wurst, Honig und andere Köstlichkeiten der näheren Umgebung finden Sie in diesem gut sortierten Laden mitten in der Stadt.
44, rue des Chevaliers
Tel. 0388 58 48 22
www.lapetitefermeriedwasen.fr
Di.–Fr. 8–19, Sa. 8–18, So. 10–13 Uhr

❶ HOSTELLERIE DE LA POMMERAIE €€€€

Leben wie die Mönche? Keineswegs. Zwar sind Restaurant und Hotel in ein Zisterzienserkloster aus dem 17. Jh. eingezogen, doch im stilvollen Hotel und der guten elsässer Küche ist Askese ein Fremdwort.
8, Boulevard du Maréchal Foch
Tel. 0388 92 07 84, 13 Z.

❷ RESTAURANT AU BON PICHET €€

Wie schön, dass es noch Lokale wie den »Guten Krug« gibt. Die Speisen sind stets frisch, die Gerichte exzellent und werden ohne jeden überflüssigen Schnickschnack serviert. Der Schwerpunkt liegt auf Fleischgerichten – der Senior-Küchenchef war Metzger, der Junior, der heute am Herd steht, lernte das Kochhandwerk bei Haeberlin. Sogar an ein viergängiges Kindermenu hat Franck Barthel gedacht. Auch ist der Gastraum sehr gemütlich.
10, place du Marché aux Choux
Tel. 0388 82 96 65
www.aubonpichet.fr
Ruhetage: So., Mo., Do.abend

❶ L'ILLWALD €€€

Christian und Brigitte Schwarz haben aus einem Gehöft des 17. Jh. ein Schmuckstück geschaffen: Die 16 Zimmer sind komfortabel und geschmackvoll eingerichtet, das Restaurant zeigt sich mit warmer Holzvertäfelung und bietet, was noch viel wichtiger ist, beste Küche.
Le Schnellenbuhl (6 km südöstlich)
Tel. 0388 85 35 40, www.illwald.fr
Ruhetage Restaurant: Di., Mi.

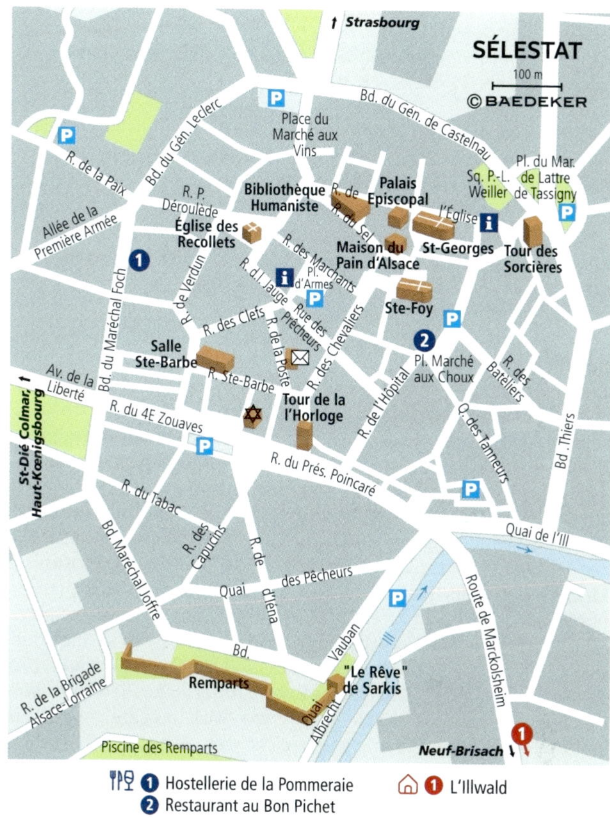

die Schulter blicken. Natürlich gibt es in dem nach frischen Backwaren duftenden Haus auch eine kleine Probierstube.

rue du Sel | Di.–Sa. 9–18, So. 9–12.30 und 14–18 Uhr, in der Adventszeit durchgehend | Eintritt: 6 € | https://maisondupain.alsace/de

Wahrzeichen der Stadt

Saint-Georges

Wenige Schritte nördlich von Sainte-Foy steht die Kirche Saint-Georges (St.-Georgs-Münster, 13. Jh.), eine der größten gotischen Kirchen im Elsass. Hier stand einst die karolingische Kaiserpfalz von Karl dem Großen. Der 60 m hohe Turm zählt zu den Wahrzeichen von Sélestat. Die Renaissancekanzel mit vergoldetem Skulpturenschmuck im Innern stammt von 1619. Im Zweiten Weltkrieg ging viel von der Innenausstattung zu Bruch. So wurden die farbigen Glasfenster der Langhauswände von Glasmaler Max Ingrand neu geschaffen. Weitere

Glasgemälde des 15. Jh. finden sich im Chor. Auf dem Kirchvorplatz hängt an einer Hauswand die goldgelbe Skulptur **»La Lame«** von Marc Couturier (1998).

Hier geht es mit dem Nachtwächter rund

Palais Épiscopal

Westlich von St. Georg gelangt man in der Rue de l'Église (Nr. 8) zur Résidence d'Ebersmunster, Palais Épiscopal, dem ehemaligen Stadtpalais der Benediktinermönche aus dem nahen Ebersmunster (▶ Dambach-la-Ville). Der 1541 errichtete Bau gilt als das schönste Renaissancegebäude der Stadt. Auf dem Vorplatz beginnt in Sommernächten der Rundgang des Nachtwächters, an dem Touristen teilnehmen können.

Im Bücherhimmel

Bibliothèque Humaniste

Zwischen dem Prälatenhaus und der Place Gambetta steht die 1843 erbaute einstige Kornhalle. Hier befindet sich die bedeutendste kulturelle Einrichtung der Stadt: die im Jahr 1452 aus den Bibliotheken des Beatus Rhenanus und der Lateinschule hervorgegangene Humanistische Bibliothek. 450 Handschriften (seit dem 7. Jh.), 530 Inkunabeln sowie 2000 Drucke aus dem 16. Jh. nennt sie ihr Eigen, manche davon Weltdokumentenerbe der UNESCO. Zu den prächtigsten Handschriften gehören das **Merowingische Lektionar** (7. Jh.) und das **Kapitularbuch Karls des Großen** (9. Jh.). Ein herrlicher Band: das Botanikbuch von Otto Brunfels (1530) mit seinen meisterhaften Pflanzenabbildungen. Weltbekannt ist die »Cartographia introductio« (1507) von Martin Waldseemüller und Matthias Ringmann. Dieses Geografiebuch gilt als **»Taufurkunde Amerikas«**, denn hier wurde der Name »Amerika« das erste Mal aufgezeichnet. Ein Sandsteinerweiterungsbau unterstreicht den Rang der Bibliothek. Seit der **Neueröffnung** der 2018 können deutlich mehr Bücher gezeigt und Informationen multimedial vermittelt werden.

Mai–Sept., Dez. Di.–So. 10–12.30 und 13.30–18, sonst 13.30–17.30 Uhr | Eintritt: 6 € | www.bibliotheque-humaniste.fr

Zeugnisse des Mittelalters

Stadtbefestigung

Von der mittelalterlichen Stadtmauer sind noch der Hexenturm (Tour des Sorcières, 1216) östlich der Georgskirche und der Uhrturm (Tour de l'Horloge bzw. Tour Neuve, Ende 13. Jh.) am südlichen Altstadtrand erhalten. Im Hexenturm waren in den Jahren zwischen 1629 und 1642 insgesamt 92 wegen angeblicher Hexerei angeklagte Frauen eingekerkert und wurden ermordet. Von der Mauer (17. Jh. unter Vauban) sind noch Reste im Süden der Stadt erhalten. Im Südwesten der Altstadt steht an der Place de la Victoire das alte Zeughaus (1470), das unter der Bezeichnung »Salle Sainte-Barbe« heute als Kongress- und Veranstaltungszentrum dient.

Moderne Kunst am Fluss

»Le Rêve« de Sarkis

Im Süden, zwischen Festungswall und Ill, ist die Sarkis-Installation »Le Rêve« (Der Traum) von 1993 zu bewundern: 300 Straßenschilder auf den alten Stadtmauern bilden kurze Sätze über die Kunst, das Reisen und die Natur – gegenüber spiegeln sich rote Flügel über dem Wasser.

Rund um Sélestat

Strom aus Wasserkraft

Rhein-Staustufe

Auf der Höhe von Marckolsheim befindet sich eine der wichtigsten Staustufen des Rheinseitenkanals (Canal d'Alsace). Sie wurde 1961 fertiggestellt und besitzt eine Doppelschleuse (185 m x 23 m bzw. 185 m x 12 m; Hubhöhe 10,80 m bis 13,80 m) sowie ein Niederdruck-Wasserkraftwerk mit einer installierten Turbinenleistung von 155 Megawatt.

Drei Tage verteidigt

Museum Maginotlinie

Rund 1,5 km östlich von Marckolsheim verlief die Maginot-Linie (▶ Baedeker Wissen, S. 130, 300). Bei Kämpfen vom 15. bis 17. Juni 1940 wurde die Kasematte 35/3 von nur 30 Mann drei Tage lang verteidigt – und dann aufgegeben. Im Festungswerk ist das Musée Mémorial de la Ligne Maginot (Gedenkstätte und Museum Maginotlinie) eingerichtet; erreichbar über die D 10.

20, route du Rhin, Marckolsheim | Mitte Juni–Mitte Sept. Fr.–So. 10 bis 12 und 14–18; Mitte Sept.–Mitte Nov., Mitte März–Mitte Juni, nur So. und Fei. 10–12, 14–18 Uhr | Eintritt: 4 €

SESSENHEIM

Département: Bas-Rhin | **Höhe:** 120 m ü. d. M. | **Einwohner:** 2300

In Sessenheim dreht sich alles um eines der berühmtesten Liebespaare der Literaturgeschichte: Hier lebte die schöne Pfarrerstochter Friederike Brion, mit der der Straßburger Jurastudent Johann Wolfgang von Goethe eine Romanze hatte.

Im Oktober 1770 lernte der 21-jährige Goethe die 18-Jährige kennen. Er besuchte sie oft in Sesenheim, ging im Pfarrhaus ein und aus, man traf sich in holder Zweisamkeit zu trauten Spaziergängen und Kahnfahrten in den Rheinauen. Goethe inspirierte die Begegnung zu jubelnden Liebesgedichten, die als **»Sesenheimer Lieder«** berühmt

SESSENHEIM ERLEBEN

MAIRIE
2, place de la Mairie
Tel. 0388 86 97 04
www.sessenheim.fr

AUBERGE AU BŒUF €€€€
Schon seit fünf Generationen betreibt Familie Germain den Ochsen. Mittlerweile hat er sich zum urgemütlichen Landgasthof entwickelt mit rustikal-moderner Innenausstattung (teils sitzt man auf Kirchenbänken) und französischer Küche, ausgezeichnet mit einem Michelin-Stern. Im selben Gebäude gibt es auch ein privates Goethe-Museum.
1, rue de l'Église
Tel. 0388 86 97 14
www.auberge-au-boeuf.fr
Ruhetage: Mo., Di., Mi.mittag

wurden, darunter das »Heideröslein« und »Willkommen und Abschied«. Doch als er im Sommer 1771 sein Examen in der Tasche hatte, schwang sich der frisch gebackene Advokat aufs Pferd und verließ die Pfarrerstochter vom Lande – ohne Abschied. Den Laufpass gab er ihr erst schriftlich vom heimischen Frankfurt aus. Friederike blieb nach der schmerzhaften Trennung ihr Leben lang unverheiratet. Goethe litt, wie er in Dichtung und Wahrheit einräumte, eine zeitlang unter »höchst peinlicher, düsterer Reue«.

Wohin in Sessenheim?

Vater Brions Kirche

Église protestante

In der Nähe des Rathauses steht die 1912 neu errichtete evangelische Kirche, auch »Friederikenkirche« genannt. In der Vorhalle zeigt ein 1954 entstandenes Wandbild Goethes Abschied von Friederike Brion. Im Innern existiert noch der alte Pfarrstuhl, worin Goethe an Friederikes Seite »eine etwas trockene Predigt nicht zu lang fand«. An der Außenwand der Kirche sind links die Grabplatten des Pfarrers Johann Jakob Brion und seiner Frau angebracht.

Auf den Spuren der Liebenden

Rundgang durchs Dorf

Gegenüber der Kirche befindet sich die Auberge au Bœuf (Gasthaus zum Ochsen), in der seit 1899 ein kleines **Goethe-Museum** an die Romanze zwischen Goethe und Friederike erinnert. Gegenüber der protestantischen Kirche beherbergt das klassizistische Gebäude der Alten Wache heute das **Mémorial Goethe** (Goethe-Erinnerungsstätte) mit vielen Text- und Bilddokumenten. Direkt gegenüber, jenseits der Rue Frédérique Brion, steht auf einem Privatgrundstück die **»Goethe-Scheune«**, der letzte noch verbliebene Rest des Pfarr-

FRÜHLINGSERWACHEN

Im piekfein renovierten Weimar scheint Goethe oft sehr weit weg. Im ländlich-abgeschiedenen Sessenheim fällt es spielend leicht, sich dem Großdichter zu nähern, der frisch verliebt durch die Wiesen streifte und so hinreißend im Frühlingsgefühlsüberschwang dichtete: »Wie herrlich leuchtet mir die Natur! Wie glänzt die Sonne! Wie lacht die Flur!« Wenn Olympier lieben ...

hofs, wie ihn Goethe erlebt hat. Der Bau wurde 1927 und 1958 restauriert, bietet aber im Wesentlichen den aus Goethes Zeichnung vertrauten Anblick. Wer den berühmten Liebenden nachspüren möchte, folgt dem **»Goethe-Rundweg«** zur Friederikenruh, angeblich ein Spazierziel der Liebenden.

Museum: 1, rue de l'Église | Mi.–So. 12–13.30, 19–21.30 Uhr
Mémorial: 1, rue Frédérique Brion | tgl. 9–18 Uhr

SOUFFLENHEIM

Département: Bas-Rhin | **Höhe:** 125 m ü. d. M. | **Einwohner:** 4800

Hinweisschilder auf »Poterie«-Shops mit Schüsseln, Tassen, Tellern und Terrinen in den Auslagen, nett verziert mit Pünktchen, Störchen und Blumen: In Soufflenheim und im Nachbarort Betschdorf wird unübersehbar die traditionelle elsässische Keramik produziert.

Zwei Töpferdörfer

Beide Orte haben sich auf charakteristische Formen und Dekors spezialisiert: in Soufflenheim sind noch 15 »Schüsseldreher« zuhause, in Betschdorf stellen die zehn »Krugmacher« und Hafner das typische grau-blaue Steinzeug her. Bis ein Stück in Handarbeit fertiggestellt ist vergehen vom Drehen auf der Töpferscheibe bis zum fertigen Brand zwei, drei Wochen. Das schafft die industrielle Konkurrenz deutlich

SOUFFLENHEIM ERLEBEN

OFFICE DE TOURISME
20 b, Grand' Rue
Tel. 0388 86 74 90
www.ot-soufflenheim.fr

POTERIE FRIEDMANN
Die älteste Töpferei von Soufflenheim bietet eine große Auswahl an traditioneller Keramik.
3, rue de Haguenau
67620 Soufflenheim
Tel. 0388 86 61 21
www.poteriefriedmann.fr
Mo.–Sa. 10–12 und 14–18.30, So. 14–18 Uhr

POTERIE FORTUNE SCHMITTER
Die traditionelle grau-blaue Betschdorfer Keramik stellt diese Töpferei bereits in der 7. Generation her. Das ist aber bei weitem nicht alles: Auch Christbaumkugeln ergänzen das Angebotan traditionellen Krügen und Töpfen.
7, rue des Potiers
67660 Betschdorf
Tel. 0388 54 42 74
Mo.–Fr. 9–12 und 13.30–18, Sa. 10–12 und 14–17

schneller und billiger, was die Ateliers zu spüren bekommen, obwohl ihre Ware längst auch spülmaschinenfest zu haben ist. Die Anfänge des Töpferwesens reichen bis ins 12. Jh. zurück. Der nahe gelegene Haguenauer Wald lieferte ausreichend Ton und Holz, um in Produktion zu gehen und einen schwunghaften Handel zu betreiben.

Wohin in Soufflenheim und Umgebung?

In der Töpferwerkstatt

Poteries artisanales

Hauptsehenswürdigkeit des blumengeschmückten Ortes sind die »Poteries artisanales«, die Keramikwerkstätten. Die traditionelle Soufflenheimer Keramik hat einen ockerfarbenen, häufig braun, blau oder grün glasierten Scherben mit rustikalem Blumen- oder Pflanzendekor. Überaus reich ist die Auswahl an dekorativem Gebrauchsgeschirr, wie es auch oft die regionalen Restaurants verwenden. In großer Zahl stellen die Töpfer Kougelhopf- und Baeckeoffe-Formen, Terrinen, Krüge, Schalen und Vasen in allen Größen her.

Ein lebensgroßes »Letztes Abendmahl«

Cimetière

Auf dem ehemaligen Friedhof ist in einer kleinen Kapelle die lebensgroße Figurengruppe des Letzten Abendmahls aus Ton zu finden, die 1932 die beiden Künstler Léon Elchinger und Charles Burger nach dem Vorbild des berühmten Mailänder Freskos von Leonardo da Vinci schufen.

Inspirationen aus dem Westerwald

Betschdorf

Im 18. Jh. belebten Töpfer aus dem Westerwald mit ihrem Steinzeug die Betschdorfer Keramikproduktion. Seither ist das graue Steinzeug mit dem blauen Dekor und der Salzglasur, die den harten durchsichtig glänzenden Firnis bildet, für Betschdorf charakteristisch. In der Rue de Kuhlendorf gibt das kleine **Musée de la Poterie** (Töpfereimuseum) einen guten Überblick über die Produktion vom Mittelalter an; auch werden einige gallo-römische Funde gezeigt, soweit es sich um Töpferwaren handelt. Eine Keramikwerkstatt und ein schöner Raum mit offenem Dachstuhl, wo die ortsansässigen Keramikwerkstätten ihre aktuellen Produkte ausstellen, vervollständigen die Ausstellung.

In der Kuppel der **Église Mixte** sind Fresken aus dem 15. Jh. zu sehen: Engel, Löwe, Stier und Adler, die Symbole der vier Evangelisten, umgeben das Lamm Gottes. Sehr schön ist auch die Figurengruppe, die das Jüngste Gericht darstellt.

Musée de la Poterie: April–Sept. Di.–Sa. 10–12, 13–18, So. 14–18 Uhr | Eintritt: 3,50 €

STRASBOURG

Département: Bas-Rhin | **Höhe:** 142 m ü. d. M. | **Einwohner:** 291 000

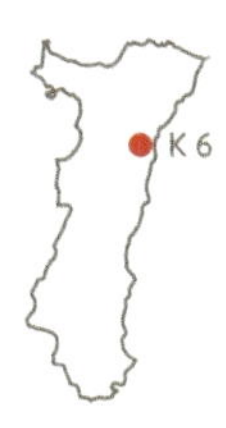

Die Mischung macht die größte Stadt des Elsass so faszinierend: Hier die Altstadt mit Feinkostläden, Shops und dem kuscheligen Viertel »Petite France«, dort das Europaviertel mit seinen spiegelnden Glaspalästen, in denen Kostüm- und Anzugträger aus ganz Europa hin- und hereilen. Alles verbunden durch das Flüsschen Ill und überragt vom 1000 Jahre alten Münster.

Zwei Arme der Ill und mehrere Kanäle umfassen die Altstadt, die komplett zum UNESCO-Welterbe zählt. Rund um Münster und Münsterplatz ist oft bis tief in die Nacht etwas los. Die ehemalige Mühlen, Fischer- und Gerberhäuser bilden, herrlich herausgeputzt, das berühmte Viertel »Petite France«. Autos wurden größtenteils aus dem Zentrum verbannt, was entscheidend zum Charme der Stadt beiträgt. Vom Münster aus sind die meisten Sehenswürdigkeiten in wenigen Minuten erreichbar. Wer gut zu Fuß ist, spaziert in einer halben Stunde zum Europaviertel oder nimmt die futuristische Tram.

»Carrefour de l'Europe«, Schnittpunkt Europas, so bezeichnet sich Strasbourg (Straßburg). 16 europäische Institutionen haben hier ihren Sitz. Aufgrund ihrer Verwurzelung in der Kultur der »Erbfeinde« Deutschland und Frankreich sieht sich die Stadt als Brücke zwischen den Nationen eines geeinten Europas.

Glanzvolle Geschichte

Strasbourg entsteht

Bei der alten Keltensiedlung an der **Kreuzung wichtiger Verkehrsstraßen** im Rheintal gründeten die Römer 16. n. Chr. das Kastell Argentoratum. Nach dem Anschluss an das Fränkische Reich 498 entwickelte sich der Ort zu einer bedeutenden Handelsstadt. Im 6. Jh. erscheint zum ersten Mal der Name »Strataburgum« (Burg an den Straßen); die Stadt wird Sitz eines Bischofs. Der **Serment de Strasbourg** (Straßburger Eide), ein 842 geschlossener Bündnisvertrag zwischen Ludwig dem Deutschen und Karl dem Kahlen, ist die älteste erhaltene volkssprachliche Urkunde. Sie besiegelte die Teilung des Imperiums Karls des Großen in ein Ost- und ein Westreich. Die Grundlagen für eine zukünftige deutsche und französische Politik waren geschaffen. Seit 1262 **Freie Reichsstadt**, war sie die reichste und glänzendste Stadt des gesamten Deutschen Reichs. Im Dominikanerkonvent arbeiteten die berühmten Theologen und Mystiker Meister Eckhardt – er schrieb 1314 in Strasbourg seine »Deutschen Predigten« – und sein Schüler Johannes Tauler. Kunst und Wissenschaft konnten sich im 15. und 16. Jh. im weltoffenen toleranten Strasbourg entfalten. Hier wirkten **Humanisten** wie Jacob Wimpfeling und Sebastian Brant, der Erfinder des Buchdrucks Johannes Gutenberg, Martin Bucer (1491–1551), der seit 1520 in Strasbourg die Reformation einführte.

Hauptstadt Europas

Deutsch-französisches Wechselspiel

Am 30. September 1681 besetzten die Truppen Ludwig XIV. Strasbourg. 1870/1871 gehörte Strasbourg wieder zum Deutschen Reich, von 1919 an wehte die französische Flagge. Im Zweiten Weltkrieg war Strasbourg von 1940 bis 1944 von deutschen Truppen besetzt; die Schäden durch die Befreiungsangriffe der Alliierten gegen Ende des Krieges waren beträchtlich. Als 1949 zehn westeuropäische Länder in Strasbourg den Europarat ins Leben riefen – die Bundesrepublik gehört ihm seit 1951 an –, war der erste Schritt auf dem Weg zur Hauptstadt Europas getan. Auch wirtschaftlich steht die größte Stadt des Elsass an erster Stelle. Der Hafen von Strasbourg ist nach Paris der zweitgrößte Flusshafen Frankreichs.

Touristische Hotspots

Altstadt

Das Zentrum auf der Grande Île, das von der Ill und ihrem Seitenarm Fossé du Faux Rempart vollständig umflossen ist, hat sich seinen mittelalterlichen Charakter bewahrt. Seit 1988 ist die Altstadt Teil des UNESCO-Weltkulturerbes. Jenseits der Ill schließt sich südlich das frühere Viertel der Schiffer an, die Krutenau, die gern als Studenten-,

6x TYPISCH

Dafür fährt man ins Elsass.

1. WINZER

Auf der gesamten Route des Vins lässt sich Wein wunderbar verkosten und kaufen. In die **Cave historique** nach Strasbourg bringen 47 Winzer aus dem ganzen Elsass ihre besten Tropfen, um sie dort reifen zu lassen – und zu verkaufen. (▶ **S. 255**)

2. KIRCHEN

Im Elsass sind so viele romanische Kirchen erhalten, dass es zu einer ganzen »Route Romane« reicht. Zu den bedeutendsten zählt Saint-Pierre-et-Saint-Paul in **Rosheim**. (▶ **S. 198**)

3. KÖCHE

Leben wie Gott in Frankreich ist natürlich auch im Elsass bestens möglich. Die Zahl der preisgekrönten Restaurants ist hoch, die der gemütlichen Gasthäuser und Weinstuben enorm. Ein gutes Beispiel findet sich in Niedermorschwihr: **Caveau Morakopf**. (▶ **S. 271**)

4. DORFSCHÖNHEITEN

Regelmäßig mischt das Elsass bei der Wahl der schönsten Dörfer Frankreichs ganz vorne mit. Eguisheim, Hunawihr, Mittelbergheim standen schon auf dem Podest, das blumen- und fachwerkbunte **Riquewihr** sowieso. (▶ **S. 194**).

5. FESTE

Wenn die Dörfer ihre Trachtenfeste feiern, strömen die Gäste in Scharen. Jetzt wird gegessen und getrunken, was Keller und Fass hergeben, gefeiert und getanzt. Besonders farbenfroh: die **Streißelhochzeit** in Seebach. (▶ **S. 335**)

6. BURGEN

Die Geschichte war unruhig, Festungen und Burgen zeugen davon. Viele Burgruinen haben sich zu Wanderzielen mit Traumaussicht gewandelt, gleich drei davon bietet **Ribeauvillé**. (▶ **S. 189**)

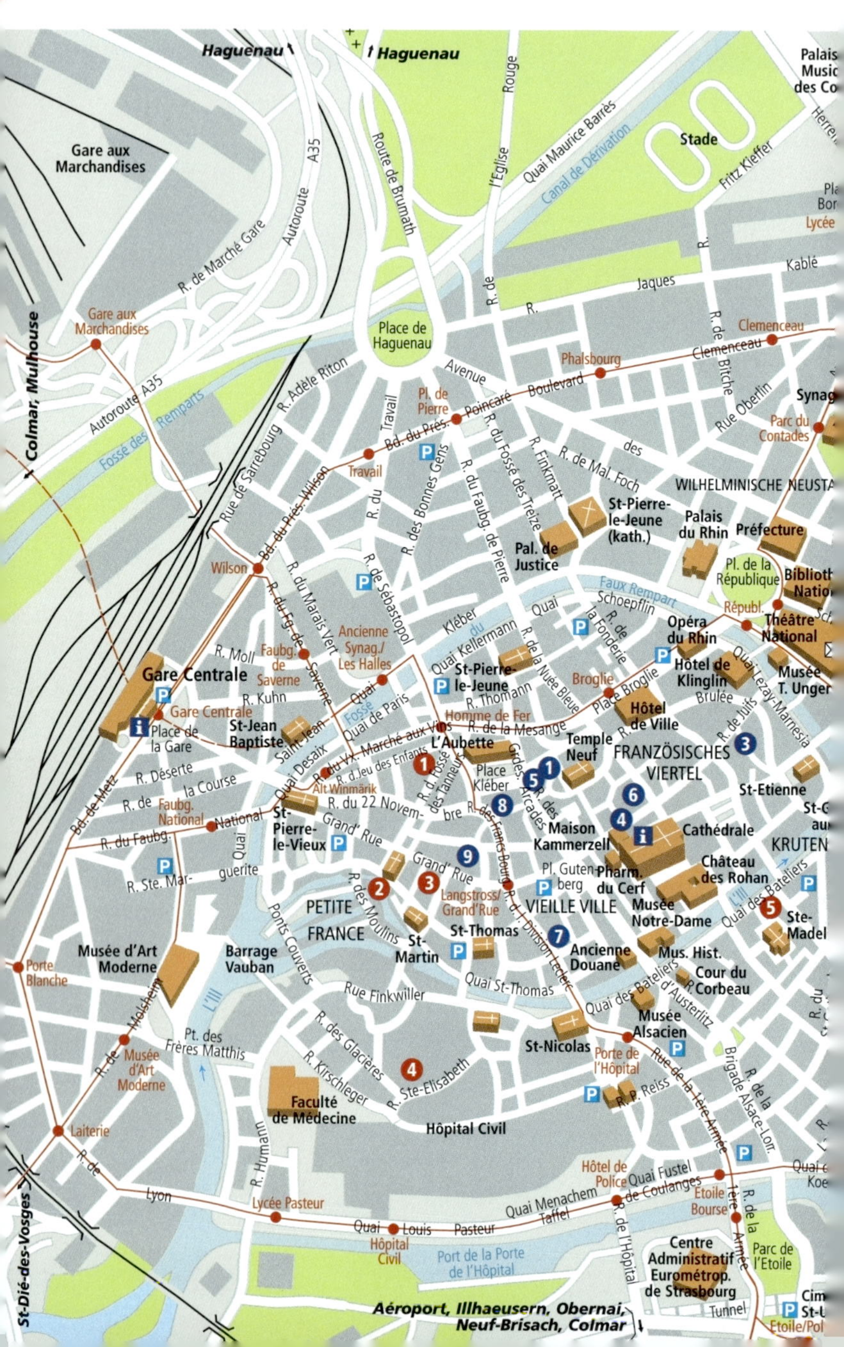
Haguenau
Haguenau
Palais Music des Co
Gare aux Marchandises
Stade
Route de Brumath
Autoroute A35
Quai Maurice Barrès
Canal de Dérivation
Fritz Kieffer
Lycée
R. de Marché Gare
Gare aux Marchandises
Place de Haguenau
Clemenceau
Phalsbourg
Boulevard Clemenceau
Colmar, Mulhouse
Autoroute A35
Fosse des Remparts
R. Adèle Riton
Avenue
Pl. de Pierre
Bd. du Prés. Poincaré
Rue Oberlin
Synag
Parc du Contades
Travail
R. de Mal. Foch
WILHELMINISCHE NEUSTA
St-Pierre-le-Jeune (kath.)
Palais du Rhin
Préfecture
Pal. de Justice
Pl. de la République
Biblioth Natio
Rue de Sarrebourg
Bd. du Prés. Wilson
Wilson
Faux Rempart
Quai Schoepflin
Répub.
Théâtre National
Opéra du Rhin
Ancienne Synag./ Les Halles
Faubg. de Saverne
R. Moll
Gare Centrale
Quai Kellermann
St-Pierre-le-Jeune
R. Thomann
Broglie
Place Broglie
Hôtel de Klinglin
Musée T. Unger
Quai Lezay-Marnesia
R. Kuhn
Gare Centrale
Place de la Gare
St-Jean Baptiste
Quai de Paris
Homme de Fer
R. de la Mesange
Hôtel de Ville
R. de Juifs
L'Aubette
Temple Neuf
FRANZÖSISCHES VIERTEL
R. Déserte
R. de la Course
Quai Desaix
R. du Vx. Marché aux Vins
R. d.Jeu des Enfants
Place Kléber
St-Etienne
Alt Winmärik
R. du 22 Novembre
Faubg. National
National
St-Pierre-le-Vieux
Grand' Rue
Maison Kammerzell
Cathédrale
KRUTEN
R. du Faubg.
Bd. de Metz
R. Ste. Marguerite
Château des Rohan
Pl. Gutenberg
Pharm. du Cerf
Quai des Bateliers
PETITE FRANCE
R. des Moulins
Langstross/ Grand'Rue
VIEILLE VILLE
Musée Notre-Dame
Ste-Madel
St-Martin
St-Thomas
R. d. l. Division Leclerc
Ancienne Douane
Mus. Hist.
Cour du Corbeau
Musée d'Art Moderne
Barrage Vauban
Ponts Couverts
Porte Blanche
Quai St-Thomas
Rue Finkwiller
Musée Alsacien
R. de Molsheim
L'Ill
Pt. des Frères Matthis
St-Nicolas
Porte de l'Hôpital
Musée d'Art Moderne
R. des Glacières
R. Kirschleger
R. Ste-Elisabeth
R. P. Reiss
Rue de la 1ère Armée
Brigade Alsace-Lorr.
Faculté de Médecine
Hôpital Civil
Laiterie
R. Humann
R. de Lyon
Hôtel de Police
Quai Fustel de Coulanges
Quai Menachem Taffel
Etoile Bourse
Lycée Pasteur
Quai Louis Pasteur
Hôpital Civil
R. de l'Hôpital
Port de la Porte de l'Hôpital
Centre Administratif Eurométrop. de Strasbourg
Parc de l'Etoile
St-Dié-des-Vosges
Aéroport, Illhaeusern, Obernai, Neuf-Brisach, Colmar
Tunnel
Etoile/Pol

STRASBOURG
300 m
© BAEDEKER
Eisstadion, Ausstellungsgelände
Palais de la Musique et des Congrès
Parlement Européen
Bassin de L'Ill
Palais des Droits de l'Homme
Droits d'Homme
Robertsau Boecklin
R. Boecklin
Allée Kastner
R. J.-J. Rousseau
Qu. du Chan. Winterer
Palais de l'Europe
Quai Jacoutot
Canal de la Marne au Rhin
Av. de l'Europe
R. du Gal. Uhrich
R. Lauth
Pavillon Joséphine
Parc de l'Orangerie
Chemin Goeb
R. du Gal. Ducrot
Quai Mullenheim
Bd. Jacques Preiss
Bd. du Prés. Edwards
Quai Zorn
Erwin
L'Ill
R. Boussingault
Quai Rouget-de-Lisle
Boulevard de l'Orangerie
R. Gottfried
Allée de la Robertsau
Bd. Tauler
R. Trubner
R. Schubert
R. F. X. Richter
R. Herder
R. Richard Wagner
Bd. J.-S.-Bach
St-Bernard
R. Schweighæuser
R. Fischart
R. Wimpheling
R. de Reims
Bd. d'Anvers
R. de Verdun
R. Gounod
R. d'Ypres
R. du Conseil des Quinze
St-Paul
Maire Dietrich
Avenue
R. Goethe
Université
Bd. de la Marne
St-Maurice
R. de Bruxelles
Port
R. de la
Musée Zoologique
Jardin
Observatoire de Strasbourg
Botanique
Bd. d'Anvers
R. de Rotterdam
R. du Général Picquart
Bassin des Remparts
Boulevard de la Victoire
Université
Bd. Leblois
Forêt
l'Académie
Observatoire
Noire
Amsterdam
R. du Gal. Zimmer
R. Blaise Pascal
R. Vauban
Place d'Islande
Centre
Av. du Gén. de Gaulle
R. de Stockholm
Stade Vauban
R. René Descartes
R. de Londres
Universitaire
Esplanade
du Maréchal Juin
R. de Rome
Rond-Point de l'Esplanade
R. de Boston
R. Tarade
Allée J.-P. Lévy
Citadelle
Parc de la Citadelle
Jura
R. du Jura
Quai des Alpes
Winston Churchill
Allée Winston Churchill
Pont Winston Churchill
Bassin Dusuzeau
Quai des Belges
Parc de la Citadelle
Danube Le Vaisseau
Bassin d'Austerlitz
Bassin de la Citadelle
Avenue du Rhin
Pont Vauban
1 Au Crocodile
2 Buerehiesel
3 La Table de Christophe
4 Maison Kammerzell
5 Brasserie Floderer
6 Chez Yvonne
7 La Cloche à fromage
8 L'Épicerie
9 S'Thomas Stüble
1 Hotel Europe
2 Régent Petite France
3 Le Bouclier d'Or
4 Les Haras
5 Hôtel d'Ill
Esplanade
Kernliniennetz der Verkehrsbetriebe A-F: Tram, G-H: Bus mit Haltestellen

STRASBOURG ERLEBEN

OFFICE DE TOURISME

17, place de la Cathédrale
67082 Strasbourg
Tel. 0388 52 28 28
tgl. 9–19 Uhr
www.visitstrasbourg.fr

STRASBOURG CITY CARD

Die Karte gilt sieben Tage und gewährt Ermäßigungen beim Aufstieg auf die Münsterplattform, Eintritt in Museen und bei einer Bootsfahrt auf der Ill. Für viele andere Sehenswürdigkeiten gibt es ebenfalls Rabatte.
Verkauf in der Touristen-Information
Erw. 6 €, Kinder 4 €

STADTBESICHTIGUNGEN

vermittelt die Touristen-Information. Individuell ist der Audio-Guide, der bei der Tourist Information für 5,50 € verliehen wird (Pfand muss hinterlegt werden).

PETIT TRAIN TOURISTIQUE

Der Minizug bietet eine 40-minütige Rundfahrt durchs Zentrum.
ab Place de la Cathédrale
Nov. 11–17, April–Okt. 10–18 Uhr
Ticket 8 €
https://petit-train-strasbourg.fr

GLASDACHBOOT BATORAMA

Sich mit dem Boot über die Ill schippern lassen, das ist eine besonders bequem Art der Stadtbesichtigung.
18, place de la Cathédrale
Tel. 0369 74 44 04
Abfahrt Palais Rohan: ganzjährig mehrere Abfahrten tgl.
Preise: 45 Min. 11,50 €;
70 Min. 14,90 €
Tickets: Batorama Shop an der Place de la Cathédrale, Automaten an der Anlegestelle und online
www.batorama.com

RADVERLEIH

Das flache Strasbourg ist ideal für Radler. Ein rund 500 Kilometer langes Radwegenetz durchzieht die Stadt und die nähere Region. Das Verleihsystem Velhop funktioniert mit Kreditkarte; das Rad erhält man an einer der elf Verleihstationen im Stadtgebiet oder in einem der drei Velhop-Läden am Bahnhof (Kaution 200 €, E-Bike 800 € und Personalausweis).
www.velhop.strasbourg.eu

PARKEN

Die Altstadt ist größtenteils Fußgängerzone und für den Verkehr gesperrt. Große Parkplätze befinden sich am Place de la Gare, Place Gutenberg und in Petite France Sainte-Marguerite. Nahe der Kathedrale liegen das rund um die Uhr geöffnete Parkhaus Austerlitz und das Parkhaus Centre ville-Petite France. Für Strasbourg ist die französische Umweltplakette Crit'Air Pflicht (zu bestellen nur unter www.certificat-air.gouv.fr, auch auf Dt.).
strasmap.eu

STRASSENBAHN

Die futuristische Straßenbahn, ein Markenzeichen der Stadt, verkehrt in sechs Linien von 4.30 bis 0.30 Uhr alle 4 bis 6 Minuten. Fahrkarten kauft man an den Haltestellen am Automaten (Münzen, EC-Karte) und entwertet sie auch vor Fahrtantritt auf dem Bahnsteig, nicht in den Zügen. Internationale Künstler gestalteten die Stationen.
Einzelfahrschein 2,10 €
über CTS-App 1,90 €
24-Std.-Ticket 4,60 €
www.cts-strasbourg.eu

WEIHNACHTSMARKT
300 Stände verteilen sich auf zwölf Standorte in der Stadt, darunter Place Kléber mit dem regelmäßig größten Weihnachtsbaum des Elsass, Place Broglie und vor dem Münster.
ab Fr. vor dem 1. Advent bis 24.12., teils bis 30.12.
www.noel.strasbourg.eu

FLOHMARKT
Zwischen Place de l'Étal und Place de la Grande Boucherie
Mi., Sa. 7–16 Uhr

BAUERNMÄRKTE
Mehrere Märkte bieten kleine, feine Köstlichkeiten direkt vom Erzeuger.
place du Marché-aux-Poissons
Sa. 7–13 Uhr

Boulevard de la Marne
Stadtteil Esplanade
Di., Sa., 7–13 Uhr

Place Broglie
Mi., Fr. 7–18 Uhr

BÜCHERMARKT
Rue des Hallebardes
Place Kléber
Di., Mi., Sa. 9–19 Uhr

EDOUARD ARTZNER
Pasteten, Rillettes, Käse und weitere kulinarische Schätze der Region und darüber hinaus bietet Edouard Artzner. Im Zentrum des Interesses steht allerdings die Gänsestopfleber (Foie Gras).
7, rue de la Mésange
Tel. 0388 32 05 00
www.edouard-artzner.com

BOULANGERIE WOERLÉ
Seit nunmehr 100 Jahren geht bei Woerlé herrliches Gebäck über den Tresen. Auch lernen Sie hier die große weite und vielfältige Welt des »Baguette« kennen – es gibt bei Weitem nicht nur eine Sorte.
10, rue de la Division Leclerc
Tel. 0388 15 19 30

NAEGEL
Die Rue des Orfèvres ist das Goldene Dreieck der Feinschmecker. Hier reiht sich ein Spezialitätenladen an den nächsten, der eine bietet Süßes, der Nachbar Salziges. Für die vorzüglichen Torten, Gebäck und Konfekt steht man in der Maison Naegel gerne auch einmal Schlange.
9, rue des Orfèvres
Tel. 0388 32 82 86
www.maison-naegel.com
Mo. geschl.

CHRISTIAN
Zwei Filialen vertreiben die erstklassigen Trüffel und anderen Köstlichkeiten von Chocolatier Christian.
12, rue de l'Outre
10, rue Mercière
Tel. 0388 22 12 70
www.christian.fr

MIREILLE OSTER
Berühmt für ihr »Pain d'épices« bietet Mireille Oster feine Lebkuchen in diversen Varianten.
31, rue du Vieux-Marché-des-Poissons
Tel. 0388 32 33 34
www.mireilleoster.com

POTERIE D'ALSACE
Töpferwaren aus Soufflenheim (der Poterie Lehmann) warten gleich gegenüber der Kathedrale auf Käufer.
3, rue des Frères
Tel. 0388 32 23 21
www.poterie-alsace-strasbourg.eu

THEATER, KONZERT
Im ehemaligen preußischen Landtag wird heute Theater gespielt, das Théât-

re Municipal ist eines der Spielorte der Opéra du Rhin.

Théâtre National
1, avenue de la Marseillaise
Karten-Tel. 0388 24 88 24
www.tns.fr

Opéra du Rhin
19, place du Petit-Broglie
Karten-Tel. 0368 98 75 93
www.operanationaldurhin.eu

Théâtre de la Choucrouterie
In einer ehemaligen Sauerkrautfabrik, der Choucrouterie, bringt ein legendäres, dreisprachiges Kabarett (Elsässisch, Deutsch, Französisch) Satirisches auf die Bühne. Nach der Vorstellung trifft man sich im hauseigenen, kleinen Restaurant.
20, rue Saint-Louis
Tel. 0388 36 07 28
www.theatredelachouc.com

Orchestre philharmonique de Strasbourg
Für Liebhaber klassischer Musik spielt im Palais de la Musique das Straßburger Philharmonieorchester.
Place de Bordeaux
Karten-Tel. 0368 98 68 15
https://philharmonique.strasbourg.eu/de

Artefact PRL/La Laiterie
Folk-, Rock- und Popkonzerte gibt es im Artefact/La Laiterie.
13, rue du Hohwald
Tel. 0388 23 72 37
www.artefact.org
Online-Tickets: www.artefact.org/la-laiterie/programmation

❶ AU CROCODILE €€€€
Das im Altstadtkern gelegene Spitzenrestaurant präsentiert sich in vornehm-diskreter Eleganz. Traditionelle Feinschmeckerküche gibt es ebenso wie leichte Nouvelle Cuisine, und die Weinkarte sucht ihresgleichen. Der Name stammt übrigens von dem Krokodil, das ein elsässischer Offizier während des napoleonischen Ägyptenfeldzugs erlegt und später als ausgestopftes Reptil im eigenen Wirtshaus – dem Vorläufer des jetzigen Lokals – an die Wand gehängt hatte.
10, rue de l'Outre
Tel. 0388 32 13 02
www.au-crocodile.com
Ruhetage: Mo., Di.abend

❷ BUEREHIESEL €€€€
Die herrliche Lage im Parc de l'Orangerie in einem alten Fachwerkhaus zählt zu den Pluspunkten vom berühmten Sternelokal »Burehiesel«, wo Eric Westermann für die Gourmetküche verantwortlich ist, der Sohn des sternegekrönten Meisterkochs Antoine Westermann. Wer sich zu einem guten Preis mit den gehobenen französischen Kochkünsten vertraut machen will, kommt mittags und genießt das deutlich günstigere Business-Menue.
4, Parc de l'Orangerie
Tel. 0388 45 56 65
www.buerehiesel.fr
Ruhetage: So., Mo.

❸ LA TABLE DE CHRISTOPHE €€€
Gleich bei der Kathedrale um die Ecke gehört das kleine Restaurant zu den gut nachgefragten Adressen. Das Interieur ist modern-gemütlich, die acht (!) Tische sind allerdings relativ eng gestellt. Die frische und zuverlässig feine, französische Küche schätzen auch einige Parlamentarier der EU.
28, rue de Juifs
Tel. 0388 24 63 27
www.tabledechristophe.com
Ruhetag: So., Mo.

❹ MAISON KAMMERZELL €€€€
Das direkt neben der Kathedrale stehende Haus Kammerzell gilt als

schönster Fachwerkbau der Stadt. Es bildet den stilvollen Rahmen für solide Elsässer Küche und ist meistens brechend voll. Wer Glück hat, erwischt in der warmen Jahreszeit einen Platz auf der Terrasse und genießt einen tollen Blick aufs Münster. Was wenige ahnen: Über eine uralte Wendeltreppe geht es hinauf unters Dach zu neun kleinen Zimmern für Übernachtungswillige.
16, place de la Cathédrale
Tel. 0388 32 42 14
www.maison-kammerzell.com

5 BRASSERIE FLODERER €€
Angenehmes Belle-Époque-Ambiente erfreut den Gast im Floderer wie auch eine große Fischkarte. Austern sind ebenfalls zu haben. Wer abends essen will, sollte entweder einen Tisch reservieren oder nicht gleich um 19 Uhr kommen, wenn das Lokal öffnet und der Ansturm am größten ist.
8, rue de l'Outre
Tel. 0388 52 03 03
www.floderer-strasbourg.com

6 CHEZ YVONNE €€
Die kleine, urgemütliche Winstub bietet mehr als nur elsässische Spezialitäten, sondern anspruchsvolle Küche. Seit 1873 gehen im S'Burjerstuewel, wie das Restaurant anfangs hieß, die Honoratioren der Stadt ein und aus, heute trifft sich hier alles, was Freude am guten Essen zu einem sehr guten Preis-Leistungsverhältnis hat.
10, rue du Sanglier
Tel. 0388 32 84 15
www.restaurant-chez-yvonne.net
Ruhetag: Mo.

7 LA CLOCHE À FROMAGE €€
Ein besonderes Lokal: Hier dreht sich alles um Käse. Französische Käseküche vom Feinsten. Gegenüber befindet sich die Fromagerie des Tonneliers.
27, rue des Tonneliers
Tel. 0388 23 13 19
Ruhetag: So.

8 L'ÉPICERIE €€
Der besonders nett im Stil eines Tante-Emma-Ladens und mit viel Liebe zum Detail dekorierte Gastraum wird sicherlich in Erinnerung bleiben. Die Toastbrote mit phantasievollen Aufstrichen sind sehr gefragt. Hierher kommt man auf ein Glas Wein mit Freunden oder den kleinen Hunger zwischendurch.
6, rue du Vieux Seigle
Tel. 0388 32 52 41
www.epicerie-strasbourg.com

9 S'THOMAS STUEBLE €
Die winzige Weinstub mitten in Petite France ist für Waedele, Nierle und Sauerkraut bekannt.
5, rue du Bouclier
Tel. 0388 22 34 82
Ruhetage: So., Mo.

CAFÉS

Atlantico
Besonders schön ist die Sommerstimmung in diesem Bar-Café auf dem fest vertäuten Schiff, wo man Snacks genießen kann.
9, Quai des Pêcheurs
Tel. 0388 35 77 81

Art Café
Dieses Café-Restaurant auf dem Dach des Musée d'Art Moderne et Contemporaine bietet einen wundervollen Blick auf Strasbourg.
1, place Hans Jean Arp
Tel. 0388 22 18 88
Ruhetag: Mo.

Café de l'Opéra
Ein barocker Rahmen umgibt dieses Café im Théâtre Municipal, in dem immer wieder interessante Ausstellungen stattfinden. Bei schönem Wetter kann man auch draußen sitzen und den Blick auf die Place Broglie genießen.
19, place Broglie
Tel. 0977 21 68 18

❶ EUROPE €€€€
Ganz in der Nähe des Place Kléber liegt dieses komfortable Best Western Hotel. Die Zimmerböden sind mit Parkett ausgelegt, an vielen Stellen der sparsam möblierten Zimmer setzten die freigelegten Fachwerkbalken Akzente. Moderne Bäder und ein feines Frühstück zeichnen das Hotel zudem aus.
38, rue du Fossée des Tanneurs
Tel. 0388 32 17 88
http://de.hotel-europe.com

❷ RÉGENT PETITE FRANCE €€€€
In einem ehemaligen Fabrikgebäude in der Altstadt und am Ufer der Ill wurde dieses hervorragend ausgestattete, edel gestylte Hotel eingerichtet. Schön ist der Blick auf die Kanäle und wer hungrig ist und nicht noch einmal losziehen mag, setzt sich ins Terrassenrestaurant.
5, rue des Moulins
Tel. 0388 76 43 43
www.regent-petite-france.com, 72 Z.
Ruhetage Restaurant: So., Mo.

❸ LE BOUCLIER D'OR €€€€
Mitten in Petite France liegt dieses Nobelhotel, dessen Zimmer sich auf drei Fachwerkgebäude verteilen. Bernsteinfarbene alte Dielenböden, Holzvertäfelung und Fachwerkbalken lassen in den »Elsässer Zimmern« eine sehr heimelige Atmosphäre aufkommen. Natürlich sind die Bäder topmodern. Wer Wert auf Stilmöbel und Kronleuchter legt, bucht eine der »Bourgeois Suiten«. Ein Hauch von Paris weht in der Bar Meyerhof im Erdgeschoss.
1 rue du Bouclier
Tel. 0388 13 73 55
www.lebouclierdor.com

❹ LES HARAS €€€€
Nicht nur für Pferdefreunde: Im denkmalgeschützten, ehemaligen Pferdegestüt unweit von Petite France hat ein Designerhotel eröffnet. Viel Holz und Leder, freigelegtes Gemäuer und Fachwerkbalken verleihen den 55 Zimmern eine besondere Atmosphäre. Das Restaurantkonzept hat Starkoch Marc Haeberlin entwickelt.
23, rue des Glacières
Tel. 0390 20 50 00
www.les-haras-hotel.com

❺ HÔTEL DE L'ILL €€€
Hier herrscht eine angenehme Familienatmosphäre mitten im trendigen Viertel Krutenau. Die 2017 renovierten, sparsam möblierten 31 Zimmer sind nicht groß, aber wer will schon in der Stube sitzen, wenn Strasbourg ruft?
8, rue des Bateliers
Tel. 0388 36 20 01
www.hotel-ill.fr

Amüsier- und Künstlerviertel bezeichnet wird. Wer abends noch unter Leuten sein will, geht hierher. Mietskasernen und alte Häuser stehen in unmittelbarer Nachbarschaft, neben den Tante-Emma-Läden prunken Designergeschäfte. Nur tagsüber interessant ist das Europaviertel mit den Institutionen der EU.

Am Rand

Vorstädte

Die Vorstädte Cronenbourg, namengebend für das Kronenburg-Bier, Elsau und das 1960 hochgezogene Hochhausviertel Neuhof zeigen die Kehrseite des idyllischen Strasbourg. Die Situation ist in den meisten französischen Städten gleich: Sozial Schwache, Gastarbeiter der dritten Generation und Einwanderer drängen sich in den Betonsiedlungen ohne große Aussicht auf Arbeit und gesellschaftliche Anerkennung. Konzepte der Stadt zur Eindämmung der Drogenkriminalität und Gewaltbereitschaft der Jugendlichen waren bisher nicht von nachhaltigem Erfolg gekrönt.

 Cathédrale Notre-Dame (Münster)

Kathedrale: Mo.–Sa. 8.30–11.15, 12.45–17.45, So. 14–17.15 Uhr, außer bei Gottesdienst | **Aussichtsplattform:** April–Sept. 9.30–13, 13.30–20, Okt.–März 10–13, 13.30–19 Uhr | Eintritt 8 €
Astronomische Uhr: tgl. 12.30, Einlass ab 11.30 Uhr | Eintritt 4 €
www.cathedrale-strasbourg.fr

Das steinerne Spitzentuch

Sommerliche Lightshow

Mittelpunkt der Altstadt bildet die Place de la Cathédrale mit dem Straßburger Münster aus leuchtend rotem Vogesensandstein, einem der bedeutendsten Denkmäler abendländischer Baukunst. Die Kathedrale ist allein schon eine Reise wert. Im Sommer erst recht: Im Juli und August beginnt hier mit Einbruch der Dunkelheit die ganz große Show. Umwabert von Musik und von Strahlern und Lasern illuminiert, leutet die mächtige Fassade in allen Regenbogenfarben auf. Kitsch? Keineswegs. So werden die Türmchen, Spitzen, Fenster und die vorgeblendete, fein ausgearbeitete Maßwerkfassade der gotischen Kathedrale, genannt »steinernes Spitzentuch«, erst richtig in voller Pracht sichtbar.

Tausend Jahre alte Schönheit

Baugeschichte

Der romanische Bau (begonnen 1015) wurde an der Stelle eines gallo-römischen Tempels und zweier Vorgängerbauten errichtet. 1176 erlitt er schwere Brandschäden, die einen Neubau im Stil der Gotik in Gang setzten. Um 1225 waren Chor und Vierung fertig, bis 1230 die Querhäuser und 1275 schließlich das Langhaus. Am südlichen Querhaus ist der Übergang von der Romanik zur Gotik deutlich zu erkennen. Die Westfassade mit reichem Figurenschmuck und einzigartigem filigranen Maßwerk entstand 1277 bis 1439 in der Tradition der klassischen französischen Zweiturmfassaden, wobei wegen der schlechten Finanzlage nur der Nordturm zur Ausführung kam. Die 16-blättrige Rose mit ihren 14 m im Durchmesser ist ein Werk des Meisters **Erwin von Steinbach**. Der mittlere Teil des dritten Geschosses entstand ab 1384 nach Plänen von **Michael Parler**. Der Ulmer Münsterbaumeister **Ulrich von Ensingen** begann 1399 mit dem Bau des fein gegliederten Nordturms, den der Kölner Meister **Johannes Hültz** 1439 mit dem kunstvoll durchbrochenen Helm krönte. Mit seinen 142 m Höhe ist der Münsterturm das markante Wahrzeichen

CATHÉDRALE NOTRE-DAME · STRASSBURGER MÜNSTER

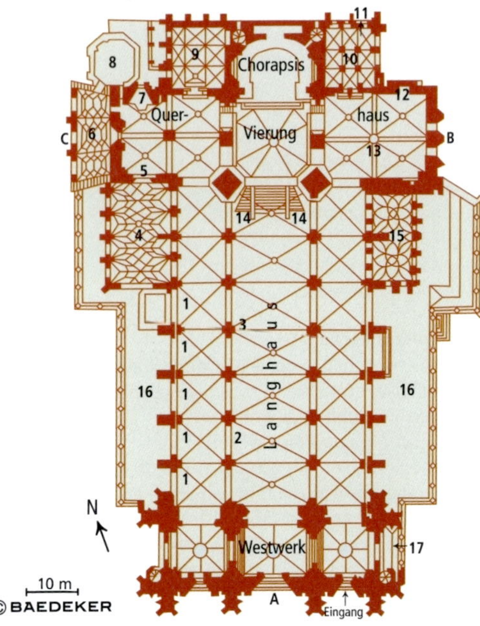

A Hauptportal an der Westfront (1270 – 1330); oben Rosenfenster (13,5 m Ø)
B Uhrportal (Südportal; um 1230)
C Laurentiusportal (1495 – 1505)
1 Kaiserfenster (12. – 14. Jh.)
2 Orgel (urspr. von A. Silbermann, 1714 – 1716; Gehäuse von 1489)
3 Kanzel (von J. Hammer, 1486)
4 Martinskapelle (1515 – 1520)
5 Ölberg (15. Jh.)
6 Lorenzkapelle (1495 – 1505)
7 Taufstein (von J. Dotzinger, 1453)
8 Sakristei
9 Johanneskapelle (um 1240; unter dem Kapitelsaal)
10 Andreaskapelle (12. Jh.)
11 zur Ausstellung
12 Astronomische Uhr (urspr. 1570 – 1574)
13 Engelspfeiler (1230 – 1240)
14 Treppen zur Krypta
15 Katharinenkapelle (1331; Gewölbe 1563)
16 Münsterschranken
17 Aufgang zur Turmplattform

Maße: Gesamtlänge: 118 m; Breite des Querschiffes: 58 m; Höhe des Mittelschiffes: 31,5 m; überbaute Fläche: 4087 m²; Gesamthöhe des Nordturms: 142 m; Turmplattformhöhe: 66 m.

der Stadt, das man von vielen Stellen im Elsass aus wie einen markanten Zeigefinger über der Ebene aufragen sieht. 1793 fielen viele Statuen der Zerstörungswut der Französischen Revolution zum Opfer. Sogar der Turm sollte abgetragen werden, da er die anderen Gebäude überrage und so die Gleichheit verletze. Doch zuletzt setzte man nur eine blecherne Jakobinerhaube (das Symbol der Revolution) auf die Turmspitze. 1878/1879 wurde über der Vierung ein Kuppelbau in neoromanischen Formen errichtet.

Törichte Jungfrauen und ihr Verführer

Skulpturen

Bei einem großen Teil des Skulpturenschmucks handelt es sich um Nachbildungen; einige Originalfiguren sind im Musée de l'Œuvre Notre-Dame ausgestellt. Die Bogenfelder des Hauptportals und des linken Seitenportals zeigt Szenen aus dem Leben Christi, das rechte Tympanon des Seitenportals illustriert das Jüngste Gericht. Im Gewände stehen die Törichten und Klugen Jungfrauen und die berühmte Figur des Verführers (Matthäus 25, 1–13). Im rechten Bogenfeld des südlichen Querhausportals ist Marias Krönung abgebildet, im linken ihr Tod. Die seitlichen Frauenfiguren eines unbekannten Meisters entstanden um 1220 und stehen für **Ecclesia** (Christentum) und für **Synagoge** (Judentum) – beides Figuren, die in ihrer Ausdrucksstärke ohne Beispiel sind.

Das grüne Licht

Inneres

Der 103 m lange, 41 m breite Innenraum des Münsters ist gewaltig: Schlanke Bündelpfeiler tragen das bis zu 32 m hohe Gewölbe des Mittelschiffs. Die **farbenprächtigen Glasfenster** sind aus dem 12. bis 14. Jh., die 4600 Scheiben bestehen aus 500 000 Einzelteilen. Im nördlichen Seitenschiff erkennt man auf den Glasfenstern 21 deutsche Kaiser und Könige. Ein besonderes Phänomen ist am Frühlings- und Herbstanfang zu beobachten: Im Augenblick der **Tag-und-Nachtgleiche** bildet sich bei Sonnenschein durch eine ganz bestimmte Stelle an einem Fenster ein grüner Lichtstrahl, der auf den steinernen Baldachin über der Christusfigur der Kanzel fällt und diesen aufleuchten lässt.

Wem die Stunde schlägt

Die Highlights

Im südlichen Querhaus befindet sich mit dem **Engelspfeiler** ein Meisterwerk gotischer Bildhauerkunst (1230 bis 1240): Unten sind die vier Evangelisten, darüber die Posaunen blasenden Engel des Weltgerichts und ganz oben Christus als Richter dargestellt.
Die berühmte, 18 m hohe **Astronomische Uhr** fertigte Tobias Stimmer an (1539–1584), ihr Uhrwerk wurde 1838–1842 eingefügt. Jeden Tag um 12.30 Uhr setzt sich die Automatenmechanik in Bewegung, und die Zwölf Apostel ziehen dann unter dem Flügelschlagen und Krähen eines großen Hahns an Christus vorüber. Beachtenswert

STRASSBURGER MÜNSTER

Das Münster zählt zu den bedeutendsten Kathedralen Europas und gilt als das Wahrzeichen des Elsass. Von weit her sichtbar erhebt sich der Nordturm über die Stadt. Der Südturm kam nie zur Ausführung. Hauptattraktionen sind die Westfassade mit ihrem grandiosen Figurenschmuck, die meisterhaften Skulpturen im Inneren sowie die astronomische Uhr.

▶ Planung

Das römisch-katholische Gotteshaus wurde 1176 bis 1439 aus rosa Vogesensandstein an der Stelle eines abgebrannten Vorgängerbaus von 1015 errichtet.

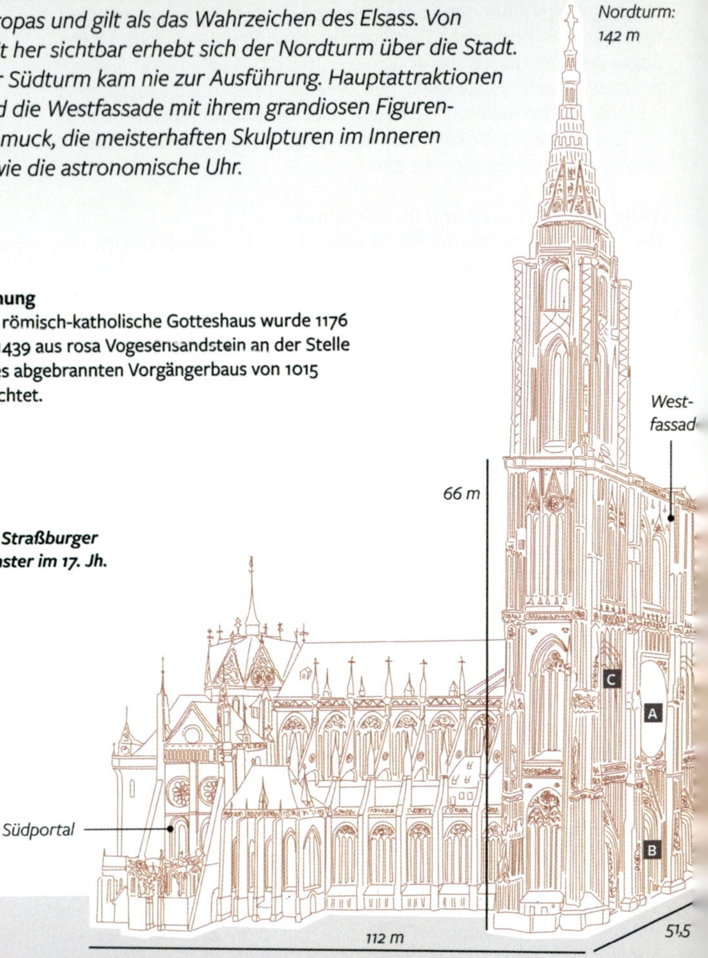

Das Straßburger Münster im 17. Jh.

▶ Baugeschichte

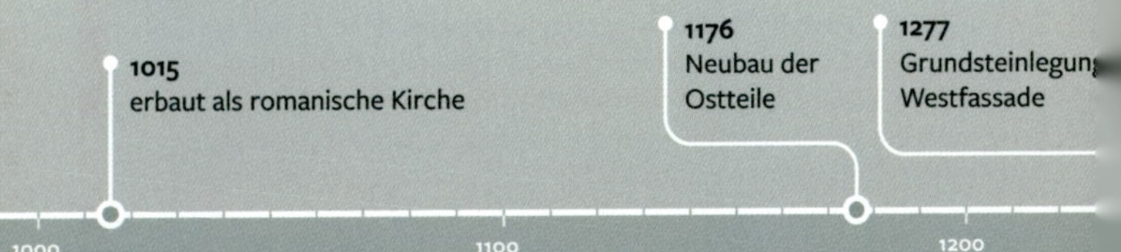

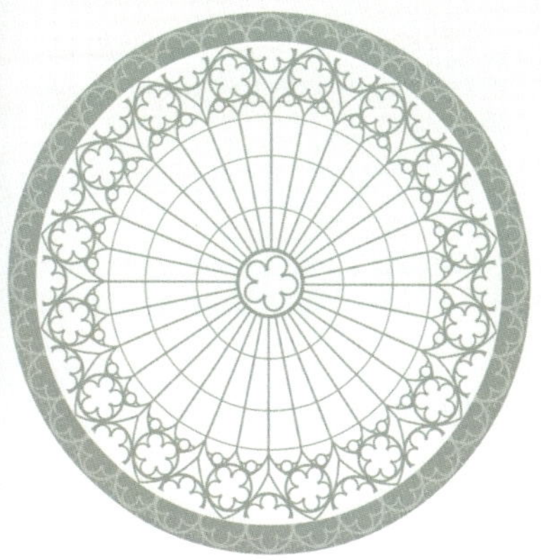

A ***Fassadenrosette***
Durchmesser: 13,6 m

B ***Hochgotische Gewändefiguren an der Westfassade***
Propheten am Hauptportal

▶ **Details & Besonderheiten**
Beeindruckend ist die figurenreiche Westfassade mit ihren Portalstatuen und der Fensterrose.

C

Harfenmaßwerk
Vor das Mauerwerk der Westfassade wurde ein freistehendes Gerüst aus dünnen Stäben und Bögen gesetzt, was, wie der Name schon sagt, an aufgespannte Harfensaiten erinnert. Diese Straßburger Erfindung verleiht der Fassade ungewöhnliche Tiefe.

otische Kirchen im Größen-vergleich

150
100
50

Ulm 161,5 m
Köln 157,4 m
Straßburg 142 m
Wien 136,4 m
Regensburg 107 m

284 Portalzone und Rosette von Erwin v. Steinbach

1340er Anbau Katharinen-kapelle

1399 Baubeginn Nordturm, Fertigstellung 1419

1439 Fertigstellung Dach Nordturm

1300 1400 1500

sind ferner die spätgotische Kanzel (1484–1485), die angeblich für den Münsterprediger Geiler von Kaysersberg angefertigt wurde, sowie die **Orgel von Andreas Silbermann** (1714–1716). Die **Krypta** ist nicht öffentlich zugänglich.

Ganz oben

Aussichtsplattform

Goethe riet Strasbourg-Gästen, die Stadt zuerst aus der Vogelperspektive zu betrachten. Wer die 332 Stufen bis zur Aussichtsplattform des Münsterturms in 66 m Höhe hinaufsteigt, wird mit einem grandiosen Blick auf das Häusergewirr der Stadt belohnt. Der junge Goethe stieg übrigens regelmäßig auf die Turmspitze des Münsters, auch, um seine Höhenangst zu überwinden.

Münsterviertel

Schönstes Haus am Platze

Maison Kammerzell

An der Nordecke des Münsterplatzes steht die mit bleigefassten Fenstern und reichen Holzschnitzereien geschmückte Maison Kammerzell. Heute ist es ein stets gut frequentiertes Restaurant: der Platz vor dem Münster ist auch gar zu schön. Das Erdgeschoss stammt noch von 1467, der Fachwerkoberbau von 1589. Wer dort speist, genießt auch die schönen alten Innenräume.

Sammlung für Kenner

Cabinet des Estampes et Dessins

In der Südecke der Place du Château sitzt im Gebäude Nr. 5 die 1890 begründete Grafische Sammlung mehr als 220 000 Werke, deren älteste aus dem 15. Jh. stammen. Vorzügliche Stiche von Albrecht Dürer und Baldung Grien sowie Lithografien von Daumier zählen zu den Höhepunkten der Sammlung.

Besuch nur auf Anfrage | Tel. 0368 98 74 96

Drei Museen, ein Palast

Palais Rohan

Straßburgs höchster Kirchenherr, Kardinal de Rohan, musste nicht sparen: 1728–1742 erbaute er direkt südlich ans Münster anschließend an der Stelle des mittelalterlichen Bischofssitzes das opulente Palais Rohan. Die Pläne für die erzbischöfliche Residenz, deren Hauptfassade zur Ill geht, lieferte der Hofarchitekt Robert de Cotte. Im Schloss sind heute drei Museen untergebracht. Im **Musée des Beaux-Arts** ist eine hervorragende Gemäldegalerie von der Gotik bis zum 18. Jh. eingerichtet, u. a. mit Werken von Botticelli, Raffael, Zurbarán, Murillo, Goya, El Greco, van Dyck, Rubens, Delacroix und de Largillière. Das **Musée Archéologique** enthält vor- und frühgeschichtliche Sammlungen. Das **Musée des Arts décoratifs** (Kunstgewerbemuseum) zeigt in den Grands Appartements, wie die Fürstbischöfe wohnten. Die Inneneinrichtungen des 18. Jh.s zählen zu den

OBEN: Während der Weihnachtszeit werden im Münster die Wandteppiche mit Szenen aus dem Leben der Jungfrau Maria aufgehängt.

UNTEN: Seit über 1000 Jahren ist das Münster Herz und Seele der Stadt.

MUSÉE DE L'ŒUVRE NOTRE-DAME · STRASBOURG

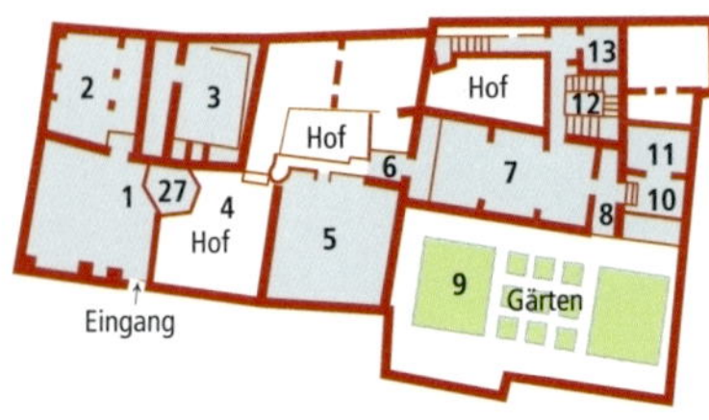

ERDGESCHOSS

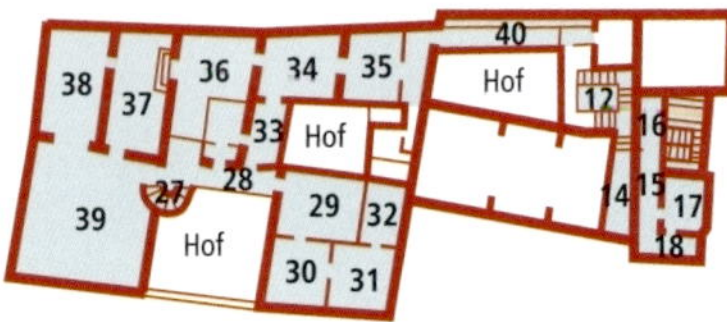

ERSTES OBERGESCHOSS

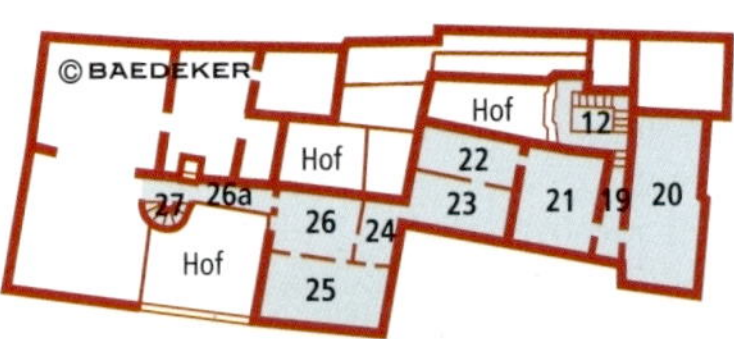

ZWEITES OBERGESCHOSS

prachtvollsten in Frankreich. Ferner werden elsässisches Kunsthandwerk und eine ausgesuchte Keramiksammlung gezeigt, die größtenteils aus der Manufaktur der Familie Hannong stammt. Sie hatte Strasbourg im 18. Jh. zu einem Zentrum der Fayence- und Porzellanherstellung in Frankreich gemacht.

2, place du Château | Mo., Mi.–Fr. 10–13, 14–18, Sa., So. 10–18 Uhr | Eintritt pro Museum: 7,50 €; Kombiticket 1 bzw. 3 Tage gültig: 16 bzw. 20 €

Musée de l'Œuvre Notre-Dame

Besuch bei den Originalen

Auf der Südseite der Place du Château liegt der ehemalige Sitz der Dombauhütte aus dem 14. Jahrhundert. Sie wurde im 16. Jh. um ei-

1 Eingangshalle
2 Romanische Architektur und Plastik; Kreuzgang
3 Glasmalerei (12. – 14. Jh.)
4 Hof des Frauenhauses
5 Ehem. Sitzungssaal der Münsterbauhütte (1579 – 1582); Münsterfiguren
6 Durchgang; Steinplastik des 13. Jh.s
7 Großer Saal (ehem. Gasthof zum Hirschen) Münsterfiguren der Ecclesia und der Synagoge (1230 – 1240)
8 Gang
9 Hirschhof; gotischer Garten, Grabsteine
10 – 11 Plastik aus dem 14. Jh.
12 Treppenhaus
15 – 18 Mittelalterliche Kleinkunst, Straßburger und deutsche Goldschmiedekunst
20 Glasmalerei (14. und 15. Jh.)
21 – 25 Malerei und Plastik des 14. und 15. Jh.s
Konrad Witz, Nikolaus Gerhaerdt von Leyden
26 Elsässische Kunst um 1500, Deutsche Plastik (15. und 16. Jh.)
27 Wendeltreppe des Frauenhauses (um 1580)
28 Bildwerke (16. und 17. Jh.), Glasfenster
29 Malerei und Plastik zu Anfang des 16. Jhs.
30 Straßburger Malerei aus dem 16. Jh.; Hans Baldung Grien
31 Sitzungssaal der Frauenstiftspfleger (Wandvertäfelung und Decke von 1582)
32 Arbeitszimmer Zahlmeister (Mobiliar von 1629)
33 – 36 Elsässische Kunst (16. und 17. Jh.)
35 Gläsersammlung
37 Stilleben aus dem 17. Jh.; Sebastian Stoßkopf (1597 – 1657)
38 Oberrheinische Möbel aus dem 17. Jh.
39 Möbel und Plastik aus der Renaissance
40 Galerie; Ofenplatten aus dem 16. Jh.

nen stattlichen Gebäudekomplex erweitert und beherbergt heute das dem Münster angeschlossene Musée de l'Œuvre Notre-Dame (Frauenhaus-Museum). Der verschachtelte Bau zeigt die bedeutendste Sammlung mittelalterlicher Kunst im Elsass. Hier kommt man den gotischen Originalskulpturen des Straßburger Münsters so nah wie sonst nirgendwo: Viele musste das Museum aus konservatorischen Gründen entfernen und hier in Schutz nehmen. Zu den schönsten zählen die Figuren der »Synagoge« und der »Ecclesia«. Weitere Hauptsehenswürdigkeitt ist eine Sammlung frühmittelalterlicher Glasmalerei. Höhepunkte sind der **»Weißenburger Christus«**, wie ein romanisches Glasfenster aus der Zeit um 1150 genannt wird, sowie die ungemein gefühlvollen und ausdrucksstarken Skulpturen des Nikolaus von Leyden (1430–1473) und seiner Künstlerkollegen.
All die hier ausgestellten Werke zeigen, welch hohen kulturellen Rang Strasbourg während Mittelalter und Renaissance einnahm. In weiteren Räumen werden herausragende Exponate zur elsässischen Wohnkultur ausgestellt, dazu Volkstrachten und eine originalgetäfelte Renaissancestube. Im Hof wurde ein mittelalterlicher **Kräutergarten** angelegt.
Mo., Mi.–Fr. 10–13, 14–18, Sa., So. 10–18 Uhr | Eintritt: 7,50 €

BAUMEISTER DER EWIGKEIT

Die Mitarbeiter der Münsterbauhütte hämmern, kitten, kleben, reparieren und ersetzen originalgetreu brüchig gewordene Skulpturen und Elemente des Münsters. Sie sorgen dafür, dass das gesamte Bauwerk erhalten bleibt. Ein nimmer endender, mit Geduld ausgetragener Kampf gegen den Zahn der Zeit. Schauen Sie zu und spüren Sie die Tradition der alten Kathedralenbaumeister.

Ewige Baustelle

Münsterbauhütte

Seit 1224/1228 ist die Münsterbauhütte (L'Œuvre Notre-Dame) für alle Bau- und Instandhaltungsarbeiten am Straßburger Münster verantwortlich. Zu den Mitarbeitern zählen elf Steinmetze (vier davon mit alpinistischer Ausbildung), vier Bildhauer, zwei Versetzer, dazu Steinschneider, Schreiner, ein Schmied, Kunsthistoriker, Infografiker und technische Zeichner. Wer den Steinmetzen über die Schulter schauen möchte, kann sich einer Führung durch die Werkstätten anschließen.

6, rue de Cordier | Di., Do. nach Voranmeldung | Tel. 0388 43 60 32

Kleines Schlaraffenland

Rue des Orfèvres

Kurz ist sie, schmal, die Rue des Orfèvres, doch sie hat es in sich – mindestens, was die Kalorien anbelangt. Hier reihen sich die Feinkostläden dich an dicht. Die winzigen Patisserie-Stückchen, kunstvoll verziert, Tartelettes, Petit fours und luftig-leichten Meringen, Käse kommt aus dem Elsass, aus ganz Frankreich, ja der ganzen Welt, beim Metzger liegen Lammkeulen, fachmännisch zerlegt, dazu duftet es nach Terrines und Patés von Kaninchen, Gänsen, Enten und Wild. Ob

süß oder salzig, sauer oder bitter, ein Schlaraffenland für Menschen, die gerne essen und genießen. Zusammen mit Rue du Sanglier, Rue du Chaudron unr Rue du Temple Neuf bildet die Gasse das **»Carré d'Or«**, eine Offenbarung für alle Feinschmecker – und während der Adventszeit dank üppiger Dekoration auch ein wahrer Augenschmaus.
www.lecarredor-strasbourg.fr

Im Umfeld des Münsters

Place du Marché-aux-Cochons-de-Lait

Südwestlich hinter dem Musée de l'Œuvre Notre-Dame erstreckt sich in Richtung Ill die malerische Place du Marché-aux-Cochons-de-Lait (Ferkelmarkt), nordöstlich schließt sich die Place du Vieux-Marché-aux-Poissons (Fischmarkt) an. Die Ancienne Douane, das einstige Zoll- und Kaufhaus, beherbergt heute ein Restaurant mit Terrasse zur Ill. In der um 1588 als Schlacht- und Verkaufsstätte erbauten Grande Boucherie, Große Metzig, an der Place de la Grande Boucherie befindet sich heute das **Historische Museum**. Besonders anschaulich: das Reliefmodell der Stadt.
Museum: Di.–Fr. 10–13, 14–18, Sa., So. 10–18 Uhr | Eintritt: 7,50 €

Brutale Strafen

Place du Corbeau

Man überquert die Ill auf der Rabenbrücke (Pont du Corbeau), wo im Mittelalter Mörder in Säcke eingenäht und in die Ill geworfen wurden; Verbrecher leichterer Straftaten mussten im Eisenkäfig für geraume Zeit unter Wasser – was nicht selten tödlich endete. An der Place du Corbeau (Rabenplatz) liegt der Eingang zu einem der ehemals schönsten Innenhöfe der Stadt. Er gehörte ursprünglich zu einem Gasthaus, das bis 1854 bestand und in dem u. a. Voltaire, Casanova und Friedrich der Große übernachtet haben sollen.

Land und Leute

Elsässisches Museum

Ganz in der Nähe, südwestlich des Rabenplatzes, befindet sich das in drei malerischen Häusern aus dem 17. und 18. Jh. untergebrachte Elsässische Museum (Musée Alsacien, gegründet 1907). Das größte Volkskundemuseum Frankreichs gibt mit einer Fülle von Exponaten zu Brauchtum, Volkskunst und zum jüdischen Leben im Elsass einen umfassenden Überblick über die ländliche Alltagskultur im 18. und 19. Jahrhundert. Hier wird der gesamte Reichtum der Kultur vor dem Einsetzen der Industrialisierung aufgeblättert – faszinierend und nostalgisch stimmend gleichermaßen. Zwei Räume sind Pfarrer **Johannes Friedrich Oberlin** (▶ Interessante Menschen) gewidmet. Weinbau, Milchwirtschaft und Handwerk zählen zu den in jüngerer Zeit eingerichteten Abteilungen. Einige Räume wurden detailliert nachgestaltet wie das Labor eines Apothekers sowie die Bauernstuben.
23–25, Quai Saint-Nicolas | Mo., Mi.–Fr. 10–13, 14–18, Sa., So. 10–18 Uhr | Eintritt: 7,50 €

Westliche Altstadt und Petite France

Wo Mozart musizierte

Église Saint-Thomas

Auf dem Weg ins südwestlich des Stadtzentrums gelegene Handwerkerviertel La Petite France kommt man – nach Überqueren der Illbrücke in die Rue de la Division Leclerc, von der man links in die Rue des Serruriers (Schlossergasse) abbiegt – an der gotischen Thomaskirche vorbei, dem zweitgrößten Gotteshaus in Strasbourg und der einzigen Hallenkirche im Elsass (9.–14. Jh.). In der bis heute protestantischen Kirche predigte 1521 der Reformator Martin Bucer. Im Innern sind das von Jean-Baptiste Pigalle entworfene spätbarocke Grabmal für den Marschall Moritz von Sachsen († 1750) und die barocke Silbermann-Orgel (1740) beachtenswert, auf der 1778 Mozart ein Konzert gab und später Albert Schweitzer viel spielte.

Besuchermagnet am Fluss

Petite France

Westlich der Thomaskirche erstreckt sich das ehemalige Quartier des Tanneurs (Gerberviertel) bzw. »Petite France« (Klein-Frankreich) mit seinen idyllischen engen Gassen und blumengeschmück-

Die Ill umschlingt Strasbourgs Innenstadt und macht die Häuserfront in La Petite France so ungemein fotogen.

ten Fachwerkhäusern, Brücken, Stegen und alten Mühlen. Das Viertel, das als Inbegriff des malerischen alten Strasbourg heute zu den Besuchermagneten der Stadt zählt, genoss einst einen üblen Ruf. Hier stand im 16. Jh. ein Hospital für Syphiliskranke: Da man die Franzosen für die Einschleppung der Krankheit verantwortlich machte und die Krankheit daher »französisches Übel« nannte, hieß das Hospital im Volksmund »Zum Französel« bzw. »La petite France«.

Ein Wall aus Wasser gegen den Feind

Stadtbefestigung

Am Rand des Gerberviertels stehen noch vier trutzige Türme der mittelalterlichen Stadtbefestigung, zu der auch die **Ponts Couverts** gehören, vier ehemals gedeckte Brücken über die hier in vier Arme geteilte Ill. Einen schönen Ausblick über Petite France und die Innenstadt hat man von der Terrasse Panoramique der **Barrage Vauban** (Vauban-Wehr). Dieser langgestreckte, vom Festungsbaumeister Ludwigs XIV., Vauban, angelegte Sandsteinbau aus dem 17. Jh. war einer der wichtigsten Teile der Stadtbefestigung: Mit 13 Schleusentoren konnte der Fluss abgeriegelt und die südliche Umgebung der Stadt von Ill und Bruche überschwemmt werden. Ein Angriff von dieser Seite war dann unmöglich.

Terrasse in Traumlage

MAMCS

Der monumentale Bau des Musée d'Art Moderne et Contemporain de Strasbourg (**Museum für moderne und zeitgenössische Kunst Strasbourg**) vom Pariser Stararchitekten Adrien Fainsilber besitzt eine auffallende, 100 m lange verglasten Galerie zwischen den Ausstellungsräumen. Einen besonders schönen Blick auf die Straßburger Innenstadt und Petite France bietet die große Skulpturenterrasse. Die Sammlung zeigt Werke u. a. von Pablo Picasso, Claude Monet und Max Liebermann, auch der Videokünstler Nam June Paik ist vertreten. Glanzlichter sind die Plastiken des gebürtigen Straßburgers Hans Arp.

1, place Hans Jean Arp | Mo., Mi.–Fr. 10–13, 14–18, Sa., So. 10–18 Uhr | Eintritt: 7,50 €

Wein im Krankenhaus

Cave Historique

Einen Abstecher lohnt jenseits der Ill die Cave Historique des Hospices, ein historischer Weinkeller von 1395, der zum Krankenhaus der Stadt gehört. Die wechselhafte Geschichte des Kellers wird – allerdings nur für Gruppen – bei einer Führung erläutert. Wer auf eigene Faust in die Gewölbe hinabsteigt, flaniert an einer langen Reihe alter Eichenfässer entlang, die teils mit feinen Schnitzereien verziert sind. Einst bezahlten Kranke ihre Rechnung teils in Wein; auch galt Wein als durchaus wirkungsvolles Heilmittel bei etlichen Leiden und wurde in erstaunlichen Mengen von angeblich bis zu zwei Liter pro Tag an die Patienten abgegeben. Wohltemperiert lagert in diesem Keller der äl-

teste Fasswein der Welt aus dem Jahr 1472. Das größte Fass des Kellers kann 26 080 Liter aufnehmen und erregte schon bei der Weltausstellung von 1900 in Paris großes Staunen. Seit 1996 reifen in den mächtigen Fudern der Cave Historique die besten Tropfen von 37 Winzern aus dem ganzen Elsass. 4000 Flaschen gehen davon jährlich in der zum Keller gehörenden Weinhandlung in den Verkauf, edel verziert mit dem Etikett »Cave Historique Hospice Strasbourg«.
1, place de l'Hôpital | Mo.–Fr. 8.30–12 und 13.30–17.30, Sa. 9–12.30 Uhr | Anmeldung für Gruppenführung: Tel. 0388 11 64 50
www.vins-des-hospices-de-strasbourg.fr

Französisches Viertel

Quirliger Knotenpunkt im Stadtgeschehen

Place Kléber

Der nördliche Teil der Altstadt mit ihren großen Plätzen stammt vorwiegend aus dem 18. Jahrhundert. In dieser Zeit haben vor allem französische Architekten dem Viertel ihren Stempel aufgedrückt. Mittelpunkt ist die Place Kléber, heute Fußgängerzone. Im Sommer freuen sich die Kinder an den Wasserfontänen, im Winter am höchsten Weihnachtsbaum des Elsass, der weit ausladend und bunt geschmückt alles dominiert. In der Platzmitte steht das Denkmal des berühmtesten Sohns der Stadt: Jean Baptiste Kléber, 1753 in Strasbourg geboren, Architekt und General unter Napoleon, im Ägyptenfeldzug 1800 in Kairo ermordet. Unter dem Denkmal sind seine Gebeine begraben. Der weite Platz wurde stets auch für militärische Aufmärsche genutzt, so auch von den Nationalsozialisten, die hier die Hakenkreuzfahnen wehen ließen. An der Nordseite des Platzes befindet sich die 1765 bis 1772 von Jacques-François Blondel errichtete **Aubette** (Parolestube), wo bei Tagesanbruch (frz. à l'aube) die Garde ihre Befehle erhielt.

Ältester Kreuzgang nördlich der Alpen

Saint-Pierre-le-Jeune

Unweit nördlich von der Place Kléber an der Rue de la Nuée Bleue erhebt sich die um 1390 erbaute Kirche Saint-Pierre-le-Jeune protestant (Jung St. Peter). Nach dem Münster und Saint-Thomas ist sie die bedeutendste Kirche der Stadt. Schon im 7. Jh. stand hier eine hölzerne Kirche. Die vierschiffige Basilika wurde 1250–1320 erbaut, Teile des Westturms und des grandiosen Kreuzgangs (1031 erbaut und damit wohl der älteste nördlich der Alpen, restauriert im 19. Jh.) gehören noch zu einem romanischen Vorgängerbau. Der Figurenschmuck des Erwinsportals wurde während der Französischen Revolution zerstört und im 19. Jh. ergänzt. Eindrucksvoll sind die gotischen Wandmalereien und der gotische Lebenspfad auf dem Fußboden des Chores.
www.saintpierrelejeune.org

Place Kléber steht auch für Shoppen in der Ladengalerie L'Aubette.

Stopp bei Gutenberg

Place Gutenberg

In südlicher Richtung führt die belebte Rue des Grandes Arcades zur Place Gutenberg. Die meisten hasten auf dem Weg zum Münster rasch über den Platz; ein kurzes Innehalten lohnt: An der Südwestseite steht das Hôtel du Commerce, das bedeutendste Renaissancegebäude im Unterelsass. Ursprünglich 1582–1585 als Rathaus errichtet, besitzt der imposante Bau eine gewaltige Dachlandschaft. In der Mitte des Platzes schaut der Erfinder der Buchdruckkunst, Johannes Gutenberg, von seinem Denkmalsockel auf die Besuchermenge herab. Die Skulptur wurde 1840 von David d'Angers geschaffen; interessanterweise ist die Schrift der von Gutenberg gehaltenen Bibel französisch (»et la lumière fut«, dt. »und es wurde Licht«).

Mittwoch ist Markttag

Place Broglie

Östlich von der Place Kléber liegt die breite, lang gestreckte Place Broglie, eine 1742 an der Stelle des einstigen Rossmarkts angelegte und nach Marschall Broglie, dem Gouverneur des Elsass, benannte Esplanade. Heute dient sie – von Platanen gesäumt – auch als hübsch begrünter Marktplatz. An der Südseite stehen mehrere stattliche Gebäude aus dem 18. Jh., deren repräsentative Hauptfassaden der südöstlich verlaufenden Rue Brulée (Brandgasse) zugewandt sind. Das Alte Rathaus, 1730–1736 als »Hanauer Hof« des Landgrafen von Hessen erbaut, war 1805–1976 Sitz der Stadtverwaltung.

Brunnen mit Januskopf

Opéra du Rhin

Den nordöstlichen Abschluss der Place Broglie bildet das prachtvolle neoklassizistische Theater – heute Opéra du Rhin. Davor steht ein Sandsteinobelisk mit dem Bronzestandbild von General Leclerc, der 1944 Strasbourg von den Deutschen befreite. Gegenüber der linken Seitenfassade des Theaters befindet sich ein origineller Brunnen mit einem bronzenen Januskopf, der symbolisch auf die Vergangenheit der Stadt anspielt. Er stammt von Tomi Ungerer (s. u.).

Allons enfants de la Patrie!

Banque de France

An der Nordseite der Place Broglie befindet sich die stattliche Offiziersmesse, daneben an der Ecke der Rue de la Fonderie das Denkmal für den aus Strasbourg gebürtigen Marschall Kellermann. Die Banque de France steht an der Stelle, wo – laut einer Gedenkplakette am Gebäude – am 26. April 1792 Rouget de Lisle erstmals die von ihm verfasste »Marseillaise« gesungen haben soll.

Wilhelminische Neustadt

Wenn Preußen bauen

Place de la République

Nordöstlich des Französischen Viertels erstreckt sich jenseits der Ill die wilhelminische Neustadt, die die neuen preußischen Herren nach 1870 anlegen ließen. Ein Zeugnis der wilhelminischen Ära ist übrigens auch der Bahnhof im Westen der Stadt. Das Zentrum des »deutschen Viertels« bildete der Kaiserplatz, heute Place de la République, an dem die kaiserliche Residenz und die Verwaltungsbauten des Reichslandes Elsass-Lothringen standen. Im einstigen Kaiserpalast **Palais du Rhin** (1883–1889), einem prunkvollen Neorenaissancebau an der Nordwestseite des Platzes, den Wilhelm II. wegen seiner Wuchtigkeit wenig schmeichelhaft als »Elefantenhaus« bezeichnete, hat die Kulturdirektion der Region Elsass ihren Sitz. In den benachbarten neobarocken Gebäuden haben sich die Préfecture des Départements und die Trésorerie Générale, das Schatzamt des Départements, niedergelassen. An der Südostseite der Place de la République befinden sich links die **Universitäts- und Landesbibliothek**, rechts das ebenfalls aus dem 19. Jh. stammende Konservatorium und das 1957 angefügte **Théâtre National de Strasbourg**. Mitten auf dem Republikplatz steht das 1936 aufgestellte **Monument aux Morts**, das ausdrucksstark zum Frieden mahnt: Mutter Elsass hält in ihrem Schoß ihre beiden gefallenen Söhne – der eine starb für Frankreich, der andere für Deutschland.

Kinderbücher – aber nicht nur

Musée Tomi Ungerer

Die prachtvolle Villa Greiner direkt neben dem Nationaltheater widmet sich seit 2007 dem Werk des berühmten elsässischen Illustrators Tomi Ungerer (▶ Interessante Menschen), der sich mit seinen frechen, provozierenden Zeichnungen international einen Namen gemacht hat. Gezeigt werden im Tomi Ungerer Museum (Centre International de l'Illustration) Kinderbücher, Satire, Werbung sowie erotische und pornografische Arbeiten.

2, avenue de la Marseillaise | Mo., Mi.–Fr. 10–13, 14–18, Sa., So. 10–18 Uhr | Eintritt: 7,50 €

Universitätsviertel

Wo Goethe büffelte

Universität

1621 wurde Straßburgs Universität gegründet. Hier lehrten schon Geistesgrößen wie Conrad Röntgen und Louis Pasteur, berühmte Studenten waren Goethe und Herder, die sich 1770/71 dort kennenlernten und eine lebenslange Freundschaft schlossen. Zwar hatte sich Goethe in Rechtswissenschaften eingeschrieben, nutzte die Zeit aber auch, um Botanik, Theologie und Philosophie zu hören und literarisch folgenreiche Ausflüge nach ▶ Sessenheim zu unternehmen. Rund um den prachtvollen Bau des **Palais Universitaire** liegen mehrere Institute und Sehenswürdigkeiten.

Ein Blick in den Himmel

Le Planétarium

Südöstlich der Universität liegt das Planetarium mit Vorführungen zum Thema Astronomie, allerdings nur in Französisch. In der »Sternenkrypta« stehen historische astronomische Instrumente. Noch rein mechanisch funktioniert das Öffnen der knapp 10 Meter weiten Kuppel des benachbarten Observatoriums, von wo aus einst die Sterngucker das All absuchten, heute aber nur noch als technisches-Denkmal bestaunt werden kann.

27, boulevard de la Victoire | Programm und Öffnungszeiten: jardin-sciences.unistra.fr/visite/le-planetarium | Eintritt Kuppel: 8 €

Grüne Oase der Ruhe

Jardin Botanique

Der Jardin Botanique (Botanischer Garten) wurde 1884 ursprünglich v. a. für Botanik-, Medizin- und Pharmaziestudenten angelegt. Heute bietet der 3,5 ha große Park allen Pflanzenfreunden die Gelegenheit, über 6000 Arten kennenzulernen, zum Teil sehr seltene. Auch fleischfressende und giftige Pflanzen wachsen hier. Im Laufe der letzten 130 Jahre wurden die Bäume immer prächtiger, was von den Gewächshäusern nicht behauptet werden kann. Den Straßburgern ist das egal, sie lieben den Park der Ruhe mitten in der Stadt willen.

28, rue Goethe | tgl. 14–18, Mai–Aug. bis 19, Nov., Dez. bis 16 Uhr Führungen sonntags | www.jardin-botanique.unistra.fr

Besuch beim Quastenflosser

Musée Zoologique

Das Zoologische Museum, untergebracht in einem wilhelminischen

Prachtbau, beherbergt eine der größten naturkundlichen Sammlungen Frankreichs. Die ist zwar durchaus in die Jahre gekommen, wird aber trotzdem gern besucht, kündet sie doch von der Zeit, als Forscher noch mit Schmetterlingsnetzen und Tropenhelm in ferne Erdteile ausschwärmten auf der Suche nach Seltenheiten aller Art. Hunderte ausgestopfte Tiere und Dioramen bringen die Fauna ferner Länder und vergangener Zeiten näher. Highlights sind der 1,20 m lange Quastenflosser, finanziert aus Reparationszahlungen Deutschlands nach dem Zweiten Weltkrieg, und ein Riesenalk.

29, Boulevard de la Victoire | bis Ende 2024 wegen Umbau geschlossen

Citadelle

Einst Festung, heute Park

Citadelle

Im äußersten Südosten der Altstadt liegt in Richtung Hafenbecken die einstige Zitadelle. 1682–1684 als Kernstück des Vauban'schen Befestigungsgürtels aufgeschüttet, wurde sie 1967 in einen Park verwandelt. Von der Festungsanlage sind noch der vielzackige Hauptwall erhalten sowie das grabenumzogene dreieckige Vorwerk und das an der Nordseite befindliche wuchtige Tor.

Mini-Erdbeben zum Selbermachen

Le Vaisseau

Auf der südlichen Kanalseite liegt der Wissenschaftspark »Le Vaisseau«, wo Kinder und Jugendliche zwischen 3 und 18 Jahren auf spielerische Art Wissenschaft erleben. Sie können hier einen Trickfilm drehen, am Computer komponieren, Mini-Erdbeben simulieren oder einen Blick in den Bienenstock werfen. Den zweisprachigen Betreuern in der Ausstellung kann jede Frage gestellt werden. Die halbjährlich wechselnden 3D-Filme zeigen Themen rund um Umwelt und Wissenschaft. Während der elsässischen Schulferien ergänzen zahlreiche Sondervorführungen, ausgelegt für Kinder von 3 bis 15 Jahren, das Programm.

1 bis, rue Philippe Dollinger | Di.–So. 10–18 Uhr, 3 Wochen im September geschl. | 8 €, Tagesticket für 4 Personen 27 €
www.levaisseau.com

Europaviertel

Tram: E »Droits de l'Homme« | Europaparlament: Tram E »Parlament Européen« | Karte: Baedeker Wissen, S. 258 | Besichtigungen: Ausweis erforderlich

Hier tagt der Europarat

Palais de l'Europe

Im 1972–1977 errichteten neunstöckigen Palais de l'Europe, einem festungsartigen, kubischen Aluminium-Glas-Bau von 105 m Länge und

30 m Höhe an der Avenue de l'Europe tagt der Europarat. Im Innenhof des vom französischen Architekten Henri Bernard entworfenen Gebäudes steht der Plenarsaal, dessen Dach spitz wie ein Zelt aufragt.
avenue de l'Europe | Anmeldung zu Führungen (auch auf deutsch)
Tel. 0388 41 20 29 | www.coe.int/de

Kampf für Menschenrechte

Palais des Droits de l'Homme

Direkt hinter dem Palais de l'Europe ragt der Europäische Gerichtshof für Menschenrechte (1994) auf, ein 180 m langer, nach Plänen des britischen Architekten Richard Rogers errichteter Aluminium-Komplex, der von zwei schräg abgeflachten, wie Dosen wirkenden Zylindern flankiert wird. Führungen durch das Gebäude gibt es nicht.
Quai Ernest Bevin | Teilnahme an Sitzungen nur für Gruppen ab 25 Pers. und Juristen | www.echr.coe.int

Europas gewählte Vertretung

Parlement Européen

Auf dem gegenüberliegenden Ill-Ufer folgt das 1998 erbaute Europaparlament, ein futuristisch anmutender, prachtvoller halbrunder Glaspalast, der sich wie ein Wurfkeil um einen kreisrunden Büroturm schwingt und die Uferkurve zwischen Fluss und Kanal präzise nach-

»Bumerang« wird der halbrunde Glaspalast des EU-Parlaments genannt. Sein Herzstück ist der Plenarsaal für die über 700 Abgeordneten.

EUROPÄISCHES PARLAMENT

BAEDEKER WISSEN

Schon von Weitem ist das architektonisch beeindruckende Europäische Parlament mit seiner riesigen Glasfront und seiner Ellipsenform zu erkennen. Es wurde 1999 nach den Plänen des renommierten Pariser »Architecture Studio« fertiggestellt; finanziert hat das ungefähr 500 Millionen Euro teure Gebäude hauptsächlich der französische Staat.

Besuch Mo. – Fr. möglich nach Voranmeldung beim Besuchsdienst
Tel. 0388 17 40 01
Parlamentarium: 1, Allée du Printemps | Mo.–Sa. 9–18 Uhr
visiting.europarl.europa.eu/de

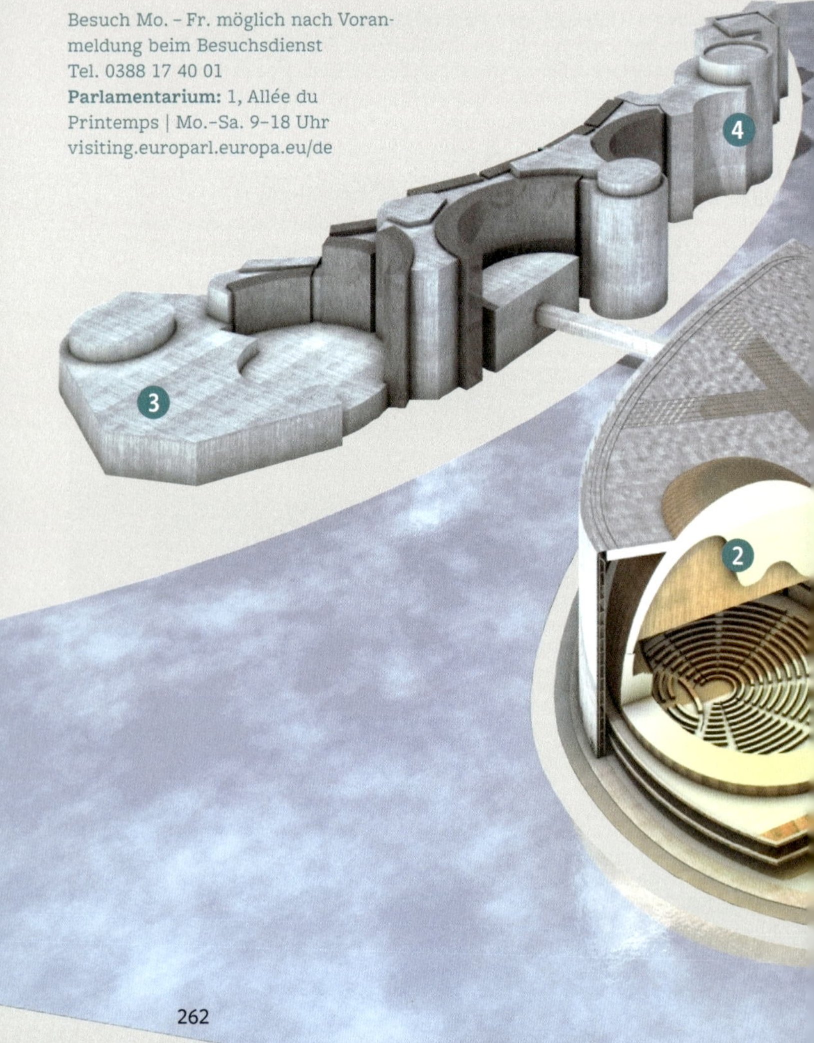

1 Louise-Weiss-Gebäude (LOW)
Hier befinden sich neben dem Plenarsaal 50 Konferenzräume, mehr als 1000 Büros, zwei gegenläufige Wendeltreppen, schalldichte Diskussionsecken, das Pressezentrum und etliche Restaurants. Der runde Turm mit den Büros der Abgeordneten umschließt einen ovalen Innenhof. Dass der Turm abgestuft ist, soll zeigen, dass die Einigung Europas noch nicht abgeschlossen ist und Platz für Neuzugänge besteht. 2017 eröffnete im LOW das Besucherzentrum »Parlamentarium Simone Veil«.

2 Plenarsaal
Der Plenarsaal in einem Kuppelgebäude verfügt über eine sehr gute Akustik und bietet den aktuell 705 Abgeordneten sowie der Präsidentin Raum. Die Sitzordnung – halbkreisförmig dem Rednerpult zugewandt – richtet sich nicht nach den nationalen Delegationen, sondern nach der Fraktionszugehörigkeit. Simultandolmetscher übersetzen in die Landessprachen, zudem zeichnen Fernsehkameras alle Sitzungen auf. Für jeweils eine Woche pro Monat finden in Strasbourg Plenarsitzungen statt, den Rest des Monats tagen diese in Brüssel oder Luxemburg.

3 Winston-Churchill-Gebäude (WIC)
Unterschiedliche Nutzung: Sitzungsräume, Verwaltungsbüros, diverse Veranstaltungen. Wenn das Parlament seine Sitzungswoche in Strasbourg hat, befinden sich bis zu 3000 Personen im Parlamentsgebäude. Etwa 3600 Leute arbeiten hier, davon sind etwa ein Drittel Dolmetscher.

4 Salvador-de-Madariaga-Gebäude (SDM)
Der Bau dient vor allem Verwaltungszwecken.

1

DIE EUROPÄISCHE UNION

Im Europäischen Parlament in Straßburg wird der europäische Gedanke Schritt für Schritt in die Wirklichkeit umgesetzt. Die Briten jedoch haben die Europäische Union zum 31. Januar 2020 verlassen.

27 MITGLIEDS-STAATEN

3 EURO PRO JAHR KOSTET DEN EU-BÜRGER DIE ARBEITSFÄHIGKEIT DES EUROPÄISCHEN PARLAMENTS

VERTRAG ÜBER EUROPÄISCHE UNION 19

448 000 000 EINWOHNER

1957 VERTRAG ZUR GRÜNDUNG DER EUROPÄISCHEN WIRTSCHAFTSGEMEINSCHAFT EWG

3 ARBEITSSPRACHEN IN DER EUROPÄISCHEN KOMMISSION

1952 ERRICHTUNG DER EUROPÄISCHEN GEMEINSCHAFT FÜR KOHLE UND STAHL (EGKS/MONTANUNION)

AMTSSPRACHEN IN DER EUROPÄISCHEN KOMMISSION **2**

▶ **Rahmenhaushalt 2021-2027: geplante Einnahmen**
2018 Mrd. € gesamt

- 36 Mrd. € **Steuer auf Plastikmüll**
- 58,7 Mrd. € **Sonstiges**
- 141 Mrd. € **Mehrwertsteuer-Einnahmen**
- 152,8 Mrd. € **Zölle, Agrarzölle, Zuckerabgaben**
- 806,9 Mrd. € **NextGenerationEU aus Kapitalaufnahmen am Finanzmarkt zur Abfederung der Pandemiefolgen Rückzahlung bis 2058**
- 822,5 Mrd. € **Beiträge der Mitgliedsstaaten (anteilig am jew. Brutto-nationaleinkommen)**

▶ **Rahmenhaushalt 2021-2027: geplante Ausgaben**
2018 Mrd. € gesamt, davon 806,9 Mrd. € aus dem Programm NextGenerationEU

- 14,92 Mrd. € **Sicherheit, Verteidigung**
- 25,7 Mrd. € **Migration, Grenzmanagment**
- 82,47 Mrd. € **Verwaltungsausgaben**
- 110,6 Mrd. € **Auswärtiges Handeln**
- 161 Mrd. € **Wettbewerbsfähigkeit, Innovation, Digital**
- 419,9 Mrd. € **Agrarmarkt Ländlicher Raum Umwelt**
- 1203,2 Mrd. € **Kohäsion (z. B. Strukturfonds, Kohäsionsfonds)**

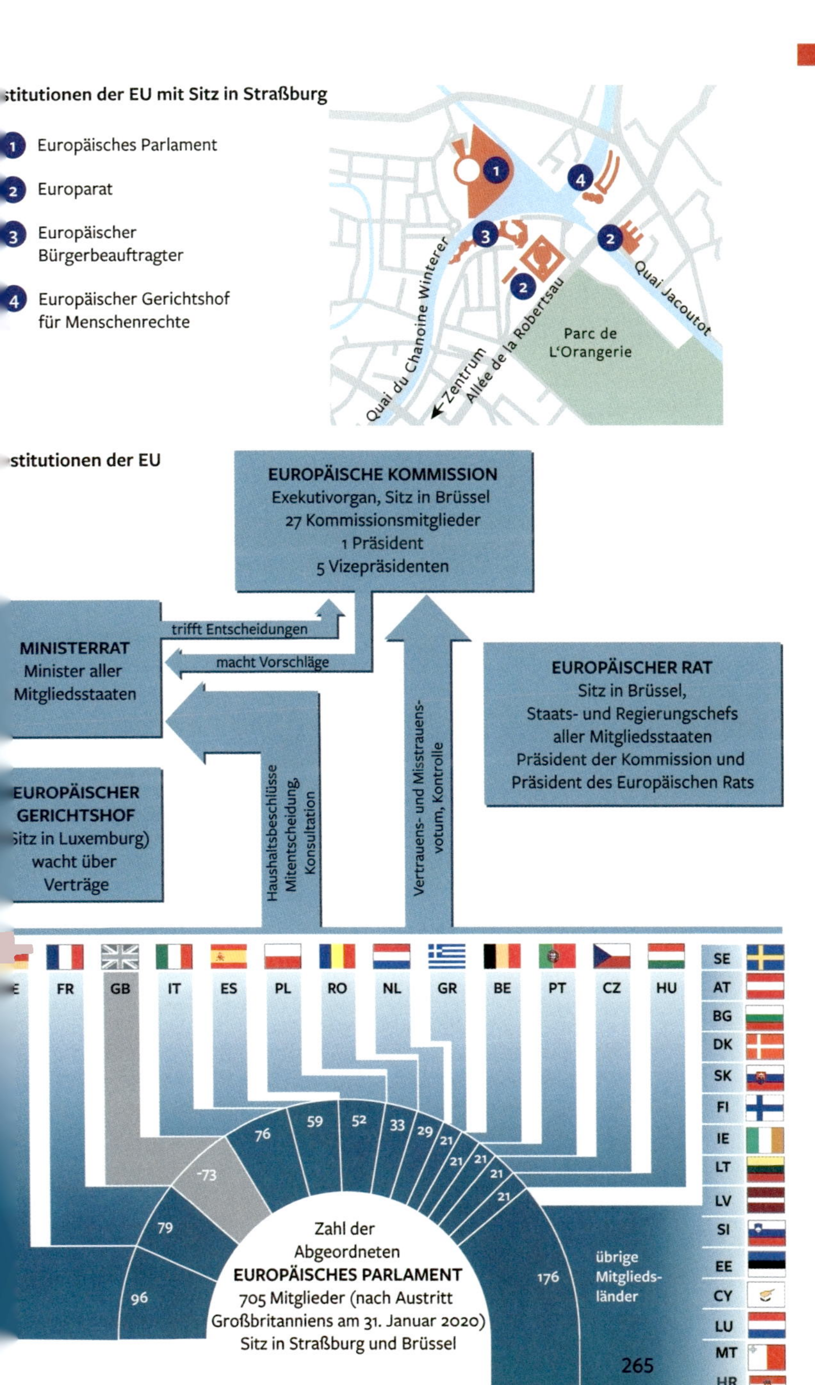
stitutionen der EU mit Sitz in Straßburg
1 Europäisches Parlament
2 Europarat
3 Europäischer Bürgerbeauftragter
4 Europäischer Gerichtshof für Menschenrechte
Quai du Chanoine Winterer
Zentrum
Allée de la Robertsau
Parc de L'Orangerie
Quai Jacoutot
stitutionen der EU
EUROPÄISCHE KOMMISSION
Exekutivorgan, Sitz in Brüssel
27 Kommissionsmitglieder
1 Präsident
5 Vizepräsidenten
trifft Entscheidungen
macht Vorschläge
MINISTERRAT
Minister aller Mitgliedsstaaten
EUROPÄISCHER RAT
Sitz in Brüssel,
Staats- und Regierungschefs aller Mitgliedsstaaten
Präsident der Kommission und Präsident des Europäischen Rats
EUROPÄISCHER GERICHTSHOF
Sitz in Luxemburg)
wacht über Verträge
Haushaltsbeschlüsse Mitentscheidung, Konsultation
Vertrauens- und Misstrauensvotum, Kontrolle
FR GB IT ES PL RO NL GR BE PT CZ HU
SE AT BG DK SK FI IE LT LV SI EE CY LU MT HR
96 79 -73 76 59 52 33 29 21 21 21 21 21 176
übrige Mitgliedsländer
Zahl der Abgeordneten
EUROPÄISCHES PARLAMENT
705 Mitglieder (nach Austritt Großbritanniens am 31. Januar 2020)
Sitz in Straßburg und Brüssel

zeichnet (▶ Baedeker Wissen, S. 262). 2017 eröffnete ein großes Besucherzentrum nach Brüssler Vorbild, das **Parlamentarium Simone Veil**. Mit 3D-Panoramaeinblicken in den Plenarsaal und einem breit gefächerten interaktiven Medienbereich rund um die Arbeit und Aufgaben des Gremiums erleben die Besucher das Parlament virtuell. Der Zugang erfolgt über den Louis-Weiss-Gebäude (LOW) genannten Teil des Parlaments.

Anmeldung zu Führungen: Tel. 0388 17 40 01
visiting.europarl.europa.eu/de
Parlamentarium: 1, Allée du Printemps | Mo.–Sa. 9–18 Uhr

Parc de l'Orangerie Südöstlich gegenüber dem Palais de l'Europe erstreckt sich der prächtige Orangeriegarten, der 1804 nach den Plänen von André Le Nôtre aus dem Jahr 1692 angelegt wurde. In ihm befindet sich die für die Kaiserin Joséphine errichtete Orangerie (»Josephinenschlösschen«, 1805), die heute für Ausstellungen und Empfänge genutzt wird. Im Südteil des Gartens liegen ein kleiner See mit Bootsverleih und ein mäßig attraktiver Mini-Tiergarten mit Storchengehege.

Außenbezirke

Château de Pourtalès Am Rand des gutbürgerlichen Viertels Robertsau nördlich des Europaviertels und ca. 6 km vom Straßburger Zentrum entfernt, liegt das im 18. Jh. erbaute Château de Pourtalès, in dem sich ein nobles Hotel befindet (www.chateau-pourtales.eu). Der das Schloss umgebende schöne, teilweise mit Skulpturen bestückte Park ist ein beliebtes Ausflugsziel.

★ THANN

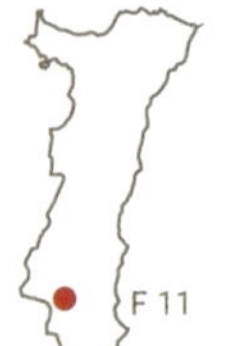

Département: Haut-Rhin | **Höhe:** 340 m ü. d. M. | **Einwohner:** 7800

In Thann befindet sich das südliche Ende der Weinstraße und noch einmal zeigt sich, was die Weinberge hergeben: Die steilen Hänge und der mineralienreiche, vulkanische Boden bieten ideale Voraussetzung für den exzellenten Grand Cru »Rangen«.

Mit den Kathedralen von Strasbourg und Freiburg liefert sich Thann ein knappes Rennen im Ranking der gotischen Münster am Oberrhein: Eine Redensart sagt, der Turm in Strasbourg sei zwar höher, der in Freiburg dicker, der von Thann jedoch der schönste der drei. Nach Maßstäben der Kunstgeschichte ist das Münster Saint-Thiébaut

Thanns Münster zählt zu den Meisterwerken der Gotik im Elsass.

nach dem in Strasbourg der bedeutendste gotische Bau des Elsass. Jährlich am 30. Juni feiert Tann das Fest der »Crémation des Trois Sapins« (Verbrennung der drei Tannen). Es bezieht sich auf das Wunder, das 1161 zur Gründung von Thann geführt haben soll: An der Stelle, wo der Diener des verstorbenen Bischofs von Gubbio auf seiner Reise nach Italien in seine Heimat Lothringen Rast machte und seinen Wanderstab mit der Fingerreliquie seines Herrn in den Boden steckte, leuchteten plötzlich drei Lichter über dem Wald der heutigen Ortschaft. Der Stab ließ sich erst wieder bewegen, als der Bau einer Kirche gelobt worden war. Das schöne Städtchen am Ausgang des Thurtals war und ist auch ein Industriestandort.

THANN ERLEBEN

OFFICE DE TOURISME

7, rue de la 1ère Armée
68800 Thann, Tel. 0389 37 96 20
www.tourisme-thann-cernay.fr

FERME AUBERGE DU MOLKENRAIN €

Genug von den Turbulenzen der Weinstraße? Wer Ruhe sucht, entflieht in die nahen Vogesen und macht eine Pause in einer Ferme. Auf dem Molkenrain wartet in 1100 m Höhe eine solide Melkermahlzeit mit Fleisch und Käse aus eigener Produktion, Pot-au-feu und Heidelbeerkuchen; im Sommer draußen sitzend eine herrliche Aussicht. In der Hauptsaison ist bei Schönwetter auch hier oben viel los.
route des Crêtes
68700 Wattwiller (20 km nördl.)
Tel. 0389 81 17 66
https://molkenrain.fr
geöffnet Ostern–Nov.; Ruhetag: Mo. (falls Feiertag, geöffnet, dafür am Di. Ruhetag)

HÔTEL DU PARC €€€

Erbaut als Villa für einen Fabrikanten, entwickelte sich das Hôtel du Parc nach dem Ersten Weltkrieg zum vornehmsten Hotel am Platze. 1962 übernachtete Jeanne Moreau hier während Dreharbeiten zu »Jules et Jim«. Truffaut drehte einige Außenszenen übrigens in der Ferme Auberge Molkenrain (s. o.). Heute bieten die 20 Zimmer Stilmöbel, schwere Gardinen, Kronleuchter und moderne Bäder. Das Restaurant bietet Küche der gehobenen Klasse.
23, rue Kléber, Tel. 03 89 37 37 47
www.alsacehotel.com

Wohin in Thann und Umgebung?

500 Figuren, ein Portal

Saint-Thiébaut

Die 1332 bis 1516 errichtete Collégiale Saint-Thiébaut (St.-Theobalds-Münster), deren 76 m hoher Turm in der Nachfolge des Freiburger Münsterturms steht, besitzt ein außergewöhnlich großes und reiches Figurenportal (1380-1400) an der Westfassade. Es zählt zu den wichtigsten Beispielen spätgotischer Bauplastik. Etwa 150 Szenen und 500 Figuren erzählen das Leben Christi und Mariae. Das kleinere Figurenportal an der Nordseite datiert von 1450. Das dreischiffige Innere zeigt unterschiedliche gotische Bauphasen: Das linke Seitenschiff ist von Netzrippen überwölbt, während Langhaus und rechtes Seitenschiff Kreuzrippengewölbe mit bemerkenswerten Schlusssteinen tragen. Rechts wurde im frühen 17. Jh. eine Seitenkapelle angefügt, in der sich die gotische »Winzermadonna«, eine farbig gefasste Holzfigur von ca. 1510 befindet. Der Raumeindruck insgesamt ist ungewöhnlich, da das Langhaus im Verhältnis zum Chor (Gestühl aus dem 15. Jh.) relativ kurz ist.

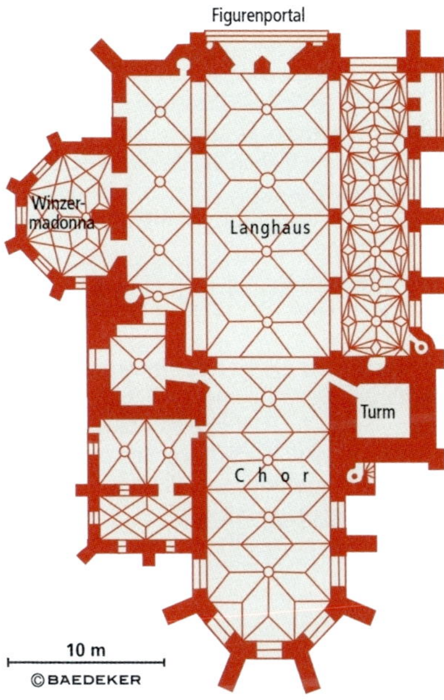

Altstadt

Nördlich der Kirche steht unmittelbar an der Thur die ehemalige Kornhalle (1519), in der das **Historische Museum** (Musée des Amis de Thann) eingerichtet ist. Es zeigt Dokumente zur Ortsgeschichte und zur Baugeschichte des Münsters. Unweit östlich davon erreicht man den mit einer Renaissancehaube gedeckten **Hexenturm** (Tour des Sorcières), ein Relikt der früheren Stadtbefestigung. Im alten Kellergewölbe des Turms ist eine Ausstellung u. a. über die Geschichte des Weinanbaus zu besichtigen.

Historisches Museum: rue Saint-Thiébaut | Juli, Aug Di.–So. 14–18, Juni, Sept. Fr.–So. 14–18 Uhr

Ein Turm wird zum Hexenauge

Engelsburg

Auf einem bewaldeten Hügel über der Stadt (Fußweg 30 Min.) steht die Ruine der Engelsburg, die in Etappen (12.–16. Jh.) erbaut, aber 1673 auf Befehl Ludwigs XIV. zerstört wurde. Ein Rest des runden Bergfrieds, ein mächtiger ringförmiger Stein, ist bei der Sprengung über den Abhang gekippt und schaut mit der Öffnung zur Stadt hinunter. Das hat ihm den Namen »Œil de la Sorcière« (Hexenauge) eingebracht.

Spinnen, Weben, Färben

Husseren-Wesserling

Rund 10 km nordwestlich von Thann liegt Husseren-Wesserling. Wie Mulhouse wurde es durch Textilindustrie reich und führte um 1860 den Beinamen »Le petit Paris«. Sehr sehenswert ist die königliche Manufaktur von 1783: Sie wurde in ein modernes **Textilmuseum** umgewandelt (Ecomusée Textile). Es stellt die Geschichte der Spinnerei, Weberei, des Stoffdrucks und in szenischen Darstellungen auch die Mode des 19. und frühen 20. Jh. dar – eine insgesamt ungewöhnliche und sehr einfallsreiche Schau mit jährlichen Wechselausstellungen und täglichen Vorführungen im Spinnen, Weben und Färben.

In einem Nachbargebäude sind mehrere Boutiquen und **Kunsthandwerker** untergebracht. Dort verkaufen auch regionale Erzeuger ihre Produkte.

Ringsherum erstreckt sich ein riesiger **Park** (Parc de Wesserling) mit zahlreichen ehrwürdigen Baumgestalten. Mit seinen fünf unterschiedlichen Gartenanlagen bildet er ein herausragendes Beispiel europäischer Gartenbaukunst. Jährlich werden die einzelne Sektionen im Rahmen des Festival International »Jardins métissés« neu gestaltet. Ein köstliches Mittagessen mit Blick auf die Parkanlagen bietet das Restaurant »Cusinies et Jardins«.

Museum: April–Mitte Juni, Mitte Okt.–Dez. tgl. 13–18, Mitte Juni–Mitte Okt. tgl. 10–18 Uhr | Eintritt: 7–10 €

Park: April–Anf. Juni tgl. 13–18, Mitte Juni–Mitte Okt. tgl. 10–18 Uhr

www.parc-wesserling.fr

 TURCKHEIM

G 9

Département: Haut-Rhin | **Höhe:** 225 m ü. d. M. | **Einwohner:** 3800

Der am Eingang des Munstertals gelegene Winzerort Turckheim besitzt die besten Weinlagen des Elsass. Innerhalb der Stadtbefestigung aus dem 14. Jh. mit ihren drei Tortürmen reihen sich Fachwerkhäuser aneinander.

Stadt der Nachtwächter

Turckheim (Türkheim) ehrt einen historischen Beruf, der oft vergessen wird: den des Nachtwächters. In den Zeiten der Kerzen und Talglichter, der holzbefeuerten, offenen Herde, strohgedeckten Dächer und einer Brandbekämpfung mit dem Wassereimer reicht eine kleine Ungeschicklichkeit, um das eigene Fachwerkhaus und in Windeseile auch die Nachbarhäuser in Flammen aufgehen zu lassen. Die große Zahl der verheerenden Stadtbrände in früheren Zeiten sprechen Bände. »Habt Sorgen und Feuer und Licht«, mit diesem Singsang

TURCKHEIM ERLEBEN

OFFICE DE TOURISME

Corps de Garde, Rue Wickrum
68230 Turckheim
Tel. 0389 27 38 44
www.turckheim.com

STADTRUNDGANG

In der warmen Jahreszeit macht ein laut singender Nachtwächter seinen Rundgang durch das beleuchtete Städtchen.
Mai – Okt. tgl. 22 Uhr

MAGASIN STAUB

»Tout pour la cuisine!« wirbt die Firma ganz richtig, ist das Fachgeschäft doch ein Paradies für alle, die gerne kochen. Hier findet man allerlei Küchenartikel, Pfannen, Töpfe und gusseiserne Kasserolen wie sie Sterneköche vom Schlag eines Paul Bocuse verwenden.
2, rue de l'Huilerie
Tel. 0389 27 77 71
Mo.–Sa. 10–12.30, 14–18.30 Uhr

VIGNOBLE KLUR

Weingut Klur produziert Bioweine und bietet Urlaub auf dem Weingut an. Wer sich mit Wildkräutern, Körbeflechten und Backen befassen will, kann hier im kleinen Demeter-Hof einen Kurs besuchen.
105, rue des Trois Epis
68230 Katzenthal
Tel. 0389 80 94 29
www.klur.net

MAISON FERBER

Im Dörfchen Niedermorschwihr produziert Frankreichs Konfitüren-Königin Christine Ferber ihre Gelées und Konfitüren – ohne Gelierzucker, stets aus frischen Früchten und in Handarbeit. Für zehn Gläser vergeht eine Stunde Arbeit. Das Ergebnis: über 270 Konfitüresorten, darunter Grüne Tomaten mit Kürbis und Vanille; Brombeeren mit Zimt, Muskatblüte und Pinot Noir oder die Elsässer Schwarzkirschenkonfitüre.
18, rue des Trois Épis
68230 Niedermorschwihr
Tel. 0389 27 05 69
www.christineferber.com
Di.–Fr. 7–12.30 und 14–18,
Sa. 7–18, So. 8–12.30 Uhr

CAVEAU MORAKOPF €€

Schon mittags wird es eng, so gut besucht ist dieses urgemütliche Restaurant. Ob Sie Choucroute, Schiffala oder Wadle bestellen, jedes elsässische Gericht ist hier Spitzenklasse. Natürlich sind die Tischtücher rotkariert und der Wein hervorragend.
7, rue des Trois Epis
68230 Niedermorschwihr
Tel. 0389 27 05 10
www.caveaumorakopf.fr
Di.–So. 12–14, 18.30–21 Uhr

drehte der Nachtwächter seine Runden. Elektrizität und eine immer besser ausgerüstete Feuerwehr machten den Beruf des Nachtwächters überflüssig. Seit 1953 erinnern Touren mit dem Nachtwächter an diesen einst so lebenswichtigen Beruf. Offenbar haben die hiesigen Nachtwächer gut aufgepasst. Die Fachwerk-Altstadt ist bildschön und besitzt noch immer eine Stadtmauer aus dem 14. Jh. mit drei wuchtigen Türmen.

Die besten Weinlagen

Geschichte

Turckheim gehörte seit 1354 dem elsässischen Zehnstädtebund an. Obwohl schon im Westfälischen Frieden 1648 Frankreich zugesprochen, wurde der Ort erst nach dem Sieg über die Habsburger, den der berühmte Marschall Turenne 1675 in einer Schlacht vor den Toren der Stadt errang, endgültig französisch. Turckheim besitzt seit Beginn des 18. Jh.s große Papierfabriken an der Fecht. Bei der Office de Tourisme an der Place de Turenne beginnt ein 2 km langer **Weinlehrpfad** durch die Turckheimer edle Grand-Cru-Lage Brand.

Wohin in Turckheim?

Untertor mit Dachbewohnern

Altstadt

Man parkt am besten bei der Porte de France, dem Untertor, auf dessen steilem Dach ein Storchennest erkennbar ist. Dahinter, an der **Place Turenne**, befindet sich ein besonders hübsches Bauensemble, bestehend aus der schon 1315 genannten Alten Wache (D'Wacht), deren Giebel ein Reichsadler schmückt, und dem stattlichen Fachwerkbau des Hôtel aux Deux Clefs (Gasthaus zu den Zwei Schlüsseln, 16. Jh.), einem der schönsten Fachwerkhäuser der Stadt. Gegenüber steht das in der Renaissance entstandene blassgelbe Hôtel de Ville (Rathaus; 1593–1630) mit der Salle de la Décapole (Saal des Zehnstädtebunds). Schräg rechts hinter dem Rathaus erhebt sich die 1836–1840 im spätklassizistischen Stil erbaute Pfarrkirche **Sainte-Anne** mit ihrem roten Sandsteinturm (11.–13.Jh.).

Zwei Monate Kesselschlacht

Mémorial

Ein Stück hinter Rathaus und Kirche steht das Ancien Presbytère (18. Jh.) mit dem städtischen Archiv und dem Musée Mémorial des Combats de la Poche de Colmar (»Tasche von Colmar«), wo in einem Kellergewölbe (18. Jh.), das als Schutzkeller diente, an die zweimonatige Kesselschlacht von Colmar im Winter 1944/45 erinnert wird.

Mo.–Fr. 14–18, Sa., So. 10–12 und 14–18 Uhr, Okt.–Mai Sa.vormittag geschlossen | Eintritt: 5 € | https://musee.turckheim-alsace.com/de

Rund um Turckheim

Heimat der Marmeladenkönigin

Niedermorschwihr

Nördlich von Turckheim liegt ein Dörfchen mit Postkartenidylle: hübscher Rathausplatz, alte Fachwerkhäuser mit schönen Erkern und Holzbalkonen, und das alles inmitten ausgedehnter Weinberge. »Marmeladenkönigin« Christine Ferber hat hier ihren Stammsitz mit Verkauf. Ihre Familie betreibt in 4. Generation den örtlichen Tante-Emma-Laden, Tochter Christine lernte das Konditorenhandwerk in

Brüssel und stampfte den mittlerweile international renommierten Betrieb in aller Bescheidenheit aus dem Boden. Heute beliefert sie die Feinschmeckermetropolen zwischen Paris und New York mit ihren Kreationen.

Legende von den Drei Ähren

Les Trois Épis

Les Trois Épis (Drei Ähren, ca. 1000 Einw.) auf den ersten Vogesenhöhen nordwestlich von Turckheim ist eine altberühmte Wallfahrtsstätte und ein beliebter Luftkurort. Die Kirche Notre-Dame des Trois Épis (Unsere Liebe Frau zu den Drei Ähren, 17. Jh.) steht an der Stelle, wo nach der Legende die Jungfrau Maria, in einer Hand drei Ähren haltend, in der anderen ein Hagelkorn, einem Schmied erschien. Die Dorfbevölkerung solle zum Glauben zurückfinden und mit reichen Ernten belohnt werden. Andernfalls würden Hagelstürme alles zerstören.
Bemerkenswert in Notre-Dame ist die geschnitzte, vergoldete und bemalte Holzdecke aus dem späten 19. Jahrhundert. Die Wallfahrtskirche hingegen stammt aus den 1960er-Jahren und fällt mit ihrer modernen Architektur ziemlich aus dem Rahmen.

 WISSEMBOURG

Département: Bas-Rhin | **Höhe:** 160 m ü. d. M. | **Einwohner:** 7500

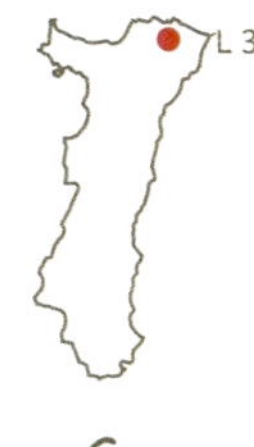

Ganz im Norden unmittelbar an der Grenze zur Pfalz liegt Wissembourg. Die Stadt besitzt einen der reizvollsten Ortskerne weit und breit.

Wissembourg gehört zu den Hotspots des Tourismus im nördlichen Elsass, nicht nur der netten Gassen und Geschäfte wegen. Das Viertel rund um die Schlupf genannte Brücke erinnert mit Flüsschen und Fachwerkseligkeit fast an Colmars Klein-Venedig. Man investiert viel Zeit, Geld und Mühe, um die Stadt ins beste Licht zu setzen. Blumenschmuck, kleine Parks und viele Bänke, restaurierte Gebäude, dazu dreisprachige Infotafeln an allen wichtigen Sehenswürdigkeiten machen die historische Bedeutung des Ortes gut erlebbar.
Wissembourg ging aus einer im 7. Jh. gegründeten Benediktinerabtei hervor. Im Kloster Weißenburg verfasste der Mönch Otfried im 9. Jh. eine fünf Bücher umfassende Evangelienharmonie, die für die Entwicklung der deutschen Dichtung wegweisend war. Die Stadt am Flüsschen Lauter wurde zu einem geistigen Zentrum und zählte zu den zehn elsässischen Reichsstädten. Heute ist Wissembourg das wirtschaftliche Zentrum des Unterelsass.

Wohin in Wissembourg?

Wo die Ratsherren tagten

Hôtel de Ville

An der Place de la République, dem Mittelpunkt der Altstadt, erhebt sich das stattliche Hôtel de Ville (Rathaus) aus rotem Vogesensandstein, mit Dreiecksgiebel und Uhrturm. Es wurde 1741–1752 durch Joseph Massol, dem Baumeister der Straßburger Bischöfe, errichtet. Hier befindet sich heute auch die Tourismusinformation.

Imposantes Salzhaus

Maison du Sel

Wenige Schritte westlich vom Rathaus steht an der Salzbrücke das hochgiebelige Salzhaus (Maison du Sel) mit den in mehreren Reihen übereinander liegenden Dachgauben. Es wurde 1450 als Hospital errichtet, diente dann als Salzspeicher, Schlachthaus und in den Kriegen schließlich als Lazarett. Wendet man sich hinter der Lauterbrücke nach links, so gelangt man zur **Zehntscheuer** der einstigen Abtei (Grange Dîmière) sowie zum einstigen **Deutschordenshof**.

Ein zehn Meter hoher Heiliger

Saint-Pierre-et-Saint-Paul

Westlich jenseits der Lauter ragt die Stiftskirche Saint-Pierre-et-Saint-Paul empor. Neben dem Straßburger Münster ist sie eine der größten gotischen Kirche im Elsass. Mit dem Bau der Klosterkirche

WISSEMBOURG ERLEBEN

OFFICE DE TOURISME

2, place du Saumon
67160 Wissembourg
Tel. 0388 94 10 11
www.alsace-verte.com/de

1 AU PONT M €€

Besonders nett sitzen Sie hier, wenn Sie an schönen Tagen einen Platz auf einer Terrasse direkt an der Lauter ergattern. Das Restaurant ist umkompliziert, die Küche französisch orientiert und bietet u.a. Foie gras, Elsässische Schnecken und Fisch, der Einkauf erfolgt vorzugsweise bei regionalen Anbietern. Es lohnt sich, eines der beiden Menus zu wählen.

3, rue de la République
Tel. 0388 63 56 68
www.aupontm.com
Ruhetage: So., Mo.

2 LA COURONNE €€

Eine hauseigene Metzgerei - das bürgt für Qualität in diesem Restaurant, das französisch-elsässische Rezepte auf den Tisch bringt. Gezapft wird hier frisch vom Fass Meteor-Bier von der letzten, noch eigenständigen Brauerei des Elsass. Die Weine stammen unmittelbar aus der Umgebung.

12, place de la République
Tel. 0388 94 14 00
www.couronne-wissembourg.com

1 AU CYGNE €€

Zentraler geht es nicht. Das familiengeführte Hotel (23 Z.) liegt genau am Markt und hat einerseits den rustikalen Charme und Charakter des altehrwürdig-verwinkelten Hauses bewahrt (die Zimmer sind hier etwas einfacher), und andererseits im Trakt jenseits des Innenhofs moderne Zimmer eingerichtet. Im Restaurant speisen auch die örtlichen Geschäftsleute gern.

3, rue du Sel
Tel. 0388 94 00 16
www.hostellerie-cygne.com
Ruhetage Restaurant:
Mi., Do.mittag, So.abend

2 AU MOULIN DE LA WALK €€

Das fröhlich-sonnengelb gestrichene Landhotel liegt neben einer alten Mühle; vor dem Haus fließt sanft rauschend die Lauter vorbei. Alle Zimmer sind sehr wohnlich eingerichtet, vor den Sprossenfenstern blühen üppige Geranien. Das Hotel liegt etwas außerhalb, aber immer noch fußläufig zum Ortskern. Zum Hotel gehört ein Restaurant, das angenehm hell eingerichtet ist und auf überladenen Elsass-Dekor verzichtet.

2, rue de la Walk
Tel. 0388 94 06 44, 25 Z.
www.moulin-walk.com
Ruhetage Restaurant:
Mo., Fr.mittag, So.abend

---

wurde unter Abt Edelin (1262–1293) begonnen. Der vierkantige romanische Westturm datiert noch aus dem 11. Jh. Errichtet ist das Gotteshaus aus dem regionalen ockerfarbenen und rötlichen Sandstein, dessen natürliche Maserung deutlich hervortritt. An die Längswand des nördlichen Seitenschiffs fügt sich der unvollendete Kreuzgang (frühes 14. Jh.) an, der nur aus einem Flügel besteht. Am östlichen Abschluss des rechten Seitenschiffs befindet sich das über zehn Meter hohe Fresko des hl. Christophorus (um 1280). Weit bekannt sind die prachtvollen Glasgemälde im Chor und Querhaus aus dem 13., 14. und 15. Jh. Allen voran der »Christus von Weißenburg« um 1065. Das Original wird heute in Strasbourg im Musée de l'Œuvre Notre-Dame ausgestellt. Die kleine romanische Seitenkapelle (erreichbar über die Rue du Chapitre) stammt aus dem 11. Jh. und besitzt Wandmalereien des hl. Willibald und der hl. Elisabeth; im Ostfenster ist ebenfalls eine Replik des »Christus von Weißenburg« eingesetzt. Bei Sonneneinfall erscheint die ganze Kapelle in wundersamem Licht.

Der König greift hart durch

Bürgerhäuser

Die Ostseite des am Salzhaus vorüberführenden Lauterkanals wird von einer Reihe stattlicher alter Bürgerhäuser gesäumt. Insbesondere zieht das Haus Vogelsberger am Quai Anselmann den Blick auf sich, ein stattlicher Renaissancebau (1540) mit geschnitztem Tor. Sein einstiger Besitzer und Namensgeber, Feldhauptmann Vogelsberger, wurde auf Anweisung Kaiser Karls V. 1548 wegen Hochverrats in Augsburg enthauptet. Er hatte eigenmächtig der Krönungszeremonie des französischen Königs Henri II., Karls Feind, in Reims beigewohnt. Einige Schritte rechts davon steht die Maison à la Couronne (Haus zur Krone), das ehemalige Gilde- und Gästehaus der Weißenburger Kaufleute, dessen malerischer Innenhof etliche Steindenkmäler aus Renaissance und Barock enthält.

Trachten und Funde aus dem Elsass

Musée Westercamp

Die schmale Gasse entlang der protestantischen Johanniskirche (15./16. Jh.) führt ostwärts zum Museum Westercamp, benannt nach dem Notar Paul Westerkamp, der das Gebäude im 16. Jh. der Stadt zum Geschenk machte. Es zeigt archäologische Funde, historische Möbel und Volkstrachten sowie Andenken an die Schlacht von Weißenburg am 4. August 1870.

aktuelle Öffnungszeiten: www.ville-wissembourg.eu

Noch ein Klein-Venedig

Quartier du Bruch

Vom Haus Vogelsberger nach Westen gehend kommt man in das von der Lauter durchzogene malerische Bruchviertel. Gleich am Anfang bemerkt man an der rechten Straßenseite den Renaissanceerker der Maison de l'Ami Fritz, die 1932 als Kulisse für die Verfilmung des Romans »L' Ami Fritz« von Erckmann-Chatrian diente.

Gotische Kirche als Kulturzentrum

Relais Culturel Régional

Durch die vom Rathaus nach Osten verlaufende Rue Nationale gelangt man zum etwas abseits gelegenen Komplex der gotischen Dominikanerkirche, die heute zusammen mit ihren Nebengebäuden als Kulturzentrum (Relais Culturel Régional de Wissembourg) dient.

Rund um Wissembourg

Jedes Jahr Hochzeit

Hunspach, Hoffen, Seebach

Einen Abstecher sollte man auch in die bis zu 15 km südlich bzw. südöstlich von Wissembourg gelegenen, über die D 263 bzw. D 34 erreichbaren Ortschaften Hunspach, Hoffen und Seebach machen. Sie gelten als **»Bilderbuchdörfer«** und sollen die schönsten Fachwerkorte des Nordelsass sein. Am besten erschließt man sie sich mit dem Fahrrad. Überhaupt eignet sich die Region mit ihren sanften Hügeln und teilweise wenig befahrenen Landstraßen hervorragend zum Radfahren. Fahrräder können in Wissembourg ausgeliehen werden (Office de Tourisme). Seebach ist auch Schauplatz der **Streißelhochzeit** (▶ Feiern).

Leben in 30 Meter Tiefe

Schœnenbourg

Südlich von Wissembourg bzw. westlich von Hunspach liegt im Wald das zur Maginot-Linie (▶ Baedeker Wissen, S. 130) gehörende gewaltige Artillerie-Festungswerk Schœnenbourg. Bei Gruppenführungen (Dauer ca. 2,5 Std.) werden die rund 30 m unter der Erdoberfläche gelegenen Mannschaftsunterkünfte, Küche und Lazarett, Kraftstation und Kampfstände gezeigt.

April–Juni, Sept., Okt. 14–16, Juli, Aug. 9.30–11 und 14–16 Uhr
Eintritt: 10 € | www.lignemaginot.com

Die Türe zu Frankreich

Lauterbourg

»Porte de France« nennt sich Lauterbourg (Lauterburg, 2300 Einw.), das am äußersten Westzipfel Frankreichs liegt. Von strategischer Bedeutung war die kleine Grenzstadt zwischen Rhein und Lauter schon immer: in römischer Zeit, als der Ort zum Bistum Speyer gehörte, und zur Zeit Ludwigs XIV. Dessen Baumeister Vauban ließ die Stadt zur Festung ausbauen. Mehrmals wurde Lauterbourg zerstört, die schlimmste Verwüstung erlebte der Ort am Ende des Zweiten Weltkriegs.

Von der einstigen Stadtmauer aus dem 13. Jh., zu der 15 Türme gehörten, sind nur noch einige Mauerreste und der Metzgerturm (Tour des Bouchers) erhalten, der bis 1761 als Gefängnis diente. An die Zeit Vaubans erinnert noch die **Porte de Landau** (Landauer Tor) mit dem Reiterstandbild und den Insignien des Sonnenkönigs. Zu den sehenswertesten Gebäuden des Orts zählt die **Église de la Trinité** (Dreifaltigkeitskirche), die wohl aus dem 13. Jh. stammt, im 18. Jh. aber umgebaut wurde. Im Innern befinden sich eine Kanzel aus behauenem Sandstein (1581) und die farbige Kirchenfenster des Pariser Künstlers Jean Gaudin (1950). Das Gehäuse der Orgel (1777) ist ein Werk des Orgelbauers Ferdinand Stieffell aus Rastatt.

H

HINTER-GRUND

Direkt, erstaunlich, fundiert

Unsere Hintergrundinformationen beantworten (fast) alle Ihre Fragen zum Elsass.

Nicht mehr lange und die Trauben sind reif zur Lese. Wein lockt viele Genießer ins Elsass. ▸

DAS LAND UND SEINE MENSCHEN

Zwischen Rhein und Vogesen zeigt das Elsass viele Gesichter: Die breite Agrarlandschaft entlang des Flusses, das schmale Band der Weinberge und dann geht es hinauf in die kühlen und rauen Vogesen. Die Geschichte des Elsass, eingekeilt zwischen Frankreich und Deutschland, ist nicht weniger wechselvoll. Das Hin und Her der Zugehörigkeit mündete in eine spannende, französisch-deutsche Mischung rund um Kultur, Küche und Lebensart.

Das Gesicht des Landes

Zwilling des Schwarzwalds

Aufgrund der gemeinsamen geologischen Entstehung bilden die Vogesen und das Elsass das Spiegelbild zum Schwarzwald und der vorgelagerten Rheinebene. Hier wie dort bestimmen die Ebene am Fluss und der steil aufragende Gebirgskamm die Szenerie. Die Vogesen sind die großen Wolkenfänger: was der Westwind an Regenwolken vom Atlantik herbeiführt, regnet sich zunächst an den Vogesen ab, dann erst an den Schwarzwaldflanken. Daher haben vor allem die Westvogesen deutlich höhere Niederschläge zu verzeichnen als ihr deutscher Zwilling. Das schmale, elsässische Bergvorland mit seinen Fachwerkdörfern liegt ganz im Regenschatten.

In der Ebene

In der flachen Elsässischen Ebene (plaine d'Alsace) herrschten einst feuchte Niederungen mit Altwasserarmen und Sumpfgebieten vor, in denen der Auwald und das **Ried** – nach dem alemannischen »Rieth« für Schilfrohr benannte Feuchtwiesen – das Bild bestimmten. Um Ackerland zu gewinnen, wurden Schwemmwiesen und Auwälder im großen Stil trockengelegt. Nur zwischen Colmar und Benfeld (südlich von Strasbourg) sind noch weite Flächen vom Ried geprägt. Der Haguenauer Forst bildet mit dem nördlich benachbarten Pfälzer Wald die **größte zusammenhängende Waldfläche Mitteleuropas**. Die sehr fruchtbaren Lössböden der Vogesenvorberge ermöglichen den blühenden Elsässer Wein-, Getreide- und Gartenbau.

Auf den Höhen

Der Name Vogesen (frz. les Vosges) leitet sich vom lateinischen Begriff Vosegus ab, mit dem die Römer wohl in Anlehnung an die gleichnamige keltische Berggottheit das Mittelgebirge beschrieben (Vosegus Mons). Die Vogesen sind rund 170 km lang und ca. 40 bis 45 km breit, also etwa 6900 km² groß. Während die Vogesen auf der Ostseite schroff abfallen, senkt sich deren Westseite allmählich zu den Lothringer Hochflächen hin ab. Mit seinen hohen Pässen (Col du

Bonhomme, 949 m ü. d. M.; Col de la Schlucht, 1139 m ü. d. M.) stellt das Mittelgebirge ein Verkehrshindernis dar, das nur einige Quertäler überbrücken. Die Trennlinie zwischen Nord- und Südvogesen bildet das Tal der Bruche (Breuschtal), das sich zwischen Molsheim und Saint-Dié erstreckt.

Südvogesen

In den Südvogesen, die teilweise hochalpine Formen aufweisen, hobelten die Gletscher Buntsandstein, Muschelkalk und Keuper ab, sodass heute Granite, Gneise und Grauwacke die stark ausgeprägten Gebirgskämme bilden. Die Berge haben häufig die Form einer Rundkuppe, im Elsässischen »Kopf« oder »Belchen«, im Französischen »Ballon« genannt. Der höchste ist der Große Belchen (Grand Ballon, 1424 m). Die eiszeitliche Vergletscherung sorgte darüber hinaus für tief eingeschnittene Trogtäler und von Felsen gesäumte, oft von Seen ausgefüllte Karen wie den Lac Blanc.

Nordvogesen

Der nördliche Teil der Vogesen westlich und nördlich des Tals der Bruche (Breuschtal) blieb von eiszeitlichen Gletschern fast unberührt, sodass die Buntsandsteinschichten erhalten blieb. Die Buntsandsteinvogesen zeigen zum Teil bizarr erodierte Felsbildungen, ideal, um eine Burg daraufzusetzen. Während in den **Mittelvogesen** die Gipfel bis zu 1000 m erreichen (Donon, 1009 m ü. d. M.), ist der

Kare wie der Lac Blanc prägen die Südvogesen.

nördlichste Vogesenteil keine 600 m mehr hoch. Wegen seiner leicht gewellten Hügellandschaft heißt der nordwestliche Teil des Elsass auch **Krummes Elsass**.

Naturparks

Die nördlichen Vogesen werden vom **Parc Naturel Régional des Vosges du Nord** (Regionaler Naturpark Nordvogesen) eingenommen. Dieser geht im Norden in den Naturpark Pfälzerwald über. Südwestlich von Fénétrange bzw. westlich von Sarrebourg liegt in einem seenreichen Hügelland und auf beiden Seiten der Mosel der **Parc Naturel Régional de Lorraine** (Regionaler Naturpark Lothringen) mit einer von lichten Wäldern durchsetzten Wiesenlandschaft. Der **Parc Naturel Régional des Ballons des Vosges** (Regionaler Naturpark Vogesenbelchen) beinhaltet die Gegend nördlich von Munster bis Sainte-Marie-aux-Mines und Belfort.

Sundgau

Im äußersten Süden des Elsass breitet sich der Sundgau (»Südgau«) aus, eine gegen Süden zunehmend bergiger werdende Landschaft mit saftigen Wiesen, Hügeln, Wäldern, vielen Seen und kleinen Flüssen. Das Klima ist vergleichsweise rau, eine städtische Entwicklung größeren Stils ist nie erfolgt. Dafür profitiert die Region von der Lage im Dreiländereck – viele Arbeitnehmer pendeln nach Deutschland oder in die Schweiz.

Am Wasser

Flüsse

Der wichtigste Fluss des Elsass ist der **Rhein** (frz. Rhin), der auch die französisch-deutsche Grenze bildet. Der schleifenreiche, aus zahlreichen Flussarmen bestehende Strom wurde im 19. und 20. Jh. begradigt. Die bedeutendsten Nebenflüsse sind Ill, Moder, Sauer und Lauter. Die **Mosel** (frz. Moselle) entspringt in den südlichen Vogesen am Col de Bussang nordwestlich von Thann. Jenseits von Metz und Thionville verlässt sie Frankreich.

Kanäle

Der Rheinseitenkanal (**Grand Canal d'Alsace**) verläuft zwischen Basel und Strasbourg parallel zum Oberrhein auf französischem Gebiet. Von dieser Großschifffahrtsstraße zweigt südlich von Mulhouse der **Rhein-Rhône-Kanal** ab. Er führt vom Elsass in das Gebiet der Saône und der Rhône, wurde 1784–1833 angelegt und hatte damals eine Länge von 320 km. 1967 wurde die Schifffahrtsstraße bei Mulhouse-Niffer an den Rheinseitenkanal angeschlossen, wobei sich ihre Länge auf 230 km verkürzte. Der **Rhein-Marne-Kanal** verbindet den Rhein bei Strasbourg mit der an der Marne gelegenen Stadt Vitry-le-François. Die Schifffahrtsstraße wurde 1838–1853 erbaut, besitzt auf 314 km Länge 156 Schleusen und ist heute besonders bei Bootstouristen sehr beliebt.

Von Pflanzen und Tieren

Oberrheinebene

In der Oberrheinebene musste der Wald größtenteils der Landwirtschaft weichen. Reste sind mit je etwa 140 km² Fläche der ehem. habsburgische Hartwald bei Mulhouse und der Haguenauer Forst (Forêt de Haguenau), beides prächtige Mischwälder u. a. mit Eichen, Hainbuchen, Buchen, Ahornen, Kastanien, Linden und Pappeln. Eine üppige Naturlandschaft findet sich darüber hinaus in den Auenwäldern am Rhein, in denen Weiden, Pappeln, Eichen, Ulmen und Eschen gedeihen. Anzutreffen sind z. T. recht seltene Pflanzenarten (diverse Knabenkräuter, Sibirische Schwertlilie, Blaues Pfeifengras und die vom Aussterben bedrohte Europäische Wildrebe).

Flussregulierungen und Verschmutzung haben die Lachsbestände stark dezimiert, 2011 wurde aber wieder der erste Lachs gesichtet – Erfolg der Wiederansiedlungsmaßnahmen und der verbesserten Wasserqualität. Die Schilfgebiete der Altarme bieten zahlreichen Wasservögeln Schutz. Der wegen seines Pelzes nahezu ausgerottete **Biber** wurde 1973 wieder angesiedelt. In den Feuchtwiesen hört man oft den flötenden Ruf des sehr seltenen Großen Brachvogels mit dem nach unten gebogenen Schnabel. Unter den Vögeln spielt der **Weißstorch**, der elsässische Wappenvogel, eine wichtige Rolle (▶ Baedeker Wissen, S. 118).

Ruhe fürs Auge nach den vielen Sehenswürdigkeiten im Tal verspricht die Vogesenlandschaft, hier bei Le Hohwald.

Lage:
Im **Nordosten Frankreichs;**
im Osten an Deutschland,
im Süden an die Schweiz grenzend

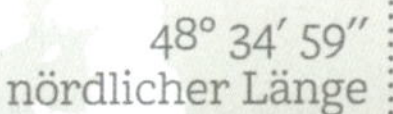

Fläche: **8280 km²**
(14,4 % der Fläche der Region Grand-Est)

Einwohner: **1,92 Mio.**
(35 % der Einwohner der Region Grand-Est)
Zum Vergleich:
Saarland: 1 Mio.

Bevölkerungsdichte:
231,4 Einwohner/km²

Verwaltungssitz

Strasbourg (Straßburg)

Starke internationale Ausrichtung

An 44 % der elsässischen Unternehmen sind ausländische Firmen beteiligt.

Ca. 29 % der Importe kommen aus Deutschland.

Ca. 70 % des Exports gehen in die EU.

Sprachen

Französisch und Deutsch (Elsässisch)

Religion

Mehrheitlich katholisch, ca. 17 % protestantisc starke jüdische (ca. 15 000 Mitglieder) und islamische Gemeinden (ca. 50 000 Mitglieder

A: Bas-Rhin (Unterelsass)
B: Haut-Rhin (Oberelsass)

Départements

Das Elsass besteht aus den beiden Départements Unterelsass (Bas-Rhin) mit Sitz der Präfektur in Strasbourg und Oberelsass (Haut-Rhin) mit Sitz in Colmar. Strasbourg ist seit 2016 Hauptstadt der Region Grand Est (Alsace-Champagne-Ardennes-Lorraine).

Wirtschaft

ruttoinlandsprodukt
6500 Euro pro Kopf
Platz 4 in Frankreich)

eschäftigte nach Branchen

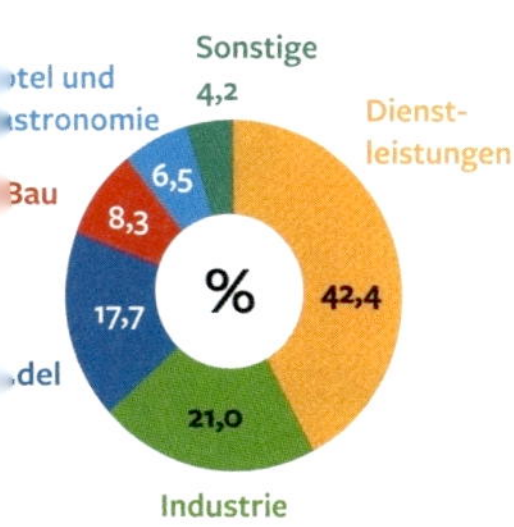

Arbeitslosigkeit

,2% (Bas-Rhin, 2022)
,1% (Haut-Rhin, 2022)
twa 8 % der erwerbstätigen
lsässer arbeiten im Ausland
meist in Deutschland und
der Schweiz).

Störche im Elsass

er Storch ist das Symbol des Elsass.
berall kann man die Nester auf den
ächern und Kirchtürmen sehen.

nzahl brütender
orchenpaare im Elsass

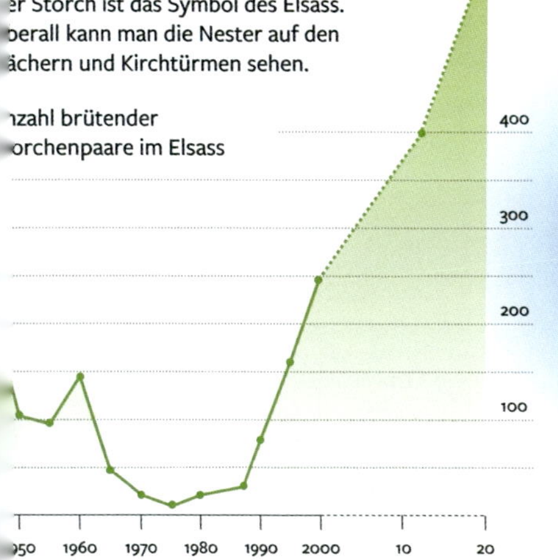

▶ Klimastation Strasbourg

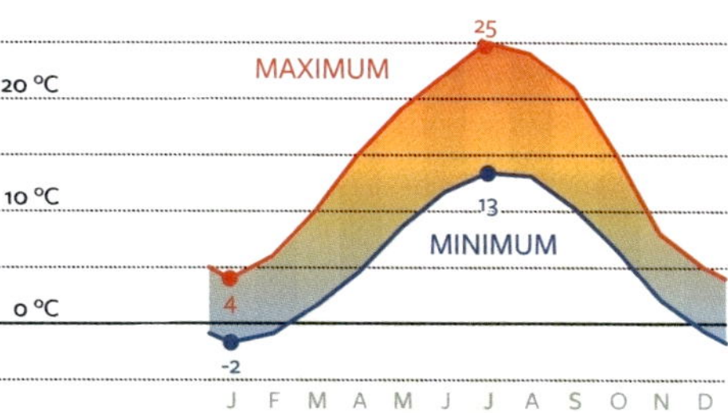

Niederschlag

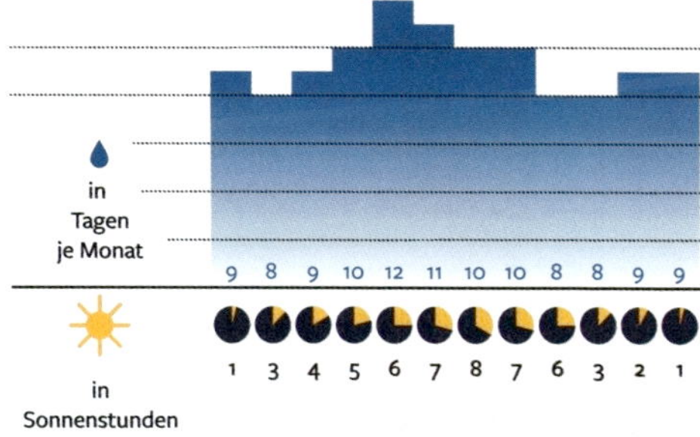

GELIEBTE GIPFELSTÜRMER

Auf den saftigen Weiden im Tal haben Kühe ein leichtes Leben. Doch auf den Hochweiden der Vogesen, wo der kalte Wind pfeift und die Hänge steil sind, braucht es eine robuste, trittsichere, kerngesunde Rinderrasse: Die »Vaches vosgiennes« sind ausgezeichnet an das Leben in den Bergen angepasst.

Vermutlich schon seit dem 17. Jh. züchten die Bauern das Vogesenrind, auf französisch »**Vaches vosgiennes**«: mittelgroß, stämmig und kurzbeinig, der Rücken weiß, die Flanken kohlrabenschwarz, dazu verteilt sich eine Portion schwarzer Tupfen großzügig über Beine und Gesicht. Immer wieder sieht man sie auf den Bergwiesen beiderseits des Vogesenkamms grasen.
Doch fast wäre die Vosgienne ausgestorben, konnte die Rasse im Wettbewerb der Milchkühe, der mit der Industrialisierung der Landwirtschaft nach dem Zweiten Weltkrieg einsetzte, nicht mehr mithalten: Eine Vogesenkuh gibt rund 2800 Liter Milch pro Jahr, eine Hochleistungskuh mehr als das Doppelte. Zudem war die französische Landwirtschaftspolitik bestrebt, die Zahl der Rassen zu verkleinern und strich das Vogesenrind aus dem Rassebuch.

Rettung für die Vosgiennes

Vor 1933 grasten noch rund 125 000 der Vaches vosgiennes auf den Weiden, 1965 wurden nicht einmal mehr 3000 Stück gezählt. Jean Wehrey, 2021 verstorbener Landwirt und Viehzüchter aus Breitenbach, erkannte das drohende Aussterben der Rasse. Als Präsident einer Züchtervereinigung setzten er und andere engagierte Vogesenbauern sich mit allen Kräften dafür ein, die schwarz-weißen Schönheiten zu retten. Mit Erfolg: Neben dem französischen Staat ist nun sogar die EU mit im Boot, um die alte Haustierrasse zu unterstützen. Der Bestand ist auf 11 000 Tiere angewachsen. Das kommt auch den Käsefreunden zugute: Die fettreiche Milch eignet sich besonders gut für die Herstellung des berühmten elsässischen Munster-Käses (▶ Baedeker Wissen, S. 170).

Jean Wehrey, immer mit Zigarillo im Mundwinkel, striegelte seine Lieblinge für den Almauftrieb auf Hochglanz. Er hat sich um die Rettung der Vogesenrinder verdient gemacht.

Vogesenvorland

Das sanft hügelige Vogesenvorland wird überwiegend von Weinbergen geprägt. Wo kein Wein gedeiht, finden sich **Flaumeichenwälder**. Die Flaumeiche ist eine aus dem Mittelmeerraum stammende Eichenart, die nur auf den trockensten und sonnigsten Flächen vorkommt. Auf den **Magerrasenflächen**, auf denen früher Schafe geweidet wurden, kündigen viele farbenprächtige Blumen den Frühling an, darunter die Küchenschelle und wilde Orchideen, wie die Fliegenragwurz und die unangenehm riechende Riemenzunge. In den höheren Lagen der Vogesenvorberge wachsen Edelkastanien.

Bergland

Die Vogesen sind ein überaus waldreiches Gebiet; im Norden bedeckt Wald 65 % der Mittelgebirgsfläche. Bis in **Höhen von 400 bis 600 m** wachsen vorwiegend Buchen. Unter den Nadelhölzern ist die Fichte der am häufigsten vorkommende Baum – allerdings nur infolge der Anpflanzung durch die Forstwirtschaft. In größerer Menge gedeiht auch die Stechpalme (Ilex aquifolium), die **Wappenpflanze des Elsass**. Bis auf **rund 1000 m** erstrecken sich herrliche Tannen-Buchen-Mischwälder und auf den Buntsandsteinböden der Nordvogesen wachsen neben Fichten häufig auch Kiefern. Auf der feuchteren Westseite dominiert die Weißtanne, die am abgeflachten, storchennestartigen Wipfel und zwei hellen Streifen an der Nadelunterseite erkennbar ist. Bei **1000 bis 1200 m Höhe** liegt die Baumgrenze, in deren Bereich Buchengehölz gedeiht, in Lagen darüber die Krüppelkiefern und -buchen.

1983 wurde der **Luchs** hier wieder angesiedelt. Zu den Vögeln zählen der scheue Tannenhäher, an den Flüssen lebt die Wasseramsel, nur noch in unzugänglichen Gebieten der stark bedrohte **Auerhahn**. In den Hochvogesen wurden 1956 Gämsen ausgewildert, die mittlerweile eine Population von mehreren hundert Tieren umfassen. Man hört den Bergpieper, der bei Sturzflügen seinen Gesang ertönen lässt, und den Steinschmätzer, der oft auf gut sichtbaren Felsen singt. Ein typisches Tier der Hochvogesen ist das **Vogesenrind** (▶ Baedeker Wissen, S. 286).

Hochweiden

Als mittelalterliche Grundherren Sommerweideflächen für ihr Vieh benötigten, ließen sie die Kuppen großflächig mittels Brandrodung entwalden und **Hochweiden** (chaumes) anlegen. Diese weisen eine interessante alpine, teilweise auch arktische Flora auf. Hochmoore, Heidekraut und strauchartiges Buchengestrüpp durchsetzen die Weiden. Im Frühjahr blüht das Vogesenstiefmütterchen, im Sommer Arnika, Gelber Enzian und viele Arten von Erdorchideen. In den zahlreichen **Torfmooren** wächst das weiße Wollgras. In der Nähe von Gérardmer strömen im April zahlreiche Besucher, um das gelbe Blütenmeer von Millionen von **Narzissen** (jonquilles) anzuschauen. Mit einem großen Narzissenfest feiert der Ort den Frühling.

Hier geht die Post aber ab! Streißelhochzeit zu Seebach in voller Trachtenmontur.

Die Elsässer

Alemannen, Franken und Franzosen

Die Elsässer sind im Wesentlichen Nachkommen der Alemannen, die im 5. Jh. während der Völkerwanderungszeit in das Gebiet eingewandert sind und die kelto-romanische Urbevölkerung verdrängten oder assimilierten. Im oberen Kaysersberger Tal sowie um Markirch wurden z. T. schon im Mittelalter lothringische Franzosen angesiedelt. Nach dem Dreißigjährigen Krieg holte der französische König zum Wiederaufbau des Landes zahlreiche Schweizer, Vorarlberger und Tiroler in das Elsass. Seit dem 16./17. Jh. verstärkten hugenottische und andere französische **Zuwanderer** (meist Kaufleute und Beamte) den französischen Einfluss. Dieser Flickenteppich schlägt sich in den Dialekten nieder (▶ Baedeker Wissen, S. 354), natürlich auch in Brauchtum, Trachten, religiösen Bräuchen und im Bauwesen. Historische Trachten werden noch heute gerne getragen – bei kirchlichen Festen und folkloristischen Veranstaltungen wie Weinfesten (▶ Erleben, Feiern).

Autos und Tourismus – die Wirtschaft

Auf und ab

Das Elsass gehört zu den wirtschaftsstärksten Regionen Frankreichs, ist damit aber auch anfällig für Krisen. Zu verdanken ist die wirtschaftliche Hochkonjunktur der geografischen Lage im Dreiländereck Frankreich-Deutschland-Schweiz, der elsässischen Zweisprachigkeit und der industriellen Tradition. Seit ein paar Jahren schlägt allerdings die Krise voll auf die Industrie durch. Das spüren nicht nur die Arbeitnehmer, sondern auch Hotels und Restaurants, die mit Geschäftsreisenden rechnen. Als einer der ersten Landesteile Frankreichs hat das Elsass sich um die Europäisierung der Wirtschaft bemüht und die europäische Integration entscheidend vorangetrieben.

Landwirtschaft

Zwar begünstigen Klima und Bodenqualität die Landwirtschaft, sie steht aber von der Wertschöpfung her weit hinter den anderen Wirtschaftsbereichen zurück. In der **Rheinebene** spielen neben Weizen und Kartoffeln auch Mais und Sonnenblumen eine bedeutende Rolle. Weißkraut gedeiht rund um Krautergersheim, Spargel bei Hœrdt und Horbourg. Die Hügelkette am östlichen Fuß der Vogesen bildet eine nahezu geschlossene Monokultur: Hier befinden sich die berühmten Weinberge (▶ Baedeker Wissen, S. 332). In den **Vogesen** wird mit Forstwirtschaft und Holzindustrie Geld verdient. In den Südvogesen spielt Vieh- und Milchwirtschaft eine Rolle; der Munsterkäse ist eine Spezialität der Region (▶ Baedeker Wissen, S. 170).

Industrie

Das Elsass kann auf eine lange industrielle Tradition verweisen. Bereits zu Beginn des 18. Jh.s entwickelte sich in Strasbourg und Haguenau die Porzellanproduktion, um 1750 eröffnete in Mulhouse die erste Textilfabrik. Heute gehört das Feld der Mechanik- und Elektroindustrie, Unternehmen aus der Pharmaindustrie und Biotechnologie mit Sitz bei Strasbourg erweitern den Produktkatalog. Drittgrößter Arbeitgeber ist die Automobilindustrie. Die Tradition im elsässischen **Fahrzeugbau** wurde u. a. durch das Automobilwerk von Ettore Bugatti in Molsheim begründet; heute werden hier unter der Regie von VW Luxuswagen der Marke Bugatti gefertigt (▶ Baedeker Wissen, S. 146). Bei Mulhouse hat der Automobilkonzern Stellantis einen Standort, Ineos produziert im Werk Hambach (Lothringen) den Grenadier-Geländewagen und im Auftrag von Daimler den Smart »Fortwo EQ«.

Es kriselt

Doch die Region steckt in der Krise. Der Euroraum – und Frankreich selbst – schwächelt seit Jahren. Das schlägt langsam auch auf das Elsass durch. Einst auf Platz 2 in Frankreich, ist das Elsass mittlerweile auf Platz 4 abgerutscht. Zwar ist die Region immer noch eine der wohlhabendsten in Frankreich, aber als es um die Gebietsreform ging, protestierten die Elsässer heftig dagegen, ab 2016 mit dem wirtschaftsschwachen Lothringen und Champagne-Ardenne **zwangsvereinigt** zu werden. Einerseits befürchtete man den Verlust der Elsässer Identität, andererseits, die »armen« Nachbarn künftig mitfinanzieren zu müssen. Doch die Zentralregierung in Paris setzte die Gebietsreform unbeeindruckt aller Proteste durch.

Problemfall Fessenheim Das älteste AKW Frankreichs bei Fessenheim (seit 1977) galt als Sicherheitsrisiko – immer wieder kam es zu **Störfällen**. Das schmeckte der Region Freiburg nicht, die nur 30 km Luftlinie vom Meiler entfernt liegt. Nach langjährigen Verhandlungen wurde das umstrittene AKW 2020 stillgelegt, der Rückbau wird noch einige Zeit dauern. Aus Umweltschutzgründen ebenfalls ein Dauerbrenner sind die Kalivorkommen bei Mulhouse. Zwar sind die Ressourcen erschöpft und der Abbau seit 2003 eingestellt, doch die Altlasten machen immer noch Probleme, dazu kommt die massive Grundwasserversalzung.

Tourismus Nicht zuletzt lebt das Elsass vom Tourismus. Rund ein Drittel der Beschäftigten arbeitet in diesem Bereich. 2022 haben 18,7 Mio. Touristen das Elsass besucht. Die Franzosen selbst gehören zu den häufigsten Gästen. Ein Drittel der Gäste entfällt auf Geschäftsreisende. Die beliebteste Urlaubsregion ist die elsässische Weinbaugegend. Obwohl die Besucherzahlen in den Bergen zugenommen haben, sind die Vogesen bei Weitem nicht so überlaufen, aber auch nicht so intensiv erschlossen wie der Schwarzwald. Die Hauptgründe für einen Elsass-Urlaub sind die Mischung aus traditionellen und modernen Angeboten, die schöne Landschaft und das Thema Genuss – nach Paris hat die Region die meisten prämierten Restaurants des Landes.

GESCHICHTE

Tomi Ungerer bezeichnete das Elsass als »Eintopfgericht«, in dem noch immer jeder Neuankömmling adoptiert worden sei, der sich adaptiert habe. Es entstand nicht als Heimat eines Stammes, sondern als Siedlungsraum vieler Völker, Pufferzone und Beuteobjekt im politischen Kalkül. Die Veränderung ist die Konstante in der Geschichte dieser Region zwischen Rhein und Vogesen.

Vor- und Frühgeschichte

Steinzeit Erste Funde von Jägern und Sammlern im Elsass sind rund 600 000 Jahre alt. In der **Jungsteinzeit**, ab ca. 5500 v. Chr., drangen Völker aus dem Donauraum ein und ließen sich auf den fruchtbaren Lössböden als sesshafte Bauern nieder.

Bronze- und Eisenzeit In der **Bronzezeit** (ca. 1800 – 750 v. Chr) wurden die Toten in den Jahren 1500 – 1200 v. Chr. in Hügelgräbern bestattet, die am häufigsten im Haguenauer Wald vorzufinden sind. In der **Eisenzeit** (750 – 50 v. Chr.) lässt sich die Bevölkerung auch in Schriftquellen fassen – die

EPOCHEN

VORGESCHICHTE UND ANTIKE

600 000 v. Chr.	Altsteinzeit
8. Jh. v. Chr.	Keltische Besiedelung
58 v. Chr.	Gründung der römischen Provinz Germania Superior
0 bis 400	Pax Romana
5. Jh.	Völkerwanderung: Alamannen siedeln im Süden, Franken im Norden.

MITTELALTER

496	Sieg Chlodwigs über die Alamannen
bis 911	Karolingisches Reich
1079 – 1268	Herrschaft der Staufer
ca. 1250 – 1648	Herrschaft der Habsburger
1354 – 1679	Zehnstädtebund

REFORMATION UND GEGENREFORMATION

1524	Bauernkrieg
seit 1523	Reformation im Elsass
1580	Jesuitenkolleg in Molsheim als Zentrum der Gegenreformation

DAS ELSASS WIRD FRANZÖSISCH

1618 – 1648	Dreißigjähriger Krieg
1681	Annexion Straßburgs durch die Franzosen
1697	Rhein wird Grenzfluss
1789	Französische Revolution
1792	In Strasbourg wird die »Marseillaise« komponiert.

DAS ELSASS WIRD DEUTSCH

1870 / 1871	Deutsch-Französischer Krieg
1911	Reichsland Elsass-Lothringen eigene Verfassung

DIE WELTKRIEGE

1914 – 1918	Erster Weltkrieg
1919	Versailler Vertrag, Elsass-Lothringen wird französisch.
1939 – 1945	Zweiter Weltkrieg

20. UND 21. JAHRHUNDERT

1949	Sitz des Europarats in Strasbourg
1958	Europäisches Parlament in Strasbourg
2016	Gebietsreform: Elsass mit Champagne-Ardennen und Lothringen zu Grand-Est vereinigt
2023	Jubiläum: 60 Jahre Élysée-Vertrag

Kelten (griechisch »Keltoi«; lateinisch »Galli«). Das Elsass gehörte zum Stammland der Kelten. Im Oberelsass saß der Stamm der keltischen Sequaner (Hauptort Vesontio, das heutige Besançon), im Unterelsass das Volk der Mediomatriker (Hauptort Brocomagus, das heutige Brumath). Nach 150 v. Chr. wanderten germanische Stämme aus dem Norden ein und verdrängten die Mediomatriker in den Raum Metz.

Römerzeit

Als germanische Sueben versuchten, das heutige Elsass unter ihre Oberherrschaft zu zwingen, wurden sie im Jahr 58 v. Chr. unter Führung ihres Fürsten **Ariovist** von Caesars Truppen in der Nähe von Mulhouse (wohl bei Cernay) entscheidend geschlagen. Das Elsass, das **Caesar** einmal als »das beste Stück von ganz Gallien« bezeichnete, kam für mehr als 400 Jahre unter römische Herrschaft und wurde Teil der Provinz Gallia Belgica und später Germania Superior.
Zum Schutz der Grenzen wurden Militärlager errichtet, die sich zu Gemeinden und Städten entwickelten, so 12 v. Chr. das Militärlager Argentoratum, das heutige Strasbourg. Die Römer brachten auch den Weinanbau ins Land.

Germanen

Nach dem Zusammenbruch des Römischen Reichs Anfang des 5. Jahrhunderts wanderten germanische Stämme aus dem Norden ein: **Alamannen** nahmen das südliche Oberrheingebiet in Besitz; im nördlichen Teil siedelten die **Franken**.

Mittelalter

Frankenreich

Nach dem Sieg des Merowingerkönigs **Chlodwig** über die Alemannen im Jahr 496 wurde das elsässische Gebiet Teil des machtvoll aufsteigenden Frankenreichs. Um 590 vollendete der iroschottische Wandermönch Columban die Christianisierung, Klöster entwickelten sich zu Trägern des kulturellen Lebens, Straßburg wurde Bistum. In der sog. **»Fredegarchronik«** tauchte für die Jahre 620 bis 630 der Begriff **»Alesacius«** auf: Zum ersten Mal steht der Name »Elsass« für eine geografische und politische Einheit. Ab 640 entstand unter der **Dynastie der Etichonen** ein erstes elsässisches Herzogtum. Dessen bekanntester Repräsentant war Attich oder Eticho, der Vater der hl. Odilie, die auf dem heutigen Odilienberg das erste elsässische Frauenkloster gründete und seit 1807 als Schutzpatronin des Elsass gilt.

Karolinger

Unter Karl dem Großen gehörte das Elsass zum Kernland des Frankenreichs. Doch bereits unter seinem Sohn Ludwig dem Frommen begann der **Zerfall des karolingischen Imperiums**. Nach Streitereien der vier kaiserlichen Söhne schlossen 842 Ludwig der Deutsche und Karl der Kahle einen Bündnisvertrag, die **Straßburger Eide**, in

Mehr als beste Aussicht: Den Kelten war der Donon bei Schirmeck heilig.

altfranzösischer und althochdeutscher Sprache. Es ist das älteste offizielle Dokument, das die Trennung beider Sprachen besiegelte. Bereits ein Jahr später wurde im **Vertrag von Verdun** das Karolingerreich dreigeteilt, und das Elsass kam zum schmalen, von Friesland bis Rom reichenden lothringischen Mittelreich. Allerdings teilten es 870 Ludwig der Deutsche und Karl der Kahle im **Vertrag von Meersen** unter sich auf: Das Elsass fiel mit einem Teil des heutigen Lothringen an das Ostfränkische und damit an das spätere Deutsche Reich, das restliche Lothringen wurde 800 angeschlossen. Die Grenzen des Heiligen Römischen Reichs Deutscher Nation blieben bis zum 17. Jh. unverändert.

Staufer

Im Jahr 925 vereinigte Kaiser Heinrich I. das Elsass und mit dem Herzogtum Alemannien zum Herzogtum »Schwaben und Elsass«. Von 1079 bis 1268 herrschten die **schwäbischen Staufer** als Herzöge im Elsass, das Kernstück der kaiserlichen Hausmacht wurde, nachdem die Staufer 1138 die Kaiserwürde erlangt hatten. Während der Stauferzeit erreichten das geistige Leben und die Wirtschaft im Elsass eine bedeutende Blüte. Zahlreiche Burgen und Kirchen wurden erbaut, in Haguenau errichtete Kaiser Friedrich Barbarossa eine prunkvolle Kaiserpfalz, die später Ludwig XIV. schleifen ließ.

Habsburger

Im Jahr 1268 lösten die Habsburger, ein ursprünglich aus dem Elsass und der Schweiz stammendes Geschlecht, die Staufer im Oberrheingebiet ab. Die neuen Herrscher setzten Adelsfamilien als Regierungsvertreter ein, sodass das Elsass in zahlreiche weltliche und geistliche Landesherrschaften zerfiel. 1354 schlossen Colmar, Munster, Türkheim, Kaysersberg, Schlettstadt, Oberehnheim, Rosheim, Hagenau, Weißenburg und das heutige pfälzische Landau den **Zehnstädtebund** zur Verteidigung ihrer Reichsunmittelbarkeit gegen die mächtigen Reichsfürsten. Der Zehnstädtebund wurde erst 1679 von Ludwig XIV. aufgelöst. Im Schutz der Stadtmauern blühten Kunst, Architektur und Wissenschaft auf. Straßburg entwickelte sich zu einem der bedeutendsten Zentren des **deutschen Humanismus** und war Wegbereiter der toleranten Haltung des Elsass in den späteren Auseinandersetzungen zwischen Katholiken und Protestanten. Aber Handel und Wohlstand wurden wiederholt durch Seuchen, Plünderungen und Kriege gefährdet.

Hundertjähriger Krieg

Während des Hundertjährigen Kriegs zwischen Frankreich und England (1337/1339 – 1453) drangen immer wieder marodierende Söldnertruppen aus Frankreich ins Elsass ein. 1469 verpfändeten die Habsburger die Landgrafschaft Oberelsass an **Herzog Karl den Kühnen von Burgund**, der von einem burgundischen Großreich

Molsheim trat als Zentrum der Gegenreformation machtvoll ins Licht der regionalen Geschichte. Das ehemalige Kartäuserkloster ist heute Museum.

träumte. Mit einer solchen Transaktion über ihre Köpfe hinweg zeigten sich die Elsässer nicht einverstanden, und mit Hilfe der Schweizer Eidgenossen und des Herzogs von Lothringen gingen sie gegen Karl den Kühnen vor, der in der Schlacht von Nancy 1477 fiel.

Reformation und Gegenreformation

Bauernkrieg

Straßburg war bald die führende Stadt der Reformation im Südwesten des Reichs. Viele elsässische Protestanten verbündeten sich mit den aufständischen Bauern, die gegen die Repressalien der weltlichen und geistlichen Herrschaft rebellierten. Doch das gewaltige Heer von 40 000 Bauern unterlag den Truppen des Herzogs Anton von Lothringen, der die Revolte überaus blutig niederschlug: In den Schlachten von Lupstein und Scherwiller starben mehr als 25 000 Menschen, was damals etwa einem Zehntel der elsässischen Bevölkerung entsprach.

Gegenreformation

Mitte des 16. Jh.s erreichte die Gegenreformation das Land am Oberrhein. Zentrum der gegenreformatorischen Bewegung war **Molsheim**, wo 1580 die Jesuiten ein Kolleg gründeten, das 1618 zur katholischen Universität erhoben wurde (1702 verlegte man die Hochschule nach Straßburg). Beide Konfessionen waren im Elsass zahlenmäßig in etwa gleich verteilt. Mülhausen und der Großteil des Unterelsass bekannten sich zum Protestantismus, Schlettstadt und Oberehnheim blieben katholisch.

Das Elsass wird französisch

Dreißigjähriger Krieg

Der Dreißigjährige Krieg (1618 – 1648) beendete die wirtschaftliche und kulturelle Blütezeit. Vor allem unter den schwedischen Truppen hatte das Elsass zu leiden; sie zerstörten 1632 – 1634 unzählige Ortschaften und töteten etwa die Hälfte der Elsässer. Nach der Niederlage der Schweden bei Nördlingen (1634) sahen die Franzosen die lang erhoffte Gelegenheit, im Elsass Fuß zu fassen. Im **Westfälischen Frieden** (1648) wurden große Teile des Elsass der französischen Krone zugesprochen, u. a. der habsburgische Besitz mit dem Sundgau und Belfort sowie die Reichsstädte außer Straßburg und Mülhausen. 1681 ließ der Sonnenkönig Ludwig XIV. im Zuge der sog. Reunionspolitik Straßburg, das seit 1648 eine Politik der Neutralität verfolgte, von 30 000 Soldaten umzingeln, woraufhin die alte Reichsstadt kapitulierte und sich unter die französische Oberherrschaft begab. Das kulturelle Leben aber blieb zunächst deutsch: Zu **Goethes Studienzeit** (1770 – 1771) war die Straßburger Universität eine deutsche Hochschule.

DEUTSCH UND FRANZÖSISCH

BAEDEKER WISSEN

Das Elsass bzw. Elsass-Lothringen änderte zwischen 1871 und 1945 vier Mal seine Staatszugehörigkeit. Somit verschoben sich auch immer wieder die Grenzen.

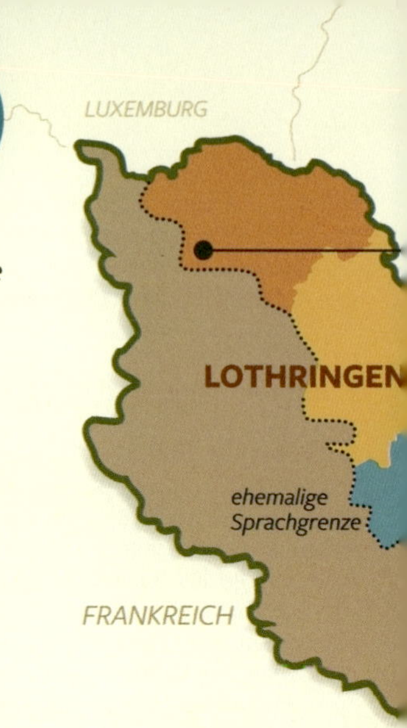

▶ Grenzgebiet

Elsass-Lothringen
Der zusammengesetzte Begriff war ab 1871 die offizielle Bezeichnung für das an Deutschland abgetretene Gebiet, das das gesamte Elsass und einen Teil Lothringens umfasste.

Grenze des heutigen Elsass

LUXEMBURG
LOTHRINGEN
ehemalige Sprachgrenze
FRANKREICH

▶ Bewohnerkategorien
Als Elsass-Lothringen nach dem Ersten Weltkrieg wieder an Frankreich ging, begann die Regierung die Re-Assimilation. Die Bewohner wurden nach ihrer Herkunft kategorisiert. Deutsche, die seit 1871 zugezogen waren, wurden ausgewiesen. Nach Protest des US-Präsidenten konnte rund die Hälfte wieder zurückkehren.

A Franzosen (59 %)

B Deutscher Elternteil oder Ehepartner

C Ausländer

D Deutsche

Franzosen:

1872 50 000 gehen freiwillig

1919 viele kehren zurück

1940 45 000 werden ausgewiesen

▶ Ein Hin und Her — Teil Deutschlands — Teil Frankreichs

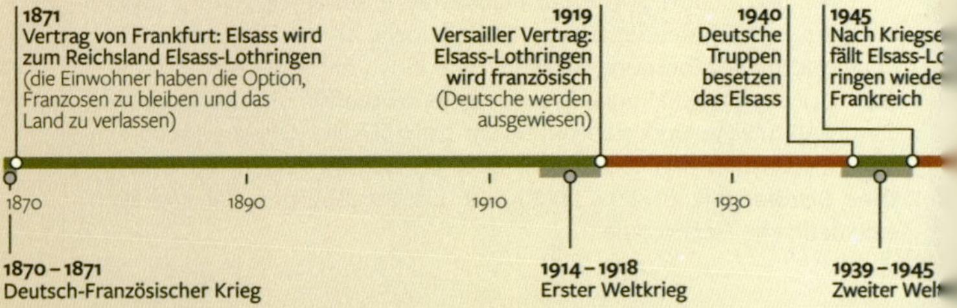

1871 Vertrag von Frankfurt: Elsass wird zum Reichsland Elsass-Lothringen (die Einwohner haben die Option, Franzosen zu bleiben und das Land zu verlassen)

1919 Versailler Vertrag: Elsass-Lothringen wird französisch (Deutsche werden ausgewiesen)

1940 Deutsche Truppen besetzen das Elsass

1945 Nach Kriegse… fällt Elsass-Lo… ringen wiede… Frankreich

1870 1890 1910 1930

1870–1871 Deutsch-Französischer Krieg

1914–1918 Erster Weltkrieg

1939–1945 Zweiter Wel…

Strasbourg oder Straßburg?
In nur einem kleinen Gebiet des Elsass gibt es ursprünglich französische Ortsnamen. Alle anderen sind deutschen Ursprungs, darunter auch Straßburg. Seit Frankreich regiert, wurden sie jedoch in französische Namen umgewandelt.

Wer spricht Deutsch?
Heute sprechen die Elsässer hauptsächlich Französisch, ihren ehemaligen Dialekt teilweise noch als Zweitsprache. Deutsch als Fremdsprache ist in elsässischen Schulen allerdings weit verbreitet: 98 % aller Grund- und Vorschüler lernen Deutsch an elsässischen Schulen; 18,5 % der Grund- und Vorschüler besuchten im Schuljahr 2020/2021 eine zweisprachige Schule. 82,5 % aller Schüler lernten Deutsch zumindest als Fremdsprache (Frankreich gesamt: 16,5 %). Trotzdem ist für die meisten Kinder im Elsass Deutsch nicht mehr Muttersprache, sondern nur noch Großeltern-Sprache. Die deutschsprachige Tradition wird zu Ende gehen.

17. und 18. Jahrhundert

Der Vertrag von Rijswijk 1697 legte den **Rhein als Grenze** zwischen dem Deutschen Reich und Frankreich fest, das Elsass wurde zur französischen Grenzprovinz, die **Ludwig XIV.** von seinem Festungsbaumeister Vauban befestigen ließ. Im 18. Jh. erlebte das Elsass eine Periode des Friedens und des wirtschaftlichen Aufschwungs. Es entstanden Manufakturen und Fabriken; in den Vogesentälern entwickelte sich eine Textilindustrie, und durch die gegenseitige Befruchtung der deutschen und französischen Kultur erblühte eine neue reiche Doppelkultur. Anfangs achteten die französischen Bourbonen streng darauf, die Sitten und Gebräuche des Elsass nicht zu sehr anzutasten – so wurde den Elsässern auch die weitere Ausübung des Protestantismus erlaubt. Doch nach und nach engte das katholische absolutistische Frankreich die Glaubensfreiheit immer mehr ein, u a. wurden gemischte Ehen verboten, Staatsämter waren nur noch Katholiken vorbehalten.

Französische Revolution und Napoleon

Während der Französischen Revolution erfolgte die völlige Integration des Elsass in Frankreich. Die letzten Reste deutschen Besitzes wie die Grafschaften Hanau-Lichtenberg und Mömpelgard wurden beseitigt, und mit der Aufteilung des Oberrheingebiets in die beiden Départements Bas-Rhin (Niederrhein) und Haut-Rhin (Hochrhein) verschwand der Name Elsass von den Landkarten. Zunächst zeigten sich die meisten Elsässer begeistert für die Ideale der Revolution, doch mit dem Beginn der **Schreckensherrschaft** ab 1793 wandte sich die Bevölkerung von der revolutionären Sache ab. Großer Beliebtheit im Elsass erfreute sich Napoleon, der nicht nur für Recht und Ordnung sorgte, sondern auch bei seinen Feldzügen auf elsässische Offiziere wie Kellermann und Kléber zurückgriff. Als der nach Elba verbannte Kaiser 1815 zurückkehrte, konnte er sich bei seinem erneuten Versuch, an die Macht zu gelangen, auf die Unterstützung der Elsässer verlassen, auch wenn sich der Stadtrat von Straßburg in aller Eile für königstreu erklärt hatte.

Das Elsass wird deutsch

Der Krieg von 1870/1871

Der Krieg zwischen Frankreich und Preußen war traumatisch für die Elsässer. Besonders hart wurde im Nordelsass gekämpft. Straßburg konnte von den Deutschen ohne große Schwierigkeiten eingenommen werden, Belfort hingegen hielt dem preußischen Angriff länger stand als Paris. Nach den deutschen Siegen von Wörth und Weißenburg und der Kapitulation der französischen Armee vor Sedan (Ardennen) verleibte sich die Siegermacht im **Vertrag von Frankfurt** am 10. Mai 1871 das Elsass (außer Belfort und Montbéliard) ins deutsche Kaiserreich ein, zusammen mit einem teilweise deutschsprachigen Teil von Lothringen als **unmittelbares Reichsland Elsass-Lothringen** (▶ Baedeker Wissen, S. 354).

Gehen oder bleiben?

Der Frankfurter Vertrag gab den Elsässern immerhin die Möglichkeit, zwischen Frankreich und Deutschland zu wählen, und so verließen mehr als 50 000 Elsässer und im Elsass lebende Franzosen, rund 6 % der Bevölkerung, ihre Heimat, darunter wirtschaftliche Führungskräfte, Intellektuelle und junge Männer, die dem preußischen Militärdienst entfliehen wollten. Dafür strömten Abertausende sog. Altdeutsche aus dem Reich ins neu gewonnene Gebiet, die 1910 etwa ein Sechstel der Bevölkerung ausmachten und die wichtigsten Positionen in Verwaltung und Militär innehatten. Das Deutsche Reich setzte sich zum Ziel, das Elsass »einzudeutschen« und zu »entwelschen«. 1911 erhielt das Reichsland Elsass-Lothringen eine eigene Verfassung und einen eigenen Landtag, aber keine eigene Landesregierung – die volle Autonomie wurde den Elsässern und Lothringern erst im Oktober 1918 gewährt.

Die Weltkriege

Erster Weltkrieg

Im Ersten Weltkrieg (1914 – 1918) verlief die Front bis in die Gegend von Mülhausen, etwa von der Grenze auf der Markircher Höhe südlich über Metzeral, den Großen Belchen und den Hartmannsweilerkopf (Vieil Armand, **Schwerpunkt des Stellungskriegs**) bis in den Raum westlich und südlich von Altkirch. Das ganze übrige Elsass-Lothringen blieb in deutscher Hand. An die erbitterten Kämpfe, die auf dem Vogesenkamm stattfanden, erinnern noch heute die zahlreichen Mahnmale und Militärfriedhöfe. Der Erste Weltkrieg zerriss die elsässische Bevölkerung. Über 200 000 Elsässer dienten – meist gegen ihren Willen – in der deutschen Armee, ca. 20 000 kämpften freiwillig auf französischer Seite. Nicht selten standen sich Brüder an der Front feindlich gegenüber.

Zwischen den Kriegen

Im **Versailler Vertrag** von 1919 musste Deutschland Elsass und Lothringen wieder an Frankreich zurückgeben. Die Altdeutschen mussten das Land verlassen, und viele alteingesessene Elsässer, nun der Kollaboration mit den Deutschen verdächtigt, wurden vor Gericht gestellt. Französisch galt als alleinige Amtssprache, Elsässerditsch war als deutscher Dialekt verpönt. Wie einst die Altdeutschen, übernahmen nun Zuwanderer aus Frankreich die Schlüsselpositionen in Politik, Verwaltung und Wirtschaft. Für die Kultur und Tradition der Elsässer sowie für ihre Mehrsprachigkeit zeigte die Pariser Regierung keinerlei Verständnis und diffamierte alle, die ein Recht auf eine eigene Kultur forderten oder mehr politische Mitsprache verlangten. Derart auf die deutsche Seite gedrängt, ließen sich dann **Autonomisten**, die die Unabhängigkeit von Frankreich forderten, tatsächlich vom Nachbarn moralisch und finanziell unterstützen. Dennoch war es nur eine kleine Minderheit, die sich einen Anschluss an Nazi-Deutschland wünschte.

DIE MAGINOT-LINIE

Unmittelbar nach dem Ersten Weltkrieg begannen in Frankreich Planungen für eine Verteidigungslinie, um eine erneute Invasion abzuwehren. Das Ergebnis war die 1930 bis 1940 gebaute Maginot-Linie, benannt nach Verteidigungsminister André Maginot (1877 – 1932). Sie sollte sich 1940 als nutzlos erweisen.

▶ **Das Artilleriewerk Schoenenbourg** (Besatzung: 630 Mann)
Ein typisches Festungswerk der Maginot-Linie. Charakteristisch sind:
- vorgeschobene Kampfblöcke
- weit davon entfernte Eingangsblöcke und Versorgungsbauten
- unterirdische Gänge mit über 3 km Gesamtlänge
- dreh- und ausfahrbare Geschütztürme

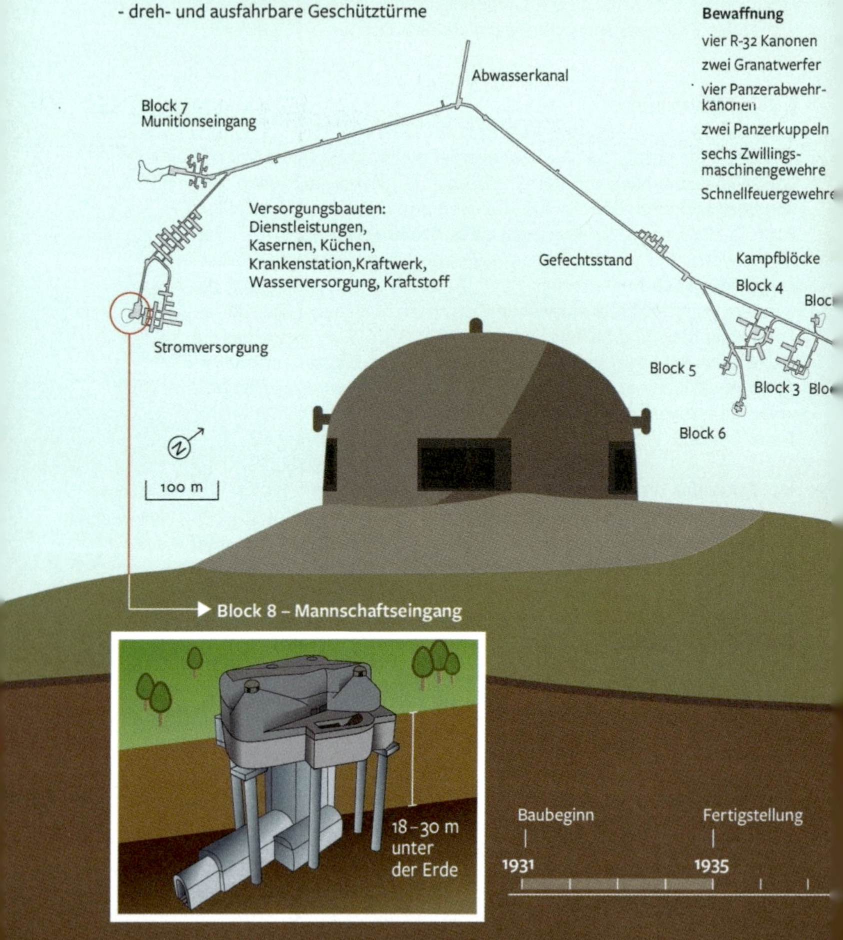

Bewaffnung

vier R-32 Kanonen
zwei Granatwerfer
vier Panzerabwehrkanonen
zwei Panzerkuppeln
sechs Zwillingsmaschinengewehre
Schnellfeuergewehre

Abwasserkanal

Block 7
Munitionseingang

Versorgungsbauten:
Dienstleistungen,
Kasernen, Küchen,
Krankenstation, Kraftwerk,
Wasserversorgung, Kraftstoff

Gefechtsstand

Kampfblöcke
Block 4
Bloc

Stromversorgung

Block 5
Block 3 Blo
Block 6

100 m

▶ **Block 8 – Mannschaftseingang**

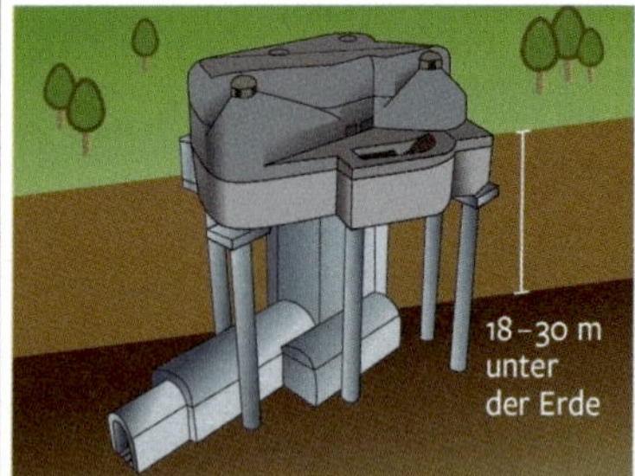

Baubeginn
1931

Fertigstellung
1935

‹r »Fall Gelb«
‹e deutschen Truppen versuchten ‹ Ersten Weltkrieg, die seit 1870 ‹ischen Belfort und Verdun ‹richteten Befestigungen nach dem ‹Schlieffen-Plan« zu umgehen, was ‹doch scheiterte. Die deutsche ‹ehrmacht vollzog am 10. Mai 1940 ‹e entgegengesetzte Drehung, ‹e die Maginot-Linie umging und ‹r Einkreisung der französischen ‹d britischen Truppen in Dünkirchen ‹rte. Dieser Plan ging als ‹all Gelb« in die Geschichte ein.

▶ **Beschuss**
Schoenenbourg war von September 1939 bis Juni 1940 die von deutschen Truppen am stärksten bombardierte Festung.

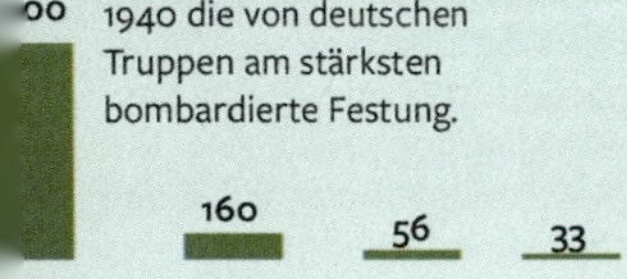

‹00	160	56	33
‹naten ‹-105 mm	Flugzeug-bomben	Granaten 420 mm	Granaten 280 mm

HOLLAND
DÜNKIRCHEN
BELGIEN
BRÜSSEL
DEUTSCHLAND
LUXEMBURG
PARIS
Festung Schoenenbourg
ELSASS
FRANKREICH
SCHWEIZ
ITALIEN

Maginot-Linie
Kasematten
Strukturen und Bunker
»Schlieffen-Plan«
»Fall Gelb«

‹eutscher Vormarsch - ‹urch die Kämpfe ‹eicht beschädigt

Deutsche Offensive in den Ardennen – leicht durch Sabotage beschädigt

Beginn des Wiederaufbaus

Ende des Wiederaufbaus

‹40 1941 1945 1947 1953

ZWEITER WELTKRIEG

Zweiter Weltkrieg

Der Zweite Weltkrieg (1939 – 1945) war für das Elsass eine besonders harte Belastungsprobe. Gleich zu Kriegsbeginn wurde ein Drittel der elsässischen Bevölkerung (rund 430 000 Menschen vor allem aus den Grenzregionen) nach Südwestfrankreich evakuiert. Nach dem »Blitzkrieg« und der Niederlage der französischen Armee im Juni 1940 besetzten deutsche Truppen das Elsass. Zusammen mit Lothringen wurde es dem Reichsstatthalter und Gauleiter von Baden, Robert Wagner, als »**Gau Oberrhein**« unterstellt. Mit Gewalt und Propaganda versuchten die neuen Herren, jede Erinnerung an Frankreich im Elsass auszulöschen und die Bevölkerung, die sie als »Volksdeutsche« betrachteten, zu germanisieren. Orts- und Vornamen wurden eingedeutscht, Juden wurden deportiert, Andersdenkende verhaftet. Es wurden auch **zwei Lager** errichtet, eines in ▶ **Schirmeck** (»Umerziehungslager«), das andere in **Struthof-Natzweiler** (das einzige KZ auf französischem Boden). Anfangs hatte Hitler nicht die Absicht, Elsässer und Lothringer zur Wehrmacht einzuziehen, doch als die militärische Notwendigkeit größer wurde, gab es kein Pardon: Nach 1942 mussten 130 000 Elsässer in die Wehrmacht eintreten, die »**malgré-nous**« (gegen unseren Willen). Erst 1999 erteilte der französische Staat den Gefallenen den Status »Mort pour la France« und erkennt die Überlebenden seither als Kriegsveteranen an. Rund 50 000 Zivilisten kamen im Krieg ums Leben, also dreimal mehr als im übrigen Frankreich. Straßburg erlitt nur geringe Schäden, andere Orte wurden dagegen völlig zerstört.

Nachkriegszeit und Gegenwart

Nachkriegszeit

Nach dem Krieg fiel Elsass-Lothringen wieder an Frankreich. Zuerst setzte eine Säuberungswelle ein, bei der 0,8 % der Bevölkerung wegen Kollaboration mit dem Feind verurteilt wurden. Mit der **Generalamnestie von 1953** für die in der Wehrmacht zwangsrekrutierten Elsässer beruhigte sich die Lage. Allerdings zeigte sich Paris unnachgiebig im Hinblick auf die Amts- und Umgangssprache: Es durfte nur noch Französisch gesprochen werden. Auf den Stundenplänen der elsässischen Schulen wurde kein Deutsch mehr angeboten, Kinder, die auf dem Schulhof Elsässerditsch sprachen, wurden hart bestraft. Erst ab Mitte der 1960er-Jahre gab es im Elsass eine Rückbesinnung auf elsässische Traditionen und damit auch auf die eigene Sprache. 1968 wurde der René-Schickele-Kreis zur Förderung des elsässischen Volkstums und der Zweisprachigkeit gegründet, Dialektdichter und Liedermacher, u. a. Roger Stifter und André Weckmann, erlangten große Popularität. 1972 wurde an den elsässischen Schulen für das 4. und 5. Grundschuljahr fakultativ der Deutschunterricht auf mundartlicher Sprachbasis eingeführt. 1976 erhielt das Elsass als erste Region Frankreichs eine gewisse **Kulturautonomie**.

Linke und rechte Politik

In den 1970er-Jahren erwachte im Elsass auch ein anderes Bewusstsein: Früher als sonstwo in Frankreich war man hier für ökologische Gedanken aufgeschlossen, wie die Proteste gegen die Atomkraftwerke im elsässischen Fessenheim und im badischen Whyl zeigten. Auch Frankreichs Grüne verdanken ihre Gründung einem Elsässer.
Allerdings holt der rechtspopulistische Front National (FN) im Elsass stets hohe Stimmengewinne, was vielleicht weniger mit der Ausländerfeindlichkeit oder einem übersteigerten Nationalgefühl der FN-Wähler zusammenhängt, als mit dem starken Bestreben nach Regionalismus, für den sich der Front National im Rahmen der von Paris mühselig eingeleiteten Dezentralisierung geschickt stark macht.

»Hauptstadt« Europas

Heute trägt das Elsass maßgeblich zur Verwirklichung eines geeinten Europa bei. Die elsässische Metropole Strasbourg (seit 1949 Sitz des Europarats und seit 1958 des Europäischen Parlaments) präsentiert sich neben Brüssel und Luxemburg als Hauptstadt Europas. Auch vernetzt sich das Elsass vermehrt mit seinen Nachbarregionen in Deutschland und der Schweiz: Seit den 1990er-Jahren existiert die **»Euroregion Elsass – Baden-Württemberg – Basler Land«**. Anlässlich der Feierlichkeiten zum 40. Jahrestag des Elysée-Vertrags wurde 2003 in einer gemeinsamen Erklärung der Staats- und Regierungschefs der Eurodistrikt Strasbourg – Kehl ins Leben gerufen. Ein Jahr später folgte das Projekt des Eurodistrikts Colmar – Freiburg im Breisgau – Mulhouse.

Kernkraftwerk und Krisenzeiten

Längst vollzogen ist der Schulterschluss zwischen den Nachbarn im Kampf gegen das Atomkraftwerk **Fessenheim**. Mehrere französische Präsidenten hatten angekündigt, den ältesten Reaktor Frankreichs vom Netz zu nehmen. Seit 2020 wird der störanfällige Meiler zurückgebaut – 20 Jahre sind dafür veranschlagt.
Auch die große französische **Gebietsreform** schlug in der Region mächtige Wellen: 2016 wurde das Elsass mit Lothringen und Champagne-Ardenne zur neuen Region Grand-Est zwangsfusioniert. Die Wirtschaftskrise des Euroraums trifft auch das Elsass hart. In Straßburg gab es Ausschreitungen durch die Protestbewegung der Gelbwesten.

KUNSTGESCHICHTE

Farbenfrohe Fachwerkhäuser und weite Weinanbaugebiete – das sind oft die ersten Assoziationen, die man mit dem Elsass verbindet. Doch die Region hat viel mehr zu bieten, beispielsweise die Höhenburgen in den Vogesen, wunderbare Bauten der Romanik, das Münster in Straßburg, den Isenheimer Altar von Matthias Grünewald und die Werke Martin Schongauers in Colmar.

Die Anfänge

Vor-geschichte

Die Relikte aus vorgeschichtlicher Zeit sind im Elsass nicht sonderlich zahlreich. Die Heidenmauer (mur païen), die das Gipfelplateau des ▶ Mont Sainte-Odile umzieht, scheint nicht, wie lange angenommen, auf die Kelten zurückzugehen. Eine prähistorische Wallburg befindet sich auch bei der Frankenburg unweit westlich von Sélestat.

Römerzeit

Nach der Eroberung durch Caesar (58 v. Chr.) gehörte das Elsass zum Imperium Romanum. Aus jener Zeit stammen die Originale der auf dem Donon aufgestellten Stelen; viele Museen besitzen zudem bedeutende Stücke gallo-römischer Herkunft. Von den römischen Siedlungen sind keine nennenswerten Überreste erhalten. Erst in der zweiten Hälfte des 20. Jh.s wurden die Grundmauern eines Theaters und eines Thermenkomplexes in Strasbourg ausgegraben.

Romanik

Frühromanik

Mit dem Aufblühen der Klöster hielt die Romanik ab dem beginnenden 11. Jh. im Elsass Einzug. Schönstes Beispiel für die Frühromanik ist die Kirche von Ottmarsheim, eine fast perfekte Kopie der Pfalzkapelle des Aachener Doms und eine von nur vier Rundkapellen in Mitteleuropa. Im Sakralbau gewann dann der Typus der Basilika stark an Bedeutung, der auch in der Gotik vorherrschend blieb. Eine Basilika bezeichnet in der Kirchenbaukunst eine Kirche auf kreuzförmigem Grundriss, deren Mittelschiff höher ist als die Seitenschiffe und eine eigene Fensterreihe, den Licht- oder Obergaden, aufweist. Die Innenräume waren in ihrer asketischen Kargheit sehr wirkungsvoll; an den Kapitellen von Pfeilern und Säulen jedoch entfaltete sich oft eine reiche Ornamentik mit Pflanzen-, Tier- und Menschendarstellungen, ja sogar mit der Abbildung furchterregender Ungeheuer oder rätselhafter Mischwesen. Die elsässischen Baumeister verknüpften die karolingische und die ottonische Überlieferung mit Elementen aus dem Burgund und der Lombardei.

Hochromanik

Die Hochblüte der Romanik fällt in die **Stauferzeit** (1075 – 1268). Es entstanden kirchliche Bauwerke, die noch heute einen bedeutenden Teil der Sehenswürdigkeiten bilden: die einstigen Abteikirchen von Andlau, Marmoutier und Murbach, die Kirche Sainte-Foy in Sélestat und die Kirche Saint-Pierre-et-Saint-Paul in Rosheim sowie die malerische Margarethenkapelle in Epfig. Zur Sicherung der von unzähligen Territorien zersplitterten Region wurden zahlreiche **Burgen** errichtet, überwiegend auf den Höhenzügen der Vogesen. Fast 450 Burgen, heute fast allesamt Burgruinen, brachten dem Elsass den Titel »ein Land der Burgen«. Ein schönes Beispiel des romanischen

OBEN: Drei Berühmtheiten im Münster von Strasbourg: Engelspfeiler, Astronomische Uhr und die farbigen Glasfenster

UNTEN: Musée Unterlinden in Colmar zeigt herausragende Kunstwerke des Mittelalters, darunter den »Engel der Verkündigung« von Martin Schongauer (1472).

Stils ist das im frühen 12. Jh. erbaute Château Saint-Ulrich bei Ribeauvillé. Werke von Weltrang brachte das Elsass auf literarisch-künstlerischem Gebiet hervor, nämlich die wichtigsten romanischen Handschriften des Elsass, den »Codex Guta-Sintram« (1154) der Nonne Guta und des Mönchs Sintram sowie den **»Hortus Deliciarum«** der Herrad von Landsberg. Um 1210 verfasste Gottfried von Straßburg (beide ▶ Interessante Menschen) das höfische Epos **»Tristan und Isolde«**, in seiner meisterhaften sprachlichen Gestaltung ein Höhepunkt der Dichtkunst.

Übergangsstil

Bedeutende Beispiele für diesen Stil zwischen Romanik und Gotik, der Elemente beider Stilrichtungen vereint, sind Église Saint-Léger (Leodegarkirche; Guebwiller), Église Notre-Dame (Liebfrauenkirche; Rouffach) und Saint-Pierre-et-Saint-Paul in Neuwiller-lès-Saverne.

Gotik

Zeit der Kathedralen

Die sich seit der Mitte des 12. Jh.s durchsetzende Gotik hat ihren Ursprung in der Normandie, und von dort breitete sie sich über die Île de France auch nach Osten aus. Fortschritte in der Baukunst erlaubten neue statische Lösungen. Nun fing das Strebewerk den Seitenschub des Gewölbes ab, die Mauern wurden entlastet und konnten in große Fensterflächen aufgelöst werden. Die Proportionen verschoben sich; die Vertikale wurde betont. Die hohen, von Spitzbogen überwölbten Kirchenschiffe lenkten den Blick nach oben; Türen, Fenster und Wände zeigten reiches Maßwerk; die Steinskulptur erlebte einen machtvollen Aufschwung, vor allem an den Figurenportalen der Kirchen.

Als Hauptwerk der elsässischen Gotik gilt das **Straßburger Münster**, das noch im romanischen Stil begonnen wurde. Weitere bedeutende Bauten dieser Stilepoche sind das Theobaldsmünster in ▶ Thann, das Georgsmünster in Sélestat, das Martinsmünster und die Dominikanerkirche in Colmar, die Stiftskirche St. Peter und Paul in Wissembourg sowie St. Nikolaus in Haguenau.

Die Künste

Die Glasmalerei feierte große Triumphe, u. a. im Straßburger Münster und in der Kirche zu Niederhaslach. Als Maler religiöser Bilder machten sich Hans Hirtz und Caspar Isenmann, von denen man heute nur noch wenige Werke kennt, einen Namen sowie **Matthias Grünewald** (Isenheimer Altar) und **Martin Schongauer** (Madonna im Rosenhag), die beiden Großen der elsässischen Malerei. Ihr Werk wird im Museum Unterlinden in ▶ Colmar ausgiebig gewürdigt. Für Schongauer, der in Colmar geboren wurde, steht nach der umfassende Museumserweiterung (▶ S. 22) sehr viel mehr Platz als bisher zur Verfügung.

Renaissance

Bürgertum erstarkt

Im Elsass entwickelte sich die Renaissance im Wesentlichen zu einer Kunstform des weltlichen Adels und des wohlhabenden Großbürgertums, während in dieser Zeit der Kirchenbau an Bedeutung zurücktrat. Der neue Wohlstand und das gewachsene Selbstbewusstsein des Stadtbürgertums präsentierte sich seit dem beginnenden 16. Jh. in Rathäusern, Zunfthäusern, Münzen, Kornspeichern, Brunnen und Patriziersitzen. Insbesondere in den reichsunmittelbaren Städten entstanden stolze Häuser u. a. mit Volutengiebeln, reich verzierten Erkern, Prachtportalen, Balkonen, Arkaden und Treppentürmchen. Beispiele sind die Maison Kammerzell in Strasbourg, das Kopfhaus und das Pfisterhaus in Colmar, das Haus Katz in Saverne sowie die Rathäuser von Mulhouse und Obernai.

Künstler

Die bekanntesten Künstler dieser Zeit waren **Hans Baldung, genannt Grien** (1484/1485 – 1545), ein Schüler Albrecht Dürers, der neben religiösen Darstellungen erotische Themen bevorzugte, und **Sebastian Stoskopff** (1597 – 1657), der ein Meister des Stilllebens war, sowie der herausragende **Nikolaus Gerhard van Leyden**. Werke dieser Künstler sind u. a. im Musée l'Œuvre Notre-Dame in Strasbourg ausgestellt.

Barock und Klassizismus

Frankreichs Einfluss

Im 18. Jh., als das Elsass zu Frankreich gehörte, setzte sich mehr und mehr der klassische französische Architekturstil durch. Deutlich von dieser Stilrichtung beeinflusst sind das Rohan-Schloss und zahlreiche Adelspalais der Rue Brûlée in Strasbourg sowie das ebenfalls für die Straßburger Fürstbischöfe gebaute Château de Rohan in Saverne. Doch auch barocke Elemente, insbesondere aus dem süddeutschen Raum, kamen ins Elsass. Ein exzellentes Beispiel für die barocke deutsche Baukunst ist die heitere, lichtdurchflutete einstige Klosterkirche zu Ebersmunster, die vom Vorarlberger Peter Thumb (1681 – 1766) errichtet wurde. Im beginnenden 18. Jh. ließ sich im Elsass der aus Sachsen stammende **Andreas Silbermann** nieder, der eine elsässische Orgelbauertradition begründete. Kirchenorgeln der berühmten Dynastie Silbermann sind u. a. in Ebersmunster, Strasbourg, Rosheim, Marmoutier, Molsheim und Wasselonne zu hören.

Historismus und Jugendstil

19. Jahrhundert

In der Architektur schloss sich an Barock und Klassizismus der Historismus an, der sich in der Nachahmung verschiedener älterer Stile

UNTER DACH UND FACH

Fachwerkhäuser gibt es im Elsass fast überall. Seit einigen Jahrzehnten werden sie teils mit hohem Aufwand renoviert, blumenbunt herausgeputzt und tragen entscheidend zum typischen Ortsbild bei. Zuweilen treibt der neue Trend seltsame Blüten.

Wer denkt beim Elsass nicht unweigerlich an schöne Fachwerkhäuser? Schließlich gehört Fachwerk (frz. colombage) zu den **fünf großen »C« des Elsass** wie cathédrale (Münster), cigogne (Storch), choucroute (Sauerkraut) und coiffe (Haube). Der Begriff Fachwerk stammt aus dem mittelhochdeutschen »vach«, was soviel wie Flechtwerk oder Wandbalken bedeutet. Als Touristenmagnet dienen die Fachwerkbauten vor allem in Dörfern wie Riquewihr, Ribeauvillé und Eguisheim oder in den Altstädten von Strasbourg und Colmar noch gar nicht lange: Bis in die 1980er-Jahre hinein rissen noch Hunderte von Hausbesitzern ihre Gebäude mit den als überholt geltenden Holzbalkenkonstruktionen ab und bauten sich ein modernes Häuschen. Die Rückbesinnung auf die traditionelle Bauweise gerade bei privaten Haushalten erfolgte recht spät. Dafür dürfen Privatleute bei den aufwendigen Restaurierungen ihrer »maisons à colombage« seither mit staatlichen Subventionen rechnen.

Münze bringt Glück

Die ersten Fachwerkhäuser im Elsass stammen aus dem 15. Jh. Bauherr war meistens der Zimmermann, der das Holzgerüst des Hauses entwarf und hochzog. Der Maurer errichtete das Fundament und den Schornstein und füllte die Fächer zwischen den Balken je nach Region und Bodenbeschaffenheit mit Lehm der Ebene oder Berggestein. In die Fächer wurden, um das Haus vor Verformung zu schützen, auch schräg verlaufende Streben eingesetzt, wodurch Dreiecke und Trapeze entstanden, und in das Fundament ließ man nicht selten ein Geldstück als Glücksbringer einmauern.

Schmuck und Symbole

Anfangs waren die Fachwerkhäuser einfach und schmucklos. Das änderte sich in der 2. Hälfte des 16. Jh.s: In den Städten fingen die Bauherren an, die Eckbalken der überkragenden oberen Stockwerke sowie Tür- und Fensterrahmen mit prachtvollen Schnitzereien zu dekorieren. Ein schönes Beispiel hierfür ist die **Maison Kammerzell** in Strasbourg. Später kamen umlaufende Holzgalerien bzw. bemalte Fassaden hinzu, wie an der **Maison Pfister** in Colmar. Auf dem Land fanden Schmuckformen für Wohnhäuser erst im 17. Jh. Verbreitung. Allerdings hatten hier die Schnitzereien und Malereien auch symbolhaften Charakter: So verkörpert die häufig auftretende Raute den Mutterleib und damit den Wunsch nach Nachkommen. Die liegende Acht steht für ein langes Leben.

Aber nicht überall im Elsass findet man Fachwerkhäuser. In erster Linie gibt es sie in den Weinbaugegenden an der Route des Vins und in den Städten der Rheinebene – in den Vogesen hingegen überwiegen massive Steinbauten. Einheitlich ist die Entwicklung der Fachwerkbauten im Elsass nicht. Im elsässi-

schen **Nordosten** – in Hunspach, Seebach und Hoffen – findet man weiß verputzte Häuser mit hohen Giebeln, Satteldächern und schwarzen Fachwerkbalken. In der Korn- und Hopfenkammer um den **Kochersberg** besitzen die Bauernhäuser mit den quadratischen, von der Straße durch eine große Toreinfahrt erreichbaren Höfen schön verzierte Balken.
Im **Ried** reichen hohe Pfosten vom Boden bis zum Dach. Das Kennzeichen der Fachwerkbauernhäuser im **Sundgau** ist das von mächtigen Eckpfeilern getragene große Dach – hier, also im äußersten Süden des Elsass, steht im Ort Friesen übrigens das älteste erhaltene elsässische Fachwerkhaus (1480).
Im **Hanauer Land** sind Bauernhäuser erhalten, die auf die berühmte, nach dem Dreißigjährigen Krieg (1618 – 1648) aus der Schweiz zugewanderte Zimmermannsfamilie Schini zurückgehen und z. T. recht verschwenderisch wirken mit ihren mehrstöckigen Balkonen, Erkern, Balustraden, Haubentürmchen und Schnitzereien.
Kennzeichnend für die Winzerorte an der **Route des Vins** ist das mehrgeschossige, meist dreistöckige Fachwerkhaus mit spitzem Giebel, schönem Schnitzwerk, einer Außentreppe im Hof als Zugang zu den Wohnräumen und einem Mauerwerk, das zwischen den Balken in vielen Farben leuchtet: in Rot, Gelb, Grün, Lila, Blau und Grau.

Alles echt?

Der Trend, Fachwerk zu restaurieren, treibt zuweilen auch seltsame Blüten: Manchmal harmoniert die Farbe nicht mit dem Anstrich benachbarter Häuser; auch sind etliche Gebäude so überrestauriert, dass sie schon kitschig wirken und man ihnen ein Alter von über 200 Jahren keineswegs mehr abnimmt. Und mancher Hausbesitzer malt auf den Verputz mit brauner oder schwarzer Farbe Holzbalken nur auf.

Üppiger Blumenschmuck in Balkonkästen und Kübeln ergänzt das Fachwerk, auch in Kayserberg.

Feinste Flakons für zarte Parfums: Jugendstil-Glaskunst in Wingen-sur-Moder

gefiel und dessen augenfälligste Beispiele aus der wilhelminischen Zeit stammen, als Elsass-Lothringen deutsches Reichsland war. Berühmt ist die – einer Theaterdekoration ähnelnde – **Haut-Kœnigsbourg** bei Sélestat, die ihre heutige Existenz dem vollständigen Neubau im Auftrag Kaiser Wilhelms II. verdankt. Aus der vom allgegenwärtigen Wohlstand des deutschen Kaiserreichs geprägten Ära stammt auch das gesamte Ensemble um die Place de la République in Strasbourg, ein bombastisches Beispiel teutonischen Selbstbewusstseins. Der wohl größte elsässische Künstler des 19. Jh.s war der Bildhauer Frédéric Auguste Bartholdi, der **Schöpfer der New Yorker Freiheitsstatue** (▶ Interessante Menschen).

Jugendstil Nach 1900 folgte der Jugendstil u. a. mit den am Boulevard de la Victoire in Straßburg gelegenen Städtischen Bädern des Stadtarchitekten Fritz Beblo. Einer der berühmtesten Jugendstil-Glaskünstler, René Lalique, produzierte im Nordelsass bei Wingen-sur-Moder (▶ Bitche).

Gegenwartskunst

Seit der Wende vom 19. zum 20. Jh. begann sich immer stärker eine Internationalisierung in Kunst und Architektur durchzusetzen; der rein zweckorientierte Ingenieurbau entstand. Zeugnisse der modernen Architektur sind in Strasbourg das Kongresszentrum, das Palais de l'Europe, das Europaparlament, das neue Universitätsviertel, das Musée d'Art Moderne et Contemporain sowie in Mulhouse der Europaturm und in Ronchamp die Wallfahrtskirche Notre-Dame du Haut. In jüngster Zeit entstand der Turm der Freiheit (Tour de la Liberté) in Saint-Dié, eine ungemein eindrucksvolle Stahlkonstruktion, welche die idealen Prinzipien der Französischen Revolution versinnbildlicht.
Als einer der kreativsten Formschöpfer der Moderne gilt der Maler, Bildhauer und Dichter Hans (Jean) Arp, ein Mitbegründer des Dadaismus (▶ Interessante Menschen).

INTERESSANTE MENSCHEN

Weimar, Paris – und Dada: Hans (Jean) Arp

1886 – 1966
Maler, Bildhauer und Dichter

Der gebürtige Straßburger Hans Arp zählt als Maler, Grafiker, Bildhauer und Dichter zu jenen Künstlern, die – »Hans Arp in allen Gassen« – an der Entstehung der klassischen Moderne maßgeblich beteiligt waren. Seine Studien absolvierte er in Weimar und Paris; im Jahr 1911 schloss er sich den Künstlern der Gruppe »Der Blaue Reiter« an. Besonders bekannt wurde er 1916 als Mitbegründer und literarischer Hauptvertreter des Dada, einer antibürgerlichen und revolutionären Kunst- und Literaturströmung. In späteren Jahren – nach einer surrealistisch geprägten Schaffensperiode – konzentrierte er sich im Wesentlichen auf die abstrakte Bildhauerei. Der zweisprachige Künstler, der am Ersten Weltkrieg nicht hatte teilnehmen wollen, weil er weder für die eine noch für die andere Seite war, und darum 1915 mit seinem Bruder ins Schweizer Exil gegangen war, änderte mit dem Aufstieg des Nationalsozialismus in Deutschland seinen Vornamen von Hans in Jean. Er zählte zu den **»entarteten« Künstlern** und floh deshalb während des deutschen Einmarschs in Frankreich an die Côte d'Azur. Anlässlich der Premiere des 1959 über ihn gedrehten Films »Jean Arp l'Alsacien« betonte er die Wichtigkeit des gegenseitigen deutsch-französischen Verständnisses für die Zukunft.

Schöpfer der Freiheitsstaute: Frédéric-Auguste Bartholdi

1834 – 1904
Bildhauer

Bereits in jungen Jahren verschrieb sich Frédéric-Auguste Bartholdi der plastischen Kunst und entwickelte dabei früh eine Vorliebe für Monumentales. Ab den 1860er-Jahren trieb den Colmarer der ehrgeizige Gedanke, ein gigantisches Werk zu schaffen, das die Freiheit zum Ausdruck bringen sollte – was ihm schließlich auch gelang. Seine große Zeit hatte der frankreichorientierte Künstler in den Jahren, als das Elsass zum Deutschen Reich gehörte, und er mit pathetischen Großwerken den Franzosen nach dem verlorenen Krieg gegen Deutschland zu neuem Selbstbewusstsein verhalf. Das bekannteste Werk dieser Phase ist der »Lion de Belfort«, eine 22 m lange, aus Buntsandstein gehauene Löwenplastik, die an die Belagerung der Festungsstadt im Deutsch-Französischen Krieg (1870/1871) erinnert. Weltberühmt aber wurde er durch ein Geschenk, das Frankreich den Vereinigten Staaten von Amerika im Jahr 1886 machte: die Freiheitsstatue in New York. In Bartholdis Geburtshaus in Colmar ist heute ein Museum eingerichtet. Eine **Kopie der Freiheitsstatue** steht am Ortseingang von Colmar – im Kleinformat natürlich.

Meister Gottfried von Straßburg, dargestellt im Codex Manesse (14. Jh.), dichtete die große Liebesgeschichte von Tristan und Isolde.

Von der großen Liebe: Gottfried von Straßburg

12./13. Jh.
Dichter

Die Lebensdaten und die meisten biografischen Details des mittelhochdeutschen Dichters Gottfried von Straßburg sind unbekannt. Man weiß nicht genau, wer er war, wann er geboren wurde und wann er starb, noch ob er in Straßburg zu Hause war. Sein profundes Wissen aber lässt auf eine Ausbildung an einer Klosterschule oder Universität schließen. Über seinen beruflichen Werdegang kann nur spekuliert werden. Vermutlich gehörte er nicht dem Adel oder der Geistlichkeit an, sondern war städtischer Beamter in Straßburg. Fest steht lediglich seine Autorschaft an dem höfischen Versepos **»Tristan und Isolde«**, die ihn als dritten großen Epiker neben Hartmann von Aue und Wolfram von Eschenbach stellt. Die Niederschrift des in alemannischer Sprache verfassten Tristanromans, einer der berühmtesten Liebesgeschichten der Welt, erfolgte wohl zwischen 1205 und 1210; als Vorlage dienten wahrscheinlich Fragmente aus dem 1170 entstandenen Werk des Thomas d'Angleterre. Die Virtuosität von Gottfrieds sprachlichen Mitteln und die an Wortspielen und Neuschöpfungen reiche Diktion wirkten stilbildend.

Spion mit Witz: Hansi (Jean-Jacques Waltz)

1873 – 1951
Karikaturist

Man kennt ihn fast nur unter dem Pseudonym, mit dem er seine grafischen Werke signierte: Hansi war wohl der profilierteste elsässische Karikaturist und Grafiker seiner Zeit – und ein lebendes Exempel für das deutsch-französische Spannungsfeld, in dem das Elsass steht. Die Eltern von Jean-Jacques Waltz waren aus dem Badischen eingewandert, und er kam in Colmar zur Welt, zu jener Zeit, als das Elsass deutsches Reichsland war. Im Ersten Weltkrieg arbeitete er für den französischen Geheimdienst. Wegen des Bilderalbums »Mon Village« verdächtigte man ihn (aus deutscher Perspektive) landesverräterischer Umtriebe und verurteilte ihn zu einer **Gefängnisstrafe**, der er sich durch seine Flucht nach Frankreich entzog. Von 1923 bis 1939 leitete er das Unterlinden-Museum in Colmar. Er verbrachte die Zeit des Zweiten Weltkriegs im Exil. In Hansis Gemälden und Lithografien, denen auch das Postkartenklischee vom elsässischen Dörfler zu verdanken ist, finden sich vielfach Ortsbilder, wie man sie heute dank Restaurierung allenthalben wieder sieht. Außerdem gestaltete er zahlreiche Werbeplakate und höchst amüsante Gasthausschilder, u. a. in seiner Heimatstadt Colmar.

Gelehrte Dame: Herrad von Landsberg

† 1195
Äbtissin

Herrad von Landsberg, eine hochgebildete Frau, war Äbtissin des staufischen Damenstifts Hohenburg auf dem Odilienberg (Mont

Sainte-Odile). Ein Zeugnis für das damalige geistig-kulturelle Niveau des Konvents ist die **Bilderhandschrift »Hortus Deliciarum«** (»Lustgarten«), an der Herrad fast 20 Jahre lang arbeitete. Dieses reich mit Miniaturen bebilderte enzyklopädische Werk über das theologische und profane Wissen jener Zeit – mit Abhandlungen über christliche Sitten und Gebräuche, über Astronomie, Philosophie, Geschichte, Acker- und Gartenbau sowie mit eigenen Gedichten und einem Selbstbildnis – diente der Belehrung und Erbauung der Schwestern. Das kostbare Original jedoch verbrannte bei der Belagerung von Strasbourg durch die Deutschen 1870, der Inhalt aber konnte weitgehend wiederhergestellt werden.

Chansons, Jazz und Rock: Patricia Kaas

geb. 1966
Sängerin

Sie gilt als Aushängeschild des französischen Chansons, hat international eine große Fangemeinde, ihre Alben sind weltweite Bestseller. Im lothringischen Forbach an der Grenze zum Saarland als jüngstes von sieben Kindern geboren, stand Patricia Kaas bereits mit acht Jahren auf der Bühne. Jahrelang gastierte sie in der Saarbrücker »Rumpelkammer«, bis sie 1985 von dem französischen Schauspieler Gérard Depardieu entdeckt wurde. Drei Jahre später erfolgte ihr Durchbruch mit »Mademoiselle chante le blues«. Auf Tourneen feiert sie weltweit große Erfolge. Stilistisch gehört ihre Musik sicher nicht nur zum klassischen Chanson, wie es Edith Piaf verkörpert, da sich neben Jazz- und Blueselementen auch rockige Töne in ihren Liedern finden. Einen Großteil ihres Erfolgs macht ihre Bühnenpräsenz aus, was man auf fünf Live-Alben und DVDs hören und sehen kann.

Spielend Lernen: Johann Friedrich Oberlin

1740 – 1826
Pfarrer

»Ich bin Soldat. Gott, mein Herr, befahl mir durch meine Oberen, zu marschieren und in dem armen Steintal für ihn zu arbeiten«, schrieb der aus gutbürgerlicher Straßburger Familie stammende evangelische Pfarrer Oberlin bei seinem Amtsantritt in Waldersbach an seine Mutter. Er arbeitete dann auch hart, nicht nur für Gott, sondern vor allem für die Menschen im Steintal, einem verarmten Vogesental in der Nähe von Schirmeck. Der Philanthrop mit ausgesprochen sozialer Gesinnung förderte die wirtschaftliche Entwicklung der Region, indem er Textilbetriebe einrichtete und eine kleine Leih- und Kreditbank gründete. Er bewirkte den Bau von Straßen und Kanälen, führte neue, gut tragende Kartoffelsorten ein, gründete auch Vorschulen und sorgte für die Verlängerung der Schulpflicht bis zum 16. Lebensjahr. Während seiner 59-jährigen Tätigkeit gelang es dem umtriebigen Pfarrer, den seine Gemeindemitglieder respektvoll und zärtlich »Papa Ober-

Ein Hauch von Edith Piaf in der Stimme: die französische Sängerin Patricia Kaas

lin« nannten, die einst arme Hochlandpfarrei in eine Gemeinde von bescheidenem Wohlstand zu verwandeln. In den Vogesen und im gesamten Elsass ist man noch heute stolz auf Johann Friedrich Oberlin, der als einer der Väter der Sozialbewegung des 19. Jhs. gilt. Der Pädagogik hat er wichtige Impulse gegeben, wie das Museum Oberlin in Waldersbach (► Schirmeck) gekonnt demonstriert.

Großer Europäer: Pierre Pflimlin

1907 – 2000
Politiker

»Ein großer Gegner von de Gaulle, ein großer Freund der Deutschen«, war nach seinem Tod in den Medien zu lesen. Der Jurist und Politiker Pierre Pflimlin stammte aus Roubaix nahe der französisch-belgischen Grenze. Er wuchs in Mulhouse auf und sprach perfekt Französisch und Deutsch. Als Mitglied des Mouvement Républicain Populaire (MPR), dessen Präsident er von 1956 bis 1963 war, bekleidete er mehrere Ministerämter. 1958, auf dem Höhepunkt der Algerienkrise, wurde er zum **Ministerpräsidenten Frankreichs** ernannt. Es gelang ihm jedoch nicht, die politische Lage zu beruhigen. Keine zwei Wochen später übernahm Charles de Gaulle die Macht in Frankreich. Ihm stand Pflimlin, der sich als junger Anwalt aus religiöser Überzeugung geweigert hatte, Scheidungsprozesse zu führen, von Anfang an skeptisch gegenüber. 1962 verließ er mit gleichgesinnten Parteigenossen aus Protest gegen de Gaulles Europapolitik die Regierung. 1959 – 1983 war er Oberbürgermeister von Strasbourg. Als überzeugter Verfechter der europäischen Einigung erreichte er, dass

Europarat und Europäisches Parlament, dessen Präsidentschaft er 1984 – 1987 ausübte, in Strasbourg tagen. Zeit seines Lebens setzte sich der Politiker für die deutsch-französische Freundschaft ein.

Vermittler zwischen den Nationen: René Schickele

1883 – 1940
Schriftsteller und Journalist

Der in Obernai (Oberehnheim) geborene Schriftsteller und Journalist René Schickele bemühte sich als Sohn eines deutschen Vaters und einer französischen Mutter sein Leben lang um die Verständigung des deutschen und des französischen Volkes (»Gestern deutscher, heute französischer Staatsbürger: Ich pfeife darauf«).
Als Herausgeber der »Weißen Blätter« setzte er sich für die deutsch-französische Annäherung und die Entschärfung des Nationalitätenkonflikts ein. Seine pazifistische Haltung kommt in der 1914 nur in acht Tagen niedergeschriebenen Komödie **»Hans im Schnakenloch«**, einer aberwitzigen Parodie auf den Krieg, zum Ausdruck. In der breit angelegten Trilogie »Das Erbe am Rhein« (1925 – 1931), seinem Hauptwerk, thematisiert er am Beispiel des elsässischen Adelsgeschlechts von Breuschheim den deutsch-französischen Gegensatz. Doch wurde er als Vermittler nicht geschätzt: Die Franzosen warfen ihm eine pro-deutsche Haltung vor, die Deutschen kritisierten ihn wegen seiner pro-französischen Tendenz. Zweimal begab sich der Pazifist, zu dessen Bekannten u. a. Hermann Hesse und Thomas Mann zählten, ins Exil: Während des Ersten Weltkriegs emigrierte er in die Schweiz, bereits 1932 unter dem Eindruck des sich herausbildenden Nationalsozialismus in Deutschland nach Südfrankreich. Schickele gilt heute als einer der bedeutendsten elsässischen Schriftsteller.

Der Urwalddoktor: Albert Schweitzer

1875 – 1965
Arzt

Der gebürtige Kaysersberger Albert Schweitzer war ein Universalgelehrter: evangelischer Theologe, Musiktheoretiker, Kulturphilosoph und Mediziner, Organist und Orgelbauer. Weltberühmt aber wurde er als Urwaldarzt. Seine berufliche Laufbahn begann Schweitzer nach dem Studium der Theologie und Philosophie als Dozent an der evangelisch-theologischen Fakultät der Universität Straßburg. Bereits mit 21 Jahren fasste er den Entschluss, ab seinem 30. Lebensjahr den Dienst am Menschen zum Beruf zu machen. Als er sich bei einer Missionsgesellschaft um einen Einsatz in Afrika bewarb und wegen einer streitbaren Theologieschrift als unzuverlässig abgelehnt wurde, studierte er Medizin. Als Arzt, so sein Plan, werde man ihn mit Sicherheit nach Afrika schicken. 1913 gründete er in **Lambarene** (im heutigen Gabun) mit seiner Frau Helene ein Tropenhospital. Das schnell wachsende Krankenhauses verschlang gewaltige finanzielle Mittel. Schweitzer

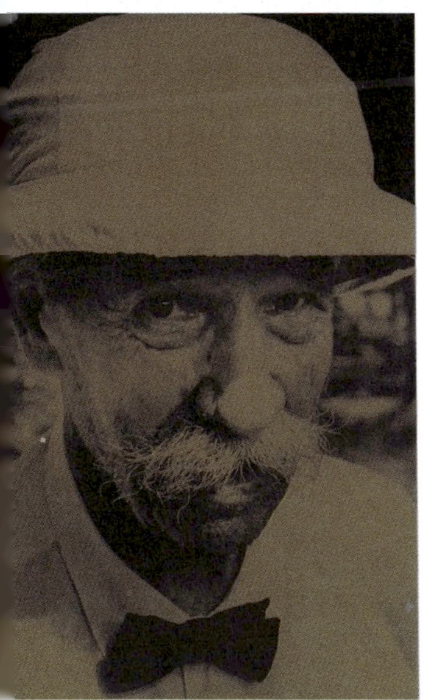

OBEN: Witzig, frech, auch derb und mit einem guten Schuss Erotik: Karikaturist Tomi Ungerer scheute Provokationen nicht.

UNTEN: Albert Schweitzer, Friedensnobelpreisträger und Urwaldarzt, stammt aus Kaysersberg.

brach immer wieder nach Europa auf, um dort mit Vortragsreisen und als Orgelvirtuose der Werke von Johann Sebastian Bach neues Geld zu beschaffen. In erschöpfender Nachtarbeit schrieb er in immer neuen Büchern über die »Ehrfurcht vor dem Leben«. In den 1950er-Jahren engagierte er sich für Atomstopps und Abrüstung – die USA erklärten den weltbekannten Philosophen daraufhin zur unerwünschten Person. Kritik musste sich der schnauzbärtige Urwalddoktor auch von anderer Seite gefallen lassen: Der »Übermensch der Nächstenliebe« mit dem weißen Tropenhelm, dem Herrschaftssymbol des Kolonialismus, sei ein Rassist. Nie habe er Einheimische im Urwaldhospital zugelassen und nicht einmal die Sprache des Landes gelernt. Tatsächlich widmete sich der **Friedensnobelpreisträger von 1952** den Afrikanern intensiv als leidende Wesen, als Menschen hielt er sie für unkultiviert und faul. Trotzdem gilt der in Lambarene verstorbene und beerdigte Schweitzer als Vorbild und einer der größten Wohltäter des 20. Jahrhunderts.

Gegen den Strich: Tomi Ungerer

1931–2019
Zeichner und Autor

Mit seinen provokanten Zeichnungen machte sich der berühmteste zeitgenössische Elsässer nicht überall Freunde – in amerikanischen Bibliotheken waren die Bilder- und Kinderbücher lange verboten. Nach der Schulzeit begab sich der aus einer Straßburger Uhrmacherfamilie stammende Tomi Ungerer auf Wanderschaft. Um nicht ins damalige Kriegsgebiet Indochina geschickt zu werden, meldete sich der überzeugte Pazifist 1952 freiwillig zu den Kamelreitertruppen der französischen Armee in Algerien. 1956 schiffte er sich nach New York ein, wo sein Aufstieg als Zeichner, Maler, Illustrator, Kinderbuchkünstler und Werbegrafiker begann. Zwischen 1985 und 1987 hielt er sich in Hamburg auf und lebte längere Zeit bei der Hamburger Prostituierten Domenica im Bordell, das ihn zu seinem Band »Schutzengel der Hölle« inspirierte, über dessen sarkastische Karikaturen sich **Feministinnen wie Kleriker gleichermaßen empörten**. Selbst in seinen Kinderbüchern schimmern Ironie, schwarzer Humor und bisweilen diabolische Boshaftigkeit allenthalben durch. Auch mit dem Elsass und der elsässischen Mentalität setzt sich der Künstler gern auseinander – am liebsten in sexuellen Motiven: So zeichnete er das Elsass, Zankapfel zwischen Frankreich und Deutschland, einmal als ein knuddeliges elsässisches Männchen, das auf einem weiblichen Oberschenkel krampfhaft versucht, den französischem Strumpf mit dem deutschem Hüfthalter zusammenzubringen. Mit dem 2007 eröffneten Tomi-Ungerer-Museum wird sein Werk in Strasbourg geehrt. Seit 1976 lebte der bekennende Elsässer, der 2000 gemeinsam mit dem Straßburger Bürgermeister das »Centre Européen de la Culture Yiddish« gründete, hauptsächlich in Irland, wo er 2019 in Cork verstarb.

Verliebt in Europa: Louise Weiss

1893 – 1983 Journalistin und Politikerin

Ihr zu Ehren trägt das Palais, das seit 1999 das Europäische Parlament in Strasbourg beherbergt, den Namen »IPE IV–Bâtiment Louise Weiss«. Die so Geehrte stammte aus einer elsässischen Familie, geboren wurde sie in Arras (Pas-de-Calais). Die Journalistin und Buchautorin, die auf ihren Weltreisen insgesamt 30 Dokumentarfilme sozialen Inhalts drehte, setzte sich in der Zwischenkriegszeit aktiv für die politischen Rechte der Frauen ein; 1934 war sie eine der beiden Gründerinnen der Vereinigung »La femme nouvelle« (Die neue Frau), die das **Frauenwahlrecht** und die Stärkung der Rolle der Frauen im öffentlichen Leben anstrebte. Während des Zweiten Weltkriegs engagierte sie sich in der Résistance und verfasste von 1942 bis 1944 als Chefredakteurin der Untergrundzeitung »Nouvelle République« politische Schriften. Von 1979 bis zu ihrem Tod 1983 war die überzeugte Pazifistin, die gern sagte, sie sei in Europa verliebt, Abgeordnete im Europaparlament, dem sie mehrere Jahre als erste Alterspräsidentin vorstand.

Der Erfinder des Reiseführers: Karl Baedeker

1801 – 1859 Verleger

Als Buchhändler kam Karl Baedeker viel herum, und überall ärgerte er sich über die »Lohnbedienten«, die die Neuankömmlinge gegen Trinkgeld in den erstbesten Gasthof schleppten. Nur: Wie sollte man sonst wissen, wo man übernachten könnte und was es anzuschauen gäbe? In seiner Buchhandlung hatte er zwar Fahrpläne, Reiseberichte und gelehrte Abhandlungen über Kunstsammlungen. Aber wollte man das mit sich herumschleppen? Wie wäre es denn, wenn man all das zusammenfasste? Gedacht, getan: Zwar hatte er sein erstes Reisebuch, die 1832 erschienene »Rheinreise«, noch nicht einmal selbst geschrieben. Aber er entwickelte es von Auflage zu Auflage weiter. Mit der Einteilung in »Allgemein Wissenswertes«, »Praktisches« und »Beschreibung der Merk-(Sehens-)würdigkeiten« fand er die klassische Gliederung des Reiseführers, die bis heute ihre Gültigkeit hat. Bald waren immer mehr Menschen unterwegs mit seinen **»Handbüchlein für Reisende, die sich selbst leicht und schnell zurechtfinden wollen«**. Die Reisenden hatten sich befreit, und sie verdanken es bis heute Karl Baedeker. Das Elsass (allerdings nur Straßburg) beschreibt er erstmals in der 1835 erschienenen 2. Auflage der »Rheinreise von Strassburg bis Rotterdam«.

»
Übrigens sind die Elsässer gute Franzosen.
«

Baedeker's Rheinlande, 9. Auflage 1856

E

ERLEBEN & GENIESSEN

Überraschend, stimulierend, bereichernd

Mit unseren Ideen erleben und genießen Sie das Elsass.

Statten Sie doch der Pâtisserie Christian in Strasbourg einen Besuch ab ... ▶

BEWEGEN UND ENTSPANNEN

Mountainbiker, Wanderer und andere sportliche Naturen zieht es in die Vogesen. Wer es gemütlicher mag, spaziert im Tal, radelt eine Runde durch die Weinberge oder betrachtet die herrliche Gegend ganz entspannt vom Heißluftballon aus.

Am Wasser und in der Luft

Boot Ferien auf dem Hausboot – das verspricht ruhiges Reisen, tagsüber gleiten Orte und Landschaften vorbei, nachts schaukelt einen der Fluss in den Schlaf, ab und zu ein kleiner Landgang. Auch im Elsass hat sich der Trend zum Bootstourismus lebhaft entwickelt. Viele Wasserläufe lassen sich auf diese Weise bereisen. Ein interessantes Revier ist der Rhein-Marne-Kanal zwischen Saverne und Strasbourg (Canal de la Marne au Rhin) und der Rhein-Rhône-Kanal (Canal du Rhône au Rhin).

Bei den Verleihfirmen stehen motorisierte Kabinenboote mit zwei bis sechs Schlafplätzen und einer Länge von 5,5 bis 11 m zur Verfügung,

Wandern und entdecken: Die Buntsandsteinfelsen bilden in den Nordvogesen bizarre Formen; hier das Felsentor Porte de Pierre bei Lutzelhouse.

die fast ausnahmslos ohne Bootsführerschein gesteuert werden dürfen. Vor Fahrtantritt erfolgt eine meist recht knappe technische Einweisung durch den Vermieter. Schwierig ist die Handhabung tatsächlich nicht, nur das reibungslose Anlegen will geübt sein. Fahrräder können mit an Bord, was die Beweglichkeit für Besichtigungen und Einkäufe bedeutend erhöht. Im Elsass befinden sich Verleihstationen in Saverne und Lutzelbourg. Hausboote können auch über deutsche Vermittlungsbüros gemietet werden. Anschriften hierzu nennt Elsass Tourismus (► Auskunft).

Wassersport

In der Region gibt es Badeseen, die sich auch zum Surfen eignen. Ca. 600 km Wasserläufe können mit dem Kanu, Kajak, Ruderboot oder Raftboot befahren werden.

Flugsport

Ein Erlebnis besonderer Art – lautlos in einem **Heißluftballon** über die Landschaften des Haut-Rhin zu gleiten. Im Tal von Munster starten die bunten Ballone von Aerovision eine ein- und zweistündige Fahrt. Inklusive Ballontaufe und Imbiss kostet der Spaß um die 300 Euro pro Person. Immer größerer Beliebtheit erfreut sich im Elsass das **Drachen- und Gleitschirmfliegen**.

Wandern

Wandern

In der Vorbergzone, wo die Reben wachsen, und im Sundgau beginnt die **Wandersaison** ungefähr Mitte April und endet im Oktober. Juli und August sind für die Weinregion weniger empfehlenswert, da es meistens zum Wandern zu heiß wird. In den Vogesen kann es teils bis Mitte Mai dauern, bis die Höhen schneefrei sind. Beste Zeit ist hier zwischen Juni und Mitte Oktober. Der Vogesenclub (Fédération du Club Vosgien) kümmert sich um die Beschilderung und Pflege des 17 000 km langen Wanderwegenetzes im Elsass, gibt Karten und Wanderführer heraus und unterhält die Schutzhütten.
Ein Stück des internationalen Europäischen Fernwanderwegs Nr. 2, der von den Niederlanden bis zum Mittelmeer verläuft, ist der gut markierte **Vogesen-Hauptwanderweg** (ca. 400 km lang). Er führt von Wissembourg über Niederbronn-les-Bains, Saverne, Wangenbourg, den Donon, Schirmeck, Le Hohwald, Barr, Ribeauvillé, den Col de la Schlucht, Metzeral, den Grand Ballon, Thann und den Ballon d'Alsace nach Masevaux und berührt dabei die landschaftlich und kulturell lohnendsten Punkte der Vogesen. Parallel verlaufen zwei weitere Hauptwanderwege von rund 280 bzw. 320 km Länge, zu denen man auf zahlreichen Zugangswegen gelangen kann. Viele Reiseveranstalter und Hotels bieten Mehrtagestouren mit und ohne Führung an und kümmern sich um den Gepäcktransport.

RADELN IM ELSASS

BAEDEKER WISSEN

Frankreich ist eine Radlernation, und jährlich gehören die Vogesen zur Wettkampfstrecke der Tour de France. Insgesamt steht im Elsass allen Radfahrern vom Mountainbiker bis zum Genussradler ein weites, abwechslungsreiches Feld zur Verfügung.

Auf die Vogesengipfel

Oh, là là! Beim Anblick der Vogesenserpentinen wird es manchem Radler doch etwas mulmig. Nicht zu Unrecht: In den Anfangsjahren der 1903 erstmals ausgetragenen Tour de France gehörte die Strecke hinauf zum **Ballon d'Alsace** zur schwierigsten Prüfung für die Fahrer. Dort wurde erstmals eine Bergwertung im härtesten Radrennen der Welt abgenommen und dort zeigte sich rasch, wer ein Bergspezialist ist und damit das Zeug zum Champion hat. Erst die Pyrenäen, die 1910 in den Tourverlauf eingegliedert wurden, toppten dann mit ihren wahnwitzigen Steigungen die Vogesen.
Noch heute ist die Fahrt auf den Ballon d'Alsace eine legendäre und sehr beliebte Route. Oben angekommen, kann man am Denkmal für René Pottier Atem schöpfen, dem ersten Bezwinger des Ballon d'Alsace bei der Tour de France. Das war 1905. Seinerzeit quälten sich die Sportler noch über Viehwege und ohne Gangschaltung nach oben. Heute gehört die fein betonierte Piste ultraleichten Rennrädern mit allen technischen Finessen. Die Kondition muss man selbst mitbringen. Und starke Nerven: Oben angelangt, findet man sich auf der Vogesenkammstraße wieder. Einst als Militärstraße angelegt, tobt heute der Kampf zwischen Radlern und Autofahrern. Windschattenfahrende Radlerketten erschweren Autos das Überholen und die wiederum pusten ihre Abgase in die mächtig arbeitenden Lungen der Sportler.

Downhill mit VTT

In den Wäldern und insbesondere rund um den Lac Blanc taucht eine andere Spezies auf: vom Scheitel bis zur Sohle gepanzerte **Mountainbiker**, auf Französisch VTT genannt (»vélo tout terrain«). Sie brettern die (autofreie) Downhillstrecke hinunter und lassen sich mit dem Lift wieder gemütlich nach oben tragen. Andere widmen sich der 417 km langen VTT-Strecke »Traversée du Massif Vosgien«, die auf landschaftlich traumhaften Strecken einmal durch die kompletten Vogesen führt.

Durch die Reben

Deutlich gemütlicher geht es rechts und links der Route des Vins zu. Eine Vielzahl von Radwegen verbindet die hübschen Winzerdörfer und lockt zum umweltschonenden Unterwegssein. Tatsächlich lernt man auf diese Weise die Weinregion am besten kennen. Denn durch die Weinberge führen oft winzige Landsträßchen und geteerte Wege, die beim Wandern wenig Spaß machen, doch fürs Radeln einen echten Luxus bedeuten. Allerdings darf man die Region nicht unterschätzen. Man fährt durch Weinberge – mit Betonung auf »Berge« – und da kommt bis zum Ende einer Tour eine erkleckliche Zahl an **Steigungskilometern** zusammen.

Radfahrer am Canal de la Marne au Rhin haben es besonders leicht.

Und in der Sommersonne wird es rasch sehr heiß.

Die genussreichste Variante versprechen die Flusstäler bzw. die Routen entlang der Kanäle. Zum Beispiel von Strasbourg über Saverne bis zum Schiffshebewerk Saint-Louis/Arzviller oder von Wissembourg durchs Lautertal nach Lauterbourg. Ein Teilabschnitt des Fernradwegs »Eurovelo 6« führt an Montbéliard über Mulhouse nach Basel immer am Fluss (Doubs) bzw. Rhein-Rhône-Kanal entlang. Der Rheintalradweg »Eurovelo 15« durchquert das Elsass an seiner Ostseite.

Für jeden etwas

Insgesamt stehen den Radlern über 2000 km angelegte Fahrradwege zur Verfügung. In den meisten Ferienorten können Fahrräder und Mountainbikes ausgeliehen werden; Adressen von Fahrradverleihern vermitteln die Offices de Tourisme vor Ort. Gutes Tourenmaterial im gps-/klm-/pdf-Format kann oft gratis heruntergeladen werden; Websites siehe Folgeseite. Bei längeren Anfahrten in Zügen der SNCF-TER kann man das Fahrrad in der Regel unentgeltlich mitnehmen.

SPORTANGEBOTE

BOOTSTOURISMUS

www.visit.alsace/de
Stichwort Hausboot

HAUSBOOTE

Les Canalous
67270 Hochfelden
Tel. 0385 53 76 74
www.canalous-alsace.com

Nicols
Harskirchen, Saverne
www.nicols.com

FLUGSPORT

BALLONFAHRTEN

Startort Munstertal
Aerovision, Tel. 0389 77 22 81
www.aerovision.aero

GLEITSCHIRMFLIEGEN

Centre École du Markstein
68830 Oderen
Tel. 0389 82 17 16
www.centreecolemarkstein.com

Club-École de Parapente
67220 Breitenbach
Tel. 0767 70 21 53
www.grandvol.com

GOLF

www.visit.alsace/de
Stichwort Golf

KLETTERN

www.escalade-alsace.com

RADFAHREN

TOURENMATERIAL

Routenbeschreibungen, auch mit Angabe der Höhenmeter, Fahrbahnbeschaffenheit (GPS-Track und pdf):
www.radfahrenimelsass.de

MOUNTAINBIKE

Traversée du Massif des Vosges
www.visit.alsace/de

Bikepark Lac Blanc
68370 Orbey
Tel. 0389 71 35 45
www.lacblanc-bikepark.com
Anf. Mai–Anf. Okt.

FERNRADWEGE

Routeninfos als pdf-Download für Touren entlang der Flüsse und Wasserwege:
www.alsaceavelo.fr

E-BIKE

Ladestationen in den Vogesen:
www.massif-des-vosges.com

REITEN

COMITÉ DÉPARTEMENTAL DU TOURISME ÉQUESTRE

www.alsaceacheval.com
www.visit.alsace/de

WANDERN

FÉDÉRATION DU CLUB VOSGIEN

7, rue du Travail
67000 Strasbourg
Tel. 0388 32 57 96
www.club-vosgien.eu

WINTERSPORT

COMITÉ DE SKI DU MASSIF DES VOSGES

16, rue des Prés, 68700 Cernay
Tel. 0389 43 25 50
www.skivosges.net

SCHNEEBERICHT

Bulletin neige de Vosges
www.massif-des-vosges.com

Sport in den Vogesen

Wintersport

Die Vogesen sind mit 36 Skiorten, 170 Skiliften, über 1000 km ausgewiesenen Skipisten und Loipen ein gerne besuchtes Wintersportgebiet, besonders die Südvogesen mit den höchsten Lagen. Zentren dort sind Le Bonhomme/Lac Blanc, La Bresse, Champ du Feu, Gérardmer, Le Markstein, Ventron und Saint-Maurice-sur-Moselle.

Rad/MTB

Mit rund 2500 km markierter Radwege gehört das Elsass zu den Radlerparadiesen. Die Tourismusagenturen geben Radwanderkarten heraus und stellen Routen zum Download bereit. Auch radeln mit dem E-Bike (Pedelec) gehört in vielen Orten zum Standardangebot. Mehr zum Radeln im Elsass und den Vogesen ▶ Baedeker Wissen, S. 324.

Noch mehr Sport

Golf

Im Elsass gibt es zehn Golfplätze. Gäste sind in den Golfclubs normalerweise willkommen. Informationen erteilt die elsässische Touristenzentrale (▶ Auskunft).

Klettern

Im nördlichen Elsass geben die freistehenden Buntsandsteintürme nicht nur fürs Klettern, sondern auch was fürs Auge her. Das Gebiet Langenfels bei Niederbronn-les-Bains zählt zu den größten und besten. Im Süden gehört der »Rocher Hans« am Lac Blanc zu den bekannten Kletterrevieren. Legendär ist der Steinbruch Kronthal bei Marlenheim, der eine knifflige 9a-Route aufweist. Gerade im südlichen Elsass werden gerne alte Steinbrüche zum Klettern genutzt.

Reiten

Mehrere Hundert Kilometer lange Reitwege durchziehen das Elsass. Etliche Reiterhöfe stellen Pferde zur Verfügung oder bieten Unterkunftsmöglichkeiten für das eigene Ross. Viele Höfe bieten auch Reitferien an, also mehrtägige Reitausflüge oder Wochenend-Spazierritte. Im Angebot stehen ferner Kutsch- und Wagenfahrten.

ESSEN UND TRINKEN

Die elsässische Küche ist eine geglückte Synthese alemannischer Deftigkeit und französischer Raffinesse, oder wie der elsässische Karikaturist und Autor Tomi Ungerer es ausdrückte: »französische Qualität und deutsche Portionen«. Die grandiose Vielfalt hochwertiger Lebensmittel macht das Essengehen und Einkaufen zur reinsten Freude.

HALLO FRANKREICH!

Die riesigen Supermärkte, in denen sich jeder verlaufen kann, die gehobene Qualität der Lebensmittel, die langen Diskussionen auf dem Wochenmarkt, wie was am besten zuzubereiten ist, Tartes, Pâtes, Wurst und Käse, dazu vollendetes Baguette, das fahnengleich aus Einkaufskörben ragt: Willkommen in Frankreich!

Essensvielfalt

Leben wie Gott in Frankreich – das ist natürlich insbesondere im Elsass möglich. Gerade die Qualität der Nahrungsmittel lässt die Besucher von der anderen Rheinseite regelmäßig Stoßseufzer zum Himmel schicken. Füllhornartig schüttet die fruchtbare Rheinebene Köstlichkeiten aus: Spargel, frisches Gemüse, Salate aller Art, auch Weißkohl als Rohstoff für »choucroute«, das elsässische Nationalgericht. Weinbergpfirsiche vom Rebhang, frisches Obst der Streuobstwiesen, dazu Hecht, Zander, Karpfen aus den Flüssen und Seen, Reh, Hirsch, Wildschwein, Heidelbeeren aus den Vogesenwäldern, regional hergestellter Käse und lokale Wurstarten – kurzum ein Schlemmerland. Ein wenig Wasser muss man in den ebenfalls reichlich vorhandenen Wein allerdings gießen. Aufgerüschte Nepplokale existieren zu beiden Seiten der **Route des Vins** ebenso reichlich wie in den fachwerkbunten Touristenvierteln von Strasbourg und Colmar. Mancher Gourmetkritiker sorgt sich ernsthaft um die Esskultur im Elsass, wenn in seit Jahrzehnten guten Adressen der Besitzer wechselt und ein anderer Geist in die geliebten Restaurants einzieht. Den Abgesang auf die elsässische Küche braucht man jedoch nicht anstimmen: es gibt sie durchaus, die kleinen Winstubs und gemütlichen Dorfgasthöfe, die Köchinnen und Köche, die Freude an gutem Essen haben und die Traditionen der Kochkunst hochhalten. Dazu natürlich die große Zahl an Sterneköchen, die dem Gast zeigen, was man mit Sauerkraut alles anstellen kann. Nur: Um abzunehmen ist eine Reise ins Elsass nicht geeignet. Bon appétit!

Essgewohnheiten

Zwar fällt das Frühstück (petit déjeuner) in Frankreich recht mager aus und besteht meist nur aus Milchkaffee (café au lait), Tee oder Schokolade, einem Croissant (Hörnchen) oder einem Stück Baguette, bestrichen mit Butter und Marmelade. Doch im Elsass besteht die erhöhte Chance auf ein reichhaltigeres Frühstück mit Wurst, Käse und Ei sowie Kougelhopf. Hotels bieten meist ein einfaches Frühstücksbuffet an. So oder so wird dem Mittag- und Abendessen große Bedeutung beigemessen. In der Regel essen die Elsässer zweimal täglich warm, wobei das Essen aus drei bis fünf Gängen bestehen kann und durchaus ein Gläschen Wein schon zum Mittagessen getrunken wird. Nach französischer Gepflogenheit wird das Mittagessen zeitig eingenommen (12.00 Uhr, midi), das Abendessen gegen 19.30 Uhr. In der Regel isst man ein mindestens dreigängiges Menu.

Die Lokale

Speiselokale im Elsass lassen sich in drei Kategorien unterteilen. Die einfachste Kategorie bilden die rustikalen **»Fermes Auberges«**, bewirtschaftete Bergbauernhöfe vor allem in den Nordvogesen, die einfache Speisen bzw. regionale Hausmannskost wie Munsterkäse im Angebot haben. Die Fermes Auberges sind sehr beliebt, was sich auch auf die Preise niedergeschlagen hat.
Im Allgemeinen etwas teurer als in den Fermes Auberges geht es in der **Wistub** (Haut-Rhin) bzw. **Winstub** (Bas-Rhin) zu. Angeboten werden in meist urig-rustikaler, aber auch teils recht edler Atmosphäre deftige elsässer Gerichte. Die Weinkarte ist natürlich umfassend. Wer nur Appetit auf einen kleinen Imbiss, ein rasches Mittagessen oder auf einen Salat verspürt, sollte eine Bar, ein Bistro oder eine **Brasserie** aufsuchen.
Neben gutbürgerlichen **Restaurants**, der obersten Kategorie der Speiselokale, gibt es im Elsass zudem auch sternegekrönte **Gourmettempel**, die mit großem Erfolg regionale Küche mit kulinarischen Einflüssen aus anderen Teilen der Welt verbinden. Immerhin verfügt das Elsass, verglichen mit anderen französischen Regionen, über die meisten Michelin-Sterne: 30 Restaurants können sich rühmen, mindestens einen der begehrten Gütesiegel zu tragen. Dem Café im deutschen Sinne entspricht in Frankreich der **Salon de Thé**, wo man Kaffee und Kuchen zu sich nehmen kann.

Beim Essen

Eine freie Platzwahl ist in Frankreich nur in einfachen Lokalen üblich. In aller Regel wartet der Gast am Eingang, bis die Bedienung einen Platz zuweist. Ein echter Fauxpas wäre es, sich an einen Tisch zu un-

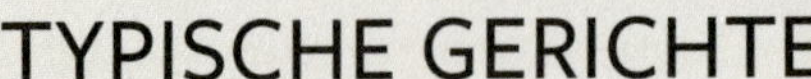

TYPISCHE GERICHTE

BAEDEKER WISSEN

Elsässer Küche wurzelt in einer bodenständigen, deftigen Hausmannskost, verfeinert durch einen französischen Einschlag. Gerichte wie Flammkuchen haben sich längst eine internationale Fangemeinde erobert.

Carpe frite: Im Sundgau ist der Karpfen der absolute Renner. In dieser Region im südlichen Elsass wird Karpfen gebacken oder gebraten, aber nie gekocht serviert. Als Beilagen gehören grüner Salat und Pommes frites dazu.

Kougelhopf: Allgegenwärtig ist der Kougelhopf bzw. Gugelhupf (Napfkuchen aus Hefeteig). In seiner süßen Variante befinden sich im Inneren Rosinen und Mandeln, salzig gibt es ihn mit Speck und Nüssen – beide Versionen schmecken zum Elsässer Riesling köstlich. Gugelhupf soll angeblich aus Österreich stammen und von Marie Antoinette, als sie von Wien nach Paris zu ihrer Hochzeit reiste, im Elsass eingeführt worden sein. Richtig umwerfend schmeckt er nur frisch, daher ist er als Souvenir weniger geeignet.

Kuchen und Törtchen: Zu den süßen Leckereien im Elsass zählen Obstkuchen wie Tarte aux pommes (Apfelkuchen) und Tarte aux myrtilles (Heidelbeerkuchen) sowie Soufflé au Kirsch (leichter Auflauf aus Zucker, Eiern und Kirschwasser). Die Konditoreien bieten eine hinreißende Auswahl an Köstlichkeiten an.

Flammekueche (Tarte flambée): ist ein dünn ausgewalzter Brotteig, der – traditionell mit Crème fraîche oder Quark, Zwiebeln und Speck, zuweilen auch mit anderem Belag wie Knoblauch und Gruyère-Käse garniert – über offenem Feuer gebacken wird. Der Name »Flammekueche« geht auf die Zubereitung zurück: Man nutzte einst die ersten Flammen nach dem Anheizen des Ofens, um ihn zuzubereiten. Der Flammkuchen ist eine gesellige Angelegenheit, da er, auf großen Holzbrettern serviert, unter den Tischgenossen aufgeteilt wird. Ist er aufgegessen, lässt man sich den nächsten bringen.

Foie gras (»fette Leber«): Bei der Vorspeise Pâté de foie gras handelt es sich um Gänsestopfleber, die mit Trüffeln, Kalbfleisch, Madeira und Gewürzen zubereitet wird. Für die Tiere, die »gestopft« werden, ist dies eine grausame Tortur. In vielen Ländern ist das Stopfen aus Tierschutzgründen verboten – Frankreich hat die Foie gras 2005 zum Kulturerbe erklärt und damit vom Tierschutz ausgenommen, ein fragwürdiges Manöver. Doch es muss keine Stopfleber-Pastete sein: Die Auswahl an anderen Pâtés ist immens.

WEIN UND MEHR

Was mit den Römern begann, im Riesling eine besondere Blüte fand und mit dem Crémant eine spannende Note erhielt, konzentriert sich auf einen schmalen Streifen Rebland am Fuße der Vogesen.

Eine schlanke Achse des Weingenusses erstreckt sich von Nord nach Süd zwischen Vogesen und Rhein. Auf über 100 km Länge, aber nur fünf Kilometern Breite erstreckt sich zwischen Marlenheim und Thann das Elsässer Weinbaugebiet, charakterisiert durch rund 1000 Weingüter, 51 Grand-Cru-Spitzenlagen und die sieben großen Rebsorten des Elsass.

Den Weinbau haben die Römer mit über die Alpen gebracht, die Eguisheimer Weingärten aus dem 4. Jh. sollen die ältesten sein. Im Mittelalter zählte Elsässer Wein zu den teuersten in Europa. Der Dreißigjährige Krieg (1618 bis 1648) hinterließ etliche Dörfer und Weinberge verwüstet. Nach vielen Höhen und Tiefen und einem Ausflug in den Massenmarkt mit mäßigen Weinen hat sich das Blatt nach 1945 erneut gewendet. **Elsässer Weine zählen wieder zur Spitzenklasse.** Heute werden die Weinsorten angebaut, die dem Klima und den Böden im Elsass am besten angepasst sind (▶ Baedeker Wissen, S. 84).

Die Weinstraße

1953 richteten die Elsässer die **Route des Vins** (Elsässische Weinstraße) ein. In der Ära von Petticoats, Nierentischen und Aufschwung nach dem verheerenden Weltkrieg ein klares Signal an den zart anlaufenden Tourismus. Zwar strömten die meisten Deutschen zunächst nach Bella Italia, doch auch das Elsass, wo damals die meisten noch Deutsch sprachen, lockte Publikum rasch über die Grenze. Jetzt tuckerten die Reiselustigen mit dem ersten eigenen Auto von Winzerdorf zu Winzerdorf. Schon damals standen Weinprobe (dégustation), Kellereibesichtigung (visite de cave) und Direkteinkauf (vente directe) im Mittelpunkt. Anhalten, wo es einem gefällt, Wein verkosten, die Elsässer Küche genießen, durch die geranienbunten Winzerdörfer und die Weinberge schlendern – an diesem bewährten Konzept hat sich nichts geändert.

Im Weißweinland

So macht sich der Reisende bequem mit den Eigenheiten des Elsässer Weinbaus vertraut: Hier ist nicht die Lage, sondern die Rebsorte die wichtigste Bezeichnung des Weins. Nur in Ausnahmefällen kann bei besseren Qualitäten auch die Lage angegeben sein. Und es wird fast ausschließlich Weißwein gekeltert. Von den insgesamt sieben angebauten Rebsorten sind die charakteristischsten **Trauben** Riesling, Gewürztraminer, Muscat und Pinot Gris. Aus diesen werden auch die »grands crus«, also die Spitzenklasse, gekeltert. Ebenfalls »grand cru«-fähig ist der Sylvaner vom Zotzenberg in Mittelbergheim. Meist einfachere Weine sind Sylvaner, Pinot Blanc (= Weißburgunder, Clevner) und Pinot Noir (die einzige rote Traube, auch als Spätburgunder bekannt). Bei Zwicker und Edelzwicker handelt es sich nicht um Rebsorten, sondern um Verschnitte verschiedener Weißweine. Meist werden die Weine jung, d. h. innerhalb von ca. fünf Jahren, getrunken; nur die »grands crus« lohnen einen längeren Ausbau. Und noch eine Besonderheit fällt schon beim ersten Mal auf: Die Elsässer Weine werden stets in die **typischen schlanken Flaschen**, die flûtes d'alsace, abgefüllt; nur nicht ganz so hochwertige Gewächse kommen auch in Literflaschen auf den Markt.

Prickelndes Vergnügen

Keine Elsassreise ohne Crémant-Verkostung. Dieser Schaumwein – aus Riesling-, Pinot-Blanc- und Chardonnay-Trauben für den weißen, aus Pinot-Noir-Trauben für den Rosé – wird nach dem **Champagnerverfahren** hergestellt und enthält nicht so viel Kohlensäure wie normaler Sekt. Der Geschmack ist cremig und fein, die Qualität ausgezeichnet und die Preise erschwinglich. Crémant wird als spritziger Aperitiv entkorkt, als edler Begleiter zum feierlichen Anstoßen und zu jedem beliebigen anderen Anlass. Seit 1976 besitzt der »Crémant d'Alsace« das AOC-Siegel. Und 2005 übertraf der prickelnde Elsässer blind verkostet sogar eines der Flaggschiffe unter den Champagnern, einen Dom Pérignon. So kennen die Absatzzahlen seit Jahren nur eine Richtung: steil nach oben. Bei einer Elsasstour also unbedingt den Crémant in all seinen Spielarten kennenlernen und genießen.

Mittelbergheim besitzt sogar einen Grand Cru-Sylvaner. Winzer Jean Christophe Lehner präsentiert das Angebot von Weingut Domaine Armand Gilg.

bekannten Gästen dazuzusetzen nach dem Motto »Ist hier noch ein Platz frei?«.
Es ist unüblich, getrennt zu zahlen. Die Bedienung ist zwar im Preis enthalten (service compris), aber fünf bis zehn Prozent **Trinkgeld** werden vom Personal dennoch erwartet. Das Trinkgeld legt man auf das leere Tellerchen oder in die Rechnungsmappe. Meist wird ein Krug Leitungswasser (carafe d'eau) auf den Tisch gestellt. Das **Rauchverbot** in allen öffentlichen Gebäuden gilt auch für Restaurants, Cafés, Bars und Discotheken.

FEIERN

Fastnachtsumzüge, Wein- und Folklorefeste, Kirchweih, historische Jahrestage, Musikfestspiele, Kulturfestivals – die Elsässer feiern gerne und sehr stimmungsvoll. In fast jedem Dorf findet irgendwann im Jahr ein Volksfest statt, bei dem es hoch hergeht – mit Wein, Bier, Sauerkraut, Würsten, Kougelhopf und anderen elsässischen Spezialitäten.

Folklorefeste

Mit unglaublichem Aufwand und Engagement werden die beiden großen nordelsässischen Folklorefeste gefeiert: die Hochzeit des Ami Fritz in Marlenheim und die Streißelhochzeit in Seebach. »L'Ami Fritz« basiert auf einem Roman von 1864: Die wegen Standesunterschieden zunächst unmöglich erscheinende Ehe von Fritz und Sûzel wird dennoch geschlossen – das feiert man in Marlenheim seit 1973. Auch in Seebach inszeniert man eine Hochzeit wie in der guten alten Zeit. Zu beiden Anlässen zeigen Folkloregruppen das üppige Trachtenspektrum des Elsass. Musikkapellen spielen, und es werden elsässische Spezialitäten aufgetragen, dass sich die Balken biegen. Ebenfalls bunt, mit einem großen Festumzug, Mittelaltermarkt und vielen Kostümen, wird in Ribeauvillé der Pfifferdaj gefeiert, Fest der fahrenden Spielleute.

Weinfeste

An kulinarischen Events mangelt es nicht: Es gibt ein Fest des Sauerkrauts, der Heidelbeeren, der Schnecken, des Käses und natürlich des Weins. So vergeht zwischen April und Oktober kein Wochenende, an dem nicht irgendwo im Elsass ein Weinfest gefeiert wird – und die Gäste aus dem In- und Ausland feiern kräftig mit. Entsprechend rar sind Parkplätze und voll die Gassen. Wer das Bad in der Menge mag, ist hier richtig. Für ein ruhiges Weinverkosten eignet sich ein Weinfest eher nicht.

Streißelhochzeit in Seebach: Catwalk für die Trachtenträger

Weihnachtsmärkte Überregional bekannt sind die Weihnachtsmärkte im Elsass, die in der Adventszeit für eine besondere Stimmung in gut 60 (Fachwerk-) städtchen sorgen. Der schönste findet in Kaysersberg statt, der größte in Strasbourg, wobei Masse nicht unbedingt Klasse bedeutet.

Musikfestivals Lohnend ist ein Besuch der Musikfestivals. Das »Festival International« findet in Colmars Kirchen statt. Mulhouse hat sich einen guten Ruf mit dem Jazzfestival erworben. An verschiedenen Orten entlang der Romanischen Straße wird das »Festival Voix et Route Romane« zelebriert mit Kirchenmusik und Gregorianischen Chorälen.

VERANSTALTUNGSKALENDER

GESETZLICHE FEIERTAGE

1. Januar (Neujahr)
Karfreitag, Ostermontag
1. Mai (Tag der Arbeit)
8. Mai (dt. Kapitulation 1945) Christi Himmelfahrt
Pfingsten: Sonntag, Montag
14. Juli (Nationalfeiertag; Sturm auf die Bastille 1789)
15. August (Mariä Himmelfahrt)
1. November (Allerheiligen)
11. Nov. (Waffenstillstand 1918)
Weihnachten: 25. und 26. Dez.

FESTE UND EVENTS

Daten in den Kalendern der Tourist Information oder unter:
www.visit.alsace
Weinfeste unter:
www.vinsalsace.com

FEBRUAR / MÄRZ

KARNEVAL

Buntes Fastnachtstreiben in Mulhouse, Strasbourg und Colmar.

APRIL

FÊTE DES JONQUILLES

Um den 20. April begrüßt Gérardmer beim Narzissenfest den Frühling mit üppigem Blütenzauber und Festzug.

ALTERNATIVES ZIRKUSFESTIVAL

Im April geht in Obernai ein alternatives Zirkusfestival mit Akrobaten und Clowns über die Bühne, das vor allem junge Talente vorstellen will.

MAI

ÖKOMESSE

Fünf Tage lang stellen Ökobauern und -winzer in Rouffach ab Christi Himmelfahrt ihre Produkte wie Wein, Brot, Käse, aber auch Kunsthandwerk aus.

JUNI

FÊTE DE LA MUSIQUE

Im ganzen Land wird am 21. Juni das Musikfest u. a. mit Gratiskonzerten und Straßenmusik gefeiert.

FEU DE SAINT-JEAN

Vielerorts wird in der Nacht zum 24. Juni (in manchen Orten auch am nächstgelegenen Wochenende) anlässlich der Sonnwendfeier ein riesiges Johannisfeuer angezündet.

CRÉMATION DES TROIS SAPINS

Beim Volksfest in Thann am 30. Juni werden – seit 1458 – vor der Stiftskirche feierlich drei kunstvoll gestaltete Tannen verbrannt.

BAEDEKER ÜBERRASCHENDES

6X FÜR KINDER

Langeweile verboten!

1. SPIELEN

Witzige und spannende Spiele für Kinder aller Altersgruppen hat sich Pädagoge Oberlin ausgedacht. »Wo spielen klug macht« lautet das Motto im Museum Oberlin in Waldersbach. (▶ **S. 223**).

2. WISSEN

Einen Trickfilm drehen, Bienen beobachten, am Computer komponieren und mit 3D-Filmen in die Welt der Wissenschaft eintauchen, das bietet das **Vaisseau** in Strasbourg. (▶ **S. 260**)

3. KLEINER PRINZ

Eine Attraktion für die Jüngsten ist der **Park des Kleinen Prinzen**. Kinder von 2 bis 12 Jahren tauchen an zahlreichen Spielstationen in die Geschichte des Kleinen Prinzen von Antoine de Saint-Exupéry ein, können in Fesselballons mitfliegen und einen Doppeldecker erkunden. (▶ **S. 86**)

4. TIERISCH

Bei Kintzheim darf der Nachwuchs auf der **Montagne des Singes** die frechen Berberaffen mit Popcorn füttern und im **Cigoland** Störche bestaunen. (▶ **S. 110, 114**)

5. BEIM BAUERN

Im **Écomusée d'Alsace**, dem größten Freilichtmuseum Frankreichs, erleben Kinder, wie einst die Wagner, Sattler und Bäcker arbeiteten. Ein Schaubauernhof mit süßen Streichel-Schäfchen, Ziegen, Hühnern und Kühen gehört ebenfalls zum Ensemble. (▶ **S. 87**)

6. WASSER

Genau das Richtige für heiße Sommertage: das **Nautiland**, ein großes Erlebnisbad mit Wasserrutschen, Wasserfall und Spieleprogramm. (▶ **S. 108**)

ROSENFEST

Saverne feiert am 3. Sonntag im Juni ein großes Rosenfest rund um die Königin der Blumen.

JULI

NATIONALFEIERTAG

Landesweit gibt es in der Nacht zum 14. Juli Feuerwerke mit Volksfestcharakter zu Ehren des französischen Nationalfeiertags. Das größte Feuerwerk wird in Strasbourg geboten.

STREISSELHOCHZEIT

Am 3. Sonntag im Juli begeht Seebach die Streißelhochzeit, einen traditionellen Hochzeitsumzug mit ländlichen Trachten und Kopfbedeckungen.

AUGUST

WEINFESTE

An Weinfesten herrscht kein Mangel. Das längste Fest findet in der Weinmetropole Colmar statt und dauert zehn Tage (Anfang bis Mitte August).

HOCHZEIT VON L'AMI FRITZ

Jedes Jahr kommt in Marlenbach der notorische Junggeselle »Freund Fritz«, eine beliebte Romanfigur aus einem Buch des Autorenduos Erckmann-Chatrian (1864), unter die Haube – riesiges Folklorefest.

CORSO FLEURI

Umzug in Sélestat mit Folklorefest und Feuerwerk.

SEPTEMBER / OKTOBER

PFIFFERDAJ

Fackellauf und Umzug der Spielleute (»Pfeifer«) und Gaukler in Ribeauvillé in mittelalterlicher Tracht am 1. Wochenende im September – die Ursprünge dieses größten Mittelalterfests im Elsass gehen auf das 15. Jh. zurück.

SAUERKRAUTFEST

Krautergersheim feiert im September das größte Sauerkrautfest des Elsass.

FESTIVAL VOIX ET ROUTE ROMANE

Mittelalterliche Musik an historischen Orten und interessante Vorträge; im Elsass und in der Pfalz.
www.voix-romane.com

DEZEMBER

WEIHNACHTSMARKT

Zwischen 25. November und Weihnachten finden im Elsass rund 50 Christkindlmärkte statt. Die schönsten sind in Strasbourg, Colmar, Mulhouse und Kaysersberg. Traditionelle Weihnachtsbräuche zeigt das Écomusée d'Alsace (▶ Ensisheim)

SHOPPEN

Das Elsass ist genau die richtige Region, um in einen wahren Kaufrausch zu verfallen, so groß ist das Angebot an hervorragenden Genussmitteln, Kunsthandwerk und Antiquitäten. Sehr angenehm ist auch das Shoppen in Strasbourg und Mulhouse: Die interessanten Einkaufsstraßen liegen dicht beieinander in der Altstadt.

Mitbringen

Der Souvenirkauf bringt niemand in Verlegenheit. Die Fülle an kulinarischen und handwerklicen Produkten stellt eher ein Platzproblem dar: Wohin mit all dem süffigen Wein und dem spritzigen Crémant, den Kougelhupfformen, Pasteten, Konfitüren, Tischdecken und Storchenpüppchen? Selbst Munsterkäse, früher wegen seines Geruchs aus Koffer und Gepäcknetz strikt verbannt, ist dank Einschweißtechnik zum Mitbringsel für die Daheimgebliebenen aufgestiegen. Wichtigster Tipp in Sachen Einkaufen: Schon beim Packen zuhause an genügend Stauraum für die Rückfahrt denken.

Öffnungszeiten

Die Supermärkte und Einkaufszentren (centres commerciaux) im Einzugsbereich der größeren Städte sind im Allgemeinen (auch am Samstag) von 9.00–19.00 Uhr geöffnet, manche Läden sogar bis 22.00 Uhr. Lebensmittelläden und Bäckereien öffnen morgens schon sehr zeitig und sind auch sonn- und feiertags meist vormittags geöffnet. Dagegen wird in aller Regel eine Mittagspause (13–14 Uhr) eingehalten. Und selbst in Strasbourg haben viele Läden Montagvormittag geschlossen. Samstags ist es in den großen Städten unangenehm voll. Die besten Einkaufsstraßen von Strasbourg sind in der Stadtbeschreibung erwähnt.

Storchen-Souvenirs

Gefertigt aus Plüsch, Stoff, Keramik, Kunststoff oder als Dekor auf Schmuckkeramik – überall, in vielen Varianten und Materialien ist der Weißstorch, der Wappenvogel des Elsass, zu finden.

Antiquitäten

Für Antiquitätenliebhaber sind Strasbourg und Colmar mit ihren zahlreichen Antikläden ein wahres Paradies. Schnäppchen allerdings findet man eher selten. Trödel aller Art bieten hingegen die Flohmärkte. Größter, schönster und kuriosester ist der in ▶ Mulhouse.

Keramik

Eine Fahrt durch die nordelsässischen Dörfer Soufflenheim und Betschdorf lässt keine Zweifel zu: Hier schlägt das Herz der lokalen Keramikproduktion. Unzählige Hinweisschilder führen zur »Poterie« und vor derselben türmen sich in den Auslagen buntes Geschirr und irdene Küchenutensilien. Beim genaueren Hinsehen zeigen sich regionale Unterschiede: **Soufflenheimer Keramik** ist ockerfarben, braun, blau oder grün glasiert und mit rustikalen Blumen- und Pflanzenornamenten bemalt (spülmaschinen- und mikrowellenfest). Schlichter ist die graue **Betschdorfer Keramik** mit blauer Bemalung und Salzglasur (nicht feuerfest!). Längst wird auch Fabrikware aus allen Teilen des Landes im Stil der Betschdorfer oder Soufflenheimer Keramik nachempfunden – und so ziemlich überall im Elsass lässt sich Keramik einkaufen.
Wer gerne bäckt, sollte sich eine Kougelhupfform kaufen. Hefegebäck schmeckt ofenfrisch am besten, da bietet sich das Backen zuhause eher an als das Mitnehmen. Auch die abdeckbaren, feuerfesten

Alles Handarbeit: Poterie Friedmann ist die älteste Töpferei von Soufflenheim.

Auflaufformen tun am heimischen Herd gute Dienste – besonders beim Zubereiten von Baeckeoffe.

Glaswaren Im Nordelsass hat das Herstellen von Glas seit dem 15. Jh. Tradition (▶ S. 18). Neben den lothringischen Glasproduktionsstandorten Saint-Louis-lès-Bitche und Meisenthal ist Wingen-sur-Moder ein bekannter Glasstandort. Dort hatte der Pariser Jugendstil-Künstler René Lalique eine moderne Glasfabrik. Im örtlichen Lalique-Museum bietet der Museumsshop eine breite Auswahl an Glaswaren an. Einkaufsadressen für Wingen-sur-Moder, Meisenthal und Saint-Louis-lès-Bitche ▶ Bitche, für das Baccarat-Glas ▶ Saint-Dié-des-Vosges.

Wein, Obstbrände Wer die Elsässische Weinstraße (Route des Vins) bereist, hat überall die Gelegenheit, Vorräte für den heimischen Weinkeller einzukaufen. Beim Winzer sind die Preise meistens (nicht immer) deutlich niedriger als im Einzelhandel. Außerdem hat der Direkteinkauf den großen Vorteil, Weine und Edelbrände oft auch probieren zu können.

ÜBERNACHTEN

Das Hotelangebot im Elsass könnte unterschiedlicher kaum sein: Gepflegte Landgasthöfe außerhalb der urbanen Zentren, in Strasbourg und Colmar hochpreisige Stadthotels und im Dunstkreis der Vogesen überwiegend einfache Unterkünfte, aber auch noble Châlets.

Sympathisch am Elsass ist seine Authentizität: Man stellt hier keine Fachwerkromantik zur Schau, während in der Nebenstraße öde Bettenburgen warten. Die mittelständisch geprägte Hotellerie steht für Unterkünfte in überschaubarer Größe. Häufig gehört ein Restaurant zum Haus, das nicht selten schon seit Generationen in Familienbesitz ist. Damit geht ein hohes Maß an Souveränität einher: Der Gastgeber scheut sich nicht, eine oder mehrere Wochen zu schließen, um selber in den Urlaub zu fahren. Einige große Hotelketten sind im Elsass fest etabliert, man findet sie in Strasbourg, Mulhouse und Colmar.

Wellness und »Öko«

Wellness, Sauna, Fitnessraum und Pool gehören in den besseren Häusern längst zum guten Ton. Um gewisse Standards zu wahren, haben sich sieben elsässischen Hoteliers zum Verein »Spa in Alsace« zusammengeschlossen. Dieser verbürgt sich für die Qualität der Infrastruktur, z. B. Einhaltung von Hygienestandards durch regelmäßig gewartete Anlagen, und die Qualität der Ausbildung der Mitarbeiter (Adresse der Hotels unter www.spainalsace.fr).
Ein lobenswerter Trend: Historische Fachwerkbauten, Mühlen und Schlösser werden von engagierten Hoteliers saniert, oft nach höchsten baubiologischen Standards, um daraus Unterkünfte mit besonderem Charme zu machen. Die Tourismusregion Oberelsass engagiert sich besonders für den Ökotourismus. Fünf Hotels in den Naturparks tragen das Label »Hôtels au Naturel« (www.hotels-au-naturel.com).

Fermes Auberges

Wer es gerne rustikal mag, seine Koffer gegen den Wanderrucksack tauscht und gehobene Hausmannskost am Abend schätzt, kann in den Fermes Auberges der Vogesen sein Glück finden. Nicht selten sitzt man dort abends noch gemütlich auf ein Glas Wein mit dem Patron zusammen. Diese Berggasthöfe findet man vor allem im südlichen Teil der Vogesen.

Ferienhaus

Ganz autark verbringt man seine Ferien in einer »Gîte rural« (bzw. »Gîtes de France«), einem Ferienhaus draußen auf dem Lande. Die »Gîtes d'Étape«, einfache, mit Jugendherbergen vergleichbare Unterkünfte, stehen Wanderern und Radlern zur Verfügung. Wer Familienanschluss mag und sich aus erster Hand über Land und Leute informieren möchte, dürfte sich in einem »Chambre d'Hôte«

wohlfühlen. Diese privaten Gästezimmer inklusive Frühstück sind die französische Antwort aufs Bed & Breakfast.

Hotelpreise Die Hotelpreise schwanken sehr stark, je nach Region und Saison. Strasbourg ist deutlich teurer als das übrige Elsass, vor allem während der Sitzungswochen des EU-Parlaments. Auch entlang der Route des Vins steigt das Preisniveau stark an. Besonders im Herbst sollte man unbedingt sein Bett reservieren. Am günstigsten übernachtet man in den Vogesen und im nördlichen Elsass sowie im Sundgau. Örtliche Hotelverzeichnisse erhält man von den jeweiligen Touristeninformationen.

Camping Das Elsass verfügt über rund 100 ausgewiesene Campingplätze mit einem bis vier Sternen. Im südlichen Elsass ist das Angebot reicher als im Norden. Allerdings sind hier die Campingplätze, besonders in den bedeutenderen Urlaubsorten, zur Hauptreisezeit oft besetzt (»complet«). Camping à la Ferme (Camping auf dem Bauernhof) eignet sich vor allem für einen längeren Aufenthalt.

Ferien wie die Trapper im massiven Blockhaus – nicht im tiefsten Wald, sondern in Aubure beim Weinstraßenort Ribeauvillé

ÜBERNACHTEN

PREISKATEGORIEN

Die in den Kapiteln »Reiseziele von A bis Z« empfohlenen Hotels sind in folgende Preiskategorien eingeteilt: (Doppelzimmer pro Nacht ohne Frühstück)

€€€€ = über 150 €
€€€ = 101–150 €
€€ = 81–100 €
€ = unter 80 €

UNTERKÜNFTE INTERNET

Rechercheportal zu allen Unterkunftsarten:
www.visit.alsace/de

HOTELS

Örtliche Hotelverzeichnisse:
Offices de Tourisme

FERMES AUBERGES

CHAMBRES D'AGRICULTURE FRANCE

9, avenue Georges V
75008 Paris
Tel. 0153 57 11 50
www.bienvenue-a-la-ferme.com

ASSOCIATION DES FERMES-AUBERGES DU HAUT-RHIN

1, rue Camille Schlumberger
68000 Colmar
Tel. 0389 20 10 68
www.fermeaubergealsace.fr

GÎTES DE FRANCE

Réseau Général
40, avenue de Flandre
75019 Paris
Tel. 0149 70 75 75
www.gites-de-france.com

GITES DE FRANCE ALSACE BAS-RHIN

2, allée Oslo
67300 Schiltigheim
Tel. 0388 75 56 50
www.gites-de-france.com

GITES DE FRANCE ALSACE HAUT-RHIN

12, rue Stanislas
68025 Colmar
Tel. 0389 30 35 30
www.gites-de-france.com

JUGENDHERBERGEN

FÉDÉRATION UNIE DES AUBERGES DE JEUNESSE

Centre National
27, rue Pajol
75018 Paris
Tel. 0144 89 87 27
www.fuaj.org

CAMPING UND CARAVANING

Alle Infos in der Broschüre »Camping & Caravaning Alsace« der Touristeninformation (▶ Auskunft) und unter www.camping-alsace.com

P

PRAKTISCHE INFOS

Wichtig, hilfreich, präzise

Unsere Praktischen Infos helfen in allen Situationen im Elsass weiter.

Dieser Traktor in Waldersbach hat seine beste Zeit gesehen. ▶

302FW
67

KURZ & BÜNDIG

ELEKTRIZITÄT
220 Volt; Adapter sind nur selten nötig.

NOTRUFE

POLIZEI
Tel. 17 (landesweit)

FEUERWEHR
(Pompiers)
Tel. 18 (landesweit)

NOTARZT
Rettungsdienst SAMU
Tel. 15 (landesweit)

EU-WEITER NOTRUF
für Krankenwagen, Feuerwehr, Polizei: Tel. 112

PANNENHILFE

ADAC-NOTRUF IM AUSLAND
Tel. 00 49 89 22 22 22

ACE-NOTRUF IM AUSLAND
Tel. 00 49 71 15 30 34 35 36

SPERRNOTRUF

Kontakt für das Sperren von Bank-, Kredit-, Handy und Krankenversicherungskarten
Deutschland: Tel. *0049 116 116
Österreich: Tel. 0043 1 204 88 00
Schweiz: keine einheitliche Notfallnummer

WAS KOSTET WIE VIEL?
3-Gänge-Menü: ab 25 €
Einfache Mahlzeit: ab 10 €
Espresso: ab 1,50 €
Glas Wein: ab 3,50 €
Einfaches Doppelzimmer: ab 50 €
Generell sind in Strasbourg Übernachtungen teurer.

ZEIT

MITTELEUROPÄISCHE ZEIT

SOMMERZEIT (MESZ)
MEZ + 1 Std. von Ende März–Ende Oktober.

ANREISE · REISEVORBEREITUNG

Mit dem Auto Die schnellste Anreise erfolgt über die Autobahnen. In Frankreich sind sie kostenpflichtig. Ausnahme: die parallel zur deutschen A 5 verlaufende, elsässische A 35 ist kostenfrei. Sie ist die wichtigste Verkehrsachse des Elsass. Ansonsten gilt bzgl. **Mautpflicht**: Die Bezahlung der Maut erfolgt in bar, mit Kreditkarten (Eurocard, Mastercard, Visa) oder via elektronischer Gebührenerfassung mittels Chip (Télépéage). EC/Maestro-Karten werden nicht akzeptiert.

BAEDEKER MAGISCHE MOMENTE

ANREISE MIT STIL

Mehrere Fähren überqueren den Rhein und nehmen Autos mit. Die Überfahrt dauert zwar nur wenige Minuten, aber auf dem breit dahinströmenden Fluss Frankreich entgegenzugleiten und dann bewusst den Fuß aufs andere Ufer zu setzen, ist etwas ganz anderes als nur schnell mal über die Brücke zu sausen. Geschippert wird in Kappel/Rheinau, Greffern/Drusenheim und Seltz/Plittersdorf.

Mit der Bahn

Schnellste Bahnverbindung aus dem Norden bietet der TGV, der von Frankfurt/Main aus in 2 Std. nach Strasbourg und in 3 Std. nach Mulhouse fährt. Die aus Osten Anreisenden bringt der TGV in 1 Std. von Stuttgart nach Strasbourg, von München aus in 3 Std. 45 Min. Direkte Bahnverbindungen bestehen außerdem von Innsbruck, Salzburg und Wien sowie von Basel und Zürich.

Mit dem Flugzeug

Der von der Schweiz und Frankreich gemeinsam genutzte, 25 km südöstlich von Mulhouse gelegene **EuroAirport Basel-Mulhouse-Freiburg** ist der wichtigste Flugplatz im elsässischen Raum. Direktverbindungen bestehen zu zahlreichen Flughäfen Europas.
Der 15 km südwestlich von Strasbourg gelegene Flughafen **(Aéroport Strasbourg-Entzheim)** bietet Direktverbindungen von Berlin und Frankfurt / Main aus.

Reisedokumente

Ausweis

Zur Einreise nach Frankreich genügt für Reisende aus der EU (darunter Deutschland und Österreich) sowie der Schweiz ein gültiger Personalausweis. Kinder unter 12 Jahren benötigen einen Kinderreisepass, über 12 Jahre einen Personalausweis oder Reisepass.

Fahrzeugpapiere

Der nationale Führerschein und Kraftfahrzeugschein werden anerkannt und sind mitzuführen. Die Mitnahme der grünen Internationalen Versicherungskarte ist ratsam. Kraftfahrzeuge müssen ein EU-Kennzeichen tragen.

Krankenversicherung

Auch im EU-Ausland müssen die gesetzlichen Krankenkassen die Kosten für ärztliche Leistungen erstatten. Voraussetzung ist, dass dem

BAHN

DEUTSCHE BAHN AG
Tel. 030 2970
www.bahn.de

SNCF IN FRANKREICH
auch auf Deutsch
www.sncf-connect.com

REGIONALBAHN TER
Tel. 0805 41 54 15
www.ter.sncf.com/grand-est

VERKEHRSBETRIEBE FLUO
Strecken- und Tarifinfos der gesamten Nahverkehrsnetze inkl. Stadtbahnen Strasbourg und Mulhouse
ww.fluo.eu

AUTO/MAUT
Gebühren für die Autobahnnutzung in Frankreich je nach Fahrzeugart und Entfernung. A 35/Elsass keine Maut.
Mautberechnung:
www.autoroutes.fr

FLUGZEUG

EUROAIRPORT
BASEL-MULHOUSE-FREIBURG
Vom Flughafen aus verkehrt der Flughafenbus nach Saint-Louis (Fahrtdauer ca. 10 Min.); dort umsteigen in den Zug, der ca. 20 Min. für die Fahrt nach Mulhouse benötigt.
68304 Saint-Louis
www.euroairport.com

AÉROPORT
STRASBOURG-ENTZHEIM
Bis zu fünfmal stündlich fährt ein Pendelzug in 9 Min. in die Stadt.
route de l'Aéroport
67960 Entzheim
Tel. 0388 64 67 67
www.strasbourg.aeroport.fr

---

behandelnden Arzt die **Europäische Krankenversicherungskarte** vorgelegt wird. Auch mit ihr sind in vielen Fällen Kosten für Behandlungen bzw. Medikamente selbst zu zahlen. Gegen Vorlage der Quittungen erstattet die Krankenkasse im Heimatland dann ggf. die Ausgaben.

Haustiere

Wer Haustiere (Hund, Katze) mitnehmen will, benötigt für diese ein amtstierärztliches Tollwutimpfzeugnis. Die Impfung darf nicht weniger als einen Monat und nicht länger als ein Jahr zurückliegen. EU-Heimtierausweis mit Microchip oder Tätowierung ist Pflicht.

AUSKUNFT

TOURISMUSVERTRETUNGEN

ATOUT FRANCE
Die Französische Zentrale für Tourismus ist nur über das Internet zu erreichen.

IN DEUTSCHLAND
Postfach 100128
60001 Frankfurt am Main
www.france.fr/de
https://de.france.fr/de/elsass-lothringen

IN ÖSTERREICH
http://at.france.fr/

IN DER SCHWEIZ
https://ch.france.fr/de

IM ELSASS
Agence Régionale du Tourisme Grand-Est
24, rue de Verdun
68000 Colmar
Tel. 0389 29 81 00
www.art-grandest.fr

Alsace Destination Tourisme (ADT)
1, rue Camille Schlumberger
68006 Colmar
Tel. 0389 20 10 68
www.alsace-destination-tourisme.com

örtliche Tourismusbüros siehe bei den Reisezielen

DIPLOMATISCHE VERTRETUNGEN

DEUTSCHES GENERALKONSULAT
6, quai Mullenheim
67000 Strasbourg
Tel. 0388 24 67 00
www.strassburg.diplo.de

ÖSTERREICHISCHES GENERALKONSULAT
29, avenue de la Paix – Simone Veil
67000 Strasbourg
Tel. 0388 35 13 94
www.bmeia.gv.at/gk-strassburg

SCHWEIZER KONSULAT
23, rue Herder
67000 Strasbourg
Tel. 0388 35 00 70
www.eda.admin.ch/strasbourg

INTERNET

TOURISMUS
Online-Ausgabe des elsässischen Office du Tourisme: Sehenswertes, Kultur, Geschichte, Natur, Sport, Gastronomie, Veranstaltungen. Auch Online-Buchung von Hotels.
www.visit.alsace/de

Themenseite zu Radfahren
www.radfahrenimelsass.de

Adressen von Hotels, Restaurants, Winzern und lokalen Erzeugern
www.alsace-terroir.com
Elsässische Weinstraße
www.weinstrasse.alsace

Weihnachten im Elsass
www.weihnachten.alsace

Neben touristischen Infos (auch dt.) auch Tipps zum Einkaufen und Präsentation einzelner Gemeinden.
www.alsace.info

NATUR / VOGESEN
Gut aufgemachtes Internetportal (französisch) mit vielen exakt beschriebenen Wanderrouten (mit gpx-download), Hinweise zu Unterkünften in den Vogesen, Gepäcktransport, Wanderführern und anderen nützlichen Informationen.
www.hautes-vosges-randonnees.com

Infos über den Nationalpark, Tourismus und Wintersport
www.massif-des-vosges.com

Natur, Geschichte, Kultur, Tourismus im nördlichen Teil des Nationalparks
www.parc-vosges-nord.fr

Infos über den Parc Naturel Régional des Ballons des Vosges, den mittleren und südlichen Teil der Hochvogesen.
www.parc-ballons-vosges.fr

ETIKETTE

Umgangsformen In Frankreich legt man Wert auf gute Umgangsformen. Die französische Höflichkeit ist geradezu sprichwörtlich. Man hält die Tür auf für die Person hinter sich und entschuldigt sich mit einem »Pardon!« oder »Excusez-moi!«, wenn man an jemandem vorbeigehen will. Besonders an religiösen Orten ist Zurückhaltung geboten. Regeln für den Restaurantbesuch ▶ Essen und Trinken, S. 327.

Begrüßung Bei der Begrüßung unter Freunden gibt es angedeutete Küsschen rechts und links auf die Wangen. Mit Händeschütteln ist man in Frankreich zurückhaltender. Wenn man sich etwas besser kennt, ist es übrigens kein Zeichen von Distanzlosigkeit, sondern in Frankreich vielfach üblich, sich mit Vornamen und Sie anzusprechen.

Sprache Nicht alle Elsässer sprechen Deutsch, sie alle aber fühlen sich als Franzosen. Allein die Höflichkeit verbietet es daher, sein Gegenüber sofort auf Deutsch anzusprechen. Das kann sogar zu recht frostigen Begegnungen führen. Auch ein ausgestreckter Zeigefinger, der wortlos auf den leeren Brotkorb weist, ist nicht gerade Ausdruck der Höfichkeit. Am besten eignen Sie sich vor der Reise die wichtigsten Wörter für Begrüßung, Zimmerreservierung und Bestellung im Restaurant an. Wenn Ihr Gegenüber Deutsch spricht, kommt man Ihnen dann sicher gerne entgegen.

GELD

Euro Frankreich gehört der Eurozone an. Für Schweizer gilt:
1 EUR = 1,04 CHF, 1 CHF = 0,97 EUR.

Banken, Kreditkarten Banken haben in der Regel werktags 9.30/10 – 12/12.30 und 14/15 – 16/17 Uhr geöffnet; einige auch am Samstagvormittag. Vor Feiertagen schließen sie manchmal früher.
Wer die Kredit- oder Bankkarte (aber auch Handy- oder Krankenversicherungskarte) eingebüßt hat, lässt sie sperren unter dem **Sperrnotruf** für Deutschland: Tel. 0049 11 61 16; jeweilige Nummern bereithalten! Für Österreich gilt Tel. 0043 1 204 8800. Die Schweiz hat keine einheitliche Notfallnummer. Die wichtigsten sind: Tel. 0041 44 659 69 00 (Swisscard); Tel. 0041 8 48 88 86 01 (UBS Card Center); Tel. 0041 58 9 58 83 83 (VISECA); Tel. 0041 44 8 28 32 81 (PostFinance).

GESUNDHEIT

Das Elsass ist mit Arztpraxen, Krankenhäusern und Apotheken sehr gut ausgestattet. Die Europäische Versichertenkarte (EHIC ▶ Anreise) ist beim Arzt oder im Krankenhaus vorzulegen. Generell ist der Abschluss einer privaten Auslandskrankenversicherung ratsam, da diese im Notfall auch die Kosten für einen Rücktransport übernimmt. Notfallnummern ▶ Kurz und bündig, S. 346.

LESETIPPS

Belletristik

Jean Jacques Laurent: 2022 ist bereits der sechste Elsass-Krimi des Autors erschienen. Er lässt Major Jules Gabin auf Mörderjagd an verschiedenen beschaulichen Orten im Elsass gehen(Piper Verlag).

Martin Graff: Leben wie Gott im Elsass: Deutsche Fantasien (Klöpfer und Meyer 2013). 48 kleine Geschichten über Land und Leute, Interviews mit Elsässern und Zugezogenen.

Pascale Hugues: Marthe und Mathilde. Eine Familie zwischen Frankreich und Deutschland (Rowohlt, 2010). Die in Strasbourg geborene Autorin erzählt über die Freundschaft ihrer Großmütter. Sie lebten beide in Colmar und waren von den deutsch-französischen Verwicklungen und deren Auswirkungen auf das Elsass betroffen.

Georges Simenon: Das Gasthaus im Elsass (Diogenes, Zürich 1986). Ausnahmsweise nicht Maigret, sondern Kommissar Labbé löst den Fall am Col de la Schlucht.

Rainer Stephan: Gebrauchsanweisung für das Elsass (Piper, München 2007). Was ist typisch elsässisch? Amüsant geschriebener Einstieg in die Mentalität der Elsässer.

Tomi Ungerer: Die Gedanken sind frei. Meine Kindheit im Elsass (Diogenes, Zürich 2017). Ungerer über seine Kindheit im Elsass unterm Hakenkreuz.

Magazin

DUMONT Bildatlas 32: Elsass (Dumont Reiseverlag, Ostfildern 2024). Stimmungsvolles Porträt der Region Elsass mit ihren Highlights mit Fotos von Markus Kirchgessner und Texten von Dina Stahn.

PREISE · VERGÜNGSTIGUNGEN

Museumspass Der »Oberrheinische Museumspass« gewährt freien Eintritt in rund 350 Museen (einschließlich der Dauer- und Sonderausstellungen) im Elsass, in Baden und in der Nordwestschweiz. Es gibt allerdings nur einen Jahrespass – für Urlaubs- und Wochenendreisen lohnt er sich also nicht. Der Jahrespass (119 Euro) ist in den Museen und Offices de Tourisme erhältlich oder online unter www.museumspass.com. Der Strasbourg-Pass (▶ Strasbourg erleben) kann sich jedoch lohnen.

REISEZEIT

Oberrheinebene Die klimatisch begünstigte Oberrheinebene und das östliche Vogesenvorland lohnen zur Zeit der Baumblüte, im Frühling und Frühsommer, einen Besuch, insbesondere aber im Herbst mit seinem golden-transparenten Tageslicht, der beginnenden Laubfärbung und der Zeit der Weinlese. Im Hochsommer kann die Hitze in der Ebene – und vor allem in den dort gelegenen größeren Städten – manchmal unangenehm werden.

Vogesen An der Westflanke der Vogesen bildet die Gegend um Gérardmer wegen ihrer berühmten Narzissenblüte im April ein viel besuchtes Frühlingsziel. In den höheren Lagen der Vogesen hält der Frühling erst deutlich später Einzug. Dafür ist der Aufenthalt auch im Hochsommer angenehm, besonders für Wanderer, zumal die ausgedehnten Wälder immer wieder erfrischenden Schatten bieten. Die Hochvogesen bilden auch ein Wintersportgebiet mit Langlaufloipen, präparierten Abfahrtspisten und vielen Aufstiegshilfen.

Städte Dank ihrer kulturellen Sehenswürdigkeiten sind die größeren Städte wie Haguenau, Wissembourg, Saverne, Strasbourg, Sélestat, Colmar und Mulhouse lohnende Ziele, wo man auch bei ungünstigem Wetter vielerlei erleben und unternehmen kann. Zur Zeit der deutschen und französischen Sommerferien ist bei den Unterkunftsmöglichkeiten (auch auf Campingplätzen) mit Engpässen zu rechnen; in dieser Zeit sind auch die Hauptsehenswürdigkeiten (z. B. Haut-Kœnigsbourg, Mont Sainte-Odile, Riquewihr) äußerst stark besucht.

Weihnachten

Die Weihnachtszeit im Elsass ist besonders stimmungsvoll. Dank des alemannischen Erbes werden die Adventszeit und Weihnachten hier anders gefeiert als im übrigen Frankreich; so ist auch der 26. Dezember nur im Elsass ein Feiertag. Die Tourismusbehörde hat das weihnachtliche Elsass in sieben Regionen mit unterschiedlichen Aktivitäten und Themenschwerpunkten eingeteilt. In fast allen Orten gibt es Christkindlmärkte und Konzerte in den Kirchen. Besonders **Strasbourg** setzt sich als Weihnachtshauptstadt groß in Szene. Seit 1570 wird ein »Christkindelsmärik« veranstaltet, heute stehen die festlich geschmückten Holzbuden in vielen Gassen. Als die Geburtsstadt des Weihnachtsbaums gilt **Sélestat**, Gertwiller ist die Hauptstadt der Lebkuchen, in Meisenthal werden Weihnachtskugeln aus Glas hergestellt, in Turckheim ist im Rechnungsbuch der Zünfte der älteste Nachweis für den Schmuck der Christbäume eingetragen (im 16. Jh. Äpfel, Oblaten und Buntpapier), in **Thann** steht ein riesengroßer Adventskalender auf dem Marktplatz. Im ganzen Land werden köstliche Bredala (Weihnachtsgebäck) gebacken, Leckerle (mit Zuckerguss überzogene Honigkuchen) und Berawecka (Weihnachtskuchen mit Trockenfrüchten), und es wird sogar ein Weihnachtsbier gebraut.

SPRACHE

Wer die französische Sprache nicht einigermaßen gut beherrscht, sollte auch bei einer Fahrt ins Elsass und in die Vogesen ein Wörterbuch mitnehmen, denn nicht überall am linken Oberrhein kann man sich auf Deutsch verständlich machen.

Aussprache

Charakteristische Merkmale sind die Betonung am Wortende (meist auf der vorletzten Silbe) und die häufige Nasalierung von bestimmten Buchstabengruppen.
Vokale: ai wie e; ais wie ä; eau wie o; ay vor Vokal wie äj; é wie e; è, ê wie ä; ei wie ä; en, em am Silbenende wie an (nasaliert); eu wie ö; im, in wie än (nasaliert); oi, oy wie ua; oy vor Vokal wie uaj; ou wie u; u wie ü; um, un am Silbenende wie ön (nasaliert); y wie i.
Konsonanten: c vor e, i, y, ebenso ç wie scharfes s; c vor a, o, u wie k; ch wie sch; g vor e, i, y ebenso j wie g in Genie; g vor a, o, u wie g; gn meist wie nj: h immer stumm; ll zwischen Vokalen oft wie j, aber elle = äl; m, n nach Vokal vor Konsonant oder am Wortende nasaliert; ph wie f; q, qu wie k; v wie w; x, z zwischen Vokalen wie stimmhaftes s. Folgende Buchstaben sind am Wortende meist stumm: b, c, d, e, p, r, (nur nach e) s, t, x, z.

MERCI VIELMOLS!

BAEDEKER WISSEN

Mehrmals musste das Elsass die Nationalität und die Sprache wechseln. Folge: das Elsässerditsch. Es wird wohl bald aussterben, vielleicht aber kann die Sprache, die mit dem Jiddischen verwandt ist und heute mit dem Französischen eine Liaison eingeht, doch noch gerettet werden.

Eine Anekdote veranschaulicht die Geschichte des steten Sprachwechsels. Ein Elsässer kam 1866 mit dem Nachnamen Lagarde kam zur Welt. Unter den Deutschen wurde aus Monsieur »Lagarde« – wörtlich übersetzt – Herr »Wache«. Ab 1919 (unter den Franzosen) hörte Herr Wache auf den Namen »Vache«, nach 1940 hieß die Familie, wieder wörtlich übersetzt, »Kuh«. Beim letzten Staatswechsel 1945 aber hatten die Familienmitglieder es satt: Denn »Cuh« ähnelt zu sehr »cul« (= Arsch bzw. Idiot) und so baten sie darum, wieder den ursprünglichen Namen Lagarde annehmen zu dürfen.

Im Sprachenwirrwarr

Bis ins 18. Jh. gehörte das Elsass dem deutschen Sprachraum an. Mit dem Westfälischen Frieden (1648) wurde das Elsass zwar französisch, doch Sonnenkönig Ludwig XIV. war kaum an einer Französierung des neuen Gebiets interessiert, Deutsch blieb weiterhin die dominierende Sprache im Elsass. Dies änderte sich jedoch während der Französischen Revolution und im 19. Jahrhundert. Eine einheitliche Sprache galt als Voraussetzung für die politische Einheit, darüber hinaus **galt Deutsch als die Sprache des Erzfeindes**: Vor allem im städtischen Bürgertum setzte sich die französische Sprache durch, das Elsässische hielt sich nur noch in ländlichen Gegenden und in den unteren Bevölkerungsschichten. Von 1871 bis 1945 wechselte das Elsass dann viermal die Nationalität. Die deutschen Herren versuchten jeweils eine strikte Germanisierungspolitik durchzusetzen und verboten das Französische. Aber auch die französischen Regierungen betrieben eine extreme sprachliche und kulturelle Assimilationspolitik und ließen die deutsche und elsässische Sprache unter anderem an den Schulen nicht mehr zu.

Rückbesinnung auf die deutsche Sprache

Ab Mitte der 1960er-Jahre setzte ein Umdenken ein. Man besann sich im Elsass auf eigene Traditionen und damit auch wieder auf die eigene Sprache. 1968 wurde der René-Schickele-Kreis zur Förderung des elsässischen Volkstums und der Zweisprachigkeit gegründet. Viele Dichter, Kabarettisten und Liedermacher wie Roger Siffer, André Weckmann, Huguette Dreikaus und Raymond Piela **entdeckten das Elsässische wieder** und machten es zur Kunst. Im Jahr 1972 wurde an den elsässischen Schulen für das 4. und 5. Grundschuljahr fakultativ der Deutschunterricht auf mundartlicher Sprachbasis eingeführt. Zwischendurch existierten über 300 bilinguale Klassen für 4% aller Schüler, die meisten davon waren staatlich. Doch dann ging ihre Zahl wieder zurück.
Vor allem Kosten spielten hierbei eine Rolle. Auch die anfängliche Rückbesinnung auf die deutsche Sprache schlägt

sich mittlerweile teils nur noch in den Straßen nieder: In Strasbourg sind die Straßenschilder zweisprachig, auch andere Orte folgen diesem Beispiel.

Elsässerditsch – früher und heute

Im Elsässerditsch gibt es **verschiedene Arten der Aussprache**: Im Unterelsass etwa spricht man einen fränkischen, für die meisten Deutschen leichter verständlichen Dialekt, weiter im Süden einen alemannischen wie in Südbaden und der angrenzenden Schweiz. Bemerkenswert ist, dass Elsässerditsch wie Jiddisch klingt. Dafür gibt es eine plausible Erklärung. Das Jiddisch basiert auf dem spätmittelhochdeutschen fränkisch-alemannischen Dialekt, den rheinländische Juden nach Polen mitnahmen.

Colmar, Strasbourg, Mulhouse und viele andere Gemeinden beschildern Straßen zweisprachig: Französisch und Elsässisch; in Strasbourg wurde 2017 das erste dreisprachige Ortsschild aufgestellt, das auch den deutschen Namen nennt.

Das zeitgenössische Elsässisch zeichnet sich zunehmend dadurch aus, dass in der mündlichen Unterhaltung oft **deutsche und französische Sprachelemente kombiniert** und als Selbstverständlichkeit angesehen werden (»Merci vielmols«) bzw. dass je nach Thema vom Elsässischen zum Französischen und umgekehrt gewechselt wird. Wenn auch die allgemein akzeptierte Schriftform des Elsässerditsch Hochdeutsch ist und man in weiten Teilen am linken Oberrhein recht gut mit Deutsch zurechtkommt, legen die Elsässer dennoch großen Wert darauf, zunächst einmal auf Französisch angesprochen zu werden!

Sprache mit Zukunft?

Für die Zukunft der elsässischen Sprache sieht es nicht sehr rosig aus. Beherrschten im Jahr 1962 noch ungefähr 85 % der Bevölkerung den Dialekt, so sind es derzeit keine 60 % mehr. **Tendenz fallend**. Gesprochen wird Elsässerditsch vorwiegend auf dem Land, und hier mehr von der älteren Generation als von den jungen Leuten. Die Bereitschaft unter Jugendlichen, Elsässisch zu lernen, hat in den letzten Jahrzehnten stark nachgelassen. Nicht wenige Experten sind der Meinung, dass Elsässerditsch im Jahr 2030 nicht mehr existieren wird.
Andererseits haben auf dem begehrten Arbeitsmarkt im Dreiländereck die Arbeitsuchenden bessere Chancen, die Deutsch sprechen. In Mulhouse wird jetzt bereits ein zweisprachiges Abitur angeboten. Die Sache ist also noch nicht entschieden.
Unterm Strich bleibt für Elsassreisende momentan festzuhalten: auf deutsche Sprachkenntnisse der Elsässer sollte man sich nicht verlassen.

SPRACHFÜHRER FRANZÖSISCH

AUF EINEN BLICK

Ja	**Oui**
Nein	**Non**
Vielleicht	**Peut-être**
Bitte	**S'il vous plaît (s. v. p.)**
Danke	**Merci**
Gern geschehen.	**De rien.**
Entschuldigen Sie!	**Excusez-moi!**
Wie bitte?	**Comment?**
Ich verstehe nicht.	**Je ne comprends pas.**
Ich spreche nur wenig Französisch.	**Je parle seulement un tout petit peu de français.**
Können Sie mir bitte helfen?	**Pouvez-vous m'aider, s. v. p.?**
Sprechen Sie Deutsch / Englisch?	**Parlez-vous allemand / anglais?**
Ich möchte / würde gerne ...	**J'aimerais ...**
Das gefällt mir nicht.	**Ça ne me plaît pas.**
Haben Sie ... ?	**Avez-vous ... ?**
Wieviel kostet das?	**Ça coûte combien?**
Wieviel Uhr ist es?	**Quelle heure est-il?**

KENNENLERNEN

Guten Morgen / Tag!	**Bonjour!**
Guten Abend!	**Bonsoir!**
Hallo / Grüß dich!	**Salut!**
Wie heißen Sie?	**Comment vous vous appellez?**
Wie heißt du?	**Comment tu t'appelles?**
Wie geht es Ihnen / dir?	**Comment allez-vous / vas-tu?**
Auf Wiedersehen! / Tschüss!	**Au revoir! / Salut!**

UNTERWEGS

links / rechts	**à gauche / à droite**
geradeaus	**tout droit**
nah / weit	**près / loin**
Verzeihung, wo ist ...?	**Pardon, où se trouve ... , s. v. p.?**
Wie viele Kilometer sind das?	**C'est à combien de kilomètres d'ici?**
Was ist der kürzeste Weg nach ...?	**Quel est le chemin le plus court pour aller à ...?**

TANKEN

Wo ist die nächste Tankstelle?	**Où est la station de service la plus proche?**
Ich möchte ... Liter ...	**Je voudrais ... litres ..., s'il vous plaît.**
... Super	**... de super**
... Diesel	**... de gazole/gasoil**
Volltanken, bitte	**(Faites) Le plein, s. v. p.**

PANNE

Ich habe eine Panne.	**Ma voiture est en panne.**
Können Sie mir einen Abschleppwagen schicken?	**Est-ce que vous pouvez m'envoyer un remorqueur?**
Gibt es hier in der Nähe eine Werkstatt?	**Est-ce qu'il y a un garage près d'ici?**
... ist defekt.	**... est défectueux.**

UNFALL

Hilfe!	**Au secours!**
Achtung! Vorsicht!	**Attention!**
Rufen Sie schnell ...	**Appelez vite ...**
... einen Krankenwagen.	**... une ambulance.**
... die Polizei.	**... la police.**

ESSEN GEHEN

Wo gibt es hier ...	**Pourriez-vous m'indiquer ...**
... ein gutes Restaurant?	**... un bon restaurant?**
... ein nicht zu teures Restaurant?	**... un restaurant pas trop cher?**
Gibt es hier ein nettes Café (Bistro)?	**Y-a-t'il un café (bistrot) sympa?**
Ich möchte für heute Abend einen Tisch für 4 Personen reservieren	**Je voudrais bien réserver une table pour ce soir, pour quatre personnes**
Die Speisekarte, bitte.	**La carte, s. v. p.**
Wo ist bitte die Toilette?	**Où sont les toilettes, s. v. p.?**
Auf ihr Wohl!	**A votre santé! / A la vôtre!**
Messer/Gabel/Löffel	**couteau/fourchette/cuillère**
C'était bon?	**Hat es geschmeckt?**
Le repas était excellent.	**Das Essen war ausgezeichnet.**

ÜBERNACHTUNG

Könnten Sie mir ... empfehlen?	**Pourriez-vous m'indiquer ...?**
... ein gutes Hotel	**... un bon hôtel**
... eine Pension	**... une pension de famille**
Haben Sie noch ... frei?	**Est-ce que vous avez encore ...?**
... ein Einzelzimmer	**... une chambre pour une personne**
... ein Doppelzimmer	**... une chambre pour deux personnes**
... mit Bad	**... avec salle de bains**
... für eine Nacht	**... pour une nuit**
... für eine Woche	**... pour une semaine**
Was kostet ein Zimmer mit ...	**Quel est le prix de la chambre ...**
... Frühstück?	**... petit déjeuner compris?**
... Halbpension?	**... en demi-pension?**

ARZT

Können Sie mir einen guten Arzt empfehlen?	**Pourriez-vous me recommander un bon médecin?**
Ich habe hier Schmerzen.	**J'ai mal ici.**
Wo ist die nächste Apotheke?	**Où est la pharmacie la plus proche?**

POST UND TELEKOMMUNIKATION

Briefmarke für einen Brief/eine Postkarte nach Deutschland	**Timbre pour une lettre/une carte postale à destination de l'Allemagne**
Eine Prepaidkarte für mein Handy	**une recharge pour mon portable**
Wo finde ich einen Internetanschluss?	**Où puis-je trouver un accès à internet?**
WLAN	**wi-fi**
Computer/Ladegerät	**ordinateur/chargeur**

WOCHENTAGE UND MONATE

lundi	**Montag**
mardi	**Dienstag**
mercredi	**Mittwoch**
jeudi	**Donnerstag**
vendredi	**Freitag**
samedi	**Samstag**
dimanche	**Sonntag**
janvier	**Januar**
février	**Februar**
mars	**März**
avril	**April**
mai	**Mai**
juin	**Juni**
juillet	**Juli**
août	**August**
septembre	**September**
octobre	**Oktober**
novembre	**November**
décembre	**Dezember**

ZAHLEN

0	**zéro**	19	**dix-neuf**
1	**un**	20	**vingt**
2	**deux**	21	**vingt et un**
3	**trois**	22	**vingt-deux**
4	**quatre**	23	**vingt-trois**
5	**cinq**	30	**trente**
6	**six**	40	**quarante**
7	**sept**	50	**cinquante**
8	**huit**	60	**soixante**
9	**neuf**	70	**soixante-dix**
10	**dix**	80	**quatre-vingt**
11	**onze**	90	**quatre-vingt-dix**
12	**douze**	100	**cent**
13	**treize**	200	**deux cents**
14	**quatorze**	1000	**mille**
15	**quinze**	2000	**deux mille**
16	**seize**	10 000	**dix mille**
17	**dix-sept**	1/2	**un demi**
18	**dix-huit**	1/4	**un quart**

PETIT DÉJEUNER	FRÜHSTÜCK
café noir	**schwarzer Kaffee**
café au lait	**Kaffee mit Milch**
décaféiné (déca)	**koffeinfreier Kaffee**
thé au lait / au citron	**Tee mit Milch / Zitrone**
tisane / infusion	**Kräutertee**
chocolat (chaud)	**(heiße) Schokolade**
sucre	**Zucker**
jus de fruit	**Fruchtsaft**
œuf à la coque	**weiches Ei**
œufs brouillés	**Rühreier**
œufs au plat avec du lard	**Spiegeleier mit Speck**
pain / petit pain / toast	**Brot / Brötchen / Toast**
croissant	**Hörnchen**
beurre	**Butter**
fromage	**Käse**
charcuterie	**Wurst und Schinken**
jambon	**Schinken**
miel / confiture	**Honig / Marmelade**
yaourt	**Joghurt**
céréales	**Müsli, Getreideflocken**

SOUPES ET HORS-D'ŒUVRES	SUPPEN UND VORSPEISEN
bisque d'écrevisses	**Krebssuppe**
bouillabaisse	**südfranzösische Fischsuppe**
brochettes de coquilles Saint-Jacques	**Spieße mit Jakobsmuscheln**
consommé de poulet	**Hühnerbrühe**
crudités	**verschiedene Gemüse, roh oder blanchiert**
escargots à la bourguignonne	**gekochte Weinbergschnecken, in ihren Häusern serviert**
pâté de campagne	**Bauernpastete**
pâté de foie	**Leberpastete**
salade lyonnaise	**grüner Salat mit gebratenen Speckwürfeln und Croûtons**
salade niçoise	**grüner Salat mit Tomaten, grünen Bohnen, hartem Ei, Tunfisch und Oliven**
saumon fumé	**Räucherlachs**
soupe à l'oignon	**Zwiebelsuppe**
soupe de poisson	**Fischsuppe**

VIANDES	FLEISCH
agneau / gigot d'agneau	**Lamm / Lammkeule**
bifteck	**Steak**
bœuf	**Rindfleisch**
cassoulet	**Fleisch und weiße Bohnen aus dem Ofen**
confit	**eingemachtes Fleisch**
côte de bœuf	**Ochsenkotelett**

crépinette	**kleine Frikadelle im Netzmantel**
filet de bœuf	**Rinderfilet**
foie gras	**Gänse-/Entenstopfleber**
foie	**Leber**
grillades	**Grillplatte**
mouton	**Hammel**
porc	**Schwein**
pot-au-feu	**Eintopf aus Rindfleisch und Huhn mit verschiedenem Gemüse**
rognons	**Nieren**
rôti	**Braten**
sauté de veau	**Kalbsragout**
tartare	**rohes Rinderhack mit Eigelb, Kapern und Zwiebeln**
tripes	**Kutteln**
	gebratenes Fleisch
saignant	**... im Kern noch blutig**
à point	**... halbdurch**
bien cuit	**... durchgebraten**

VOLAILLES ET GIBIER	GEFLÜGEL UND WILD
canard à l'orange	**Ente mit Orangensoße**
cerf	**Hirsch**
cuissot de chevreuil	**Rehkeule**
coq au vin	**in Rotwein geschmorter Hahn**
dinde	**Truthahn, Pute**
faisan	**Fasan**
lapin chasseur	**Kaninchen nach Jägerart**
oie	**Gans**
poulet (rôti)	**Hähnchen (Brathähnchen)**
sanglier	**Wildschwein**

POISSONS ET CRUSTACÉS	FISCH UND KRUSTENTIERE
cabillaud	**Kabeljau**
calmar frit	**gebackener Tintenfisch**
daurade	**Goldbrasse**
écrevisses à la nage	**gekochte Flusskrebse in würziger Brühe**
lotte	**Seeteufel**
loup de mer	**Seewolf**
maquereau	**Makrele**
morue	**Stockfisch**
omble chevalier	**Saibling**
perche	**Barsch**
petite friture	**gebackene kleine Fische**
quenelles de brochet	**Hechtklöße mit Sahne und Eiern**
rouget	**Rotbarbe**
sandre	**Zander**
sole au gratin	**überbackene Seezunge**
truite meunière	**Forelle Müllerin**

turbot	**Steinbutt**
coquilles Saint-Jacques	**Jakobsmuscheln**
crevettes	**Garnelen, Shrimps**
homard	**Hummer**
huîtres	**Austern**
moules marinières	**Miesmuscheln in Weißwein und Knoblauch gedünstet**
plateau de fruits de mer	**Meeresfrüchteteller**

LÉGUMES, PÂTÉS, RIZ	GEMÜSE, TEIGWAREN, REIS
artichaut	**Artischocke**
choucroute	**Sauerkraut**
courgettes	**Zucchini**
épinards	**Spinat**
fenouil	**Fenchel**
haricots (verts)	**(grüne) Bohnen**
nouilles	**Nudeln**
oignons	**Zwiebeln**
petits pois	**Erbsen**
poivrons	**Paprikaschoten**
pommes dauphine / pommes duchesse	**Kartoffelkroketten**
pommes de terre	**Kartoffeln**
pommes de terre nature	**Salzkartoffeln**
pommes de terre sautées	**Bratkartoffeln**
riz au curry	**Curryreis**
tomates	**Tomaten**

DESSERTS	NACHSPEISEN
charlotte	**Löffelbiskuits mit Früchten und Vanillecreme**
crème brûlée	**Sahnepudding mit Karamell**
crème Chantilly	**Schlagsahne**
gâteau	**Kuchen**
glace	**Speiseeis**
pâtisserie maison	**Feingebäck nach Art des Hauses**
profiteroles	**kleine Windbeutel mit Sahnefüllung**
sabayon	**Weinschaumcreme**
tarte aux pommes	**Apfelkuchen**
tarte Tatin	**gestürzter karamellisierter Apfelkuchen**

FRUITS	OBST
abricots	**Aprikosen**
cerises	**Kirschen**
fraises / framboises	**Erdbeeren / Himbeeren**
macédoine	**Fruchtsalat**
mûres / myrtilles	**Brombeeren / Blaubeeren**
pêches	**Pfirsiche**

pommes / poires	**Äpfel / Birnen**
prunes	**Pflaumen**
raisins	**Trauben**

LISTE DES CONSOMMATIONS / GETRÄNKEKARTE

coca	**Cola**
eau minérale gazeuse	**Mineralwasser mit Kohlensäure**
eau minérale (plat)	**Mineralwasser (stilles)**
bière	**Bier**
bière blonde	**helles Bier**
bière brune	**dunkles Bier**
bière pression	**Bier vom Fass**
bière bouteille	**Flaschenbier**
bière sans alcool	**alkoholfreies Bier**
Panaché	**Radler (Bier mit Limonade)**
vin	**Wein**
café crème	**Kaffee mit aufgeschäumter Milch**
café exprès	**Espresso**
café au lait	**Milchkaffee**
un (verre de vin) rouge	**ein Glas Rotwein**
un quart de vin blanc	**ein Viertel Weißwein**
un pichet de vin	**ein Krug mit Wein**
jus de fruit	**Fruchtsaft**
jus d'orange / de pamplemousse	**Orangen- / Grapefruitsaft**
lait	**Milch**

TELEKOMMUNIKATION · POST

Telefonieren Bitte beachten: In Frankreich wählt man auch innerorts stets die Ortsvorwahl mit! Mobiltelefone wählen sich in das entsprechende französische Partnernetz ein. Roaming-Gebühren fallen seit 2017 bis zu einer bestimmten Obergrenze nicht mehr an. Die Netzabdeckung für Mobiltelefone ist in der Regel sehr gut, nur in den Vogesen gibt es Regionen ohne Empfang. Bei den öffentlichen Telefonen handelt es sich ausschließlich um Kartentelefone. Telefonkarten (franz. télécartes) unterschiedlicher Kapazitäten und Preise sind bei den Postämtern sowie in Tabakläden und Bars erhältlich.

Internet und Post Viele Hotels bieten »Wi-Fi« mittlerweile kostenlos an; auch in Ferienwohnungen nimmt das Angebot zu.
Postämter sind Mo.–Fr. 8–19 Uhr (z. T. Mittagspause), Sa. 8–12 Uhr geöffnet.

LÄNDERVORWAHLEN

AUS FRANKREICH
nach Deutschland: 00 49
nach Österreich: 00 43
in die Schweiz: 00 41

AUS DEUTSCHLAND, ÖSTERREICH UND DER SCHWEIZ
nach Frankreich: 00 33

AUSKUNFT NATIONAL
Tel. 12

VERKEHR

Allgemeines

Sicherheitsgurte müssen während der Fahrt angelegt sein. Es gilt – sofern nicht anders beschildert – rechts vor links (»priorité à droite«). Im Kreisverkehr sind die in den Kreis Einfahrenden wartepflichtig. Vorfahrtsstraßen sind durch die Aufschrift »passage protégé« vor Kreuzungen gekennzeichnet. Bei Regen und Schneefall ist das Abblendlicht einzuschalten, Motorräder müssen grundsätzlich mit Licht fahren. Der Fahrer darf während der Fahrt kein **Handy** in der Hand halten. **Kinder** unter 10 Jahren müssen auf dem Rücksitz sitzen.

Umweltplakette

Die Plakette **Crit'Air** ist in Frankreich vielerorts in Umweltzonen oder bei Feinstaubalarm Pflicht, auch für ausländische Fahrzeuge. Bis Jahresbeginn 2025 sollen in allen Ballungsräumen mit mehr als 150 000 Einwohnern feste Umweltzonen eingerichtet werden. Die Crit'Air-Plakette bestellt man online über das französische Umweltministerium: www.certificat-air.gouv.fr (auf Deutsch möglich) und sie kostet dort 4,61 Euro inklusive Versand nach Deutschland.

Geschwindigkeit

Die **Höchstgeschwindigkeit** für Kraftfahrzeuge beträgt auf Autobahnen 130 km / h, auf Schnellstraßen 110 km / h, auf National- und Landstraßen 80 km / h, innerorts 50 km / h. Bei Regen auf Autobahnen 110 km / h, Schnell- bzw. Nationalstraßen 100 bzw. 80 km / h. **Führerscheinneulinge** dürfen drei Jahre lang außerorts nur 80 km/h, auf Schnellstraßen nur 100 km/h und auf Autobahnen nur 110 km/h schnell fahren.

Promillegrenze

Die Höchstgrenze für den Blutalkoholgehalt liegt bei 0,5 Promille. Alkohol am Steuer wird in Frankreich besonders streng geahndet.

Parken

Im Bereich der Innenstädte gibt es die sogenannte »zone bleue« (Blaue Zone; entsprechend beschildert), in der die Verwendung einer Parkscheibe (disque de stationnement) obligatorisch ist. Ein gelber, unterbrochener Streifen am Fahrbahnrand bedeutet Parkverbot; durchgezogene gelbe Streifen bedeuten Halteverbot.

Notruf

Notruf und Pannenhilfe ▶ Kurz & bündig, S. 346

REGISTER

A

B

C

D

E

F

T

U

V

Z

BILDNACHWEIS

akg images/Guillemot, Roger S. 19 o.
akg-images S. 305 u.
Dumont Bildarchiv/Kirchgessner, Markus S. 2, 3 (2x), 8/9, 10, 15 (2x), 16/17, 29, 43, 46, 50, 59 ©VG Bildkunst, 60, 88 u., 90, 98, 121, 151 o., 163, 171, 184 (2x), 193, 204, 209, 217, 224, 249 u., 252, 261, 283, 286, 288, 293, 305 o., 321, 322, 328, 330 u., 331 (2x), 333, 335, 337, 340, 342, 345, U 7
Dumont Bildarchiv/Kirchner, Martin S. 7, 131, 139, 147, 167, 281, 330 o.
Fotolia S. 111, 235, 267
Herzog & de Meuron/Walti, Ruedi S. 20/21, 22, 64
Huber Images/TC S. 19 u., 80, 310
Huber Images/Carovillano, Francesco S. 36, 199
Huber Images/Schmid, Reinhard S. 254, 257
Jean Isenmann/Onlyfrance S. 172
Kirchgessner, Markus S. 88 o., 148, 161
laif/Rieger Bertrand /hemis.fr S. 103, 116
laif/ Maigrot, Frederic S. 12/13
laif/hemis.fr/Bringard, Denis S. 49
laif/hemis.fr/ Colin, Matthieu S. 24/25
laif/ Kirchgessner, Markus S. 164, 220, 294
laif/Mattes René /hemis.fr S. 249 o.
laif/Stanislas Fautre/Le Figaro Magazine S. 94/95
LOOK/Leue, Holger S. 325
mauritius images / age fotostock / Feuerer, Jürgen S. 75, 128
mauritius images / hifografik S. 158
mauritius images / Marco Arduino / Alamy S. 195
mauritius images / The Picture Art Collection / Alamy / Alamy Stock Photos S. 312
mauritius images / Thierry Grun/Aero/ Alamy S. 76
mauritius images/TopFoto S. 317 u.
picture alliance / imageBROKER | Daniel Schoenen S. 126
picture alliance/Thierry Gachon/ MAXPPP/dpa S. 26, 27
picture-alliance/Rolf Haid S. 317 o.
picture-alliance/akg-images/Lessing, Erich S. 23
shutterstock/Borisb17 S. 309
shutterstock/ Franck Legros S. 279
shutterstock/Gina Power S. 355
shutterstock/Images01 S. 119
shutterstock/Review News S. 315
Wackenhut J. 151 u., 179
Wagner S. 107, 170

Titelbild: Marty Goddard/Getty Images

VERZEICHNIS DER KARTEN UND GRAFIKEN

IMPRESSUM

Ausstattung:
108 Abbildungen, 35 Karten und Grafiken, eine große Reisekarte

Text:
Dina Stahn, mit Beiträgen von Achim Bourmer, Rasso Knoller Beate Szerelmy und Gabriele Kalmbach

Bearbeitung:
Baedeker-Redaktion (Birgit Ulmer)

Kartografie:
Klaus-Peter Lawall, Unterensingen Franz Huber, München, KOMPASS-Karten GmbH, A-6020 Innsbruck; MAIRDUMONT, D-73751 Ostfildern (Reisekarte)

3D-Illustrationen:
jangled nerves, Stuttgart

Infografiken:
Golden Section Graphics GmbH, Berlin

Gestalterisches Konzept:
RUPA GbR, München

14., aktualisierte Auflage 2024

Printed in China

Trotz aller Sorgfalt von Redaktion und Autoren zeigt die Erfahrung, dass Fehler und Änderungen nach Drucklegung nicht ausgeschlossen werden können. Dafür kann der Verlag leider keine Haftung übernehmen. Jede Karte wird stets nach neuesten Unterlagen und unter Berücksichtigung der aktuellen politischen De-facto-Administrationen (oder Zugehörigkeiten) überarbeitet. Dies kann dazu führen, dass die Angaben von der völkerrechtlichen Lage abweichen. Irrtümer können trotzdem nie ganz ausgeschlossen werden. Kritik, Berichtigungen und Verbesserungsvorschläge sind jederzeit willkommen. Schreiben Sie uns, mailen Sie oder rufen Sie an:

Baedeker-Redaktion
Postfach 3151, D-73751 Ostfildern
Tel. 0711 4502-262
www.baedeker.com

Meine persönlichen Notizen

Metz
Courcelles-Chaussy
St-Avold
Sarreguemines
Bitche
Faulquemont
Puttelange-aux-Lacs
Sarralbe
Han-sur-Nied
Solgne
Morhange
Sarre-Union
La Petite Pierre
Pfaffenhoffen
Nomeny
Mittersheim
Neuwiller-lès-Saverne
Bouxwiller
Château-Salins
Dieuze
Phalsbourg
Moyenvic
Sarrebourg
Lutzelbourg
Saverne
Champenoux
Haut-Barr
Marmoutier
Nancy
Héming
Dabo
Canal de la Marne au Rhin
Marlenheim
Lunéville
Blâmont
Ch. du Nideck
Molsheim
Mutzig
Donon 1009
Rosheim
Xermaménil
Badonviller
Obernai
Bayon
Baccarat
Schirmeck
Tartonville
Mt-Ste-Odile
Barr
F R A N C E
Senones
Andlau
Charmes
Rambervillers
Dambach-la-Ville
Moyemont
Saales
St-Dié-des-Vosges
Haut Kœnigsbourg
Mirecourt
Sélestat
Ste-Marie-aux-Mines
St-Hippolyte
Bruyères
Anould
Ribeauvillé
Hunawihr
Begnécourt
Riquewihr
Épinal
Docelles
Kaysersberg
Kientzheim
le Ménil
Col de la Schlucht 1135
Turckheim
Colmar
Gérardmer
Neuf-Brisach
Hohneck 1361
Munster
Eguisheim
Bains-les-Bains
Remiremont
Canal de l'Est
Lautenbach
Rouffach
Plombières-les-Bains
le Markstein
Murbach
Hirtzfelden
Vauvillers
Grand Ballon 1426
Guebwiller
St-Loup-s.-Semouse
le Thillot
St-Amarin
Ecomusée
Ensisheim
Thur
Thann
Luxeuil-les-Bains
1250 Ballon d'Alsace
Masevaux
Mulhouse
Faverney
Flagy
Ronchamp
Lure
Belfort
Porte de Bourgogne
Belverne
Altkirch
Ognon
Vesoul
Sundgau
Esprels
Feldbach
Montbéliard
Delle
Jura
Ferrette
Aesch
Médière
Doubs
Audincourt
Rougemont
Porrentruy
Strasb
Sarre
Moselle
Seille
Vosges
A4
A31
A33
A35
A36
A352
N4
N19
N57
N59
N66
N159
N420
N431
603
662
955
910
674
1062
1004
422
1420
108
424
913
914
32
46
166
415
423
417
164
486
83
64
438
419
473
9
1019
6
16
432
437
5
18